Eltern-Kursbuch · Grundschule

Kinder fördern, fordern und erziehen

Die Autorinnen und Autoren

Bartnitzky, Horst: Diplom-Pädagoge. War als Lehrer, Schulleiter und in der Schulaufsicht für Grundschulen tätig, ist inzwischen pensioniert. Autor von Büchern zur Grundschularbeit. Vorsitzender des Grundschulverbandes. Mehrere Kinder und Enkel.

van Betteray, Christiane: Ernährungs- und Haushaltswissenschaftlerin. Tätig in der verbandlichen Bildungsarbeit, zudem Projekte, Beratung und Unterricht in Grundschulen sowie in der hauswirtschaftlichen Berufsbildung. Beiträge in Büchern und Zeitschriften zur Gesundheitserziehung. Drei Kinder.

Christiani, Reinhold: Diplom-Pädagoge. War als leitender Ministerialrat im Ministerium für Schule und Weiterbildung NRW tätig, inzwischen pensioniert. Zwei Kinder.

Czisch, Fee: Grundschullehrerin von 1968–1996. Vorsitzende der Bürgerinitiative „Aktion Humane Schule". Ausbildung zur Mediatorin, danach Fortbildungen für Lehrer/-innen und Schüler/-innen zu Streitschlichtern. Lehrbeauftragte am Lehrstuhl für Grundschulpädagogik und -didaktik in München. Autorin v.: Kinder können mehr. Anders lernen in der Grundschule. Kunstmann 2004

Fischer-Ontrup, Christiane: Diplom-Pädagogin. Wissenschaftliche Mitarbeiterin am Internationalen Centrum für Begabungsforschung (icbf) der Westfälischen Wilhelms-Universität Münster; Arbeitsschwerpunkt: Diagnostik, Beratung und individuelle Förderung von besonders begabten Kindern mit Lern- und Leistungsschwierigkeiten; 2002 ECHA-Diplom „Specialist in Gifted Education". Ein Kind.

Hackler, Joachim: Niedergelassener Kinder- und Jugendlichen-Psychotherapeut sowie integrativer Lerntherapeut. Geschäftsführer des Fachverbandes für integrative Lerntherapie. Leiter verschiedener Projekte zum Themenbereich Computer und Lernen in Zusammenarbeit mit IMPULS–Schule & Wirtschaft e. V. und der Breuninger Stiftung (Stuttgart) zur Entwicklung von Gütekriterien für Lernsoftware: www.computerundlernen.de. Zwei Kinder. www.lerntherapie-fil.de

Hain, Berthold: Diplom-Psychologe. Arbeitet beim Schulpsychologischen Dienst des Rheinisch-Bergischen Kreises mit dem Schwerpunkt auf systemisch-lösungsorientierter Beratung. Fünf Kinder.

Hecker, Ulrich: Schulleiter an der Regenbogenschule Meerfeld in Moers: www.regenbogenschule.de. Verantwortlicher Redakteur von „Grundschule aktuell", der Zeitschrift des Grundschulverbandes. www.grundschulverband.de

Honkanen-Schoberth, Paula: Soziologin, Familientherapeutin. Geschäftsführung Deutscher Kinderschutzbund, Bundesverband e.V. Mitautorin des Elternkurskonzeptes: Starke Eltern – Starke Kinder ® des Deutschen Kinderschutzbundes. Eine Tochter.

Kaiser, Astrid: Professorin für Didaktik des Sachunterrichts an der Carl von Ossietzky Universität in Oldenburg. Leitung des niedersächsischen Schulversuchs „Soziale Integration in einer jungen- und mädchengerechten Grundschule", Mitglied des niedersächsischen Bildungsrates 1999–2002, Projekte zur Jungen-Mädchenerziehung sowie zur Umwelt- und naturwissenschaftlichen Bildung im Sachunterricht. Zwei Kinder. www.astrid-kaiser.de

Reimann-Höhn, Uta: Diplom-Pädagogin. Geschäftsführerin der Arbeitsgruppe Pädagogische Lernförderung e.V., Wiesbaden. Lehrerfortbildung im Institut für Qualitätssicherung im Bildungswesen, Berlin. Chefredaktion: Lernen und Fördern (Fid-Verlag). Zwei Kinder. www.lernfoerderung.de

Seitz, Simone: (Vertretungs-)Professur für Geistigbehindertenpädagogik im Fachbereich „Erziehungs- und Bildungswissenschaften" der Universität Bremen. Zuvor Lehrerin für Sonderpädagogik in verschiedenen Grund- und Sonderschulen.

Spitczok von Brisinski, Ingo: Chefarzt und Leiter des Fachbereichs Psychiatrie und Psychotherapie des Kindes- und Jugendalters der Rheinischen Kliniken Viersen. Zwei Kinder.

Velte, Jutta: Journalistin. Jahrelange Erfahrung als Schulelternschaftsvertreterin. Ratsmitglied und im Schul- und Jugendhilfeausschuss der Stadt Remscheid tätig. Zwei Kinder.

Wejda, Simone: Sonderpädagogin. Lehrbeauftragte der Universität Würzburg und Bundesbeauftragte für Dyskalkulie im Bundesverband Legasthenie und Dyskalkulie e.V. Ein Kind. www.bvl-legasthenie.de

Eltern-Kursbuch Grundschule

Kinder fördern, fordern und erziehen

Mit einem Vorwort von Fee Czisch

JAKO-O ... für starke Kinder!

Cornelsen SCRIPTOR

Der Band wurde für den Nachdruck 2007 leicht überarbeitet und berücksichtigt aktuelle bildungspolitische Entwicklungen.

Die in diesem Werk angegebenen Internetadressen haben wir überprüft (Redaktionsschluss 31.3.2007). Dennoch können wir nicht ausschließen, dass unter einer solchen Adresse inzwischen ein ganz anderer Inhalt angeboten wird.

www.cornelsen.de

Bibliografische Information: Die Deutsche Bibliothek verzeichnet diese Publikation in der Deutschen Nationalbibliografie; detaillierte bibliografische Daten sind im Internet über http://dnb.ddb.de abrufbar.

Dieser Band folgt den Regeln der deutschen Rechtschreibung, die seit August 2006 an gelten.

5. 4. 3. 2. Die letzten Ziffern bezeichnen
10 09 08 07 Zahl und Jahr der Auflage.

Konzeption und Redaktion: lüra – Klemt und Mues GbR, Wuppertal
Fotos: Dirk Krüll / Panama, Düsseldorf
Gesamtgestaltung: Magdalene Krumbeck, Wuppertal
Druck und Bindearbeiten: Westermann Druck Zwickau GmbH, Zwickau
Printed in Germany
ISBN 978-3-589-22230-8

Gedruckt auf säurefreiem Papier,
umweltschonend hergestellt aus chlorfrei gebleichten Faserstoffen.

Inhalt

Wissen hilft verstehen

Fee Czisch

Vorwort

Wer die Erfahrungen heutiger Eltern mit denen von Eltern vor zwei Generationen vergleicht, könnte meinen, es handle sich nicht um dieselbe Sache: die Erziehung von Kindern. Damals hatte man in der Regel mehrere Kinder, sie gingen in die Schule, die dem gesellschaftlichen Stand der Familie entsprach. Lehrer wurden als Autoritäten respektiert, gleichgültig, wie sie sich verhielten. Die Kinder lernten oder nicht, schlugen diesen Weg ein oder eben einen anderen. Aus den meisten wurde etwas. Eltern hatten nicht den Eindruck, viel gegen fehlende oder gegebene Begabungen ihrer Kinder ausrichten oder selbst etwas dazu beitragen zu können, dass die Entwicklung ihrer Kinder eine erwünschte Richtung nahm. Selbst in der katastrophalen Nachkriegszeit machten Kinder ihren Weg – oder eben nicht. Eltern hatten zu „erziehen" und überließen der Schule das Lehren.

Heute wissen wir sehr viel mehr als noch unsere eigene Elterngeneration. Wir wissen viel über die Entfaltung der Intelligenz, dass Begabungen entwickelt werden können und wir haben erfahren, dass irgendwie alles mit allem zusammenhängt. Die Hirnforschung informiert uns detailliert über das faszinierende Organ, das unseren Körper, unser Fühlen, Denken und Handeln bestimmt. Und wir wissen inzwischen vor allem, dass es auf die frühen Jahre besonders ankommt.

Plötzlich lastet auf Eltern eine Art Schöpferverantwortung, die es so zuvor nicht gab, und sie müssen das „Elternsein" lernen, müssen sich kundig machen. Die Sicherheit, dass Eltern schon irgendwie das Richtige tun, ist vorbei.

Dies ist einerseits gut so. Denn was in den ersten Jahren nicht geschehen sei, mahnen Hirnforscher, kann kaum mehr aufgeholt werden. Nützlich und hilfreich ist es also, mehr zu wissen. Was brauchen Säuglinge, Kleinkinder oder Schulkinder, um sich gut zu entwickeln? Was brauchen sie von ihren Eltern, von anderen Erwachsenen?

Im gleichen Maße, wie das Wissen wächst, schwinden allerdings allgemein verbindliche Wertvorstellungen. Jeder muss sich sein Weltbild irgendwie selbst zusammenbasteln. Jeder Erwachsene ist letztlich auf sich selbst gestellt, Eltern werden zu Einzelkämpfern. Eine Folge dieser Entwicklung ist der Ehrgeiz, aus dem einen oder den wenigen Kindern, die man sich zutraut, Superkinder zu machen. Am besten soll Förderung bereits im Mutterleib beginnen, aber spätestens, wenn das Baby auf der Welt ist. So wird manchem Dreijährigen das Alphabet aufgezwungen, auch wenn es sich überhaupt noch nicht dafür interessiert. Was sich hier vor allem entwickeln wird, ist Widerstand gegen das Lernen – bereits in so frühen Jahren.

Was können Eltern also tun, um sich hilfreiche Informationen zu holen, um die eigenen Möglichkeiten, aber auch Grenzen zu erkennen?

Sie können zum Beispiel dieses Buch lesen. Fachleute geben Auskunft zu den wichtigsten Fragen rund um das Vorschulalter und die Jahre in der Grundschule. Ausgewogene Informationen und hilfreiche Handlungshilfen ermöglichen einen gelassenen, aber dennoch wohlinformierten Blick auf die Dinge. Eltern können die Sicherheit zurückgewinnen, im Interesse ihres Kindes angemessen zu entscheiden.

Mehr denn je aber ist die Nachricht wichtig, dass Kinder vor allem von Menschen lernen, durch Erfahrungen im Zusammenleben mit anderen – mit möglichst unterschiedlichen Kindern und Erwachsenen und durch unterschiedlichste Erlebnisse. Erwachsene und andere Kinder werden persönlich gebraucht.

Wo soll man aber „das Dorf" hernehmen, von dem das afrikanische Sprichwort erzählt?

Dieses „Dorf" könnte die Schule sein, wenn sie endlich auf den allgemeinen gesellschaftlichen Wandel reagieren und die Aufgaben dieses Dorfes übernehmen würde. Und das täte ihr wahrlich gut. Von Grund auf könnte sie sich ändern und zu einem „place for children to grow up in" werden, wie der bekannte Schulgründer Hartmut von Hentig eine gute Schule nennt. Da jedoch die meisten Schulen bis jetzt eher reine Lehranstalten geblieben sind, wie sie das immer waren, fehlt vielen Kindern dieser wichtige Ort.

Kinder brauchen auch andere Kinder, jüngere und ältere: als Anführer die älteren und um ihnen nachzueifern; jüngere, die einen bewundern, denen man selbst Vorbild ist und an denen man stolz beobachten kann, welchen Weg man bereits zurückgelegt hat. Harmonisch werden auf diese Weise alle gemeinsam ge-

Eine Schule für Kinder

Kinder brauchen einen Ort,

- an dem sie Erfahrungen mit sich, mit anderen und mit der Welt machen können;
- an dem sie unterschiedliche Erwachsene antreffen, von denen sie lernen können, was es heißen kann, erwachsen zu sein;
- an dem sie erfahren, wie man Verantwortung für sich selbst und für andere übernimmt;
- an dem sie Vorbilder antreffen, die über die Familie hinaus eine Idee des eigenen Weges und Ziels verkörpern;
- wo erwachsene Personen sind, denen man vertrauen und mit denen man entscheidende positive gemeinsame Erfahrungen machen kann, nicht vor allem stressige im Zusammenhang mit der üblichen „Paukerei";
- an dem Menschen einen auch dann nicht fallenlassen, wenn man sie provoziert hat;
- an dem man gemeinsam Pläne machen, Projekte gestalten, Feste vorbereiten und feiern kann ...

Um ein Kind zu erziehen, braucht man ein ganzes Dorf.
AFRIKANISCHES SPRICHWORT

Erfahrung, nicht Belehrung ist die Basis fürs Denken, Verstehen und Erinnern.

stärkt. Seit in einer mir bekannten Montessorischule alle vier Grundschulklassen gemeinsam lernen, gibt es dort keinerlei Streitigkeiten mehr.

Familie und Schule können und müssen für Erlebnisse sorgen, denn viele heutige Kinder wachsen medienreich und erlebnisarm auf: Gemeinsame Erlebnisse aber prägen sich als lebendige und stabile Grundlage für künftige Bildung ein, sie liefern komplexe Informationen. Das und vieles mehr an sozialem und emotionalem Leben macht aus einem Kind einen vernünftigen Erwachsenen. Lesen, Schreiben, Rechnen allein genügen längst nicht mehr.

Fantasie ist kein unwichtiges Detail unserer „Ausstattung" – sie ist die Grundlage unseres Denkens!

Erwachsene – also Eltern und die Menschen in der Schule – müssen gemeinsam für die soziale, emotionale, kognitive und körperliche Entfaltung von Kindern sorgen. In diesem Elternkursbuch finden sie wichtige Informationen über die vielfältigen Bedürfnisse von Kindern zwischen fünf und zehn Jahren.

Verstanden zu werden ist ein Grundbedürfnis des Menschen, denn wir alle sind existentiell aufeinander angewiesen. Verstehen aber gelingt nur, wenn beide Seiten dazu beitragen, wenn also die Erwachsenen um die existentiellen Bedürfnisse von Kindern wissen, um diese erfüllen zu können.

Gute Leistungen erzielen Kinder nicht, indem man diese ständig von ihnen einfordert, sie „trimmt" und zusätzlich täglich durch Nachmittagskurse jagt. Wo bleibt da das Spiel, die wert- und leistungsfreie kindliche Beschäftigung? Das ist die eigentliche „Arbeit" von Kindern. Im Spiel sich der eigenen Fantasie hingeben, Kapitän oder Ritter sein mit allem Drum und Dran. Ohne erwachsene Anleitung, ohne Aufsicht, ohne „Richtig" und „Falsch" – einfach nur so.

Die aufgeregten, verworrenen und verwirrenden Diskussionen nach PISA über mehr Leistung haben so viele andere, ebenso wichtige, wenn nicht sogar wichtigere Themen beiseite gewischt! Je mehr sich Kinder ins Spiel vertiefen, desto sicherer ist ihre eigene Wahrnehmung der Welt.

Gute Leistungen entstehen auf dieser Basis und durch Anregung und in Harmonie, ohne Zeitdruck und Leistungsangst und mit viel Spaß an der Beschäftigung mit den interessanten Dingen unserer Welt – unter dem Schutz sicherer Beziehungen. Gefühl und Verstand – so eines der wichtigsten Ergebnisse der Hirnforscher – sind nicht getrennt zu haben, sind ineinander verzahnt und funktionieren nur gemeinsam. Emotionale Sicherheit, das Gefühl, bedingungslos angenommen zu werden, macht emotional intelligent und dadurch auch insgesamt „intelligenter".

Die Medien berichten, immer mehr, zunehmend auch junge Schülerinnen und Schüler litten unter Stress. Diese Nachricht muss alle Warnlampen blinken lassen: Wir Erwachsenen machen etwas gründlich falsch, wenn unsere Kinder unter dem Druck stehen, unseren Ansprüchen nicht genügen zu können, wenn sie Angst vor dem Versagen haben, sich vielleicht vor Liebesentzug fürchten. Emotionaler Stress macht krank, behindert das Lernen, fördert Depressionen und Gewaltbereitschaft.

Eltern sind die wichtigsten Personen im Leben junger Menschen. Sie müssen auch unter ungünstigen Bedingungen Eltern bleiben, ihre Kinder beschützen,

im Gespräch mit ihnen bleiben und sich auf ihre Seite stellen.
Sie dürfen sich weder als Hilfslehrer benutzen lassen noch selbst zu Hauptlehrern aufschwingen. Kinder brauchen ein sicheres Plätzchen im Leben, wo es nicht um Leistung und Versagen, um Noten und Erfolg geht. Irgendwo muss es einen Ort geben, wo es nur um einen selbst als Person geht, nur dann behält man die Zuversicht auf das Gelingen des eigenen Lebens.
Doch auch Eltern haben Bedürfnisse und Grenzen. Diese einzuschätzen und gut mit sich selbst umzugehen, auch dafür leistet dieses Eltern-Kursbuch Unterstützung.
Schule und Elternhaus dürfen keinesfalls zu feindlichen Bastionen werden. Die Gefahr besteht: aktuell durch starre Leistungsstandards einerseits und die Angst der Eltern um die Zukunft ihrer Kinder andererseits – mancher persönliche Ehrgeiz mischt allerdings auch zuweilen mit.
Übersteigerter Ehrgeiz und Kämpfe zwischen Eltern und Lehrern zerreißen kleine Kinder. Sie brauchen starke Eltern, die sie beschützen, und im Grundschulalter eine Lehrerin oder einen Lehrer, die oder den sie lieben können.
Das Eltern-Kursbuch vermittelt Eltern fundiertes Wissen über das, was die Grundschule leisten soll und kann. Es ermutigt, mit den Lehrerinnen und Lehrern ins Gespräch zu kommen. In einer guten Schule wird gemeinsam gelernt – und Probleme werden gemeinsam gelöst. Eine solche Schule ist außerdem eine hervorragende „Schule der Demokratie", die von der Beteiligung aller lebt und ständiger Auseinandersetzung über den besten Weg und steter und oft mühsamer Verständigung bedarf.

Gemeinsames, von gegenseitigem Respekt getragenes Bemühen um das Wohl der Kinder ist für alle Beteiligten ein Segen.

1 Erziehen heute

Paula Honkanen-Schoberth

Kind sein heute

Glaubt man den Medienberichten, dann sind Kinder und deren Erziehung ein mühsames, kostenaufwändiges und risikoreiches Geschäft – gesellschaftlich enorm wichtig, aber sonderbarerweise nicht mehr wirklich beliebt. Unser aller Leben ist zweifelsfrei komplizierter, vielfältiger und schneller geworden, als es noch unsere Eltern kannten. Die moderne Medienlandschaft, die es so früher nicht gab, nimmt einen enormen Einfluss auf unsere Lebensbedingungen und -verhältnisse, aber auch auf deren Wahrnehmung. Fast gewinnt man den Eindruck, Eltern und Kinder müssten pessimistischen Prophezeiungen aller Art sehr standhaft widerstehen, um sich nicht verunsichern zu lassen. Wo bleiben zwischen Geburtenrückgang, Betreuungsnotstand, Bildungsmisere und Ausbildungsplatzmangel die positiven Aspekte des Kinderhabens? Wer spricht über die schönen Seiten im Leben mit Kindern, unerwartete kreative Potenziale, über die Augenblicke des Glücks, die Chance des Miteinanderreifens und -wachsens, des Sichweiterentwickelns? Gemeinsamer Spaß, Freude und Lebenszuversicht geraten ins Hintertreffen.

Es lohnt sich, genau hinzuschauen: Was heißt es heute, ein Kind zu sein? Welche Rahmenbedingungen bestimmen die kindliche Entwicklung? Wie können Eltern vernünftig und besonnen darauf reagieren? Welche Handlungsspielräume gibt es? Wie schafft man es, sein Kind – oder gleich mehrere – gut auf das Leben vorzubereiten? Um eine Antwort auf diese Frage zu finden, lohnt sich zunächst ein genauer Blick auf die Welt, in der wir alle gemeinsam leben.

Schlaglicht: Bevölkerungsentwicklung

Deutschland hat rund 82 Millionen Einwohner. 19 Millionen davon sind Kinder unter 14 Jahren. Auf ein Kind kommen demnach 6,8 Erwachsene. In einigen Großstädten, wie beispielsweise in Frankfurt am Main, ist die Relation noch bemerkenswerter: Dort lebt je ein Kind gegenüber zehn Erwachsenen.

In Deutschland verzeichnet man pro Frau im gebärfähigen Alter statistisch 1,34 Kindergeburten, in keinem europäischen Land liegt der Anteil der Geburten über zwei pro Frau. Die Alterspyramide beginnt sich auf den Kopf zu stellen, weniger junge Menschen müssen zunehmend mehr Alternde und Alte finanzieren. Die zukünftige sozialstaatliche Entwicklung aller europäischen Länder steht vor großen Herausforderungen. Kinder geraten in solchen Diskussionszusammenhängen in den volkswirtschaftlichen Blickwinkel. Folglich müsste „Kind sein" heute, zumindest in unserem westlichen Europa, so königlich kostbar sein wie noch nie. Einige der folgenden Rahmenbedingungen scheinen dies zu untermauern:

- Kinder sind mit einer eigenen rechtlichen Position ausgestattet (etwa dem Recht auf Schutz und Kontakt zu beiden Eltern).
- Eine funktionierende Gesundheitsfürsorge begleitet alle Lebensphasen der Kindheit.
- Der Nachwuchs tritt, wenn auch immer noch viel zu langsam, als eine wertvolle Minderheit, als Garant für die Zukunft in das öffentliche Bewusstsein.
- Kinder haben in den westlichen Industriegesellschaften fast unbegrenzte Möglichkeiten, am Konsum- und Freizeitleben teilzuhaben.
- Unbeschränkter Medienkonsum öffnet Kindern heutzutage sehr früh (zu früh?) die Welt, vielfältige Informationen halten unbegrenzt Einzug in die Kinderzimmer.
- Kinder werden von ihren Eltern gefördert und manchmal auf Händen getragen. Die Frage ist: Werden sie auch genug gefordert?

Gleichzeitig muss jedoch kritisch hinterfragt werden, ob nicht doch vielleicht auch Zweifel am Bild der schönen, glücklichen Kindheit in den europäischen Zivilgesellschaften angebracht sind. Denn beim näheren Hinschauen gilt die Option schöne, glückliche Kindheit so uneingeschränkt leider nicht:

- Gesundheitlich sind viele Kinder angeschlagen, Allergien, Übergewicht und psychosomatische Störungen sind weit verbreitet.

- Jedes siebte Kind gilt statistisch als arm und ist damit von kultureller und gesellschaftlicher Teilhabe ausgeschlossen.
- Die Rechte der Kinder bleiben zu oft als Papiertiger in den Regalen der Justiz liegen. So werden Kinder zum Beispiel zu selten gefragt, wie sie selbst gern im Falle einer Trennung den Kontakt zu beiden Eltern gestalten würden.
- Scheidungen, psychische und physische Gewalt sowie sexueller Missbrauch und leider allzu oft auch Vernachlässigung überschatten tagtäglich den Wachstumsprozess von Tausenden von Kindern.
- Viele Familien erleben schwerwiegende Spannungen auf der Beziehungsebene als Folge zunehmenden Leistungsdrucks in den Schulen.
- Das Gefühl, immer mehr immer besser in immer kürzerer Zeit machen zu müssen, jagt, verunsichert und verursacht Gefühle des „Nicht-gut-genug-Seins" und des „Nicht-schnell-genug-Seins" im Beziehungsgefüge.

Kindheit hat sich gewandelt. Und auch die Erziehung verändert sich.

Erziehung heißt Auftrag und Verantwortung

Auf den Schultern der Eltern ruht die größte Erziehungsverantwortung für ihre Kinder. Über weite Strecken wurden und werden sie mit der Erziehungsaufgabe alleingelassen. Die Einstellung, dass man zur Erziehung der Kinder die ganze Nation brauche, hat sich in Deutschland leider noch nicht durchgesetzt – im Gegensatz beispielsweise zu den skandinavischen Ländern.
Hier und da sind Ansätze vorhanden, den Familien ihren Erziehungsauftrag zu erleichtern. So diskutiert man vieles, was die Vereinbarkeit von Beruf und Familie verbessern soll. Die Einstellung reift, dass Kindergarten, Schule und Familie gemeinsam und letztendlich wir alle als Gesellschaft die Verantwortung und Aufgabe haben, der nachfolgenden Generation die besten Entwicklungsvoraussetzungen zu schaffen und zu geben.
Früher schien die Aufgabe des Erziehens noch relativ einfach, gab es doch in der Gesellschaft mehr oder minder übereinstimmende Werte und Überzeugungen, was Kinder und Jugendliche zu tun und was sie zu lassen hatten. Heute stehen wir vor einer Wertevielfalt ohne Grenzen: Wohin sich der Einzelne entwickeln möge, darüber herrscht keine Einigkeit mehr. Noch vor fünfzig Jahren gaben

Kirche und Gesetz den Rahmen für das vor, was man zu tun oder zu lassen hatte: Männer hatten das Sagen über Frauen, Erwachsene über Kinder. Letztere hatten zu gehorchen und taten sie es nicht, setzte es Hiebe. Die 1968er-Generation stellte die althergebrachten autoritären Strukturen auf den Kopf. Auf einmal galt nichts mehr, was von „oben" kam, erst recht nicht die elterliche Macht. Doch der in diesem Geiste entwickelte antiautoritäre, sehr freie Erziehungsstil als Gegengewicht zur strengen und strafenden „Schwarzen Pädagogik" bot auch nicht die optimale Rezeptur. Seither schlägt der Erziehungspendel zwischen den Polen „autoritär" und „antiautoritär" aus: Die einen fordern mehr Grenzen, die anderen mehr Entwicklungsfreiraum. Doch was ist richtig? Wo sollte es, im Interesse von Eltern und Kindern, entlanggehen?

Je jünger die Kinder, desto fester ist ihr Glaube an die Eltern und an deren Unbeirrbarkeit und zwar in jeder Hinsicht. Ab dem Grundschulalter und erst recht in der Pubertät beginnt dieses Bild zu bröckeln. Eltern verfügen nicht mehr über einen stets uneingeschränkten Wissensvorsprung gegenüber ihren Kindern, der früheren Generationen als Legitimation für die elterliche Autorität diente: Die Erfahrung der Älteren half seit Menschengedenken den Jüngeren, sich auf der Welt zurechtzufinden. Das hat sich im Zeitalter der weltweit für jeden jederzeit verfügbaren Informationen über nahezu alles gewandelt. Mütter und Väter fühlen sich zuweilen unter Druck gesetzt und spüren, dass neue Umgangs- und Erziehungsformen nottun: Die traditionelle Erziehungshaltung des letzten Jahrhunderts – Bestimmen, Kontrollieren, Bestra-

fen – ist kaum noch durchzuhalten, nicht mehr durchführbar und hilft auch nicht weiter, wenn es gilt, unsere Kinder zu verantwortungsvollen Bürgern von morgen zu erziehen.

Zunehmend rückt die Frage nach den Erziehungszielen in den Vordergrund: Welche Kompetenzen, Fähigkeiten und Eigenschaften sind heute schon gefragt und werden zukünftig verstärkt gefordert? Der Forderungskatalog reicht von Flexibilität, Kreativität, ↗ Teamfähigkeit, Konfliktlösungsvermögen über Verantwortungsbereitschaft für sich und andere, Verhandlungsgeschick und Humor bis zur Fähigkeit zur erfolgreichen Selbststeuerung und er lässt sich beliebig erweitern. Diese Ziele sind mit den Erziehungsmethoden der Vergangenheit nicht zu erreichen. Aber wie dann? Alle geforderten Fähigkeiten brauchen Übung von klein auf in der Familie, im ersten Team, das ein Mensch in seinem Leben kennen lernt. Verantwortung zum Beispiel lernt man zu übernehmen, wenn man sie in kleinen Portionen schon früh tragen darf. Das Tummelfeld des Trainierens erstreckt sich auf alle mehr oder minder lästigen Bereiche der alltäglichen Auseinandersetzungen, gleich, ob es dabei um Leistung, Ordnung, Freunde, Feiern, Konsum oder Mediennutzung geht. Eltern kennen wahre Krisenzeiten des Alltags: morgens, mittags und abends.

Spezialisten sind gefragt, die die richtigen Rezepte für die richtige Erziehung geben sollen. Doch wissen die meisten Eltern tief drin ganz genau, dass sie selbst die besten Spezialisten für ihre Kinder sind, dass sie es sind, die sich auf den Weg machen müssen, um ihre eigenen Meinungen, Antworten und Lösungen zu finden, die für sie selbst, für ihre Familie und ihre Kinder passen. Damit dies gelingt, muss ein bisweilen mühseliger Weg beschritten werden. Man muss sich informieren über den Stand der Dinge, fachlich begründete Standpunkte einholen, vielleicht Elternkurse besuchen, Ratgeber lesen, mit den Partnern oder Partnerinnen, aber auch den Kindern im Gespräch bleiben, das Gespräch mit Kindergarten oder Schule suchen, sich mit anderen Eltern, mit Freunden und Verwandten austauschen, um dann, aus einer Fülle von hundert unterschiedlichen Meinungen, kombiniert mit der eigenen Intuition und den Eigenarten des Partners eine eigene Haltung zu entwickeln. Diese gilt es wiederum je nach Alter und Reife des Kindes durch zunehmende Teilhabe an Entscheidungen, durch Erstreiten und Kompromisse-Suchen mit allen Beteiligten, manchmal über den Weg von Versuch und Irrtum an aktuelle

Notwendigkeiten anzupassen. Verträge sind auszuhandeln, Probezeiten zu vereinbaren und Absprachen manchmal mit aller Härte und Strenge in der Praxis durchzusetzen.
Ein gangbarer, inzwischen in vielen Jahren Praxis bewährter Weg ist ein Erziehungsstil, den man als demokratisch-anleitend beschreiben könnte. Diese Art der Erziehung wird zum Beispiel in den Elternkursen des Deutschen Kinderschutzbundes angeboten, sie heißen „Starke Eltern – starke Kinder®". Vermittelt wird hier, dass Eltern ihre Erziehungsverantwortung wahrnehmen und ihre Erwachsenenfunktion ausüben müssen. Eltern sind Autoritäten für ihre Kinder, ob sie wollen oder nicht.

Lesetipps

- *Starke Kinder brauchen starke Eltern.* v. Paula Honkanen-Schoberth. Urania-Ravensburger, 5. Auflage 2002
- *Der große Erziehungsberater.* v. Jan-Uwe Rogge. Rowohlt, 2005
- *Wozu erziehen? Entwurf einer systemischen Erziehung.* v. Wilhelm Rotthaus. Auer Verlag, 6. Auflage 2006

Investieren Eltern Zeit und Mühe in die „Erziehungsarbeit", zeigt dies den Kindern, dass sie ihren Eltern wichtig sind. Und ganz nebenbei lernen sie, dass ihre Eltern selbst flexibel, kreativ und teamfähig sind, dass sie Verantwortung übernehmen, aber auch teilen können, dass sie ihren Kindern und Partner/-innen vertrauen, indem sie diese ermutigen, bei Problemlösungen mitzuwirken und mutig sind, indem sie manchmal streiten wie die Kesselflicker, wenn sie von ihrem Standpunkt überzeugt sind. So stärken sie ihre Kinder und geben ihnen Orientierung, so stärken sie aber auch sich selbst und ihre positive Autorität.

Grundlagen des demokratisch-anleitenden Erziehungsstils

Bei all den Diskussionen um Wertevielfalt und Orientierungssuche in Erziehungsfragen gibt es zwei grundlegende Punkte, die es zu beachten gilt: die Kinderrechte und die Bedürfnisse der Kinder.

www.starkeeltern-starkekinder.de/
www.familienhandbuch.de

Kinder haben Rechte

Historisch betrachtet ist die rechtliche Position der Kinder besser denn je. Am 20. 11. 1989 wurde von der Generalversammlung der Vereinten Nationen die UN-Kinderrechtskonvention (KRK) verabschiedet. Diese Konvention hat die Position des Kindes vom Rechtsobjekt zum Rechtssubjekt transformiert, Kinder sind demnach im Besitz eigener Rechte.
Über 190 Länder haben die Konvention bisher unterschrieben und sich damit verpflichtet, Kinder im Geiste der Konvention zu behandeln und diese Rechte in ihre jeweiligen Landesgesetzgebungen zu übertragen. So wurde zum Beispiel der § 19 KRK: Schutz vor Misshandlung und schlechter Behandlung in Deutschland weiterentwickelt und seit November 2000 als „Recht der Kinder auf gewaltfreie Erziehung" im Bürgerlichen Gesetzbuch (§ 1631 Abs. 2 BGB) verankert: „Kinder haben ein Recht auf gewaltfreie Erziehung. Körperliche Bestrafungen, seelische Verletzungen und andere entwürdigende Maßnahmen sind unzuläs-

www.unicef.de
www.kinderrechte.de/
de.wikipedia.org/wiki/Kinderrechte

sig.“ Damit sind Klapse auf den Hintern, Ohrfeigen, ständiges Herabsetzen oder Beschämen als Erziehungsmethoden verboten. Weitere wichtige Kinderrechte in der UN-Konvention sind das Recht auf Privatleben (etwa mit Blick auf das Briefgeheimnis), das Recht auf freie Meinungsäußerung und das Recht der Kinder, bei Angelegenheiten, die sie betreffen, angehört zu werden. Auch das Recht des Kindes auf Beziehung und unmittelbare Kontakte zu beiden Elternteilen im Falle einer Trennung der Eltern ist in der Konvention verankert.

Der Kinderschutzbund berät Eltern – Elterntelefon: 080 0/111 0 550 = Mo + Mi 9 – 11 Uhr; Di + Do 17 – 19 Uhr

Ziel solcher rechtlichen Bestimmungen ist nicht die strafrechtliche Verfolgung der Eltern. Diese gesetzliche Festschreibung soll vielmehr klarmachen, dass Erwachsene nicht das Recht haben, Kinder nach Belieben zu behandeln. Ein weiteres Ziel der Konvention ist es, die Position und rechtliche Stellung der Kinder zu stärken und in der Öffentlichkeit das Bewusstsein für die Bedürfnisse der Kinder zu wecken.

Kinder haben Bedürfnisse

Eine Grundvoraussetzung für die Entwicklung eines stabilen Selbstwertgefühls des Kindes ist die Befriedigung seiner ↗ Bedürfnisse. Eltern müssen nicht denken, sie seien für alles allein zuständig. Sie wären im Gegenteil klug beraten, wenn sie andere tragfähige Beziehungen zwischen ihrem Kind und mindestens einem zuverlässigen Erwachsenen, Verwandten, Freund oder Freundin fördern würden. Als Entlastung und Korrekturchance für Mutter oder Vater und als weitere Erfahrung und Stütze für das Kind sind solche Bindungen oft von unschätzbarem Wert.

Kindliche Grundbedürfnisse

- Sicherheit, versorgt werden
- Ruhe, Schlaf
- Bewegung
- Vertrauen, sich angenommen fühlen
- Anerkennung
- Zugehörigkeit, Zuneigung, Zärtlichkeit
- Spaß, Freiräume, etwas Schönes tun
- Freunde
- Leistung, etwas Sinnvolles tun und schaffen

Damit Eltern in der Lage sind, auf die Bedürfnisse des Kindes einzugehen, dürfen sie aber auf keinen Fall ihre eigenen Bedürfnisse außer Acht lassen. Ebenso wachsam wie bei der Fürsorge und Erziehung ihrer Kinder sollten sie ihren eigenen Bedürfnissen gegenüber sein, sei es als Mutter, als Vater oder als Paar. Erwachsene tragen selbst Verantwortung für ihren Kräftehaushalt und ihr Glück, sie dürfen dafür nicht ihre Kinder in die Pflicht nehmen. Geht es in Konfliktsitua-

tionen um die Befriedigung sich entgegenlaufender Bedürfnisse von Eltern und Kindern, liegen unterschiedliche Wünsche und Wichtigkeiten vor, ist die Klärung der Interessen in einer Atmosphäre von gegenseitiger Achtung und Respekt oft nicht einfach. Aber keine Angst, gegenseitige Achtung und Respekt schließen Lautstärke und Streit mitnichten aus. Mit der Faust auf den Tisch zu hauen ist genauso erlaubt, wie sich und dem Konfliktpartner Zeit zu geben und zu sagen: „Überlege du bis gleich, wie wir den Konflikt gelöst bekommen, ich mache mir auch ein paar Gedanken. In einer Viertelstunde schauen wir mal, ob wir gemeinsam eine Lösung finden."

Erwartungen an die Kinder

Kinder sind bekanntlich nicht dumm und Eltern auch nicht. Doch die nachwachsende Generation droht, uns Eltern in allen Fragen der neuen Technologien rechts zu überholen. Zudem sind Kinder meist gnadenlose Beobachter, wie Seismografen registrieren sie jede Regung genauestens. Sie spüren, wenn in ihren Eltern etwas anderes vorgeht, als diese vorgeben, wenn deren Erwartungen von ihnen selbst nicht eingehalten werden, kurz: wenn Eltern Wasser predigen, aber Wein trinken. Das heißt aber zum Beispiel nicht, dass dreißig Minuten Fernsehzeit auch für Eltern gelten müssen, um Anwendung finden zu dürfen. Unterschiede und Privilegien dem Alter entsprechend sind gerechtfertigt und vertretbar, auch unter Geschwistern.

Kinder sollen viel, schnell und gut lernen – viel leisten und stark werden. Ein starkes Selbstwertgefühl, aber auch Rücksichtnahme gegenüber anderen ist gefor-

Der Erziehungsauftrag

Eltern müssen ihre eigenen, als richtig empfundenen Werte vermitteln und mit den Kindern diskutieren.
Sie dürfen sich nicht von den stets „besseren" Eltern der Freunde und Freundinnen, die grundsätzlich immer „cooler drauf" sind, beirren lassen. Wenn man diese persönlich anspricht, stellt sich vieles ganz anders dar und auch gemeinsame Absprachen zwischen Elternhäusern sind sinnvoll.
Eltern dürfen es nicht beim Einmal-Sagen belassen, sondern manchmal müssen sie ihre Argumente regelrecht in Kinderköpfe hineinpredigen.
Eltern müssen den Protest und Widerstand, der zum Erziehungsgeschäft gehört, aushalten. Sie – aber auch die Kinder – müssen Aushandeln und Begründen der subjektiv richtigen Argumente einüben.

dert, Teamfähigkeit und Kreativität und Medienkompetenz. Und Kinder tun dies auch, sie lernen viel und schnell und vor allem auch Dinge, von denen die Eltern oft gar nicht so begeistert sind. Vieles entzieht sich auch gänzlich der elterlichen Kontrolle. Ist das in Ordnung, was ist gegebenenfalls zu tun, worauf gilt es zu achten?
Es lohnt sich aber allemal, die Mühsal der Erziehung auf sich zu nehmen, manchmal betend, dass diese oder jene anstrengende Entwicklungsphase schnell vorbeigehen möge. Letztendliche Sicherheit, ob der eingeschlagene Weg richtig oder falsch war, bekommen wir oft erst, wenn die Kinder selbst erwachsen sind ... wenn wir Glück haben!

Zusammenarbeit Elternhaus, Kindergarten und Schule

Dass Kindergärten und Kindertagesstätten den Auftrag haben, Kinder zu erziehen, ist allgemein akzeptiert. Die Bildungsvereinbarungen und -pläne der Bundesländer haben auch für die Elementarbildung einen verbindlichen Rahmen geschaffen. Bislang war es der Auftrag der Schulen, Kinder zu bilden. Nun soll Schule auch erziehen. Das wird mancherorts als Zumutung empfunden. Von Eltern erwartet man ganz selbstverständlich beides: erziehen und bilden. Schaffen sie das? Vielfältige und unterschiedliche Erwartungen kennzeichnen also die drei Institutionen Elternhaus, Kindergarten und Schule:

- Gerade in der heutigen Zeit geht die Erwartung der Eltern an die Pädagogen in Richtung Entlastung und Hilfe: „Sie sind ja die Fachleute!"
- Erzieher/-innen bekämen gerne von den Lehrerinnen und Lehrern die verdiente Anerkennung für ihre Arbeit und sie erwarten von den Eltern verstärkte Mitarbeit und einen guten Austausch.
- Lehrer erwarten, dass der Kindergarten – insbesondere aber die Eltern – die Kinder schultauglich und hausaufgabenfest im ersten Schuljahr abliefern mögen, damit sie sich auf ihre Kernkompetenz der Vermittlung von Wissen konzentrieren können.

Wie sieht nun die Zusammenarbeit von Elternhaus, Kindergarten und Schule vor dem Hintergrund dieser Erwartungen aus? Zurzeit ist die Kooperation von Unsicherheit, zuweilen von gegenseitigen Vorwürfen und der Suche nach Schuldigen gekennzeichnet. Dies ist nicht verwunderlich, denn in Deutschland befindet sich eine Kultur der Kooperation gerade erst in der Entwicklung. Gemeinsam wird nach Lösungsmöglichkeiten im besten Interesse des Kindes gesucht. Dazu sind die momentanen Diskussionen um die Verbesserung der strukturellen Rahmenbedingungen der Institutionen Kindergarten/Kindertagesstätte und Schule ein erster gemeinsamer Beitrag.

In Bezug auf strukturelle Veränderungen müsste zum Beispiel die Erweiterung und Flexibilisierung der Betreuungszeiten in den Kindertagesstätten wie in den Schulen umgesetzt werden. Es sollten umgehend an die Arbeitszeiten der Eltern angepasste Zeitfenster geschaffen werden. Dies würde unter anderem einen geregelten Austausch zwischen Pädagogen, Kindern und Eltern ermöglichen. Denkbar wäre ein offenes Angebot, ein Forum für den Austausch über Erziehungsfragen, Lerninhalte und Wünsche. So könnte man die Basis dafür schaffen, die erbrachte Leistung gegenseitig anzuerkennen. Eltern müssen erkennen, dass es den Respekt ihrer Kinder gegenüber Erzieherinnen und Lehrkräften unterhöhlt, wenn beständig an diesen herumkritisiert wird. Finnische Untersuchungen zeigen, dass die Schulleistungen da besser sind, wo Eltern eine positive Einstellung gegenüber den Erziehern und den Lehrerinnen zeigen.

Eine Kultur der Anerkennung schaffen

- Machen Sie sich klar, welche positiven Eigenschaften Ihr Kind hat.
- Zeigen Sie Ihrem Kind, dass Sie ihm vertrauen.
- Lassen Sie Ihren Partner, Ihre Partnerin spüren, dass sie ihn oder sie lieben.
- Heben Sie die Stärken der Erzieherinnen oder der Lehrer hervor.
- Loben Sie, wann immer Sie können.

Handy, Fernseher und Computer

Sind Kindergarten und Grundschule für Eltern noch einigermaßen überschaubare Erziehungsinstitutionen mit konkret ansprechbaren Personen, so entziehen sich die Bildschirmmedien unserer Einflussnahme fast gänzlich. Die elterliche Kontrolle erschöpft sich scheinbar auf das Betätigen des Ausschaltknopfes oder auf das Ziehen des Steckers.

Bildschirmmedien sind unverzichtbarer Bestandteil unserer Arbeits- und Freizeitwelt. Ein Leben ohne sie ist inzwischen kaum mehr vorstellbar. Jeder kann sich jederzeit jede Information und Bilder oder Filme aller Arten relativ mühelos heranholen – unabhängig von Alter und persönlicher Reife. Dies verunsichert Eltern, denn sie tragen letztendlich die Verantwortung für die Kontrolle des Medienkonsums. Sie sind aufgefordert, ihre Kinder zum kompetenten Umgang mit den Medien anzuleiten. Dabei fühlen sie sich selbst meist alles andere als medienkompetent: Heißt Medienkompetenz, die Geräte zu kennen, die Programme nutzen zu können? Oder bedeutet das, die Selbstbestimmungsfähigkeit der Kinder innerhalb eines bestimmten Zeitrahmens zu stärken, also abzusprechen, was, wie, wie lange sie mit Bildschirmmedien ihre Zeit verbringen? Oder beides? Oder noch viel mehr?

Ausgewählte Informationen zur Mediennutzung

Gute Informationen sind im Internet unter folgenden Adressen zu finden:

- www.computerspielemuseum.de
- www.stiftung-warentest.de (weiter unter: „Computer + Telefon/PC-Spiele")
- www.zavatar.de (Deutsches Datenarchiv für Computerspiele, alle Alterseinstufungen der USK)
- www.heise.de/tp/r4/inhalt/game.html
- www.feibel.de (Alles rund um Kinder und Lernsoftware)
- www.giga.de
- www.onlinespiele.org
- www.ngl-germany.com

Nützliche Informationen als Buch oder Broschüre:

- Chatten ohne Risiko. Infobroschüre über die Gefahren der Chatangebote für Kinder und Jugendliche. Hrsg. v. Bundesarbeitsgemeinschaft Jugendschutz (BAJ), Berlin Telefax 030/400 40 33 oder: info@bag-jugendschutz.de
- Tipps gegen sexuellen ↗ Missbrauch im Chat. Hrsg. Zartbitter Köln, Sachsenring 2–4, 50677 Köln: www.zartbitter.de
- Landesanstalt für Medien (lfm): Mit Medien leben lernen. Tipps für Eltern von Vorschulkindern, Düsseldorf, als Download: www.lfm-nrw.de/medienkompetenz_neu/infos_projekte

Dauerbrenner: Handy

Mit ↗ Handys kann man telefonieren, je nach Ausstattung fotografieren, Musik hören, spielen, eine SMS schicken und vieles andere mehr. Die Antwort auf die Frage, ob Kinder schon im Grundschulalter ein eigenes Handy haben müssen, lautet eindeutig: nein. Eine Ausnahme ist gegeben, wenn die Lebensumstände der Familien, etwa die Organisation der Nachmittagsbetreuung, Abholung, lange Wege etcetera eine Kommunikation über Handy erforderlich machen.

Wenn Eltern aus dem Bedürfnis heraus, ihr Kind schützen zu wollen, es jederzeit am liebsten per Handy in „erreichbarer Nähe" hätten, sollten sie kurz die Rolle ihres Kindes einnehmen und überlegen: Was bewirkt das bei meinem Kind? Die Angst der Eltern wird getragen von der Vorstellung, die Welt sei gefährlich, man müsse gut aufpassen, hinter jeder Ecke lauere eine Bedrohung. Solche Ängste und Befürchtungen können sich auf das Kind übertragen.

Aber so schlimm wie in den Angstfantasien der Eltern ist die Realität meist gar nicht – und wenn, wäre das Handy auch nicht der geeignete Rettungsring. Im Gegenteil, für manche Jugendlichen-Gangs dient es erst recht als das Anziehungsobjekt zum „Abzocken".

Eltern sind – bei aller scheinbar realistischen Betrachtung der Welt – gut beraten, ihren Kindern so lange, wie es eben möglich ist, ein Grundgefühl der Sicherheit zu vermitteln. Nur dann werden Kinder ein tragfähiges und starkes Selbstwertgefühl entwickeln und besser gegen Gefährdungen gewappnet sein.

Ewiger Streitpunkt: Fernsehen

Das ➚ Fernsehen ist das Medium Nummer eins in unserem Leben geworden. Es gehört zum Lebensalltag der meisten Familien so selbstverständlich dazu wie das Essen und Schlafen. Laut neuesten Studien verbringen Erwachsene durchschnittlich fast vier Stunden täglich vor dem Fernseher. Der durchschnittliche Fernsehkonsum der Kinder liegt bei 90 bis 120 Minuten pro Tag. Hinzu kommt noch die Zeit, die Kinder vor dem Computer verbringen.

Eltern mag es einfacher scheinen, ihren Kindern ein eigenes Gerät ins Kinderzimmer zu stellen, um selbst ungestört ihre Programmauswahl zu treffen und um Streit aus dem Wege zu gehen. Besitzt ein Kind einen eigenen Fernseher, schaut es dreimal so viel, da die elterliche Kontrolle über den Fernsehkonsum verloren geht. Somit ist die einhellige Meinung der Medienforscher, den Zeitpunkt für die Anschaffung eines eigenen Fernsehers so weit wie möglich hinauszuschieben. Lieber Streit in Kauf nehmen, als Kindern unbegrenzte Möglichkeiten des Fernsehkonsums zu ermöglichen.

Der jüngste Standard: Computer

Viele Menschen, aber insbesondere Kinder, sind beim Umgang mit dem ➚ Computer zuerst fasziniert von den optischen Reizen, die das Hinschauen lenken. Hinzu kommt, dass der Drang, Neues entdecken und begreifen zu wollen, mit Hilfe von Computern befriedigt werden kann. Positiv gesehen informieren, erklären und öffnen Computer (wie auch das Fernsehen) die Welt.

Ab welchem Alter nun sollten Eltern ihre Kinder an diese moderne Technik heranführen? Hier scheiden sich wieder einmal die Geister. Einige Forscher warnen ganz ausdrücklich vor dem Gebrauch von Computerspielen im Kindergartenalter. Sie dienten, wie sorgfältig gemacht

Ein Trend, der alarmierend ist: Fernsehen im Kinderzimmer!

auch immer, in erster Linie als Süchtigmacher und Einstiegsdroge. Einige Vertreter von Computer-Schulen befürchten beim zu späten Heranführen des Kindes an den Computer, dass es einiges vom kreativ-spielerisch-mutigen Umgang mit dem Medium einbüße. Daher sind sie der Ansicht, ein siebenjähriges Kind sollte schon mit Computern spielen und dies auch wollen. Vorausgesetzt werden sollte jedoch, dass Abläufe und Denksystematik schon etwas verstanden werden und mit einigen Anwenderprogrammen, etwa für das Schreiben, Malen und Spielen sowie für das Versenden von E-Mails umgegangen werden kann.

Einige Studien gehen davon aus, dass sich die durchschnittliche Intelligenz und Kreativität von Kindern und Jugendlichen auch durch Computernutzung erhöht.

Beim Chatten ist das Aufklären der Eltern in Bezug auf Gefahren und Fallstricke von besonderer Wichtigkeit. Sie sollten unbedingt darauf achten, dass ihre Kinder nicht ihre persönlichen Daten und Adressen bekannt geben. Sexuelle Anmache und Belästigung ist im Chat nicht auszuschließen, auch nicht auf administrierten, also überwachten Seiten. Kinder im Grundschulalter haben in Chatrooms noch nichts zu suchen.

www.jugendschutz.net/materialien/chatten_ohne_risiko.html

Gesundheitliche Schädigungen

Die Diskussion über die negativen Auswirkungen des übermäßigen Medienkonsums rücken immer häufiger in den Vordergrund und werden durch wissenschaftliche Studien belegt. Zweifelsfrei nachweisbar ist, dass überhöhter Medienkonsum, je jünger die Kinder sind, die Entwicklung und Reifung des Gehirns negativ beeinflusst. Dies zeigt sich insbesondere in Form von **Lese- und Konzentrationsschwäche**. Wer vor dem Bildschirm sitzt, bewegt sich weniger und verbrennt weniger Energie – die Kinder nehmen zu. Kinder, die zu lange vor dem Fernseher oder dem Computer sitzen zeigen **Defizite im Sozialverhalten**. Vielseher:

- führen weniger Gespräche,
- sind öfter allein, verbringen weniger Zeit mit Freunden,
- sind unausgeglichen,
- zeigen verstärkt aggressives und antisoziales Verhalten,
- sind oft Außenseiter,
- sind eher sozial isoliert und einsam,
- haben Sorge, selbst Opfer von Gewalttaten zu werden.

Letztendlich kann Vielsehen auch zur einer massiven **Störung der Identitätsentwicklung** bei Kindern und Jugendlichen führen. Es untergräbt die Kreativität und die Herausbildung eines positiven Selbstwertgefühls.

Bei der Diskussion um die Auswirkung der Bildschirmmedien auf Kinder und Jugendliche steht die Verstärkung der Gewaltbereitschaft durch Gewaltdarstellungen in Filmen, Computer- und Videospielen oft im Vordergrund. Beispielsweise konnte bei Vorschul- und Grundschulkindern nachgewiesen werden, dass die negativen Auswirkungen medialer Gewalt aufgrund des hohen Lernvermögens in diesem Alter besonders stark sind und sie noch nicht zwischen virtueller und realer ↗ Gewalt unterscheiden können.

Insbesondere wird die Gewaltbereitschaft fördernde Auswirkung von Gewalt-Computerspielen noch höher eingeschätzt als die von Gewalt-Filmen – warum? Die Gewalt in diesen Spielen wird nicht nur passiv konsumiert, sondern auch aktiv trainiert. Aktives Training führt zum besseren Lernerfolg (nicht an-

Fernsehen pro Tag: Was ist empfehlenswert?	
Kleinkinder von null bis drei Jahren	Sie sollen am besten überhaupt kein ↗ Fernsehen schauen, da sie mit den Informationen und Reizen überfordert sind und nicht zwischen Fiktion und Wirklichkeit unterscheiden können.
Kinder bis vier Jahre	Hier gehen die Meinungen der Fachleute leicht auseinander, von gar nicht bis maximal 15 Minuten pro Tag – aber nicht jeden Tag.
Kinder bis fünf Jahre	maximal 30 Minuten pro Tag
Kinder von sechs bis acht Jahren	Hier sollte der Fernsehkonsum bei maximal 45 Minuten liegen.
Kinder von neun bis elf Jahren	Bei dieser Altersgruppe wird maximal eine Stunde fernsehen empfohlen.

ders als bei den Lernspielen). Darüber hinaus verleiten diese Spiele leicht zur Identifikation mit den Aggressoren und zur Imitation von derem Verhalten.

Schutz- und Kontrollmöglichkeiten

Deutschland soll im Bereich der Computerspiele die strengsten Jugendschutzbestimmungen der Welt haben. Alle diese Medienprodukte werden einer USK (Unterhaltungssoftware)-Kontrolle unterzogen und erhalten eine Bewertung bezüglich ihrer Kinder- und Jugendtauglichkeit. Für das Internet gibt es Web-Filter, die man einbauen kann. Die schlimmsten Horror-Filme sind konfisziert (= aus dem Verkehr gezogen).

Aber alle formalen Schutzmaßnahmen dieser Welt, so wichtig sie sind, hindern die Kinder letztendlich nicht daran, an die verbotenen Früchte zu gelangen. Daher ist und bleibt als bester Schutz die Übernahme der Verantwortung durch Eltern, die ihre Kinder beim Medienkonsum begleiten, anleiten und einschränken, bis sie ein gesundes, vertretbares Maß an Selbstkontrolle gelernt haben. Kinder sind maßlos, was ihre Konsumwünsche betrifft, sei es bezogen auf Fernsehen, Naschen, Computerspielen oder was auch immer.

Und wie sieht es mit uns Eltern aus? Kennen wir das etwa gar nicht? Die Kunst ist doch manchmal, schlicht und ergreifend uns selbst, aber auch den Kindern standhaft „Halt" zu sagen.

Eltern sollten mutig, flexibel, offen für Veränderungen und immer in Verbindung mit ihren Kindern bleiben, Respekt, Zuneigung und Vertrauen zu sich selbst und zu dem Kind bewahren, dann kann und wird Erziehung gelingen.

2 Wann ist (m)ein Kind schulfähig?

Uta Reimann-Höhn

Das passende Einschulungsalter

Die bevorstehende Einschulung markiert einen neuen Lebensabschnitt. Einige Kinder sind völlig ungerührt von dem Ereignis, andere wiederum sehr ängstlich oder aufgeregt und voller Wissensdurst. Ist es das erste Kind, das in die Schule gehen wird, sind auch die Eltern häufig besorgt und möchten keine Fehler machen. Zu Recht, denn mit dem Schulstart werden die ersten Weichen gestellt, die später über Erfolg und Misserfolg in der Schule und im Berufsleben entscheiden.

Das Durchschnittsalter der Erstklässler liegt in Deutschland derzeit bei über sechs Jahren, die Anzahl der vom Schulbesuch zurückgestellten Kinder schwankt in den Bundesländern zwischen fünf und 14 Prozent. Dagegen werden wesentlich weniger, nämlich nur ein bis drei Prozent eines Jahrgangs, vorzeitig eingeschult. Im Vergleich zu anderen Ländern ist dies ein trauriges Bild, meinen viele Pädagogen und Politiker, denn bis Schulabschluss und Berufsausbildung beendet sind, haben uns die Jugendlichen anderer Länder längst überholt und sind bereits ins Berufsleben eingestiegen. Je eher Jugendliche ihre Ausbildung beenden und einen Beruf ergreifen, desto weniger Kosten verursachen sie der Gesellschaft.

Die durch PISA, IGLU und andere Studien aufgedeckten Missstände in deutschen Schulen (Bildungserfolg abhängig vom sozialen Status, mangelnde Lesekompetenz und Defizite in naturwissenschaftlichen und mathematischen Bereichen) sollen sich ändern. Davon sind natürlich auch die Grundschulen betroffen. Weiterqualifizierte Lehrkräfte, Sozialpädagogen und individuelle Schuleingangsphasen sollen ermöglichen, jedes Kind dort abzuholen, wo es steht. Kinder sind verschieden und daher muss sich die Schuleingangsphase in Deutschland stärker an den individuellen Bedürfnissen der Schulanfänger orientieren.

1997 entschied die Kultusministerkonferenz (KMK), ein freiwilliger Zusammenschluss aller Kultusminister und Senatoren der Länder, die Möglichkeit zu schaffen, das Einschulungsalter zu senken, die Zurückstellung vom Schulbesuch nur noch im Ausnahmefall zu erlauben und den Bundesländern die Freiheit eines zweiten Einschulungstermins zu ermöglichen. Auch die Bestimmungen zur vorzeitigen Einschulung wurden gelockert. Ziel ist es, alle schulpflichtigen Kinder eines Jahrgangs in die Grundschu-

len aufzunehmen und sie dem Grad ihrer Schulfähigkeit entsprechend optimal zu fördern. Der Schulstart soll sich künftig mehr nach den persönlichen Lernvoraussetzungen der Kinder richten, statt ausschließlich nach starr festgelegten Terminen. Daher haben viele Bundesländer ihre Stichtagsregelung erweitert.
So ist zum Beispiel in Berlin seit dem Schuljahr 2005 / 2006 der Stichtag für die Einschulung, also der Tag an dem ein Kind seinen sechsten Geburtstag feiert und damit im Sommer desselben Jahres schulpflichtig wird, ein halbes Jahr nach vorn gezogen worden. Dort sind nun auch fünfeinhalbjährige Kinder schulpflichtig. Damit verändert sich das durchschnittliche Einschulungsalter in Berlin auf 6,2 Jahre und langfristig wird damit der Schulabschluss aller Schüler um ein halbes Jahr nach vorn verlagert.
Eine zu frühe oder auch zu späte Einschulung ohne die Möglichkeit der intensiven, individuellen Betreuung der Schülerinnen und Schüler durch die Lehrkräfte, kann das Kind über- oder unterfordern und für lange Zeit negativ gegen die Schule und das Lernen allgemein einnehmen. Überforderte Kinder zweifeln schnell an ihren Fähigkeiten und verlieren den Spaß am Lernen, unterforderte Kinder langweilen sich und schalten ab oder kaspern herum. Dadurch verlieren sie den Anschluss an den Lernstoff und können ihre Fähigkeiten nicht voll ausschöpfen.
Eltern müssen sich gut überlegen, ob ihr Kind eingeschult werden soll, obwohl es noch nicht muss. Je nach Bundesland gibt es bestimmte Fristen (Tabelle S. 31). Meist reicht die Anmeldung durch die Eltern, in Zweifelsfällen muss ein zusätzliches Gutachten erstellt werden.

Schuleingangsphase

Die Schullandschaft in Deutschland ist in Bewegung. Es gilt, Kinder zunehmend individuell zu sehen und sie in ihrer Lernentwicklung dort abzuholen, wo sie stehen. Nicht jede Schule bietet das gleiche Konzept an und viele kämpfen mit Anlaufschwierigkeiten, Raumnot und Lehrermangel.
Die Schuleingangsphase oder Neue Schuleingangsphase gehört zu den zentralen Empfehlungen der Kultusministerkonferenz für Schulreformen nach PISA. Sie kennzeichnet ein Schulmodell, das sich auf die ersten beiden Grundschuljahre als Gesamtlerneinheit bezieht, von einigen Bundesländern im Modellversuch getestet und nun eingeführt

Die Bildungsserver der Länder geben Auskunft: www.bildungsserver.de

wurde. Je nach individuellem Entwicklungsstand können Kinder die ersten beiden Schulklassen als Lerneinheit in ein, zwei oder drei Schuljahren durchlaufen. Folge: Schulkindergärten, Vorklassen und Zurückstellungen entfallen.

Die Lerngruppen sind teilweise jahrgangsübergreifend und Kinder mit unterschiedlichem Wissensstand werden gemeinsam unterrichtet. Das bedeutet, wo das eine Kind noch mühsam Buchstaben lernt, kann das andere bereits schreiben und liest kleine Texte flüssig.

Das gemeinsame Lernen in jahrgangsgemischten Gruppen stellt hohe Anforderungen an die Lehrer und Lehrerinnen, die solch ein Arbeiten bisher nicht gewohnt waren. Sie müssen nun individuelle Lernunterschiede im Klassenverband aushalten und einen Unterricht gestalten, der allen Kindern gerecht wird. Durch die neue Schuleingangsphase soll der immer stärker gewachsene Unterschied im Vorwissen der Grundschüler ausgeglichen und somit Unter- oder Überforderung verhindert werden.

Bei dieser Form des Unterrichts muss sich die Schule strukturell auf die Kinder einstellen und kann nicht mehr vor Schulbeginn in Schubladen sortieren und auf möglichst einheitliche Klassenzusammensetzungen bauen. Die Betreuung ist personalintensiver als das Arbeiten im herkömmlichen Klassenverband. Auch die Schulorganisation und die räumliche Ausstattung müssen an das neue Modell angepasst werden.

Die Wahl der Grundschule

So spannend und sinnvoll die flexible Eingangsphase auch sein mag, nicht jedes Kind kann an ihr teilnehmen, denn bei der Schulwahl sind die Möglichkeiten der Eltern in den meisten Bundesländern noch sehr begrenzt. Das festgelegte Einzugsgebiet wurde in Hamburg und Nordrhein-Westfalen inzwischen aufgehoben, in anderen Bundesländern gilt zur Zeit noch die Wohnortnähe. Der aktuelle Stand kann auf dem jeweils

zuständigen Schulamt erfragt werden. In der Regel sind die Entfernungen für die Kinder zumutbar und die Schulen zu Fuß gut erreichbar.
In Ausnahmefällen kann es sinnvoll sein, sich für eine andere als die zugeordnete Grundschule zu entscheiden. Für den Wechsel an eine andere öffentliche Schule müssen nachvollziehbare Gründe nachgewiesen werden. Dies kann der Arbeitsplatz eines Elternteils sein, der Wohnort von Großeltern oder Tagesmüttern sowie ein entsprechend entfernter Hort, wo das Kind nach der Schule betreut wird. Ein Antrag auf einen Wechsel der zugewiesenen Schule kann bei der Schule gestellt werden, an der das Kind regulär zugewiesen ist. In Zweifelsfällen gibt das zuständige Schulamt über den genauen Verfahrensweg Auskunft.
Eltern steht es frei, anstelle einer öffentlichen Schule eine anerkannte private Schule für ihr Kind auszuwählen. Darunter fallen zum Beispiel ↗ Waldorfschulen oder andere ↗ Reformschulen, etwa Jena-Plan-Schulen oder Montessorischulen. ↗ Privatschulen sind entweder Ersatzschulen (meistens kirchlicher Träger, aber konzeptionell wie öffentliche Schulen und kostenlos) oder Ergänzungsschulen (private Träger mit unterschiedlichen pädagogischen Konzepten und kostenpflichtig).
Durch die PISA-Ergebnisse, hohen Stundenausfall sowie heruntergekommene Schulgebäude oder auch Klassenzimmer wächst die Verunsicherung über die Qualität deutscher Schulen, und das Interesse an Privatschulen steigt stetig an. So gibt es in NRW bereits mehr als 600 Privatschulen, mit steigender Tendenz. Private Ergänzungsschulen sind kostenpflichtig, wie hoch der jeweilige Beitrag ist, kann in der Schule direkt erfragt werden. Nicht immer ist es für Eltern allein leicht zu entscheiden, ob eine frühere Einschulung sinnvoll ist und gelingen wird. Die Beobachtungen und Wahrnehmungen von Pädagoginnen und Erzieherinnen helfen dabei, sich über den richtigen Einschulungszeitpunkt klar zu werden. Früher war die körperliche Entwicklung das einzige Kriterium für Schulreife, heute werden andere Maßstäbe angelegt. Wichtig ist die intellektuelle, soziale, sprachliche und emotionale Entwicklung eines Kindes.

Tipp
Auskunft über die Schulmodelle einer Stadt oder eines Kreises und Informationen zur Anmeldung gibt das jeweils zuständige Schulamt.
Ein Erfahrungsaustausch mit anderen Eltern über bestimmte Schulen ist meistens sehr informativ.

Ein gewisser individueller Spielraum in Bezug auf die Altersgrenze ist bei der Einschulung nur konsequent. Kinder in der Altersspanne von fünf bis sieben Jahren können durchaus einen ähnlichen Entwicklungsstand in Bezug auf die Schulfähigkeit aufweisen, weil sie sich unterschiedlich schnell entwickeln. So sind beispielsweise Mädchen in diesem Alter oft etwas weiter entwickelt als Jungen, und Kinder mit älteren Geschwistern verfügen über einen Wissensvorsprung. Wichtig sind für die Entscheidung für eine vorzeitige Einschulung auch die schulischen Rahmenbedingungen. Kleine Klassen und das gezielte

www.privatschulen.de

Eingehen auf die Bedürfnisse und Lernfortschritte jedes Einzelnen machen es den Kindern leichter, die Leistungsanforderungen zu erfüllen und sich in den Klassenverband einzuleben.
Im Mittelalter wurde die Schulreife eines Kindes mit der Frage „Apfel oder Münze?" getestet. Entschied sich das Kind für die Münze, hatte also die verstandesmäßige Fähigkeit bewiesen, den Wert von Geld zu erkennen, wurde es eingeschult. Nahm es den Apfel, blieb es zu Hause. Später schob sich die körperliche Entwicklung in den Vordergrund. Das so genannte Philippinermaß galt seit den 1930er-Jahren als Richtlinie für die Schulreife: Konnte ein Kind seinen Arm über den Kopf bis an das gegenüberliegende Ohr strecken, so hatte es die richtige Größe für die Einschulung.

Stichtagsregelung

Der Stichtag entscheidet, ob ein Kind schulpflichtig ist oder nicht. Je nach Bundesland werden Kinder, die vor dem Stichtag ihren sechsten Geburtstag feiern, zum nächsten Sommertermin eingeschult. Kinder, die bis zum Jahresende sechs werden, können in fast jedem Bundesland von ihren Eltern auch dann freiwillig angemeldet werden, wenn sie nach dem Stichtag geboren sind. In Brandenburg ist die Einschulung auch halbjährlich möglich.
Muss-Kinder sind am Stichtag bereits sechs Jahre alt und somit schulpflichtig. Kann-Kinder werden erst später schulpflichtig, können aber frühzeitig auf Antrag ihrer Eltern eingeschult werden.
Diejenigen Eltern, deren Kinder nach diesem Stichtag ihren sechsten Geburtstag feiern, stehen vor der entscheidenden Frage, ob sie ihr Kind auf eigene Verantwortung früher einschulen sollen. Die so genannten **Kann-Kinder**, also noch nicht schulpflichtige Kinder, werden nicht automatisch erfasst, sodass hier Eigeninitiative gefragt ist. Eltern jüngerer Kinder müssen sich selbst beim Schulamt um eine vorzeitige Einschulung bemühen. Auch um die Aufnahme an einer Privatschule oder um den Wechsel zu einer anderen Grundschule (Gestattungsantrag) müssen Eltern sich selbstständig kümmern, da alle schulpflichtigen Kinder automatisch erst einmal einer wohnortnahen öffentlichen Grundschule zugeordnet werden. Um die Schulfähigkeit eines Kindes festzustellen, kann die Schulleitung einen Entwicklungstest anordnen und ein schulpsychologisches Gutachten einholen. Ist ein bisher noch nicht schulpflichtiges Kind dann erst einmal eingeschult worden, wird es automatisch auch schulpflichtig.
Beim zuständigen Schulamt erfahren Eltern die örtlichen Einschulungstermine. Die Anmeldung erfolgt frühzeitig vor Beginn eines neuen Schuljahres, in der Regel zu Beginn des Kalenderjahres.

www.bildungs-server.de

Informations- und Beratungsmöglichkeiten

Erziehungsberechtigte der regulären „Stichtagskinder" werden durch die Kindertagesstätte, ein Schreiben der Gemeinde oder öffentliche Plakate über die bevorstehende Einschulung und die schulärztliche Untersuchung informiert. Konkrete Fragen zur Schulfähigkeit eines Kindes beantworten Kindergärten, Kinderärzte und die Schule.

Stichtagsübersicht		
Bundesland	**Stichtag**	**frühere Einschulung möglich**
Baden-Württemberg	30.9. des Jahres	auf Antrag bis 30.6. des Folgejahres (im Zweifelsfall mit Gutachten)
Bayern	Schuljahr 2007/08: 30.9. Schuljahr 2008/09: 31.10. Schuljahr 2009/10: 30.11. Schuljahr 2010/11: 31.12.	auf Antrag bis 30.6. des Folgejahres (nach dem 31.12. nur mit schulpsychologischem Gutachten)
Berlin	31.12. des Jahres	auf Elternantrag bis 31.3. geb. Kinder
Brandenburg	30.9. des Jahres	bis 31.6. des Folgejahres (nach dem 31.12. nur mit Gutachten)
Bremen	30.6. des Jahres	auf Elternantrag bis 30.6. des Folgejahres
Hamburg	30.6. des Jahres	auf Elternantrag ohne weitere zeitliche Beschränkung
Hessen	30.6. des Jahres	bis 30.12. Kann-Regelung (nach dem 31.12. nur mit Gutachten) Sprachkurspflicht, Vorklassen und Eingangsstufen
Mecklenburg-Vorpommern	30.6. des Jahres	bis 30.12. Kann-Regelung
Niedersachsen	30.6. des Jahres	danach auf Antrag der Eltern ohne zeitliche Begrenzung
NRW	30.7. des Jahres (stufenweise Vorverlegung je Jahr um 1 Monat, bis 2014/2015: 31.12.)	danach auf Antrag der Eltern ohne Begrenzung, Entscheidung bei Schulleitung
Rheinland-Pfalz	30.6. des Jahres	danach auf Antrag der Eltern bis 31.12., Entscheidung bei Schulleitung
Saarland	30.6. des Jahres	bis 31.12. Kann-Regelung, danach mit Gutachten vom Schularzt
Sachsen	30.6. des Jahres	bis 30.9. des Jahres auf Elternantrag
Sachsen-Anhalt	30.6. des Jahres	bis 30.6. des Folgejahres auf Elternantrag
Schleswig-Holstein	30.9. des Jahres	danach auf Antrag der Eltern ohne zeitliche Begrenzung, Entscheidung bei Schulleitung, Zurückstellung einmal möglich
Thüringen	1.8. des Jahres	Kann-Regelung für 5. Geb. bis 30.6.

Zum aktuellen Stand der Elementarbildung: www.bildungsserver.de

Der Kindergarten

Die Zusammenarbeit zwischen Grundschulen mit Kindergärten oder Kindertagesstätten wird zurzeit in allen Bundesländern kritisch hinterfragt, überarbeitet und verbessert. Die noch immer scharfe Trennung zwischen dem Elementarbereich, also den Kindertagesstätten, und dem Primarbereich, also den Grundschulen, ist veraltet und bedarf einer Überarbeitung, damit eine erweiterte, echte, wirkungsvolle Zusammenarbeit der Institutionen zum Wohle der Kinder stattfinden kann. Das bedeutet auch eine Erweiterung der Ausbildungsinhalte von Erziehern und Erzieherinnen.

In Zukunft sollen sie besonders begabte oder besonders schwache Kinder frühzeitig erkennen und gemeinsam mit den Eltern geeignete Fördermaßnahmen planen und umsetzen. Damit wird das Team des Kindergartens mehr als bisher Ansprechpartner für Eltern, um zu entscheiden, wann ihr Kind die nötigen Fähigkeiten für den Schulbesuch besitzt und welche zusätzliche Unterstützung es möglicherweise benötigt. So können und sollten beispielsweise bereits vor der Schule Sprachfehler oder motorische Unsicherheiten behoben werden.

Aber auch unterforderte Kinder können durch zusätzliche Anregungen profitieren. Je früher ein Kind gefördert wird, desto besser sind die Prognosen für seine weitere Entwicklung.

Der gemeinsame Ausflug einer Kindergartengruppe in die zuständige Grundschule nimmt den Kindern ihre Ängste vor dem neuen Lebensabschnitt.

Bei der Beurteilung der Schulfähigkeit eines Kindes sind die zuständigen Erzieherinnen und Erzieher noch immer die Ansprechpersonen erster Wahl, da sie das Verhalten des Kindes außerhalb seiner familiären Umgebung am besten kennen. Ein ausführliches Gespräch über die Fähigkeiten und die Besonderheiten des Kindes sollte Bestandteil der Vorbereitung auf die Schule sein.

Die Kindergartenkinder werden unterschiedlich intensiv durch die Erzieherinnen vorbereitet. In vielen Einrichtungen gibt es etwa Vorschulgruppen, in denen schulische Anforderungen geübt werden. Damit werden die künftigen Schulkinder behutsam an ihre Einschulung herangeführt und auf den Übergang in den neuen Lebensabschnitt vorbereitet.

Der Elementarbereich, in dem sich die neuen Bildungsvereinbarungen der Länder zunehmend niederschlagen, setzt sich mit der Vorbereitung auf die Anforderungen der Schule auseinander. Aber auch die Schule muss deutlich machen, was sie von den Erstklässlern an Vorwissen und Können erwartet.

Das Konzept vom Lernen selbst bedarf einer Weiterentwicklung, es soll lebendiger und spannender gestaltet werden, damit erworbenes Wissen nicht ungenutzt bleibt, sondern sich mit immer neuen Informationen zu prägenden Aha-Erlebnissen verbindet.

Der Kinderarzt

Die altersgemäße körperliche Entwicklung wird anhand der Kriterien der U 9, der Vorsorgeuntersuchung für Kinder zwischen dem 60. und 64. Lebensmonat (also mit fünf oder sechs Jahren) durch einen Kinderarzt überprüft. Der Termin kann aber auch später noch nachgeholt werden, falls er vergessen wurde. Viele Kinder sind von ihrer Geburt an beim gleichen Kinderarzt in Betreuung, sodass dieser eine verlässliche Einschätzung über den aktuellen Gesundheitsstand, aber auch über die Entwicklung im Laufe

Schreiben ist eine feinmotorische Höchstleistung!

der Jahre machen kann. Werden hier Defizite aufgedeckt, können sie mit entsprechender Förderung, zum Beispiel ↗ Ergotherapie oder ↗ Logopädie, gezielt behandelt werden.

In der U 9 geht es neben der körperlichen Untersuchung und dem Messen von Blutdruck, Gewicht, Körperlänge und Kopfumfang auch um die geistige Entwicklung, das Bewegungsverhalten, um Sehen, Hören und Sprechen.

Hält der Kinderarzt eine Einschulung für verfrüht, ist sein schriftliches Gutachten wichtig, um die eventuelle Zurückstellung des Kindes bei der zuständigen Grundschule zu beantragen. Ebenso ist seine Einschätzung notwendig, wenn ein Kind vorzeitig eingeschult werden soll. Gemeinsam mit den Eltern klärt er ab, ob das Kind die für eine Einschulung notwendigen Entwicklungsschritte gemacht hat, also schulfähig ist, und den Anforderungen dieses neuen Lebensabschnitts gewachsen sein wird.

Die Schule

Auch die örtlichen Grundschulen, besonders natürlich private Schulen, bieten Möglichkeiten an, sich zu informieren. Überall finden Sommerfeste, Flohmärkte, Ausstellungen oder Tage der offenen Tür statt, bei denen Eltern und Kinder sich einen ersten Eindruck verschaffen können. Für die Kinder sind diese Kontakte mit ihrer Schule wichtig, denn sie fühlen sich später dort weniger fremd. Die Besichtigung der Klassenräume und das Spielen auf dem Schulhof hilft den Kindern, konkrete Vorstellungen zu entwickeln, wie der Schulalltag aussehen kann und sich dort leichter zurechtzufinden.

Bei öffentlichen Veranstaltungen stehen die anwesenden Lehrerinnen und Lehrer für Fragen zu Verfügung und können sicher schon einige Unklarheiten der Eltern beseitigen. Vielleicht gibt es aber auch eine Broschüre über die Schule oder eine aussagekräftige Internetseite, die das

Fragen an die künftige Grundschule

- Wie anspruchsvoll, gefährlich oder lang ist der Schulweg?
- Welche Unterrichtszeiten sind verbindlich und gibt es ↗ Betreuung für die unterrichtsfreie Zeit?
- Nach welchen Kriterien wird die Eingangsklasse zusammengestellt?
- Welche Maßnahmen erleichtern den Erstklässlern die ersten Schulwochen?
- Welche Kenntnisse werden von den Erstklässlern erwartet?
- Wie groß wird die Klasse sein?
- Wie hoch wird der vermutliche ↗ Unterichtsausfall sein?
- Wie ist der Austausch zwischen Lehrern und Eltern geregelt?
- Kann der beste Freund oder die Freundin in die gleiche Klasse aufgenommen werden?
- Welche Lehrerin, welchen Lehrer wird das Kind bekommen (nicht bekommen)?
- Wie wird der Stundenplan aussehen?
- Wie werden die Unterrichtseinheiten aussehen, wann sind ↗ Pausen?
- Gibt es Zusatzangebote zum Pflichtunterricht, zum Beispiel für lese- und rechtschreibschwache oder rechenschwache Kinder (s. auch Kapitel 12)?
- Haben die Kinder genug Platz?
- Ist der Schulhof attraktiv gestaltet (s. auch Kapitel 8)? Gibt es Grünflächen, Klettergerüst, Ruhezonen?
- Sind die Klassenräume ansprechend gestaltet und haben die Kinder altersgerechte Tische und Stühle?
- Haben die Schulkinder Möglichkeiten, mit dem ↗ Computer zu arbeiten?

↗ Schulprogramm verdeutlicht. So ist es für viele Eltern unter anderem wichtig zu wissen, ob ihr Kind in der Grundschule verlässliche Unterrichtszeiten hat, ob die Schule eine bestimmte pädagogische Richtung verfolgt und wie intensiv die Mitarbeit der Eltern gewünscht wird. Immer wieder zeigt sich auch, dass zwischen verschiedenen Grundschulen große Unterschiede bestehen. So können zum Beispiel Lerntempo, Umfang von Hausaufgaben und erwünschte Mitarbeit der Eltern stark variieren.

Viele Schulleiter und Schulleiterinnen sind zu Beratungsgesprächen bereit, bei denen die meisten Fragen geklärt und Sorgen ausgeräumt werden können.

Klärenswert ist die Frage, ob die jeweilige Grundschule die neue Schuleingangsphase einführt und ob sie dafür gerüstet ist, mit diesem Modell auch jüngere Kinder aufzunehmen und den jahrgangsgemischten Unterricht qualifiziert zu erteilen. Ein Indiz dafür wäre die Teilnahme an einem Schulversuch oder die Anzahl der „Kann-Kinder", die in den letzten Jahren aufgenommen wurden und die damit gesammelten Erfahrungen.

Was ist Schulfähigkeit eigentlich?

Die Schulleiterin oder der Schulleiter entscheidet über die Schulfähigkeit und damit über die Aufnahme eines Kindes in die Schule. Vorausgegangen ist in der Regel eine eingehende Untersuchung durch die Schulärztin oder den Schularzt. Diese Untersuchungen werden meist in den jeweiligen Grundschulen vor Ort durchgeführt. Die schulärztliche Untersuchung umfasst die Feststellung des körperlichen Entwicklungsstandes

und die Beurteilung der allgemeinen, gesundheitlich bedingten Leistungsfähigkeit einschließlich der Sinnesorgane.
Kinder bringen jenseits ihres körperlichen und geistigen Entwicklungsstandes sehr unterschiedliche Lernvoraussetzungen mit, denn auch das soziale Umfeld, in dem sie aufwachsen und sich bewegen, hat Einfluss auf ihre Schulfähigkeit. Die Erfahrungen, die Kinder in ihrem Leben gesammelt haben, die Unterstützung und Förderung durch die Familie sowie ihre kulturelle Zugehörigkeit wirken sich auf die Schulfähigkeit aus.
In der Regel prüft die Schulleitung im Einzelgespräch mit den Eltern oder bei einem gemeinsamen Gruppentermin mit anderen Schulanfängern, ob sie ein Kind in die Schule aufnehmen kann. Eine weitergehende Prüfung der Schulfähigkeit durch Schuleignungstests ist schulabhängig und wird nur im Zweifelsfall durchgeführt. Jede Schulleitung wird bemüht sein, zum Wohle des einzelnen Kindes zu entscheiden.

Die körperliche Reife

Die körperliche Reife und die Gesundheit eines Kindes sind wichtige Faktoren, um sich für oder gegen die Einschulung zu entscheiden. Kraft (der ↗ Schulranzen hat ein ganz schönes Gewicht!) und eine gewisse Größe und Ausdauer sind wichtig, um den noch ungewohnten und manchmal doch auch sehr anstrengenden Schulalltag zu überstehen.

Fragen zur körperlichen Reife

- Wie groß ist das Kind? Gibt es deutliche Unterschiede zu Gleichaltrigen? Hat sich sein Körperbau von der kleinkindlichen Form schon verändert und deutlich in die Länge gezogen? Hat das Kind bereits Milchzähne verloren?
- Wie weit ist die motorische Entwicklung? Wirkt das Kind sicher beim Gehen, Hüpfen, Rennen und Springen? Kann es Gleichgewicht halten? Kann es sicher Treppen steigen, Bälle fangen und Dreirad fahren?
- Wie ist der Gesundheitszustand? Hat das Kind außergewöhnliche Krankheiten? Ist es chronisch krank und braucht deshalb eine besondere Unterstützung? Wie ist die körperliche Konstitution des Kindes? Kann es seinen Ranzen allein tragen? Hält es einen Schultag durch?
- Wie ist die feinmotorische Entwicklung? Kann das Kind Schuhe binden? Kann es einen Stift richtig halten, etwa beim Malen? Kann es ausschneiden?

Die geistige Reife

Ein Schulkind muss über bestimmte Grundvoraussetzungen im verstandesmäßigen (kognitiven) Bereich verfügen, um den schulischen Anforderungen gerecht werden zu können. Zum Beispiel Geschichten verstehen und nacherzählen, reimen, singen und sich anderen mitteilen sind wichtige Grundvoraussetzungen für die Schulfähigkeit.

Fragen zur geistigen Reife

- Kann das Kind die Bedeutung von Buchstaben und Symbolen verstehen?
- Kann es sich beim Spielen oder Vorlesen ungefähr 20 bis 30 Minuten lang durchgehend konzentrieren?
- Kann es Farben benennen und Formen unterscheiden?
- Kann es sich kleine Arbeitsaufträge merken und ausführen?
- Kann es einfache Formen nachmalen?

- Hat es Interesse an Buchstaben und Zahlen?
- Kann es sicher bei Symbolen rechts und links unterscheiden?
- Kann es Laute sicher unterscheiden? Zum Beispiel *b* und *p* oder *o* und *u*?
- Benutzt es eine (grammatisch) weitgehend korrekte Sprache?
- Kann es Geschehnisse sprachlich angemessen wiedergeben, also Geschichten oder Ereignisse so erzählen, dass der Zuhörer sie verstehen kann?
- Hat es eine sichere Raumorientierung (oben, unten, hinter, vor)?

Soziale und gefühlsmäßige Reife

Der Erstklässler wird fremden Situationen begegnen, sobald er die Schule besucht. Die Trennung vom Elternhaus, die neuen Klassenkameraden, eine oder mehrere Lehrerinnen, ein unbekanntes Schulhaus, die ungewohnte Hausaufgabensituation und nicht zuletzt auch die Leistungsanforderungen sind anfangs gar nicht so leicht zu bewältigen. Manche Kinder sind zu diesen sozialen Leistungen schon mit fünf Jahren, andere erst mit sieben Jahren in der Lage. Hierzu können gegebenenfalls die Erzieherinnen in Kindergarten oder Kindertagesstätte Auskunft geben.

Fragen zur emotionalen und sozialen Reife

- Kann das Kind einen Vormittag ohne Eltern aushalten?
- Ist es besonders ängstlich oder eher zuversichtlich?
- Zeigt es Lust und Neugierde, in die Schule gehen zu dürfen?
- Zeigt es Lust und Neugierde, schreiben, rechnen und lesen zu lernen?
- Hat es positive Erfahrungen mit Kindergruppen gesammelt?
- Kann es mit seinen Gefühlen umgehen?
- Hat es die Fähigkeit, sich in einer Gruppe seinen Platz zu suchen?
- Ist es emotional ausgeglichen und belastbar?
- Kann es Regeln verstehen und einhalten?
- Kann es mit Enttäuschungen und Frustrationen angemessen umgehen?
- Hat es Freunde oder Freundinnen und fühlt es sich in einer Gruppe wohl?

Sprachtest

In immer mehr Bundesländern müssen Erstklässler einen Sprachtest ablegen, bevor sie in die erste Klasse aufgenommen werden. Werden dort Lücken festgestellt, so bekommen diese Kinder eine Sprachförderung. In Nordrhein-Westfalen werden in jedem Jahr sogar alle Kinder, die zwei Jahre später schulpflichtig werden, daraufhin untersucht, ob sie die deutsche Sprache hinreichend beherrschen und ob ihre Sprachentwicklung im Deutschen altersgemäß ist. Ist dies nicht der Fall und werden die Kinder nicht in einer Kindertagesstätte sprachlich gefördert, werden sie verpflichtet, an einem vorschulischen Sprachkurs teilzunehmen.
Wer diese Kurse zur ↗ Sprachförderung anbietet und durchführt, ist unterschiedlich, meist werden die Kinder jedoch in ihrer oder einer anderen Grundschule unterrichtet.

Wenn es mit der Einschulung noch nicht klappt

Bis zu einem Jahr Rückstellung vom Schulbesuch ist in fast allen Bundesländern noch möglich, jedoch nur, wenn stichhaltige Gründe oder medizinische Gutachten dafür vorliegen. Eine Zurückstellung erfolgt, wenn zu erwarten ist, dass eine Förderung im schulischen Rahmen keine für die Entwicklung des Kindes günstigeren Voraussetzungen schafft. In Zweifelsfällen kann ein Eignungstest oder der Besuch beim Schulpsychologen Klarheit schaffen.

↗ Schulpsychologen gibt es in allen Bundesländern. Sie unterstützen die Zusammenarbeit aller an der Schule Beteiligten (Schüler, Eltern, Lehrkräfte) durch besondere, schulorientierte Beratung und Hilfe bei Lern- und Lehrproblemen gleichermaßen, wie die Fortbildung von Lehrkräften und Schulleitern und Schulleiterinnen sowie die Mitarbeit bei der Weiterentwicklung der Schule.

Die Entscheidung über die Zurückstellung eines Kindes vom Schulbesuch soll möglichst in zeitlicher Nähe zum Schuljahresbeginn getroffen werden, da Kinder sich ständig weiterentwickeln.

Ein vom Schulbesuch zurückgestelltes Kind sollte das zusätzliche „freie" Jahr nutzen, um anschließend einen erfolgversprechenden Schulstart hinzulegen. Dabei gibt es zur Zeit in einigen Bundesländern (zum Beispiel in Hessen) noch die Möglichkeit, eine Vorklasse, den Schulkindergarten oder den alten Kindergarten zu besuchen. In der Vorklasse oder auch im Schulkindergarten erfährt das Kind eine räumliche Veränderung und bildet mit anderen Kindern eine neue Gruppe. Es lernt hier seine neue Schulumgebung kennen und kann seine sozialen Kompetenzen, also seine Fähigkeit mit anderen umzugehen, erweitern, ohne sich schon mit den Leistungsanforderungen der ersten Klasse auseinandersetzen zu müssen. Mit zunehmender Verbreitung der neuen Eingangsstufe werden die Zurückstellungen jedoch stark eingeschränkt und die Vorklassen und Schulkindergärten aufgelöst. Alle Kinder werden in die Schuleingangsphase aufgenommen und können sich dort nach ihrem individuellen Tempo entfalten. Bleibt ein Kind drei Jahre lang in der Schuleingangsphase (erste und zweite Klasse), so wird das dritte Jahr in den meisten Bundesländern nicht auf die Höchstverweildauer, wohl aber teilweise auf die allgemeine Vollzeitschulpflicht angerechnet.

Wird ein Kind vom Schulbesuch zurückgestellt und besucht seinen Kindergarten noch ein weiteres Jahr, so ändert sich das kindliche Umfeld doch stark. Viele Freunde verlassen die Einrichtung und das zurückgestellte Kind wird nun zum ältesten Gruppenmitglied. Möglicherweise fühlt es sich zurückgesetzt, allein gelassen oder nicht ernst genommen. Der Verbleib in der Kindertagesstätte ist daher nicht immer die beste Lösung.

www.schulpsychologie.de

Vorzeitige Einschulung

Da nach dem Beschluss der Kultusministerkonferenz in begründeten Fällen auch Kinder vorzeitig eingeschult werden können, die nach dem 31. Dezember geboren worden sind, starten manche Kinder sehr früh in die Grundschule. Die Erfahrung zeigt, dass zu den vorzeitig eingeschulten Kindern mehr Mädchen als Jungen und weniger Erstgeborene als Geschwisterkinder gehören. Diese so genannten Kann-Kinder, zu denen oft auch hochbegabte Kinder gehören, sind früher als andere schulfähig (s. auch Kapitel 9). Sie kennen die Schule durch ihre Geschwister, langweilen sich im Kindergarten und sind neugierig und wissbegierig auf den nächsten Lebensabschnitt. Doch allein das Interesse des Kindes ist kein ausreichender Grund für eine vorzeitige Einschulung. Die Schulfähigkeit muss sorgfältig durch Fachleute geprüft werden. Dabei ist es wichtig, die Kinder erst dann zu testen, wenn die Einschulung kurz bevor steht, denn gerade in diesem Alter entwickeln sich Kinder oft innerhalb weniger Wochen rasant.

In Zweifelsfällen kann auf Initiative der Schulleitung ein Einzeltest bei einem Schulpsychologen zusätzliche Erkenntnisse bringen.

Schulreifetests

In der Regel wird die Teilnahme an einem Test vom zuständigen Schulleiter oder der Schulleiterin angeordnet. Diese/r entscheidet auch über das Testverfahren. Kinder, die nach dem 31.12. eines Jahres geboren sind, benötigen meist ein ausführliches Gutachten, das in Bayern zum Beispiel von den ↗ Schulpsychologen zu erstellen ist.

Neben der schulärztlichen Untersuchung gibt es eine Reihe von unterschiedlichen Testverfahren, die über die Schulfähigkeit eines Kindes Auskunft geben sollen. Viele Schulen verwenden Beobachtungsverfahren, die in der Gruppe stattfinden. Dabei werden Wahrnehmung, Umgang mit Mengen, Denkfähigkeit und Vorwissen, Sprache, Gedächtnis, Motorik, sowie Leistungsmotivation, Arbeitsverhalten und besonders der soziale und emotionale Bereich beobachtet. Meistens gibt es kurz vor den Sommerferien dazu einen Termin in der Schule, den die angemeldeten Kinder in Gruppen mit der Schulleitung verbringen. Zeigt ein Kind in dieser Gruppensituation ohne Eltern beispielsweise noch eine sehr enge Bindung an die (meist) ↗ Mutter, weint und weigert es sich, an den Spielen und Gesprächen allein teilzunehmen, ist zu vermuten, dass es noch nicht schulfähig ist.

In einem persönlichen Gespräch mit der Schulleitung wird gemeinsam besprochen, ob eine Rückstellung vom Schulbesuch möglich und sinnvoll ist.

Die Aussagekraft eines Schulleistungstests über den aktuellen Entwicklungsstand und die Fähigkeiten eines Kindes ist groß. Es ist jedoch umstritten, inwieweit diese Tests auch eine gültige Aussage über die ↗ Schullaufbahn eines Kindes geben. Nicht zu vernachlässigen ist auch die Auswirkung der besonderen Prüfungssituation auf die Testergebnisse, denn letztlich wird nur eine Momentaufnahme gemacht, und gerade Kinder unterliegen oft großen Leistungsschwankungen. Für Kinder mit besonderen Bedürfnissen gibt es den sonderpädagogischen Förderbedarf, dessen Feststellung entweder durch die Schule, die Eltern oder andere pädagogische Dienste eingeleitet werden kann (s. Kapitel 12). Auch hier sind die Regelungen je nach Bundesland unterschiedlich. Ist der Bedarf festgestellt, wird entschieden, wie er gewährt wird:

- vorbeugende Maßnahmen,
- integrativer Unterricht,
- Förderung in Sonder- bzw. Förderschulen (die Bezeichnung der entsprechenden Schulen ist in den einzelnen Bundesländern unterschiedlich),
- Förderung in sonderpädagogischen Förderzentren.

Ganztagsschule

Kinder aus sozial schwachen Familien haben erwiesenermaßen schlechtere Chancen im Bildungsbereich. Vergleichende Untersuchungen haben belegt, dass in Deutschland ein hoher Schulabschluss etwas mit der sozialen Herkunft der Schüler und Schülerinnen zu tun hat. Damit auch Kinder aus bildungsfernen Familien eine gleichwertige Lernchance bekommen, hat sich die KMK (Kultusministerkonferenz) auf den Ausbau von Ganztagsschulen verständigt. Heute lernen rund 15 Prozent aller Schülerinnen und Schüler an Ganztagsschulen und aufgrund eines finanzstarken Förderprogramms vom Bundesministerium für Bildung und Forschung steigen die Zahlen weiter an. Mehr als jeder siebte Schüler hat im Schuljahr 2005/06 eine Ganztagsschule besucht, deren gesellschaftliche Bedeutung wächst rasant.

Doch was soll man sich unter einer ↗ Ganztagsschule eigentlich vorstellen? Nach der neuesten Definition der Kultusministerkonferenz (KMK) von 2004 darf sich Ganztagsschule nennen, wer

- mindestens drei Tage in der Woche mindestens sieben Zeitstunden Unterricht und Freizeitbetreuung anbietet,
- Mittagessen an allen Wochentagen zur Verfügung stellt
- und nachmittägliche Angebote unter Aufsicht, Verantwortung oder enger Kooperation mit der Schulleitung und in konzeptionellem Zusammenhang mit dem Unterricht gewährleistet.

Die Teilnahme an dem vom Bund geforderten offenen Ganztagsangebot ist freiwillig, ein Kind kann also auch nach dem regulären Unterricht gegen Mittag die Schule verlassen. Nur bei gebundenen Ganztagsschulen, die es jedoch nur in verschwindend geringem Umfang und meistens bei Sonder- oder Förderschulen gibt, ist die Teilnahme am gesamten Tagesangebot verpflichtend. Daneben gibt es noch teilweise gebundene Ganztagsschulen, bei denen nur ein Teil der Schüler ganztägig versorgt wird.
Immer noch machen einen nicht geringen Anteil an Ganztagsschulen die Grundschulen mit rund 10 Prozent aus. In den meisten Ländern werden die Ganztagsangebote zurzeit ausgeweitet.
Neben einer Entlastung für die Familie versprechen sich die Befürworter von Ganztagsunterricht eine umfassendere und individuellere ↗ Förderung von Kindern, die mehr Unterstützung benötigen, als die Halbtagsschule sie leisten

kann. Ob hochbegabt oder lernschwach – individuelle Konzepte sollen allen Kindern die Chance eröffnen, ihren eigenen Möglichkeiten entsprechend zu lernen und sich zu entwickeln.

Jahrgangsgemischte Klassen

In jahrgangsgemischten Klassen, wie es sie in der neuen Eingangsstufe und in anderen Modellschulen oder in ländlichen Gebieten mit zu wenigen Schülern gibt, lernen Kinder ebenso viel wie in jahrgangsreinen Klassen. Im sozialen Verhalten machen sie jedoch größere Fortschritte. Sie lernen aufeinander einzugehen, sich gegenseitig zu helfen und gemeinsam etwas zu erreichen.

Durch die Verfügbarkeit der Lerninhalte von zwei Jahren können begabtere Kinder in besonderer Weise gefördert werden und schneller vorankommen. Diese Kinder können die jahrgangsgemischte Eingangsklasse in einem Jahr durchlaufen, was dem Überspringen einer Jahrgangsstufe entspricht. Entwicklungsverzögerte Kinder können bis zu drei Jahre lang in der jahrgangsgemischten Eingangsklasse bleiben.

www.bildungs-server.de

Darüber hinaus wird die Grenze zwischen Schule und Vorklasse oder Grundschulförderklasse fließender und der Schulstart insgesamt stärker an die Bedürfnisse der Kinder angepasst. Mehrere Bundesländer haben inzwischen regional die neue Eingangsstufe und jahrgangsgemischte Klassen eingeführt. Drei Modelle unterscheidet man, die sich alle durch eine hohe Flexibilität in der Schuleingangsphase, also den ersten beiden Klassenstufen, auszeichnen.

- Modell A1 – ein jahrgangsübergreifendes Modell, das die Klassen 1 und 2 in der Schuleingangsphase mit einer variablen Verweildauer von ein bis drei Jahren zusammenfasst. Die Einschulung erfolgt nach der Stichtagsregelung ohne Überprüfung der Schulfähigkeit in bereits bestehende Lerngruppen.
- Modell A2 – bietet einen zusätzlichen zweiten Einschulungszeitpunkt im Frühjahr an. Zurzeit in Baden-Württemberg und Brandenburg umgesetzt.
- Modell B – enge Verzahnung von Grundschulförderklassen (Vorklassen) mit dem ersten Schuljahr zur Prävention von Zurückstellungsmaßnahmen.
- Modell C – große Bandbreite an Einzelmaßnahmen zur Vermeidung von Rückstellungen, individualisierendes und differenzierendes Lernen.

In der aktuellen Umbruchphase der Bildungspolitik sind Eltern gut beraten, wenn sie sich über die ihnen zugewiesene Schule und deren Konzept beim Kultusministerium oder Schulamt informieren.

Wie Eltern ihr Kind auf die Schule vorbereiten können

Alle Kinder sind wissbegierig und an allem interessiert. Mit ein wenig Lob, Anerkennung und Unterstützung sind sie kaum zu bremsen, Neues und Ungewohntes zu erforschen, zu hinterfragen und zu verstehen. Das gilt auch für die Schule. Um dort jedoch gut starten zu können, brauchen sie neben normalen geistigen Fähigkeiten und der körperlichen Gesundheit ein starkes Selbstbewusstsein und emotionale Stärke. Nur wer sich selbst etwas zutraut, kann in der Schule selbstbewusst und erfolgreich starten.

Es ist gut, wenn Kinder schon vor Schulbeginn lernen, sich mit neuen Themen zu beschäftigen, Ereignisse zu hinterfragen und sich mit Gruppen auseinanderzusetzen. Viele Möglichkeiten und Angebote bieten sich Eltern, um die Schulfähigkeit ihres Kindes zu unterstützen:

Unvoreingenommen sein

Oft sind die Sorgen der Eltern vor der bevorstehenden Einschulung größer als die der Kinder. Da, wo sich die Erstklässler noch unbedarft und ohne Vorurteile auf die neuen Veränderungen freuen, haben Eltern längst ihre eigenen Erfahrungen mit der Schule gemacht. Manchmal gute, aber oft auch nicht so gute. Nicht allen Eltern gelingt es, negative Erfahrungen auszublenden. Dabei hat sich in der Schule viel getan (s. Kapitel 3 und 4).

Rituale nutzen

Rituale sind ein zentraler Faktor im Leben eines jeden Menschen und sie haben auch auf Kinder eine nicht zu unterschätzende Wirkung. Gerade in ungewohnten Situationen und zu Beginn neuer Lebensphasen können sie Kraft und Zuversicht vermitteln, indem sie das Neue mit bereits gut Bekanntem und Vertrautem verbinden. Ein bewährtes Ritual ist zum Beispiel der Einsatz eines Glücksbringers. Viele Kinder verlieren ihre ↗ Angst vor dem ersten Schultag, wenn sie ein wohlbekanntes Kuscheltier von zu Hause mitnehmen können. Fühlen sie sich unsicher und ängstlich, genügt oft eine kurze Berührung mit dem vertrauten Spielzeug, um wieder Mut zu schöpfen.

Lehrer/-innen wertschätzen

Vorsicht mit schnellen Urteilen über Pädagogen, auch wenn die Erinnerungen an die eigene Schulzeit nicht positiv waren. Viele Lehrkräfte sind engagiert und setzen sich voll und ganz für ihre Schüler ein. Ob ein Kind mit einem Lehrer oder einer Lehrerin zurechtkommt, hat nichts damit zu tun, wie die Eltern die Lehrkraft einschätzen. Schulkinder müssen ihre eigenen Erfahrungen mit den neuen Autoritätspersonen machen. Sie müssen lernen, die Schulregeln zu akzeptieren und sich auf den Unterrichtsstil einzustellen. Die ersten Wochen sind eine Eingewöhnungszeit für Lehrkräfte und Erstklässler, ein wenig Zeit muss man dem neuen Team zugestehen, bevor ein Urteil über die Zusammenarbeit gefällt werden kann. Kommt es zu Problemen, können diese am Elternabend oder in Einzelgesprächen angesprochen und ausgeräumt werden. In komplizierten Fällen kann die Schulleitung hinzugezogen werden. Die weitaus meisten Lehrkräfte sind engagiert und setzen sich trotz großer Klassen und hoher Belastungen voll und ganz für ihre Schüler ein.

Der Unterricht heute ist längst nicht mehr so wie noch vor zwanzig Jahren!

Spiele spielen

Ohne gleich das Lesen und Schreiben zu trainieren, können Eltern viel zu einem gelungenen Schulstart beitragen. Gemeinsame ↗ Spiele mit der Familie und Freunden trainieren die soziale Kompetenz, also das Sichzurechtfinden in einer Gruppe. Ein Kind lernt, dass es als Teil eines Ganzen auch einmal verliert, es übt, seine Ungeduld und Wut zu beherrschen und nicht immer im Mittelpunkt stehen zu müssen. Nach wie vor sind Brettspiele eine wunderbare Möglichkeit, diese soziale Kompetenz in der Gruppe zu erproben. Außerdem fördern sie die Konzentrationsfähigkeit, sowie gemäßigtes Stillsitzen und Geduld – Eigenschaften, die für den Schulalltag wichtig sind.

Computerspiele und Konsolen eignen sich zu Spielen nur sehr begrenzt, denn hier findet kein zwischenmenschlicher Austausch statt (s. auch Kapitel 1).

Spiele üben das genaue Hinsehen *(Memory)*, befassen sich mit ersten Zahlenreihen *(Elfer raus)* und erhöhen die Frustrationstoleranz *(Mensch ärgere dich nicht)*.

Der Markt für traditionelle Spiele ist groß und bietet für jeden Geschmack etwas. In vielen Stadtbüchereien finden sich Spielecken, in denen Spiele ausprobiert, aber auch ausgeliehen werden können. Klassiker wie *Fang den Hut*, *Malefiz*, *Das verrückte Labyrinth*, *Vier zu mir* und viele andere Gesellschaftsspiele machen der ganzen Familie Spaß und ersetzen manch eine langweilige Fernsehsendung. *Würfelspiele* trainieren den ersten Umgang mit Mengen und bieten so einen guten Einstieg in die Mathematik.

Bücher als Freunde gewinnen

Durch Vorlesen und die Beschäftigung mit Büchern wird bei Kindern das Interesse am Lesen überhaupt geweckt. Alle öffentlichen Büchereien haben attraktiv gestaltete Kinderbuchabteilungen, in denen sich die Kinder in Ruhe ein Buch zum Mitnehmen aussuchen können. Die Stiftung Lesen bemüht sich seit Jahren um die Lesekultur von Kindern. Mit drei rollenden Vorlesemobilen sind sie in ganz Deutschland unterwegs, um Kindern den Spaß am Lesen und an Büchern zu vermitteln.

Bremsen sollte man die Lernlust von Kindern nie, höchstens etwas lenken. Will ein Kind unbedingt lesen, schreiben und rechnen lernen, sollte man beobachten, was hinter dieser Äußerung steckt. Oft steht dahinter nur der Wunsch, seinen eigenen Namen schreiben zu können oder bis zehn zu zählen, weil das die große Schwester auch kann. Lernt das Kind aber wirklich sehr früh spielerisch und mühelos, hat es eine ausgesprochene Sprachbegabung. Kann es sich schon früh sehr differenziert ausdrücken, zeigt sich hier möglicherweise eine Sonder- oder Hochbegabung (s. Kapitel 9). Dann kann eine vorzeitige Einschulung sinnvoll sein, aber auch die Erweiterung der Freizeitaktivitäten wäre eine Möglichkeit, das interessierte und möglicherweise unterforderte Kind zu beschäftigen und vor Langeweile zu bewahren. Durch die erweiterten Möglichkeiten zur vorzeitigen Einschulung ist es auch möglich, schon Fünfjährige zu unterrichten.

Kultur kann so viel Spaß machen

In vielen größeren Städten gibt es inzwischen ↗ Museen, die sich mit ihrem Programm ganz den Bedürfnissen und Interessen von Kindern widmen. Erwähnenswert sind zum Beispiel das Mathemuseum in Gießen oder das Arithmetikum in Bonn, in dem interessierte Fami-

lien mit Kindern und auch ganze Schulklassen die spannende Welt der Zahlen auf ganz unterschiedliche Weise erfahren können.
Meist bieten aber auch die kleineren Museen im regionalen Umfeld sehr interessante Programme speziell für Kinder an. Warum nicht einmal einen Malkurs im örtlichen Kunstmuseum besuchen? Da schaut man die Bilder gleich mit anderen Augen an.
Angebote kann man bei den einzelnen Museen erfragen, die meisten Museen sind inzwischen auch im Internet präsent. Eine Recherche lohnt sich ...

Umschauen lohnt sich: Angebote für Kinder

- Vereine und Organisationen gemeinnütziger Art
- Aktivitäten in kommerziell organisierten Einrichtungen
- Bildungs- und Erlebnisorte mit kulturellem Charakter
- Sportvereine (Sportarten jeder Art)
- Karnevalsvereine
- freiwillige Feuerwehr
- Heimatverein
- Musikschule
- Tanzschule
- Bibliotheken
- Kinder- und Jugendkinos
- Kinder- und Jugendtheater
- Museen
- Walderlebnispfade
- ...

Was machen Kinder nachmittags?

Natürlich gibt es auch im Nachmittagsbereich viele Möglichkeiten, ein wissbegieriges und lernwilliges Kind zu beschäftigen. Das etwas freiere, spielerische Lernen zu Hause oder in den Nachmittagsangeboten der Kinder- und Jugendeinrichtungen hat Vorteile, denn es kommt den Interessen und Vorlieben der Kinder entgegen. Die vor- und außerschulischen Aktivitäten fördern Bildungsprozesse und haben oft als Schlüsselerlebnis einen nicht unerheblichen Einfluss auf die spätere Berufswahl.
Gruppensportarten, spielerische Sprachfrühförderung oder kindgerechte Exkursionen und Erkundungen stillen die Neugier, stellen spannende und informative Beschäftigungen dar. Sportkurse fördern die Motorik, und gemeinsames Basteln ist eine ideale Voraussetzung für die Stifthaltung beim Schreiben.
Immer beliebter werden in den letzten Jahren die Kinderuniversitäten, von denen es in Deutschland inzwischen rund 40 Angebote in den meisten größeren Städten gibt.

Eine Übersicht über die deutschen Kindermuseen bietet: www.bv-kindermuseum.de

Schule ist Arbeit genug

Eine gute Bildung ist wichtig für die Zukunft eines Kindes. Das wissen Eltern und bemühen sich daher um die bestmögliche Förderung und vielfältige Anregungen auch im Freizeitbereich. Doch zu viel kann auch schaden. Die Anforderungen der Grundschule sind für viele Kinder erst einmal sehr anstrengend. Manche brauchen den Nachmittag zur Erholung und um einfach die Seele baumeln zu lassen. Zusätzliche Kurse und Verpflichtungen müssen nicht unbedingt sein. Kinder lernen auch, wenn sie sich mit Freunden treffen und einfach nur spielen. Hier das richtige Maß zu finden und den Möglichkeiten eines Kindes gerecht zu werden, ist eine große Herausforderung für Eltern.

3 Die Grundschule

Horst Bartnitzky

Die erste Schule der Kinder

Die Grundschule ist eine besondere Schule, denn sie ist für alle Kinder die erste Schule, die sie besuchen. Oft haben die Kinder und die Eltern in den letzten Wochen ungeduldig vor Schulbeginn auf den ersten Schultag gewartet. Die Eltern wissen, dass mit Schulbeginn vieles anders wird als zur Kindergartenzeit: feste Uhrzeiten für den Anfang und das Ende des Schultages, Hausaufgaben, Ferienwochen. Dies gibt neue Terminzwänge vor – für die sichere Betreuung des Kindes am Tag, für die Urlaubsplanung.

Die sorgenvollen Fragen: Unser Kind kann schon etwas lesen – ist es da nicht völlig unterfordert? Unser Kind ist so lebhaft, quirlig – kann es wohl so lang still sitzen? Unser Kind ist still, wartet immer erst mal ab, muss erst „warm" werden, bevor es aus sich herauskommt – wird es da nicht von den Flotten zur Seite gedrängt? Für jedes Kind sind es andere und wichtige Fragen, die sich die Eltern stellen. Die Gespräche hierüber erlebt auch das Kind und so verstärkt sich bei ihm der Eindruck, dass mit dem Schulbeginn nun etwas ganz Neues, ungeheuer Wichtiges auch für die Eltern beginnt.

Die Eltern im Stadtteil erzählen sich Geschichten über die Grundschule, bewerten Lehrkräfte und Unterricht. Die eine Schule hat einen schlechten Ruf: schlechte Leistungen, wenige Kinder wechseln aufs Gymnasium; die andere hat einen guten Ruf, die eine Lehrerin ist geschätzter als andere. Hoffnungen werden gehegt, dass das eigene Kind zu der gewünschten Lehrerin kommt; manche Eltern bedrängen die Schulleiterin, das Kind in diese oder jene Klasse zu geben. Oft ist das Kind Ohrenzeuge solcher Gespräche. Leicht können sich dabei Sorgen und Skepsis, Vorurteile und Abneigungen gegen die Schule, gegen Lehrkräfte, gegen bestimmte Formen schulischer Arbeit auf das Kind übertragen und seine Einstellung prägen.

„Häkchen krümmt man beizeiten"

PISA und die hohe Arbeitslosigkeit haben die Schule wieder in den Blickpunkt der Öffentlichkeit gerückt. Schließlich hängt vom Schulerfolg der eigenen Kinder wesentlich ab, welche Chancen sie einmal im Leben haben werden. Und da man gern dem Volksmund glaubt, demzufolge man „Häkchen beizeiten krümmen" müsse, ist der kritische Blick besonders auf die Grundschule und das

Lernen der Kinder in den ersten Jahren gerichtet.
Zunehmend häufiger greifen Eltern zu Vorschulheften, mit denen ihre Kinder sich auf die Schule vorbereiten sollen: Da werden zum Schreibenüben schon mal Bögen und Kringel in Reihen gemalt, Buchstaben nachgefahren und ausgemalt. Eltern und Großeltern spielen Vorschullehrer: „Die Striche müssen aber ganz gleichmäßig sein." – „So ‚husch-husch' darfst du in der Schule aber nicht arbeiten." Ganz so weit entfernt von der hoffentlich ausgestorbenen Drohung „Warte, bis du in die Schule kommst!" ist das nicht mehr. Natürlich ist das alles gut gemeint.
Aber es lässt die Schule für Eltern wie für Kinder als ständigen Wettkampf erscheinen: Spontaneität gegen Disziplin, Bewegungslust gegen Stillsitzen, kindliche Bedürfnisse gegen Leistungsziele, „mein Kind" gegen die anderen Kinder in der Klasse. Robuste, erfolgsgewohnte Kinder kommen damit besser zurecht; weniger robuste, ängstliche und unsichere Kinder empfinden die Schule als bedrohlich, bevor sie überhaupt angefangen hat.
Hat die Grundschule begonnen, wird die schulische Entwicklung des Kindes aufmerksam beobachtet, auch im Vergleich zu anderen Kindern. Gibt es die ersten Noten, sind spätestens dann auch bei vielen Eltern die Gedanken da, ob das Kind den Übergang aufs Gymnasium schafft. Nachhilfeinstitute sind in den letzten Jahrzehnten wie Pilze aus dem Boden geschossen, Spezialprogramme gegen ↗ Legasthenie (Lese-, Schreib-/Rechtschreibschwäche) und ↗ Dyskalkulie (Rechenschwäche) werden angeboten, auch spezielle Rechenkurse mit einem kompakten Rechentraining. Die „Schulen neben der Schule" haben regen Zulauf. Alles dies dient dem Gedanken, die Kinder mit Erfolg über die Grundschulzeit zu bringen, damit sie dann möglichst auf dem Gymnasium erfolgreich weiterlernen.

Für die Erziehung der Kinder sind beide Seiten zuständig, die Eltern zuallererst, dann aber auch die Schule. Wissen voneinander ist ein guter Anfang, Absprachen miteinander sind hilfreich und ein abgestimmtes erzieherisches Denken und Handeln sind wünschenswert. Eltern müssen wissen, was das Leben und Lernen in der Grundschule bestimmt – zum Beispiel um einzuschätzen, ob das Schreibdrucken über zwei Jahre oder die häufige Freiarbeit den Kindern nutzt, aber auch, um mit den Noten pädagogisch angemessen umzugehen.

Schauen wir genauer hin, was Grundschulen heute leisten: Gut informierte Eltern werden die Grundschuljahre mit Gelassenheit und Zuversicht begleiten.

Jeder, der viele Grundschulen kennt, weiß, wie unterschiedlich diese in ihrer Qualität sind und wie verschieden einzelne Lehrkräfte in den Grundschulen arbeiten. Der Unterricht kann sich von Schule zu Schule und von Lehrerin zu Lehrerin unterscheiden: Unterricht, in dem vor allem die Lehrerin doziert und die Kinder Aufgaben bearbeiten, findet man neben Unterricht, in dem sich die Kinder selbstständig Themen erarbeiten; Unterricht, in dem die Kinder fließbandartig Arbeitsblatt nach Arbeitsblatt abarbeiten neben Unterricht, in dem die Kinder miteinander diskutieren, forschen, Probleme lösen; Unterricht, in dem die Kinder im Rechtschreiben vor allem Diktate üben neben Unterricht, in dem sie auch über Rechtschreiben nachdenken und selbstständig schwierige Wörter mit verschiedenen Methoden üben; Schulen, an denen jede Lehrkraft hinter geschlossener Klassentür unbehelligt unterrichtet, wie sie immer schon unterrichtet hat, findet man neben Schulen, die sich ein gemeinsames Konzept erarbeitet haben.

Eltern sollten wissen, was nach heutigen wissenschaftlichen Erkenntnissen qualitätsvoller Grundschulunterricht ist. Dann können sie den Unterricht ihrer Kinder viel besser einschätzen, aufgeschlossene Lehrkräfte ermutigen, Hilfen anbieten, anderen Lehrkräften die richtigen Fragen stellen, die Kinder auf angemessene Weise stützen, die Aussagekraft von Klassenarbeiten und Leistungstests richtig einschätzen, sich selbst förderlich in Elterngremien einbringen.

Das Wichtigste: Freuen Sie sich mit Ihrem Kind auf die Schule!

Die Grundschule ist wirklich eine besondere Schule. Zum einen, weil sie am Anfang der Schulzeit steht und hier besonders aufmerksam betrachtet wird. Zum anderen ist sie es aber auch, weil sie ein eigenes pädagogisches Programm hat, das sich in den knapp hundert Jahren, in denen es diese Schulform gibt, herausgebildet hat. Die vielen Besonderheiten dieser Schulform, ihr Selbstverständnis, kann man besser verstehen, wenn man einen kleinen Blick zurück in ihre Geschichte wirft.

Grundlegende Bildung und Auslese

Die Grundschule ist als erste Schulstufe im Schulsystem nicht einmal hundert Jahre alt. Vorher gab es die Volksschule mit acht Schuljahren und manche Kinder wechselten nach vier Jahren auf „höhere Schulen". Viele Kinder aus den so genannten „besseren Kreisen" besuchten erst gar nicht die Volksschule. Sie gingen von Anfang an in Vorklassen, die sie direkt ins Gymnasium führten, oder sie besuchten gar keine Schule, sondern kamen durch Privatlehrer zu Hause ihrer Schulpflicht nach.

Nach dem Ersten Weltkrieg begann man demokratischer zu denken, Privilegien wurden abgeschafft: Die Kinder sollten von nun eine Schule gemeinsam besuchen, vier Jahre lang – so das Ergebnis hitziger Diskussionen. Danach sollten sich die Wege in verschiedene Schulformen trennen: in die höhere Bildung für die geistig besonders Begabten, in die mittlere für die kaufmännisch Begabten und in die untere für die praktisch Begabten. Nach damals vorherrschender Psychologie sollten sich diese Begabungshöhen bei Kindern mit zehn Jahren herausgestellt haben. Das rechtfertigte, dass die gemeinsame Schulzeit also bis zu diesem Alter, sprich vier Schuljahre, dauern sollte und danach das dreigliedrige Schulsystem einsetzte. So war es im Grundschulgesetz von 1920 angelegt. Die ersten vier Schuljahre waren also von Beginn an eine Gesamtschule, eine Schule für alle, und diese erhielt zwei Aufträge:

- Erstens: Sie sollte die Grundlagen an Bildung legen, die für das weitere Lernen nach der Grundschulzeit nötig waren, also: Sie war die Schule der **grundlegenden Bildung**.
- Zweitens: Sie sollte gegen Ende der vier gemeinsamen Jahre die Kinder nach ihrer Begabung für die weiteren Schulformen auslesen, also: Sie war die Schule der **Auslese**.

Beide Aufträge gelten bis heute.

Fast fünfzig Jahre später, nämlich in den sechziger Jahren des vergangenen Jahrhunderts, wurde in den „alten" Bundesländern (der Bundesrepublik Deutschland) die Volksschule aufgelöst und die Grundschule als eigenständige Schulform für die gemeinsamen ersten vier Jahre gegründet. Die weiteren Klassen der Volksschule wurden als „Hauptschule" ebenfalls eine eigene Schulform.

Vielfalt und Gemeinsamkeit

Zunehmend wurde der Gedanke einer dreistufigen Begabung ganzer Jahrgänge fragwürdig. Und es wurde fragwürdig, dass die Begabung als solche genetisch bereits in Höhe und Richtung festgelegt sei und die Kinder nur eine gewisse Zeit der Reifung brauchten, um ihre Begabung zu entwickeln. Mit den 1970er-Jahren kam eine neue Sichtweise: Begabung ist nicht unveränderlich vorhanden, sondern kann entwickelt und gefördert werden. „Kinder müssen begabt werden", also im Wortsinn durch guten Unterricht mit Gaben ausgestattet werden. Diese neue Wahrnehmung lenkte den Blick auf die einzelnen Kinder und ließ fragen, wie denn jedes Kind am besten individuell zu be-gaben sei. Diese Diskussion gab der Grundschule einen neuen Auftrag: den der Individualisierung, der genauen Betrachtung eines jeden einzelnen Schülers und jeder Schülerin.

Ein differenzierter Unterricht solle die Individualisierung ermöglichen. Dieser Auftrag fand sich dann auch in allen neuen Richtlinien wieder. Gestärkt und zielgerichteter formuliert wurde er in der Diskussion der 1990er-Jahre. Die „veränderte Kindheit" war Gegenstand vieler Untersuchungen und Diskussionen. Die Nutzung der neuen Medien, die gefährdete Umwelt, die Kinder aus anderen Herkunftsländern – dies sind nur einige der Punkte, die hierzu seitdem vielfach bedacht werden. Diese gegenüber früher veränderte Kindheit machte einmal mehr auch deutlich, dass Kinder sehr individuell sind, mit individuellen Erfahrungen in die Schule kommen und ihre eigenen Zugänge zu vielen Aufgaben und Themen der Schule haben.

Prinzipien der Grundschule heute:

1. Die Grundschule vermittelt allen Kindern grundlegende Bildung (s. Kapitel 4).
2. Grundschulunterricht ist differenzierter Unterricht, auf die individuellen Möglichkeiten der Kinder hin zugeschnitten.
3. Grundschulunterricht vereinzelt aber die Kinder nicht, sondern fördert auch das gemeinsame Lernen.
4. Die Grundschule bereitet die Kinder auf die Auslese am Ende der Grundschulzeit vor und trägt zur Auslese bei.

Da die Grundschule von Anfang an eine „gemeinsame Schule" sein soll, darf Individualisierung aber nicht zur Vereinzelung der Kinder führen, bei der jedes Kind nur mit sich selbst und einem Lernprogramm beschäftigt ist. Auch die Diskussionen um die veränderte Kindheit zeigten, wie notwendig soziales, kooperatives Lernen ist, wie sehr die Kinder lernen müssen, Konflikte human miteinander zu lösen. Aber auch die Arbeitswelt und das demokratische Gemeinwesen verlangen, dass Kinder lernen, Probleme miteinander zu diskutieren und sie dabei zu lösen, Aufgaben kooperativ, also gemeinsam, zu bewältigen. Der Auftrag zur Individualisierung verlangt deshalb eine Ergänzung: den gemeinsamen Unterricht. Der Bundesgrundschulkongress 1999 in Frankfurt am Main brachte dieses Anliegen auf folgenden Slogan: „Die Grundschule – eine Schule der Vielfalt und der Gemeinsamkeit".

Von diesen Merkmalen ausgehend begründen sich die pädagogischen Entwicklungen in der Grundschule der letzten Jahrzehnte, und auch Konzepte wie die Integration Behinderter, jahrgangsübergreifende Klassen in den ersten Schuljahren, die Entwicklung der Grundschule zu Ganztagsschulen. Und von diesen Merkmalen abgeleitet werden Positionen der gegenwärtigen Grundschulpädagogik erklärlich, die sie in kontrovers geführte Diskussionen einbringt, wie die zur Abschaffung von Zensuren, von längerem gemeinsamen Lernen ohne Auslese weit über die ersten vier Schuljahre hinaus oder die Stellungnahmen zu landes- oder bundesweit verbindlichen Leistungstests. Diese Entwicklungen und Kontroversen sollen im Folgenden dargestellt werden.

Der Vielfalt gerecht werden: differenzierter Unterricht

„Jedes Kind ist anders" – dies war einer der Kernsätze der Schulreformerin Maria ↗ Montessori, die darauf eine eigene Pädagogik aufbaute. Eltern, die mehrere Kinder haben, können das jederzeit bestätigen: Jedes einzelne Kind, obwohl sogar in derselben Familie aufgewachsen wie weitere Geschwister, ist wirklich unverkennbar ein Individuum mit eigenen Fähigkeiten und Vorlieben, mit persönichen Schwächen und Vorzügen. Kinder sind aber nicht nur je verschieden. Sie entwickeln sich auch unterschiedlich schnell und sie brauchen unterschiedlich viel Zeit zum Verstehen und zum Lernen.

Schulforscher wie Hans Brügelmann stellten fest, dass die Kinder in einer normalen Grundschulklasse um bis zu drei bis vier Entwicklungsjahre auseinanderliegen! Die einen können schon einfache Texte lesen, wenn sie in die Schule kommen, andere haben das grundlegende Schriftprinzip noch gar nicht erkannt, dass nämlich die Buchstaben für Laute stehen und die Laute dann in einer bestimmten Sprechweise Wörter ergeben. Würde der Unterricht nun mit allen dasselbe durchnehmen, dann würde das die Lesekönner mit Sicherheit zu Tode langweilen. Die anderen Kinder aber würden ständig überfordert, tagtäglich würden sie erleben, wie sie versagen.

Manche Kinder brauchen anspruchsvolles Lesefutter und die Möglichkeit, sich mit dem Gelesenen auseinanderzusetzen. Andere brauchen eine grundlegende Einsicht, wie unsere Buchstabenschrift funktioniert, und sie benötigen Lese- und Schreiberfolg mit ersten Wörtern. Beides muss in derselben Klasse möglich gemacht werden – eine riesige Herausforderung für Lehrerinnen und Lehrer.

„Hilf mir, es selbst zu tun!"

Die schulpädagogische Antwort auf diese Herausforderung ist der differenzierte Unterricht. Jede Lehrerin, jeder Lehrer ist üblicherweise allein mit 24 Kindern, bisweilen mit mehr, ein andermal mit weniger Kindern. Keiner kann sich 24-Mal teilen und so arbeiten wie früher die Privatlehrer. Jeder Einzelne fordert die Lehrkraft heraus, sich ihm zuzuwenden und das richtige Maß an Aufgaben zu geben und mit der richtigen Dosierung zu helfen, also weder vorzusagen noch im Stich zu lassen, sondern zu helfen, dass das Kind dann wieder mit eigenen Kräften weiter kann.

Manche gut meinenden Lehrerinnen oder Lehrer erarbeiten für jedes Kind eigene Arbeitsprogramme mit Aufgabenkarten, Arbeitsbögen, kopierte Arbeitsblätter. Doch auf Dauer überfordert das jede Lehrkraft. Zudem: Niemand kann in die Köpfe der Kinder hineinsehen und punktgenau sagen, welches Arbeitsblatt genau dieses Kind gerade braucht. Die Lehrkraft macht sich zwar aus den Äußerungen und Erledigungen des Kindes ein Bild von seinem Lernstand, sie muss aber immer wissen, dass dieses Bild auch falsch sein kann.

Nichts beflügelt Menschen so wie der eigene Erfolg, nicht der, der einem in den Schoß fällt, sondern der, für den man sich anstrengen musste.

Deshalb müssen die Kinder selbst fähig werden, die für sie angemessenen Aufgaben auszuwählen und sich gegebenenfalls die Hilfe zu holen, die sie brauchen. Das hat noch einen anderen unschätzbaren Vorteil: Die Kinder werden zu Lernprofis, sie denken über ihr Lernen nach, entscheiden mit über ihren Lernweg und können darüber Auskunft geben, ein Bildungsziel, das mit dem Stichwort Lernkompetenz heute als besonders wichtig gilt. „Hilf mir, es selbst zu tun" war ein anderer Kernsatz von Maria Montessori, der dieses Anliegen mit einem Appell an die Lehrkraft formuliert.

Wie wird Differenzierung an der Schule praktiziert?

Seit der ↗ Reformpädagogik zu Anfang des Zwanzigsten Jahrhunderts wurden zahlreiche Möglichkeiten differenzierter Unterrichtsarbeit entwickelt, die auch im Alltag praktizierbar sind und die Kinder als Akteure ihres Lernens einbeziehen.

Es sind Formen äußerer und innerer Differenzierung. Bei äußerer Differenzierung werden die Kinder aus dem Klassenverband herausgenommen und gesondert gefördert, also zum Beispiel in Förderstunden für eine kleinere Kindergruppe, im Selbstbehauptungs-Training für die Mädchen oder in Arbeitsgemeinschaften. Innere Differenzierung (oder ↗ Binnendifferenzierung) wird in Formen praktiziert, bei denen der Klassenverband erhalten bleibt, die Kinder aber individuell arbeiten – in unterschiedlicher Zeit und mit unterschiedlicher Menge an Aufgaben, an verschiedenen Niveaus der Aufgaben, an verschiedenen Inhalten. Da die Kinder unterschiedlich entwickelt sind und unterschiedliche Angebote auch im regulären Klassenunterricht brauchen, ist innere Differenzierung ein Wesensmerkmal des Grundschulunterrichts.

Entwickelt wurden Möglichkeiten und Formen der inneren Differenzierung zunächst in ↗ Reformschulen – in Montessori-Schulen, Peter-Petersen-Schulen, Freinet-Schulen.

Seit den 1980er-Jahren werden Formen innerer Differenzierung von vielen Grundschul-Lehrkräften in ihrem Unterricht angewandt. Inzwischen gehören sie zum Standardrepertoire der meisten Grundschulen. Einige klassische Möglichkeiten, die in der Grundschule häufig anzutreffen sind, werden im Folgenden vorgestellt. Keine Lehrkraft und keine Schule wird sie alle praktizieren, oft werden die klassischen Möglichkeiten auch variiert oder miteinander kombiniert, manchmal wird von kreativen Lehrkräften auch eine neue Möglichkeit entwickelt. Welche Formen auf welche Weise praktiziert werden, hängt vom Unterrichtsstil der jeweiligen Lehrkraft ab.

Wünschenswert ist die Aufnahme in das Konzept der Schule: Das Kollegium verständigt sich über die an der Schule eingeführten Möglichkeiten, verankert sie im ↗ Schulprogramm, tauscht regelmäßig Erfahrungen aus und verbessert die Verfahren.

Eine Voraussetzung für innere Differenzierung ist, dass die Kinder die nötigen

Arbeitsweisen kennen, die sie nun ohne weitere Erklärung und Hilfe der Lehrkraft anwenden sollen. Angemessene Arbeitsweisen müssen also gut eingeführt und geübt sein, damit die Kinder sie selbstständig anwenden. Wenn jedes Kind die Lehrkraft immer erst fragen muss, wie die Arbeit denn durchgeführt werden soll, bleiben die Kinder unselbstständig und die Lehrkraft ist auf Dauer überfordert. Ein Qualitätsmerkmal für guten Unterricht ist deshalb, dass die Kinder Sicherheit in den jeweiligen Arbeitsweisen haben. Ein weiteres Qualitätsmerkmal ist, dass neben schlichteren Arbeitsweisen zunehmend auch anspruchsvollere eingeführt und in innerer Differenzierung auch von den Kindern beherrscht werden.

Im Laufe der Zeit sollten die Kinder zudem in die Planung und in die Reflexion der inneren Differenzierung einbezogen werden. Sie machen Vorschläge, wählen aus, diskutieren über ihre Arbeitswege, aber auch über Schwierigkeiten und ihre Bewältigung.

Beispiele für innere Differenzierung

Differenzierte Aufgaben: Die einen Kinder erhalten die Aufgaben X, die anderen die Aufgaben Y. Die Lehrkraft arbeitet intensiv mit den Kindern, die ihre besondere Hilfe brauchen.

Beispiel Lesenlernen: In einer Klasse 1 gibt es verschiedenen Lesestoff. Die schon lesetüchtigeren Kinder wählen individuell aus dem angebotenen Lesestoff aus, sie schreiben oder malen dazu etwas in ihr Lesetagebuch, einem Heft, in dem nur über Gelesenes aufgeschrieben wird: Autor und Titel, dazu ein Bild, die eigene Meinung zum Buch, vielleicht einen besonders schönen Satz. Die leseschwächeren Kinder üben mit der Lehrerin an einem Arbeitstisch einen neuen Buchstaben, sie erschreiben damit neue Wörter, erlesen einen kleinen Text.

Wochenplan-Arbeit: In jeder Woche sind bestimmte Stunden für die Wochenplan-Arbeit reserviert. Die Lehrkraft gibt den Kindern am Anfang der Woche ihren Wochenplan mit Aufgaben, die sie in diesen Stunden erledigen sollen. Dabei kann es Pflichtaufgaben geben, die auf jeden Fall erledigt werden müssen, und Kür- oder Wahlaufgaben, aus denen sie auswählen dürfen. Die Kinder werden während dieser Arbeitsstunden von der Lehrkraft bei ihrer Arbeit beraten. Wenn es nötig ist, setzt sie sich mit einigen Kindern für einige Zeit zusammen, um die Aufgaben gemeinsam zu erledigen.

Bei der Wochenplan-Arbeit gibt es Unterschiede im Ausmaß an Differenzierung und Selbstständigkeit der Kinder.

Lernen an Stationen (Stationen-Lauf): In der Klasse sind zu einem Thema mehrere Lernstationen aufgebaut: auf Arbeitstischen, auf der Fensterbank, auf dem Pult, an der Tafel. Die Kinder bearbeiten nacheinander die verschiedenen Stationen. Sie haben einen Laufzettel, auf dem sie anmerken, welche Station sie bearbeitet und was sie dabei geübt oder herausbekommen haben. Dabei können Stationen mit schwierigeren Aufgaben sein, die nur bestimmte Kinder erledigen sollen, während die anderen leichtere Aufgaben in Angriff nehmen. Es gibt Stationen mit kleinen Aufgaben, die allesamt in einer Stunde erledigt werden können, aber auch Stationen mit großen Aufgaben, für die eine ganze Woche vorgesehen ist.

Werkstatt-Unterricht (Lernbüffet, Lerntheke): Die Kinder haben mit der Lehrkraft zu einem Thema Arbeitsmöglichkeiten überlegt. Materialien werden beschafft. Zu jedem Thema wird ein Tisch vorbereitet, auf dem sich Hinweise und Materialien befinden. Die Kinder entscheiden sich für ein Thema.

Freie Arbeit: Regelmäßig gibt es im Stundenplan Zeit für Freiarbeit. Das kann zum Beispiel die erste Stunde an jedem Unterrichtstag sein, ein Unterrichtsblock von zwei Stunden an jedem Tag oder nur eine Doppelstunde am Freitag. Die Kinder wählen mit Beratung der Lehrkraft ihre Arbeit selbst und erledigen sie eigenverantwortlich. Regelmäßig berichten die Kinder in der Klasse von ihren Arbeiten. Themen, die viele interessieren, werden als Präsentation aufbereitet.

Individuelles Lernen: Fragen an die Schule/ an die Lehrkraft

- Wie schaffen Sie es, dass die Schwachen gefördert und die Starken gefordert werden?
- Haben Sie eine besondere Arbeitsweise oder Arbeitsform für das differenzierte Arbeiten?
- Welche Erfahrungen haben Sie damit gemacht?
- Wie viel Zeit nimmt diese Arbeit pro Woche ein?
- Können sich dabei die Kinder auch mit eigenen Ideen beteiligen? Und wie geht das?
- Sind die Aufgaben so, das immer nur eine bestimmte Antwort herauskommt, oder gibt es auch Aufgaben, die Kindern die Möglichkeiten geben, selbst etwas zu gestalten?
- Arbeiten die Kinder dabei jeder für sich oder gibt es auch Aufgaben, die mehrere Kinder partnerschaftlich lösen?
- Arbeiten nur Sie so oder gibt es auch eine Vereinbarung darüber an der Schule?
- Wo kann ich das im Schulprogramm nachlesen?

Der Vielfalt gerecht werden: gemeinsamer Unterricht

Wenn Unterricht differenziert wird, dann darf das nicht heißen: Die Kinder lernen nur individuell, auf sich allein gestellt und für sich. Die notwendige Ergänzung ist das gemeinsame Lernen, bei dem Kinder sich gegenseitig anregen, bei dem sie miteinander kooperieren, Erfahrungen austauschen, Probleme lösen, sich über das Lernen verständigen und anderes mehr. Das Prinzip Vielfalt in der Gemeinsamkeit kennzeichnet den engen Zusammenhang von individuellem und gemeinsamem Lernen. An einigen Formen der inneren Differenzierung wurde dies oben schon deutlich. Auf das Miteinander angewiesen sind Kinder, wenn sie ihre Arbeiten planen, Ergebnisse präsentieren, ihre Erfahrungen mit Arbeitswegen und Ergebnissen austauschen und diskutieren. Einige klassische Möglichkeiten und Formen sollen kurz vorgestellt werden.

Rituale: Kinder mögen in besonderer Weise Rituale, also Handlungen und Ereignisse, die regelmäßig und in gleicher Weise ablaufen. Eltern kennen dies gut, wie Kinder zum Beispiel darauf bestehen, dass das abendliche Gute-Nacht-Sagen immer den gleichen Ablauf hat. Kinder sind auf Rituale auch angewiesen, weil sie grundlegende ↗ Bedürfnisse erfüllen – Bedürfnisse nach Verlässlichkeit,

Geborgenheit und Zusammengehörigkeit. Erwachsenen geht es nicht anders. Heute sind kollektive Aktionen, die keine Individualität erkennen lassen, ja, sie gar nicht zulassen, in der Schule zu Recht verpönt. Aber der morgendliche Beginn verläuft doch in jeder Klasse auch heute nach einem bestimmten Ritual, weil dadurch rasch eine gemeinsame und geregelte Situation hergestellt wird, in der dann weitergearbeitet werden kann. Allerdings müssen Rituale gut mit den Kindern eingeführt werden, die Lehrkraft muss konsequent darauf achten, dass der geregelte Ablauf eingehalten wird, eventuell muss nachgeübt werden. Einige häufig anzutreffende Formen sind zum Beispiel der Morgenkreis oder der Stuhlkreis.

Miteinander lernen: Sozialformen

Um das Miteinander im Klassenleben zielgerichtet zu gestalten, haben sich unterschiedliche Verfahren bewährt.

Gespräche führen: Die heikelste Gesprächsform ist das Klassengespräch. Hier ist viel Disziplin der Kinder nötig: Sie müssen sich oft lange gedulden, bis sie selbst drankommen, sie müssen als Sprecher laut und deutlich genug sprechen, zu den anderen Kindern sich hinwenden und nicht nur zur Lehrerin. Das muss alles gut geübt und immer wieder erinnert werden.

Partnerarbeit: Dass zwei nebeneinander sitzende Kinder zusammenarbeiten, ist die einfachste Form der Partnerarbeit. Das kann bei nahezu jeder Aufgabe geschehen. Die Lehrkraft wird nur immer darauf achten müssen, dass nicht ein Kind die Arbeit macht und das andere sich dabei ausruht. Oft können Partner sich gegenseitig helfen: Beim Partnerdiktat zum Beispiel diktiert das eine Kind und achtet auf die Schreibweisen, entsteht ein Fehler, sagt es sofort „Halt".

Gruppenarbeit: Die Aufgaben und Arbeitsmöglichkeiten sind ähnlich wie bei der Partnerarbeit. Doch müssen sich hierbei mehrere Kinder miteinander verständigen, in der Regel drei bis vier, bei größeren Arbeiten auch mehr. Das erfordert schon mehr Gesprächsdisziplin und muss geübt werden. Auch hier muss die Lehrerin beobachten, inwieweit alle Kinder beteiligt sind.

Rollenspiel: In Rollenspielen übernehmen einige Kinder Rollen und spielen sie, während die anderen Kinder in der Klasse zusehen und im Anschluss mit den Spielern über das Gespielte sprechen; ein Beispiel: Die Kinder spielen Situationen aus einer gelesenen Geschichte nach, sie spielen, wie sie weitergehen kann. Rollenspiele werden im Unterricht nicht häufig durchgeführt, noch seltener ist Theaterspiel. Lehrerinnen und Lehrer sind dafür kaum oder gar nicht ausgebildet und fühlen sich deshalb im Unterricht unsicher.

Konferenz: Ein Kind hat an einem Text, an einer Aufgabe, an einer Präsentation gearbeitet und lädt nun zwei oder drei Kinder zur Beratung ein. Das Kind zeigt ihnen das Gearbeitete und bespricht mit den eingeladenen Kindern, was es noch verbessern könnte.

Klassenrat – Besprechungsstunde: In regelmäßigen Besprechungen in der Klasse werden Probleme im Unterricht oder Streitereien untereinander besprochen. Am Ende sollte ein Ergebnis stehen: eine Lösung, eine Absprache, ein Vorsatz. In manchen Klassen gibt es hierzu Aufga-

Partnerarbeit heißt gemeinsame Arbeit.

Rituale geben Sicherheit: Man weiß, was auf einen zukommt und was von einem erwartet wird.

ben für die Kinder: einen Präsidenten, der die Sitzung leitet, einen Zeitwächter, der die Uhr im Auge behält, einen Protokollführer.

Präsentation: Ein Kind oder eine Kindergruppe präsentiert ihr Arbeitsergebnis vor der Klasse. Dazu haben die Kinder gelernt, wie man vor der Klasse frei spricht, etwas zur Veranschaulichung vorzeigt, wichtige Stichwörter an der Tafel oder auf einer Folie auf dem Tageslichtprojektor vorstellt und im Anschluss Fragen der Kinder beantwortet.

Projekt: Die Arbeit wird gemeinsam geplant, sie hat ein Werk als Ergebnis, an dem sich die Arbeit als das gemeinsame Ziel orientiert: eine Ausstellung, eine Vorführung, ein Buch, eine Zeitung, die Neugestaltung des Klassenzimmers, ein Elternnachmittag ... Die Kinder finden während der Arbeit am Projekt Aufgaben, die sie individuell leisten können – befragen, aufschreiben, Berichte schreiben, vortragen, basteln, bauen, musizieren – und sie profitieren dabei voneinander. Alle Arbeiten fließen wieder in die gemeinsame Arbeit ein.

Lehrergeleiteter Unterricht

Bisher wurden individuelle und soziale Arbeitsformen vorgestellt. In der didaktischen Diskussion und in der Lehrerausbildung der letzten dreißig Jahre stehen Unterrichtsformen im Vordergrund, in denen Kinder miteinander kooperieren oder in denen sie selbstständig arbeiten.

Was ist aber mit den Formen, in denen der Lehrer oder die Lehrerin den Unterricht fest in der Hand hat? Formen, in denen die Lehrkraft den Kindern etwas erzählt, berichtet, beschreibt, in denen sie die Kinder zu etwas anleitet oder in denen sie mit den Kindern gesprächsweise etwas erarbeitet: Lehrervortrag und Lehrgespräch? Solche Formen gehören für die Eltern zur Schule wie die Noten zur Klassenarbeit. Und auch in der Schule heute gehören diese Formen zum Alltag.

Lehrergeleitete Formen haben dabei oft einen schlechten Ruf. Dazu hat auch beigetragen, dass viele Lehrkräfte aller Schulformen Lehrervortrag und Lehrgespräch miserabel praktizieren. Die Vorträge sind oft langweilig und langatmig, bei den Lehrgesprächen müssen die Schülerinnen und Schüler oft raten, was der Lehrer wohl wissen will. Lehrer neigen zudem dazu, eine verunglückte Fragestellung mehrfach neu zu formulieren. Oft werden drei oder vier Fragen in verschiedener Formulierung hintereinandergestellt, was zur Klarheit der Fragestellung nicht beiträgt.

Tatsächlich sind jedoch beide Unterrichtsformen didaktisch anspruchsvoll: Ein guter Lehrervortrag weckt und fördert das Interesse, hat eine klare Struktur, veranschaulicht mit Beispielen, mit Bildern, mit Gegenständen, lässt zwischendurch auch Platz für Reaktionen der Schüler. Ein gutes Lehrgespräch holt Wissen und Verstehen aus den Schülern, wie sie es aus eigenen Kräften nicht schaffen könnten, es setzt Impulse zum Nachdenken, lässt Schülern dazu auch Zeit, nimmt die Antworten auf und verarbeitet sie weiter, Ergebnisse werden an der Tafel oder am Projektor festgehalten.

Erfolgreicher Unterricht ist wohl immer eine wohldosierte Mischung aus klar strukturiertem lehrergeleiteten Unterricht und aus kooperativen Arbeitsformen, aus Unterricht, der Kindern einen

Inhalt, ein Problem, eine Lösung, ein Lied, eine Geschichte vermittelt und Unterricht, in dem die Kinder selbst aktiv entdecken, erproben, Lösungen finden. Nötig wäre also schon, dass auch in der Lehrerbildung die lehrergeleiteten Formen wieder mehr Beachtung und Wertschätzung fänden.

Gemeinsam lernen: Fragen an die Schule/an die Lehrkraft

- Welche Bräuche oder Rituale gibt es?
- Wie beginnt der Schultag, wie endet er?
- Was wird gemacht, wenn ein Kind Geburtstag hat oder nach langer Krankheit wieder in der Klasse ist?
- Wie ist in Ihrer Klasse das Verhältnis von lehrergeleitetem Unterricht und selbstständiger Arbeit der Kinder?
- Welche Sozialformen nutzen Sie besonders viel? Wie sind Ihre Erfahrungen daran?
- Arbeiten Sie auch in Projekten? Mit welchen Themen? Über wie lange Zeit? Wie sind Ihre Erfahrungen?
- Wie schaffen Sie es, dass bei Partner- oder Gruppenarbeit nicht nur einer arbeitet und die anderen sich ausruhen?
- Woher werden bei den Unterrichtseinheiten oder den Projekten die Aufgaben genommen – aus Material, von der Lehrkraft ausgearbeitet, oder mit den Kindern entwickelt?
- Welche Möglichkeiten gibt es, dass Kinder mitbestimmen oder mit Verantwortung tragen?
- Arbeiten nur Sie so oder gibt es auch eine Vereinbarung darüber an der Schule?
- Wo kann ich das im Schulprogramm nachlesen?

Leisten und Bewerten

Zumeist mit Beginn der dritten Klasse, in einigen Bundesländern aber auch früher, werden die ersten Noten gegeben, zunächst in den Klassenarbeiten zum Rechtschreiben, zum Aufsatz, zu Mathematik, dann auf dem Zeugnis für alle Fächer, in einigen Bundesländern auch als so genannte Kopfnoten für das Arbeits- und Sozialverhalten.

In den zensurenfreien ersten Jahren werden die Leistungen der Kinder nach zwei Maßstäben bewertet: dem individuellen und dem anforderungsbezogenen.

Der individuelle Maßstab entspricht dem Prinzip nach Individualisierung: Wo steht das Kind, was hat es dazugelernt, welche Lösungswege findet es, was macht ihm Schwierigkeiten, was fällt ihm leicht ... Das einzelne Kind steht im Zentrum der Überlegung, nicht etwa der Vergleich des einen mit anderen Kindern.

Der anforderungsbezogene Maßstab entspricht dem Prinzip nach grundlegender Bildung: Was kann das Kind schon von dem, was Lernstoff und Ziel der Schule ist? Dabei wird aber der Maßstab der Anforderungen an das Kind zurück gebunden. Es gilt nicht die Frage: erreicht oder nicht erreicht, sondern die Frage: Auf welchem Stück des Weges zu diesem Ziel hin steht das Kind und wie kann es seinen Weg auf das Ziel hin weitergehen?

Ein Beispiel: Lesenkönnen ist ein wichtiges Ziel. Kinder, die lesend in die Schule kommen, können bald weit mehr, als normalerweise am Ende der ersten Klasse von Kindern verlangt wird. Sie haben das Ziel erreicht und übertreffen es auch schon. Andere Kinder sind auf dem für sie mühsamen Weg des Lesenlernens. Hier gilt alle pädagogische Mühe dem Weg zum selbstständigen Lesenkönnen und die Lehrerin wird sich mit den Kindern über kleine Erfolge und Wegstrecken auf dieses ferne Ziel hin freuen und daraus Mut für weitere Anstrengungen schöpfen. Wie können die Lernerfolge dieser so unterschiedlich lernenden Kinder an die Kinder und die Eltern zurückgemeldet werden? Mit Noten geht es nicht, weil Noten nicht individuell vergeben werden. Ein für seine Möglichkeiten erfolgreiches Kind kann nicht ein „Gut" erhalten, wenn ein anderes Kind, das weiter ist, aber wenig Anstrengung investiert, ein „Ausreichend" bekäme.

Kinder auf einer Notenstufe müssen auf einem gleichen Leistungsniveau stehen, unabhängig davon, was sie persönlich geleistet haben. Deshalb werden in den ersten Schuljahren in der Regel keine Noten erteilt und die Zeugnisse erhalten frei formulierte Leistungsberichte: Es zählen die individuelle Anstrengung, der individuelle Zuwachs an Können.

Wenn Zensuren erteilt werden …

Werden Zensuren vergeben, dann verändern sich die Maßstäbe. In den Mittelpunkt rückt der anforderungsbezogene Maßstab, in den Hintergrund tritt der individuelle. Dies ist durch die amtliche Notendefinition festgelegt, die in allen Bundesländern gilt. Danach wird zum Beispiel die Note „Sehr gut" erteilt, „wenn die Leistung den Anforderungen in besonderem Maße entspricht", die Note „Befriedigend", „wenn die Leistung im Allgemeinen den Anforderungen entspricht", die Note „Ungenügend", „wenn die Leistung den Anforderungen nicht entspricht und selbst die Grundkenntnisse so lückenhaft sind, dass die Mängel in absehbarer Zeit nicht behoben werden können". Die Anforderungen, die für die Klassenstufe gelten, sind also der einzig zulässige Maßstab.

Ein Notenspiegel sagt statistisch überhaupt gar nichts über die Leistungsfähigkeit einer Klasse aus!

Die Note …	wird erteilt, wenn die Leistung den Anforderungen …
Sehr gut	in besonderem Maße
Gut	voll
Befriedigend	im Allgemeinen
Ausreichend	mit Mängeln, aber im Ganzen noch
Mangelhaft	nicht mehr, aber aufholbar
Ungenügend	nicht und in absehbarer Zeit nicht aufholbar
	… entspricht.

Häufig gesellt sich zum anforderungsbezogenen der **vergleichsbezogene Maßstab:** Die Kinder in einer Klasse oder an einer Schule werden in ihren Leistungen miteinander verglichen, die Anforderungen werden am Spektrum dieser Leistungen orientiert. Dabei wird oft fast die ganze Zensurenskala ausgenutzt, in der Regel unter Auslassung des „Ungenügend". Hintergrund ist das Denken nach der so genannten Normalverteilung: Es müsse immer eine kleine Spitzengruppe („Sehr gut" und „Gut"), ein breites Mittelfeld („Befriedigend" und „Ausreichend") und eine kleinere Schlussgruppe („Mangelhaft" und „Ungenügend") geben.

Bei diesem Denken gibt es selbst in besonders leistungsstarken Klassen Kinder, die versagen, und auch in besonders leistungsschwachen Klassen erhalten Kinder die Noten „Sehr gut" und „Gut". Vermutlich erhielten Kinder, die in der leistungsstarken Klasse bei „Ausreichend" oder „Mangelhaft" liegen, in der leistungsschwachen Klasse mindestens „Gut". Diese Ungerechtigkeiten sind wissenschaftlich vielfach belegt und sie entsprechen auch den Alltagserfahrungen. Fällt eine Klassenarbeit besonders gut aus, wäre dies eigentlich ein Grund zur Freude: Besonders viele Kinder hätten eine Leistung gezeigt, die den Anforderungen entspricht. Das entspricht eigentlich dem pädagogischen Ziel, allen Kindern grundlegende Bildung erfolgreich zu vermitteln. Dennoch werden viele Lehrkräfte überlegen, ob die Arbeit nicht zu leicht war, und den Maßstab verändern: Wurde sonst für 20 Punkte ein „Befriedigend" erteilt, dann jetzt ein „Ausreichend". Entsprechend umgekehrt bei einer besonders schlecht ausgefallenen Klassenarbeit.

Ähnlich denken übrigens auch die meisten Eltern: Eine gute Note ist umso mehr wert, je weniger andere Kinder in der Klasse auch eine gute Note haben. Um das einschätzen zu können, wird oft ein Notenspiegel unter der Arbeit verlangt. In der Konsequenz tritt auf diese Weise der vergleichsbezogene Maßstab ins Zentrum, der anforderungsbezogene Maßstab in den Hintergrund. Das ist schulrechtlich nicht erlaubt, in der Praxis aber oft Realität. Diese Entwicklung vom anforderungsbezogenen zum vergleichsbezogenen Maßstab hat für das Lernen und Leisten der Kinder problematische Konsequenzen.

Seit einigen Jahren bemühen sich die Kultusminister, ausgelöst durch den PISA-Schock, den anforderungsbezogenen Maßstab in den Mittelpunkt zu rücken und die Anforderungen zu präzisieren: Dem sollen die bundesweit geltenden ↗ Bildungsstandards ebenso dienen wie die flächendeckenden Leistungstests (s. Kapitel 4).

Die Not mit den Noten

Kinder sind zunächst wissbegierig, sie wollen etwas lernen und freuen sich, wenn ihnen ein Schriftstück gelungen ist, wenn sie eine schwierige Aufgabe gelöst haben, wenn sie im Internet Informationen über einen Dinosaurier gefunden haben. Kinder lassen sich auch von der Lehrkraft und von anderen Kindern helfen, wenn sie damit über eine Schwierigkeit hinwegkommen. Kinder tüfteln gern mit ihrem Partner oder auch mit einer Gruppe etwas aus, was sie später in der Klasse vorzeigen können. Mit Beginn der Zensurengebung treten Sachinteresse und Kooperation in der Bedeutung für die Kinder zurück. Hierzu einige Beobachtungen:

Mit der Notengebung treten Effekte ein, die das Leistungsklima in den Grundschulklassen verändern.

Die Gespräche im Elternhaus kreisen nun häufig um die Noten, damit kommt auch die weitere Schullaufbahn in den Blick, denn die Noten werden wie Trendberichte beim Schulerfolg gelesen: Gute Noten heißen am Ende Aufstieg, also Besuch des Gymnasiums. Schlechte Noten heißen dagegen Abstieg, sprich Hauptschule. Nicht weit ist es zur unverwüstlichen Drohung mancher Eltern: „Wenn du weiter so schlechte Noten hast, dann wirst du Straßenkehrer."

Bildungsorientierte Eltern eines etwas trägeren Schülers fordern von der Grundschullehrerin: „Nehmen Sie ihn ruhig etwas härter ran. Er soll nämlich aufs Gymnasium." Zu diesem Zeitpunkt wächst auch sprunghaft das Interesse an den außerschulischen Nachhilfeinstituten. Wenn die Lehrerin unter einen Aufsatz eine Note schreibt, dazu einen Text über die individuelle Leistung des Kindes, die Vorzüge und Schwächen des Aufsatzes, dann wird vor allem die Note wahrgenommen. Die Kinder schlagen ihr Heft auf, entdecken die Zensur, jubeln oder schauen trotzig bis deprimiert und klappen ihr Heft zu. Die Jubelkinder fragen ihre Nachbarn und andere Kinder nach ihrer Zensur und freuen sich, wenn die ihrige besser ist. Bringen die Kinder eine gut benotete Arbeit nach Hause, wird oft danach gefragt, was denn die anderen Kinder für Noten haben. Je weniger eine gleich gute Note haben, desto mehr gilt sie. Die Kinder beginnen, bei ihren Arbeiten zum Nachbarn Sichtblenden aufzubauen, vom eigenen Wissen und Können soll nichts abgegeben werden.

Nicht-abschreiben-Lassen ist beredtes Zeugnis für die unsoziale Qualität, die mit der Notengebung in den Unterricht einzieht.

Noten haben Schattenseiten

Nicht die Aufgabe, das Sachproblem, das gemeinsame Werk in einem Projekt sind die wichtigen Lernsachen, sondern die Note zählt. Wer gute Noten hat, ist Sieger, kann später auf das Gymnasium oder notfalls zur Realschule, wer schlechte hat, ist Verlierer, wer dauerhaft schlechte hat, ist ein Versager, da steht am Ende die Hauptschule oder Schlimmeres. Mit dieser „Geheimsprache" der Noten werden die **Anliegen individueller Förderung** untergraben:

- jedem Kind Könnenserfahrungen vermitteln,
- jedes Kind auf seinem Leistungsniveau zu Anstrengungen ermutigen,
- Lernerfolge individuell zu würdigen.

Leicht werden mit Zensurenerteilung die schwächeren Kinder mutlos, trauen ihren Anstrengungen nicht mehr. Leicht werden besonders leistungsstarke Kinder auch selbstgenügsam, denn wenn einem die Einsen und Zweien so in den Schoß fallen, was soll man sich da noch besonders anstrengen?

Und es werden die **Anliegen gemeinsamer, kooperativer Arbeit** unwichtig:

- die eigene Leistung als Beitrag zu gemeinsamer Leistung sehen,
- Hilfen geben und Hilfen annehmen,
- mit anderen Kindern Ideen sammeln,
- Lösungen suchen,
- arbeitsteilig die Ergebnisse darstellen.

Wer meint, dass Kinder doch Noten wollen, dem sei entgegengehalten: Kinder wollen gute Noten und sie gehen naiv davon aus, dass sie alle welche bekommen. Das böse Erwachen folgt dann für viele auf dem Fuße.

Dass es in vielen Grundschulklassen dann doch nicht ganz so schlimm kommt, liegt daran, dass die Lehrkräfte und die Schulen um diese Gefährdungen wissen und gegensteuern: Die Lehrkraft orientiert sich konsequent an den Anforderungen als Maßstab und vermeidet alles, was den vergleichsorientierten Maßstab ins Spiel brächte. Sie wendet sich allen Kindern gleichermaßen ermutigend zu, sie verschafft auch den Schwächeren Erfolgserlebnisse und stellt sie heraus, sie fordert die Leistungsstärkeren durch besondere Aufgaben.

- Sie fördert das Gemeinschaftsgefühl durch gemeinsame Unternehmungen, durch Projekte.
- Sie untersagt Sichtblockaden, Auslachen, Notenfeiern und setzt umso mehr auf gegenseitige Hilfen: Ein Korrektur-

büro mit leistungsstarken Kindern wird eingerichtet, in dem Entwürfe und Ausrechnungen vorkorrigiert werden; Kinder werden zu Experten qualifiziert, die an einem Arbeitstisch Hilfestellungen geben und Ähnliches.

Die schwere Hypothek der Grundschule: Auslese

„Die Grundschule bereitet die Kinder auf die Auslese am Ende der Grundschulzeit vor und trägt zur Auslese bei." Dies ist das vierte der vier Prinzipien gegenwärtiger Grundschularbeit. Es ist eine schwere Hypothek, die aus der frühen Weimarer Republik bis in unsere Tage übernommen wurde: die in den meisten Bundesländern kurze vierjährige Grundschulzeit mit dem anschließenden Übergang auf drei, wenn man die Gesamtschulen einschließt, vier weiterführende Schulen. Diese Hypothek ist in zweifacher Hinsicht belastend:

- Sie verschärft das Notenproblem, weil sie zu dem Maßstab der Anforderungen früh den Vergleich der Kinder untereinander ins Spiel bringt.
- Sie mutet Lehrerinnen und Lehrern wie Eltern eine Prognose über die richtige weitere Schullaufbahn zu, obwohl das in vielen Fällen wie Lesen im Kaffeesatz ist.

Eingeführt wurde der Auslese-Auftrag, als man dachte, dass sich bei Zehnjährigen die Begabungshöhen deutlich herausstellen. Heute wissen wir, dass dies ein Irrtum ist. Kinder können sich in den kommenden Jahren noch sehr entwickeln; belastende oder beflügelnde Situationen beeinflussen ihre Lernmöglichkeiten, langfristig sind bei Kindern Lernentwicklungen deshalb nicht voraussagbar. Wir wissen auch, dass die Noten zwischen den Schulen, auch zwischen den Parallelklassen nicht vergleichbar sind, dass zum Beispiel auch die jeweiligen Lehrkräfte in der weiterführenden Schule einen wesentlichen Einfluss auf die Lernfreude und damit auf den Lernerfolg haben. Natürlich sind später auch Korrekturen möglich, Übergänge von der einen weiterführenden Schule zur anderen. Aber diese Durchlässigkeit funktioniert tatsächlich fast nur nach unten, also vom Gymnasium zur Realschule zur Hauptschule, nur in seltenen Ausnahmefällen umgekehrt.

Bei Spätentwicklern kann die Schulformwahl nach Klasse 4 eine fatale Fehlentscheidung sein.

Im internationalen Vergleich wird deutlich: An deutschen Schulen wird besonders früh zensiert und ausgelesen. Schulisch erfolgreichere Länder lassen die Kinder acht bis neun Jahre in einer Schule zusammen. Zu geflügelten Worten sind

inzwischen die Kernsätze skandinavischer Schulphilosophie geworden: „Kein Kind dauerhaft beschämen." Und: „Kein Kind zurücklassen."
Das deutsche Schulsystem verstößt gegen diese humanen Kernsätze mit der frühen Auslese und der damit verbundenen frühen Zensierung. Kinder werden früh sortiert in Erfolgreiche und Nicht-Erfolgreiche, sie können sitzenbleiben und auf Sonderschulen überwiesen werden.
Inzwischen gibt es ein breites gesellschaftliches Bündnis für eine Veränderung der deutschen Schulstruktur mit dem Motto „Länger gemeinsam lernen". Schlagzeilen machte im Jahr 2007 der Bericht des UNO-Beauftragten Muñoz: Er machte das gegliederte Schulsystem in Deutschland dafür verantwortlich, dass der Bildungserfolg von Kindern und Jugendlichen so stark von der sozialen Herkunft abhängt.

Jedes „Mangelhaft" beschämt ein Kind, bis die seelische Hornhaut so dick geworden ist, dass es resigniert.

Aktuelle Entwicklungen

Die Grundschule ist in besonderer Weise eine ↗ Reformschule. Das zeigt sich auch in ihrem reich besetzten Feld an Neuerungen und Diskussionsthemen. Zur neuen Schuleingangsphase s. Kapitel 2.
Früher begann der Fremdsprachenunterricht in Klasse 5. Heute gehört der Beginn in der Grundschule zum Standard. Meistens beginnt der Fremdsprachenunterricht mit Englisch in Klasse 3, in manchen Bundesländern gibt es Bemühungen, ihn schon von Klasse 1 an erteilen zu lassen. Die Begründung ist die rasche Lernfähigkeit der jüngeren Schulkinder.
In vielen Bundesländern werden behinderte Kinder seit etwa zwanzig Jahren vermehrt integrativ beschult, dazu s. Kapitel 13.
Deutsch als zweite Sprache zu lernen, ist nicht in einem Kurs von begrenzter Dauer zu erledigen. Die Sprachförderung muss im Kindergarten ansetzen und sich in der Schule bis weit in die Sekundarschulen hinein fortsetzen. Dazu brau-

Vertiefende Informationen zur Entwicklung der Grundschule:
www.grundschulverband.de
www.bildungsserver.de

Auslese: Fragen an die Schule/ an die Lehrkraft

- Welche Anforderungen stellen Sie im Bereich/im Fach X an mein Kind?
- Wie ist dazu der Lernweg des Kindes? Wie fördern Sie ihn, wie können wir ihn unterstützen?
- Bei einer Klassenarbeit oder einer Zeugnisnote: Welche Anforderungen haben Sie der Zensurengebung zu Grunde gelegt? Inwieweit hat mein Kind diesen Anforderungen entsprochen?
- Bei einer Zeugnisnote: Welche Leistungen sind in die Zeugnisnote eingeflossen (mündliche, schriftliche, gestalterische, praktische Leistungen)?
- Wie fördern und bestärken Sie das individuelle Lernen meines Kindes? Gibt es ein Problem, wenn Sie die Leistungen meines Kindes zensieren? Wie gehen Sie damit um?
- „Kein Kind dauerhaft beschämen" ist ein pädagogischer Kernsatz. Können Sie den in der Klasse verwirklichen? Wie? Gegebenenfalls: Warum nicht? Wie sehen Sie das?
- Wie verhindern Sie, dass sich in der Klasse Ellenbogenmentalität und Konkurrenzverhalten breitmachen?
- Arbeiten nur Sie so oder gibt es auch eine Vereinbarung darüber an der Schule?
- Wo kann ich das im Schulprogramm nachlesen?

chen die besonders betroffenen Schulen zusätzliche Lehrkräfte und didaktische Konzepte für Deutsch als Zweitsprache.
Seit einigen Jahren gibt es eine wachsende Entwicklung zum Ganztag an Grundschulen. Der Ganztag ist familienpolitisch wichtig, weil er Berufstätigkeit ermöglicht. Er ist aber auch pädagogisch wünschenswert, weil sich damit die Lernzeit der Kinder entspannt. Allerdings muss genauer hingesehen werden, wie der Ganztag in Wirklichkeit aussieht. Besteht er aus dem traditionellen Unterricht mit anschließender Betreuung der Kinder? Hat die Betreuung ein pädagogisches Konzept oder besteht sie nur aus Verwahrung und Aufsicht? Dann erfüllt der Ganztag zwar den familienpolitischen Zweck, aber nicht den pädagogischen.
Den erfüllt er nur, wenn es ein pädagogisch abgestimmtes Programm für den ganzen Tag gibt. Wenn die Kinder angefangene Projekte am Nachmittag fortsetzen können, wenn sie nachmittägliche Arbeiten in den Vormittag einbringen, wenn sie Hilfen bei der Erledigung der Hausaufgaben bekommen, die mit den Lehrkräften abgestimmt sind. Diese Abstimmung herzustellen, ist eine besondere Herausforderung an die Schulleitung, aber auch eine Frage der Bezahlung. Ganztag ist also nicht gleich Ganztag.

Länger gemeinsam lernen

Die Diskussion um eine neue Struktur des Schulsystems die Kinder nicht schon nach Klasse 4 trennt, ist einer der zentralen Streitpunkte in der Schulpolitik. Die Befürworter verweisen darauf, dass nur Deutschland, Österreich und einige Kantone in der Schweiz eine so frühe Auslese nach vier Jahren praktizieren. Gerade die nach den internationalen Untersuchungen erfolgreichsten Länder haben eine gemeinsame Schulzeit von wenigstens acht Jahren. Da die PISA-Ergebnisse, also die Schulleistungen der Fünfzehnjährigen, erheblich schlechter seien als in diesen anderen Ländern, spreche nichts für die Überlegenheit des deutschen Systems, im Gegenteil. Diskutiert werden mehrere Modelle: die Verlängerung der Grundschulzeit um zwei Jahre, die Bildung einer Gemeinschaftsschule für die Klassen 5 bis 9, ein zweigliedriges Schulsystem, wobei das Gymnasium bestehen bliebe und die anderen Schulformen zu einer Form fusionierten. Die Gegner einer längeren, gemeinsamen Schulzeit verweisen auf die deutsche Tradition seit 1920 und auf die Gefahr eines gesellschaftlichen Kulturkampfes, wenn das Gymnasium in seinem Bestand angetastet würde.

Lehrerausbildung

Die Lehrerausbildung erfolgt in zwei Phasen: Studium mit erstem Staatsexamen, danach zweijährige Vorbereitungszeit mit Unterrichtsverpflichtung an einer Schule mit dem zweiten Staatsexamen als Abschluss. In den nächsten Jahren wird das Studium auch für Lehrkräfte umgestaltet, europäische Vereinbarungen sind hierzu der Auslöser. Es wird eine Bachelor-Phase und daran anschließend eine Master-Phase geben. Wie die beiden Phasen im Einzelnen gestaltet werden, wie die Lehrkräfte ausgebildet werden und wie die von allen geforderte Praxisnähe auch im Studium realisiert wird, das ist noch nicht entschieden.

4 Das lernt Ihr Kind in der Grundschule

Horst Bartnitzky

Lerninhalte werden vereinbart

Natürlich sollen alle Kinder in der Grundschule Lesen, Schreiben, Rechtschreiben und Rechnen lernen. Zum Fach Deutsch gehören aber zum Beispiel auch noch Gesprächsführung und Grammatikwissen, zur Mathematik die Geometrie sowie die Maßeinheiten. Und dann gibt es noch die anderen Fächer: Sachunterricht, Kunst, Musik, Sport, Religion, Fremdsprache – sie alle haben ihre eigenen Lerninhalte und Ziele der Vermittlung von Stoffen und Fähigkeiten, Wissen und Arbeitsformen.

Die Festlegungen, was dies im Einzelnen sein soll, sind von Bundesland zu Bundesland unterschiedlich. Aufgeschrieben findet man sie in den ➚ Lehrplänen für die Grundschulen, aber auch in **Rahmenrichtlinien** oder **Bildungsplänen**. Die meisten aktuellen Lehrpläne können inzwischen aus dem Internet heruntergeladen werden. Sie sind aber auch in jeder Grundschule vorhanden und können dort eingesehen werden.

Die Formulierungen in den Plänen sind meist ziemlich allgemein gehalten. Konkreter ist das, was in der Schule dazu festgelegt wurde: Die Kollegien entwickeln schuleigene Lehrpläne für jede Klassenstufe, in denen die landesweiten Vorgaben mit Blick auf die Erfordernisse und Möglichkeiten der eigenen Schule hin umgesetzt und konkreter gefasst sind. Dabei werden die hier eingeführten Schulbücher, die eingesetzten und bewährten Materialien, die pädagogischen Leitlinien der Schule, die Besonderheiten der Schülerschaft und so fort berücksichtigt. Diese schuleigenen Lehrpläne können nach alter Schulmeistersitte **Stoffverteilungspläne** heißen oder in neuerer Formulierung **Arbeitspläne** oder eben **schuleigene Lehrpläne** beziehungsweise **Curricula**. Sie können auch Teil des ➚ Schulprogramms einer Schule sein, in dem diese ihr Konzept, ihre jeweiligen Besonderheiten und ihre Arbeitsweisen beschreibt.

Sieht man all diese verschiedenen Pläne durch, dann gibt es bei aller Unterschiedlichkeit aber doch Gemeinsamkeiten. Das ist auch nicht verwunderlich, zum einen schafft der Lehrplan den verbindlichen Rahmen, zum anderen müssen doch überall gleichermaßen die Kinder in die Geheimnisse der Buchstabenschrift eingeführt werden, besonders häufige und wichtige Wörter möglichst richtig schreiben lernen, einen kleinen eigenen Text formulieren, mit dem kleinen Einmaleins rechnen und die vier Grundrechenarten im Zahlenraum bis tausend, später bis zu einer Million beherrschen.

Die wichtigsten Lernziele

Im Folgenden sind die wichtigsten Lernaufgaben und Ziele zusammengestellt, die sich in allen Plänen so oder ähnlich wiederfinden.

Klassen 1 und 2

Deutsch

Mündlich:

- im Klassenkreis aufmerksam zuhören, selbst laut und deutlich sprechen,
- Gesprächsregeln beachten,
- mit eigenen Äußerungen zum Unterricht beitragen.

Schriftlich:

- mit einer formklaren gut lesbaren Schrift schreiben (Druckschrift, eine verbundene Schrift = lateinische oder vereinfachte Ausgangsschrift),
- kurze, eigene Texte schreiben,
- in eigenen Texten zunehmend Wörter richtig schreiben (mit noch hoher Fehlertoleranz).

Lesen:

- Einem einfachen Text aus dem kindlichen Erfahrungsbereich Informationen entnehmen,
- kurze Anweisungen in einem Text verstehen und danach handeln,
- selbst lesen.

Reflexion über Sprache/Grammatik:

- Über Gespräche, über Texte, über Lesen nachdenken,
- Prinzipien der Wortbildung erkennen (*vorbei-fahr-en, Fahr-rad*), Wörter verändern (*fahren – er fährt – gefahren, Fahrrad – Fahrräder*),
- die Wortarten Nomen, Verb, Adjektiv kennen lernen (in manchen Ländern auch zunächst mit den deutschen Bezeichnungen Namenwort, Tunwort, Wiewort eingeführt).

Mathematik

Rechnen:

- Zunächst im Zahlenraum bis 20, dann bis 100 rechnen (Zahlen bündeln, zerlegen, abziehen, ergänzen, aufteilen, verteilen),
- in Alltagssituationen Rechenaufgaben entdecken, Sachaufgaben lösen,
- mit Geld, mit Uhr, Kalender, Lineal und Ähnlichem messen und rechnen.

www.bildungs-server.de; weiter: Schule/Lehrpläne

Geometrie:

- Geometrische Grundformen in der Umwelt entdecken, benennen, herstellen, beschreiben, vergleichen (Rechteck, Quadrat, Dreieck, Kreis) und Körper (Würfel, Quader, Kugel),
- Strecken, Figuren und Muster auch mit Hilfsmitteln zeichnen (Lineal, Gitterpapier), Strecken messen.

Die anderen Fächer

Hierzu gibt es von Bundesland zu Bundesland teilweise größere Unterschiede. Wer sich genau informieren will, muss die landeseigenen Lehrpläne oder die Arbeitspläne der Schule heranziehen.

Beispiel Sachunterricht: In vielen Bundesländern heißt das Fach Sachunterricht, in anderen Sachkunde oder Heimat- und Sachunterricht (HuS), in Baden-Württemberg wurden die Fächer Sachunterricht, Kunst, Musik, Textiles Werken zu einem neuen Fach zusammengesetzt: Mensch, Natur und Kultur (MeNuK). Mit den anderen Benennungen sind auch jeweils verschiedene Akzente und Inhalte verbunden.

Die Inhalte des Sachunterrichts für die Klassen 1 bis 4 beziehen sich in der Regel auf die folgenden Erfahrungsfelder:

- sozial (Ich und die anderen),
- kulturell (Bräuche, kulturelle Ereignisse, interkulturelle Aspekte),
- historisch (wie sich alles entwickelt hat),
- räumlich (hier und anderswo),
- natürlich (Pflanzen, Tiere),
- technisch (was wie funktioniert).

Für die Inhalte selbst gibt es keine einheitliche Auswahl oder Anordnung. Ein

Moderne Lehrwerke sind didaktisch durchdacht und dennoch sehr ansprechend.

Beispiel: In dem einen Land ist für Klasse 2 zum natürlichen Erfahrungsfeld der Lebensraum „Wiese“ verbindlich vorgeschrieben. In anderen Ländern bleibt offen, wann und ob überhaupt die Wiese als eigener Lebensraum behandelt wird. Oft wird an der Schule entschieden, über welchen gegebenen Lebensraum im Umfeld der Schule gearbeitet werden soll. Das hängt dann davon ab, welcher Naturraum von der Schule aus besonders gut aufzusuchen ist (Wald, Bach, See ...). Schließlich sollen die Kinder an Ort und Stelle auch etwas beobachten können.

Klassen 3 und 4

Deutsch

Mündlich:

- Bei Gesprächen auf Beiträge anderer eingehen und sie weiterführen,
- Gesprächsregeln weiterentwickeln und beachten,
- Erlebnisse und Geschichten auch im Klassenkreis erzählen, Meinungen und Sichtweisen äußern.

Schriftlich:

- Mit einer formklaren gut lesbaren Schrift schreiben, mit Schrift gestalten (Überschriften, Schmuckblätter, Einladungen), auch den Computer als Schreibgerät nutzen,
- Schreibideen, sprachliche Mittel finden und nutzen (besondere Wörter, Satzwendungen),
- sich mit anderen Kindern über einen Text beraten,
- Erzähltexte und Sachtexte verständlich und ausgestaltet schreiben (Reihenfolge, Wortwahl),
- über Schreibweisen nachdenken, Regelungen erkennen,
- in eigenen Texten zunehmend Wörter richtig schreiben (mit geringerer Fehlertoleranz als noch in Klasse 2).

Lesen:

- Aus Erzähl- und Sachtexten Informationen entnehmen,
- zu Handlungen, Personen, Gedanken Stellung nehmen,
- Anweisungen in einem Text verstehen und danach handeln,
- besondere Leseweisen beherrschen (vermuten, wie ein Text weitergeht, einen Text überfliegen, um eine bestimmte Stelle/Information zu finden, Textbelege zitieren),
- selbst zu Texten, zu Kinderbüchern greifen und lesen.

Reflexion über Sprache/Grammatik:

- Über Gespräche, über Texte, über Lesen nachdenken,
- Prinzipien der Wort- und der Satzbildung erkennen (Wörter umbilden, Sätze erweitern, Sätze umstellen),
- die Wortarten Nomen, Verb, Adjektiv unterscheiden,
- die folgenden Satzglieder (oder Satzteile) kennen: Satzkern (oder Prädikat), Subjekt und Ergänzungen (in manchen Ländern sind zunächst deutsche Bezeichnungen vorgeschrieben: für das Subjekt Satzgegenstand und für das Prädikat Satzaussage).

Mathematik

Rechnen:

- zunächst im Zahlenraum bis tausend, dann bis eine Million mündlich und schriftlich rechnen: addieren, subtrahieren, multiplizieren,
- einfache Möglichkeiten nutzen, Zahlen zu teilen (durch zehn, durch fünf, durch zwei), das schriftliche Dividieren verstehen,

- das kleine Einmaleins automatisieren und nutzen, auch mit Umkehrungen rechnen (49 : 7 = ?),
- überschlagend rechnen, runden, Ergebnisse einschätzen,
- Rechenaufgaben entdecken in Sachverhalten, in Alltagssituationen, in Daten aus der Lebenswelt,
- Sachaufgaben auch in mehreren Rechenschritten lösen,
- mit Geldwerten, Längen und Zeit rechnen,
- die Grundeinheiten von Geldwerten, Längen, Zeit, Gewicht, Hohlmaßen kennen lernen, mit ihnen messen und zwischen ihnen umwandeln (ct, €; mm, cm, m, km; s, min, h, Tag, Monat, Woche, Jahr; g, kg; ml, l).

Geometrie:

- Geometrische Grundformen kennen (Rechteck, Quadrat, Dreieck, Kreis),
- Körper kennen (Würfel, Quader, Kugel, Pyramide, Zylinder),
- ebene Figuren legen, zeichnen, mit Einheitsquadraten Flächeninhalte messen,
- Fähigkeiten im Freihandzeichnen und im Umgang mit Hilfsmitteln ausbauen (mit Lineal, Geodreieck, Zirkel, Gitterpapier, Punktraster),
- Strecken messen.

Die anderen Fächer

Fortentwicklung wie für die Klassen 1 und 2 skizziert.

„Begreifen kommt von Greifen" – Lernwege der Kinder

Zwar spielen Bücher, Arbeitshefte, kopierte Vorlagen und Arbeitsbögen in Unterricht eine wichtige Rolle. Aber der Unterricht darf doch kein reiner Buch- oder Blatt-Unterricht sein, in dem Aufgaben nacheinander abgearbeitet werden.

Kinder müssen die Gegenstände des Unterrichts zunächst greifen können: mit den Händen, mit den Augen, möglichst mit allen Sinnen, sie müssen mit ihnen umgehen, sie von allen Seiten betrachten, mit ihnen experimentieren und dabei das Besondere entdecken.

Der Weg ist das Ziel

Im Fachunterricht gibt es viele Möglichkeiten, Raum für entdeckendes Lernen zu schaffen. Einige Beispiele:

Im Mathematikunterricht erarbeiten sich die Kinder Vorstellungen von den Zahlen und den Zahlenverhältnissen, indem sie Zahlen mit Steinen, Plättchen, Steckwürfeln darstellen, die Zahlen zerlegen, sie ergänzen, sie aufteilen.

Dann arbeiten sie am Lineal, an einer Tafel mit hundert, später mit tausend Punkten, wobei für jeden Einer ein Punkt dargestellt ist, sortiert nach Fünfern und Zehnern. So entstehen Vorstellungen von der Größe einer Zahl und von den Beziehungen zwischen Zahlen (zweimal fünf ergibt einen Zehner, zehnmal fünf ergibt 50).

Aufgaben und Ergebnisse werden notiert und dabei Regeln entdeckt: 7 + 5, dabei rechne ich zuerst bis 10, ich zerlege also 5 in 3, dann bin ich bei 10 und 2 dazu, das ergibt 7 + 5 = 12.

Andere Aufgaben werden ähnlich gelöst.

Im Sachunterricht werden im Frühjahr Zwiebeln von Frühblühern eingetopft, das Wachstum wird beobachtet, Tulpen- und Narzissenprotokolle werden gezeichnet und geschrieben. Zwiebeln und Blüten werden näher untersucht, Auffälliges wird wiederum in Zeichnungen und mit Schrift festgehalten. So entsteht Wissen zum Wachstum von Pflanzen. Kinder brauchen solche sinnlichen handgreiflichen Erfahrungen, um hinter die Dinge sehen zu können.

> **So gelingt das Lernen**
> Vom Konkreten zum Allgemeinen, von der Erfahrung zur Erkenntnis, von der Praxis zur Theorie – diese Lernwege entsprechen der Entwicklung des kindlichen Denkens. Man kann nicht gegen die kindlichen Bedürfnisse arbeiten, nur mit ihnen.

Es gibt noch zwei andere Gründe für diese Art von Unterricht:

- Der eine Grund gilt für Kinder wie für Erwachsene: Man behält Neues viel besser, wenn man es sich mit **möglichst mehreren Sinnen erarbeitet** hat, wenn man etwas angeschaut, untersucht, hin und her gewendet, damit experimentiert hat.
- Der andere Grund liegt in den Arbeitsweisen selbst: Die Kinder lernen **grundlegende Arbeitsweisen**: etwas genauer untersuchen, mit der Lupe anschauen, das Beobachtete aufzeichnen oder niederschreiben; etwas vermuten und dann überprüfen, ob es stimmt; allmählich erkennen, was immer gleich ist, eine Regel formulieren, an anderen Beispielen überprüfen, ob sie da auch stimmt; anderen vortragen und erklären, was man getan und herausgefunden hat und vieles andere mehr. Solche Arbeitsweisen kann man sich nicht anlesen. Man muss sie selbst ausüben, um sie zu erfahren und dann allmählich zu verinnerlichen. Kinder müssen forschen und entdecken.

Auch der Weg ist ein wichtiges Ziel.

Kinder entdecken die Schrift

Lange hat man gedacht, die oben vorgestellten Lernweisen würden für das Lesen- und Schreibenlernen weniger gelten. Wie Wörter zu schreiben sind, sei schließlich festgelegt und im Duden oder im Wahrig nachzusehen. Dass man Vater vorn mit *V* und hinten mit *-er* schreibe, müsse man den Kindern sagen, es vorschreiben und sie dann üben lassen. Wehe aber, jemand schreibt *Vater* so, wie man es spricht, nämlich *Fata*. Also schloss man messerscharf: Die Rechtschreibung taugt nicht fürs Entdecktwerden durch die Kinder. Dementsprechend arbeitete die Schreibdidaktik bis in die achtziger Jahre des vergangenen Jahrhunderts hinein.

Dann sah man genauer hin: Wie beginnen Kinder vor der Schule zu schreiben? Jens zum Beispiel, noch Kindergartenkind, war zornig auf seinen älteren Bruder Holger, weil der nicht mit ihm spielte, und er schrieb seinen Zorn auf einem Zettel nieder, den er Holger unter die Türe schob:

Was hat das Kind hier eigenständig, ohne direkte Anleitung von außen geleistet:

- Es hat bereits erkannt, dass man für Botschaften bestimmte Zeichen aufschreiben muss.
- Es hat dann herausbekommen, dass solche Zeichen nicht irgendwie hintereinandergeschrieben werden, sondern dass man sich langsam vorsprechen muss, was man schreiben will.
- Dann muss man für jeden Laut das passende Zeichen, den Buchstaben, finden und den aufschreiben und das Laut für Laut. Mühsam, aber erfolgreich, weil die Botschaft damit für den anderen lesbar ist.

Eine tolle Leistung!

Eltern, die zu Hause viel mit Schrift umgehen, werden oft ähnliche Beobachtungen bei ihren Kindern gemacht haben: Die Kinder entdecken wichtige Zusammenhänge unserer Buchstabenschrift. Allerdings: Die Rechtschreibung lässt noch zu wünschen übrig.

Nun könnte man befürchten, dass die Kinder sich solche Falschschreibung dauerhaft einprägen und also das richtige Schreiben nie lernen. Hierzu gibt es seit den 1980er-Jahren auch in Deutschland zahlreiche wissenschaftliche Untersuchungen und viele Erfahrungen in der Grundschulpraxis. Ihr Fazit: Die Kinder finden ihren jeweils eigenen Weg in die Schrift, sie entdecken die Besonderheiten der Buchstabenschrift und sie erlernen schrittweise die Eigenarten und Regelhaftigkeiten unserer Rechtschreibung.

Günstig für das Schreibenlernen sind die folgenden sieben Maßnahmen:

1. Die Kinder führen in der Schule ihren bisherigen Weg in die Schrift fort. Kinder, die schon vor Schuleintritt angefangen haben zu schreiben, entwickeln ihre fortgeschrittenen Fähigkeiten weiter. Kinder, die noch nicht so weit sind, werden auf den Weg gebracht, wie ihn andere vor einigen Monaten schon beschritten haben. Auch hier gilt das Prinzip der Individualisierung.
2. Die Kinder bekommen von Anfang an Anregungen, selbst etwas aufzuschreiben. Dazu erhalten sie eine so genannte

Anlaut-Tabellen helfen beim Start in die Welt der Buchstaben.

Anlaut-Tabelle, auf der die Buchstaben stehen und dabei als Bild ein Wort, das mit diesem Buchstaben anfängt: *M*, dazu eine *Maus* oder *L*, dazu eine *Lampe*. Fortgeschrittene können sich für ihr Schreiben weitere Buchstaben erarbeiten. Einsteiger betreten damit die Welt der Buchstabenschrift.

3. Die Lehrkraft liest den Kindern vor und die Kinder erhalten individuell geeigneten Lesestoff. Die Kinder schreiben und lesen also von Anfang an.

Elternhilfe beim Lesenlernen

Damit Kinder zu lesenden Kindern werden, ist die Unterstützung der Eltern überaus wichtig. Kinder, die zu Hause nicht mit Büchern leben und ihre Eltern nicht lesend erleben, haben viel größere Mühe, zu Lesekönnern zu werden.

- Ganz wichtig: Lesen Sie! Lesen Sie Zeitung, lesen Sie ein Buch.
- Lesen Sie vor.
- Lassen Sie sich von Ihrem Kind vorlesen.
- Sorgen Sie für altersgerechte Lektüre. Es gibt ein breites Angebot an Erstlese-Büchern, die nach Alter und Können gestaffelt sind. Buchhandel und Stadtbüchereien werden Sie gern beraten.

4. Die Lehrkraft sammelt mit den Kindern wichtige Wörter und klärt ihre Schreibweise. Der eigene Name, ich, gern, Schule können solche ersten Wörter sein. Die Kinder mischen bei ihren Schreibweisen nun Wörter, die sie sich Laut für Laut erschreiben und bereits gelernte Schreibweisen: *„Ich hemma gern mitm Hamma un Negl"*, so schrieb ein Kind zu einem Foto von sich.

5. Die Lehrkraft schreibt bei Texten, die im Aushang oder im Geschichtenbuch veröffentlicht werden, die rechtschriftlich korrekte Schreibweise unter den Kindertext. Die Kinder vergleichen die Schreibweisen.

6. Spätestens in Klasse 2 werden Regelungen der Rechtschreibung entdeckt. Ein Beispiel: Die Kinder sammeln beim Thema Verkehr verwandte Wörter zum Wort fahren: *Fahrzeug, Fahrrad, Fahrweg, Radfahrweg, ich fahre, sie fährt, wir sind gefahren, die Fähre* … Die Kinder stellen fest, dass ein Wortteil immer gleich oder ähnlich ist, nämlich *fahr* (oder *fähr*). Sie kreisen diesen Wortteil ein. Er ist der Wortstamm. Deshalb also schreibt man *Fahrrad* mit *ah* – es ist mit *fahren* verwandt.

7. Die Kinder lernen ab Klasse 2 Methoden, wie sie Schreibweisen untersuchen und wie sie wichtige Wörter üben.

Die lautorientierte Schreibung wird nun Zug um Zug durch die orthografisch korrekte Schreibung abgelöst. Diese Entwicklung geht bei manchen Kindern sehr schnell, andere brauchen mehr Zeit. Diese Art der Schulpraxis hat sich seit den achtziger Jahren erheblich ausgeweitet.

„Lesen durch Schreiben“ oder Lesen und Schreiben von Anfang an?

An manchen Schulen werden die Eltern hören: „Wir praktizieren Lesen durch Schreiben.“ Die Methode Lesen durch Schreiben verbreitete sich seit Mitte der 1980er-Jahre. Sie setzte von Anfang an darauf, dass die Kinder Texte selbst erschreiben und sich dabei die Buchstaben erarbeiten. Lesen wurde nicht gesondert geübt, der Unterricht mit einer Fibel war verpönt, Rechtschreiben spielte überhaupt keine Rolle. Durch das viele Schreiben erlernten die Kinder eigenständig die Fähigkeiten, die sie zum Lesen brauchten. Irgendwann begannen die Kinder dann zu lesen.

Schulbücher informieren auch die Eltern über wichtige Unterrichtsinhalte.

Die meisten Lehrkräfte, die zunächst nach dieser Methode arbeiteten, haben sie aber rasch abgewandelt: Sie haben früh auch mit den Kindern gelesen. Viele haben diesen Unterricht und die Arbeit mit einer Fibel kombiniert und das lautorientierte Schreiben durch Anregungen zum normgerechten Schreiben ergänzt. Das war dann zwar nicht mehr „Lesen durch Schreiben“ sondern „Schreiben und Lesen von Anfang an“, manche Lehrkräfte und Schulen sind aber bei der alten Bezeichnung geblieben.

Schreiben und Lesen von Anfang an – dieses Prinzip entspricht den sieben Punkten oben.

Schulbücher und Eigentätigkeit der Kinder

Noch ein Wort zu Fibeln und anderen Schulbüchern. Bei Lehrkräften, die sehr stark auf die Eigentätigkeit der Kinder setzen, sind Schulbücher und insbesondere Fibeln nicht akzeptiert. Bisweilen wird guter Unterricht als „Unterricht ohne Bücher“ und schlechter Unterricht als „Unterricht mit Büchern“ definiert. Das ist Unfug. Inzwischen gibt es Fibeln und Schulbuchwerke in allen Fächern, die einen entdeckenden und die Kinder aktivierenden Unterricht zu Grunde legen. Sie regen die Kinder zum Untersuchen, Ausprobieren, Entdecken, Verallgemeinern an und erleichtern den Lehrkräften die mühsame Arbeit des Zusammensuchens von Texten, Material und Aufgaben. Sie geben schwächeren Kindern eine wichtige Grundorientierung und lernstärkeren Kinder zusätzliches Lernfutter. Allerdings: Man muss sich auf dem großen Markt der Schulbücher die geeigneten aussuchen, hier sind die Qualitäten sehr unterschiedlich, und man muss damit auch guten Unterricht machen. Denn mit dem besten Schulbuch kann man schlechten Unterricht machen, so wie man ohne Schulbuch guten wie schlechten Unterricht machen kann. Letztlich kommt es auf das Können der Lehrerin oder des Lehrers an.

Was Kinder noch lernen müssen

Bisher war von fachlichem Lernstoff, fachlichen Lernzielen und Lernwegen die Rede. Von grundlegender Bedeutung für den Lernerfolg sind aber auch überfachliche Fähigkeiten.

Das Arbeits- und Sozialverhalten

Zuhören können oder Aufgaben zügig erledigen oder mit dem Partner fair zusammenarbeiten, all das müssen Kinder erst lernen. Manche bringen solche Fähigkeiten mehr oder weniger ausgebildet bereits mit in die Schule, sie werden auch

zu Hause dazu angehalten und sie erleben ihre Eltern als Vorbilder. Andere Kinder haben solche Erfahrungen nicht gemacht und fangen erst in der Schule mit dem Lernen an.
Doch selbst wenn Kinder die genannten Fähigkeiten als wünschenswert durchaus kennen, reagieren sie oft noch spontan, emotional und ich-bezogen. Kurz: Diese Fähigkeiten sind eigene Ziele im Arbeits- und Sozialverhalten, sie gelten für alle Fächer und müssen eingeübt und konsequent bestärkt und verfeinert werden.
Die für schulisches Lernen und den Schulerfolg wichtigsten Ziele im Arbeits- und Sozialverhalten sind:
Selbstständigkeit: Das Kind organisiert seine Arbeit, hat die richtigen Sachen zur Hand, geht bei der Arbeit planvoll vor, verfügt über Arbeitsmethoden und setzt sie bei seiner Arbeit ein, bringt seine Arbeiten auch ohne ständiges Drängen zu einem Ende.
Leistungsbereitschaft: Das Kind lernt und arbeitet mit, auch ohne ständig erinnert und angehalten zu werden, es strengt sich an, lässt sich nicht so leicht entmutigen, lässt sich nicht so leicht ablenken, erledigt seine Aufgaben zügig.
Verlässlichkeit: Das Kind hat seine Arbeitssachen mit, arbeitet leserlich und übersichtlich, hält sich an Vereinbarungen, ist hilfsbereit, hält übernommene Aufgaben durch, setzt sich dafür auch bei Kooperationen ein.
Kooperationsfähigkeit: Das Kind kann aufmerksam zuhören, geht auf Mitschüler ein, hilft und nimmt Hilfe an, arbeitet mit Partnern und in der Gruppe fair mit.
Produktivität: Das Kind entwickelt Initiativen, ist neugierig, macht Vorschläge, bringt Ideen ein, plant die Arbeit mit, stellt Fragen, sucht Antworten, experimentiert und gestaltet gern.
Umgang mit Konflikten und Kritik: Das Kind vertritt seine eigene Meinung und begründet sie, es akzeptiert aber auch andere Meinungen und Kompromisse, kann sich begründet beschweren, kann sich verbal und fair streiten und wirkt an Lösungen mit.

Wie Schule und Eltern helfen können

Die Liste des gewünschten Arbeits- und Sozialverhaltens liest sich wie die Charakterbeschreibung eines idealen Menschen. Welcher Erwachsene wird schon in allen Situationen, in allen Lebens- und Fachbereichen diesen Ansprüchen stets und ständig gerecht? Niemand, und die Kinder auch nicht. Alle Kinder haben ihre besonderen Stärken und Schwächen. Wichtig ist aber auch für Kinder, diese Fähigkeiten als wichtig zu akzeptieren, bereit zu sein, eigene Schwächen zu erkennen und daran zu arbeiten. In der

Summe sind die Ziele im Arbeits- und Sozialverhalten Leitpunkte, auf die hin das eigene Verhalten reflektiert und weiterentwickelt wird.

So können Eltern ebenso wie die Lehrerinnen und Lehrer dazu beitragen, das Verhalten ein wenig zu verbessern:

- mit Kindern über Schwierigkeiten im Verhalten am konkreten Fall sprechen,
- Vereinbarungen treffen, in welcher Weise und in welchem Rahmen angemessenes Verhalten probiert und durchgehalten wird,
- Rückmeldungen über Erfolg oder auch Misserfolg geben,
- über das weitere Verhalten nachdenken, neue Vereinbarungen treffen.

Je weniger ein Kind ein bestimmtes Verhalten durchhalten kann, desto kürzer müssen die Zeitspannen für Rückmeldungen sein, desto wichtiger werden auch Belohnungen für angemessenes Verhalten. Dies können Sternchen oder Klebepunkte sein, die gesammelt werden. Wenn eine bestimmte Zahl beisammen ist, kann man das gemeinsam feiern.

Eher ungeeignet sind als Belohnung für gewünschtes Verhalten Geld oder Konsumartikel.

In jedem Fall sind Schwierigkeiten im Bereich des kindlichen Verhaltens immer leichter zu bewältigen, wenn sich Eltern und Schule miteinander und mit dem Kind hierzu abstimmen.

Verhalten und Schulerfolg

Die oben beschriebenen Fähigkeiten sind bedeutsam für das gesamte Leben eines Menschen: für den schulischen Erfolg im gesamten Bildungsgang, für die spätere berufliche Arbeit, aber auch für das private und gesellschaftliche Leben des Einzelnen. Sie sind zu Recht neben den fachlichen Zielen unverzichtbare überfachliche Ziele. Jedes Lehrerkollegium muss sich deshalb über diese Ziele miteinander abstimmen, weil sie in allen Fächern beachtet werden müssen. Und in einer Klasse müssen alle Lehrkräfte hierzu miteinander gleichsinnig arbeiten: Sie müssen sich über den Entwicklungsstand der Kinder, über Kinder mit besonderen Schwierigkeiten und über die Fördermaßnahmen miteinander austauschen und ihr eigenes Handeln koordinieren, damit nicht der eine hü, die andere hott sagt.

Rechtliche Grundlage sind die Vorschriften zur Bewertung des Arbeits- und Sozialverhaltens („Kopfnoten"). Das sind die Zeugnisrubriken, dazu Zielbeschreibungen, in manchen Ländern auch Beobachtungsbögen. Danach sollte man

Fragen zur Erziehung an die Schule/die Lehrkraft

Allgemein:

- Sind Verhaltensziele an der Schule festgelegt?
- Wo stehen die Verhaltensziele: in Schulregeln, im Schulprogramm, in einem Arbeitsplan für die Klasse?
- Welche Verhaltensziele sind es?
- Wie arbeitet die Schule daran, dass die Verhaltensziele erreicht werden?

Konkret:

- Was können die Kinder in dieser Klasse gut?
- Was sind die besonderen Schwierigkeiten?
- Wie gehen Sie damit um?
- Was kann mein Kind? Wo sind seine Schwierigkeiten?
- Wie helfen Sie meinem Kind?
- Was können wir Eltern tun, um das Kind zu unterstützen?

in der Schule fragen. Einiges dazu sollte sich auch im ↗ Schulprogramm finden. In jedem Fall ist es richtig und wichtig, das Thema im Rahmen eines ↗ Elternabends anzusprechen.

Was Eltern tun können

Sind in einer Klasse noch keine Verhaltensziele vereinbart oder festgehalten, dann können Eltern darauf dringen, dies gemeinsam anzugehen – für die Klasse, besser: für die Schule, dann kann in der ↗ Elternpflegschaft in den Mitwirkungsgremien hierzu gearbeitet werden (s. Kapitel 11). Ziel ist, eine Liste der wichtigsten Verhaltensziele aufzuschreiben und eine Strategie festzulegen, wie in Schule und Elternhaus die entsprechenden Verhaltensweisen dauerhaft beachtet und gestärkt werden können.

Rückmeldungen – was Ihr Kind in der Grundschule gelernt hat

Es ist ratsam und wichtig, mit der Klassenlehrerin in einem steten Gespräch über das eigene Kind zu bleiben. Informierte Eltern wissen, wie es ihrem Kind in der Schule geht. Sind Verbesserungen anzustreben, können diese nur gemeinsam gelingen. Wo Eltern und Schule gegeneinander arbeiten, leiden die Kinder ganz gewiss unter den Unstimmigkeiten.

Beratungsgespräche, auch mit Kindern

Was ein Kind bereits gelernt hat und wie sein Lernen weiter zu fördern ist, dies erfährt man am besten in Gesprächen mit der Lehrerin oder dem Lehrer – am Sprechtag, in der Sprechstunde oder bei einem eigens vereinbarten Termin. An vielen Schulen nehmen auch die Kinder zumindest an den regelmäßigen Gesprächen teil.

Eine gute Grundlage für gemeinsame Gespräche ist das Portfolio, eine Mappe, in der jedes Kind eigene Arbeiten gesammelt hat: Arbeiten, die besondere Mühe kosteten, Arbeiten, die besonders gut gelungen sind. Oder besondere Ausweise, in denen Lernwege und Lernergebnisse dokumentiert sind, zum Beispiel ein Mathe-Pass. Das Kind kann damit zeigen, woran es in der letzten Zeit gearbeitet hat, und es kann dazu erzählen. Die Lehrkraft und die Eltern können fragen und ergänzen. Im gemeinsamen Gespräch werden Schwierigkeiten und Stärken des Kindes besprochen, Vorhaben und Hilfen vereinbart.

Es ist wichtig, dass Eltern und Schule zusammenarbeiten.

Die Klassiker: Klassenarbeiten und Zeugnisse

Verbale Zeugnisse, also Berichtszeugnisse, beschreiben zwar die Lernentwicklung und den Lernstand, aber der Informationswert bleibt doch eingeschränkt. „Marco kann Texte sinnentnehmend erlesen und ihren Inhalt auf Nachfragen wiedergeben.“ Offen bleiben Fragen wie: Liest er gern? Liest er viel? Was liest er gern? Wo gibt es Schwierigkeiten? Wie kann sein Lesen unterstützt werden? Was macht die Schule, was können die Eltern tun? Solche Nachfragen sollten die Eltern stellen. Dazu ist es nützlich, wenn zwischen Erhalt der Zeugnisse und dem Sprechtag oder der Sprechstunde ein oder zwei Tage liegen, sodass sich die Eltern vorbereiten können.

Gemeinsame Gespräche sind durch Zeugnisse nicht zu ersetzen.

Viele Eltern vermuten, dass Berichtszeugnisse die tatsächlichen Leistungen des Kindes ähnlich verklausuliert wiedergeben, wie dies von Arbeitszeugnissen her bekannt ist. „... bemühte sich" heißt dort bekanntlich: „... kann nicht". Dies darf in den Berichtszeugnissen nicht der Fall sein. Was dort steht, ist wörtlich zu nehmen. „Lea bemühte sich, sauber zu schreiben" heißt dann etwa: „Sie weiß, dass sie sauber schreiben soll, sie strengt sich an, es gelingt ihr auch – aber eben nicht immer, sie darf nicht nachlassen." Im Zweifelsfall müssen die Eltern nachfragen.

Viel Bewegung ist wichtig, um mit Erfolg lernen zu können.

Im Übrigen unterscheiden sich die Zeugnisformulierungen: strenge Lehrkräfte urteilen strenger und formulieren strenger; milder urteilende Lehrkräfte formulieren wohlwollender; Lehrkräfte, denen die Kinder besonders ans Herz gewachsen sind, schreiben anders als Lehrkräfte, die ihren Beruf sehr sachlich eingestellt ausführen. Diese Eigenheiten kommen in den Texten auch zum Ausdruck. Sie fließen natürlich auch in jede Zensur ein, nur sind sie dort nicht erkennbar.

Wenn ein Kind anders beschrieben wird, als die Eltern das Kind kennen, dann sollten sie dies auf jeden Fall mit der Lehrkraft besprechen. Möglicherweise verhält sich das Kind unterschiedlich, möglicherweise nehmen die Erwachsenen das Kind unterschiedlich wahr. Es müsste versucht werden, das in einem Gespräch zu klären. Vielleicht erreicht man auch nur, dass die Lehrkraft das Kind auch einmal mit anderen Augen ansieht.

↗ Klassenarbeiten sind immer nur ein Ausschnitt aus dem, was das Kind im jeweiligen Fach lernt. Diktate zum Beispiel spiegeln nicht, wie ein Kind über Schreibweisen nachdenkt, wie es selbstständig wichtige Wörter übt, wie sicher es beim Nachschlagen ist. In einem Aufsatz kommt zum Beispiel nicht zur Geltung, wie das Kind seinen Text plant, wie es sich mit anderen Kindern über Texte berät, wie es einen eigenen Text überarbeitet, welche Methoden dazu es schon kann. Die Klassenarbeitsnote erfasst damit nicht die gesamte Fachleistung. Wenn Eltern darüber Auskunft haben wollen, müssen sie die Lehrkraft fragen. Deshalb machen die Noten in den Klassenarbeiten auch immer nur einen Teil der Zeugnisnote im Fach aus.

Zensurenzeugnisse ordnen die Gesamtleistung in einem Fach in ein Wertungssystem von 1 bis 6 ein: Es müssen die schriftlichen und die mündlichen Leistungen, die gestalterischen und die praktischen Leistungen einfließen, oft mischen sich darunter auch Beurteilungen zu Fleiß, Ausdauer und Verhalten. Wie diese Anteile nun in die Zeugniszensur eingeflossen sind, ist aus der Zensur nicht zu ersehen. Ebenso wenig, was das Kind gelernt hat, was es nun sicher kann, wo es unsicher ist, wie sein Lernen weiter unterstützt werden kann.

Gespräche mit Lehrkräften und dem Kind sind mithin unverzichtbar, wenn man es in seiner Entwicklung und seinen Leistungen verstehen und wenn man sein Kind unterstützen will.

Ungerecht beurteilt?

Wenn die Beurteilung eines Kindes nicht verständlich ist, dann sollte man unbedingt nachfragen. Die Lehrerin oder der Lehrer hat die Aufgabe, eine Bewertung nachvollziehbar und plausibel zu begründen. Sie soll ausführen, was das Kind besser machen kann, wie sie selbst das Kind dabei unterstützt und was die Eltern tun können.

Nicht selten haben Eltern das Empfinden, ein Kind sei ungerecht beurteilt. Jede Lehrkraft hat einen Ermessensspielraum bei ihrer Beurteilung. Den kann ihr auch keine Schulleiterin oder ein Schulrat nehmen. Allerdings darf keine Lehrerin und kein Lehrer gegen allgemein gültige Maßstäbe verstoßen – also sichtbare wichtige Leistungen unter den Tisch fallen lassen oder willkürlich beurteilen.

Gelingt es, jemandem dies schlüssig nachzuweisen, hat eine offizielle Beschwerde Aussicht auf Erfolg. Dies gilt für notenfreie Bewertungen wie für Zensuren. Es ist sicher wenig ratsam, bei Unstimmigkeiten eine juristische Klärung herbeizuführen. Letztendlich wird die „Beweisführung“ vermutlich im Sande verlaufen. Durchaus vernünftig ist es jedoch, die Vermittlung der Schulleitung zu erbitten, die für eine einheitliche ↗ Leistungsbeurteilung zu sorgen hat und sicher um eine ausgewogene Position in Auseinandersetzungen bemüht sein wird. Wer damit nicht einverstanden ist, hat die Chance, einen formlosen Widerspruch bei der nächstvorgesetzten Stelle einzureichen. Die Folge wird jedoch lediglich eine schriftliche Begründung der Beurteilung sein, die juristisch Bestand haben muss. Dem einzelnen Kind ist damit wenig geholfen.

Eltern haben ein Recht darauf, Beurteilungen erklärt zu bekommen.

Neue Entwicklungen

Man kann sich fragen, warum eigentlich in sechzehn Bundesländern sechzehnmal neu und unterschiedlich festgelegt wird, was die Kinder in der Schule lernen sollen. Kann das nicht gemeinsam festgelegt werden und dann für alle Länder gleich gelten? Hier stößt man an das Prinzip der Kulturhoheit der Länder.

Die Bildungsstandards und Tests

Die Diskussion um die PISA-Ergebnisse hat die Kultusminister der sechzehn Bundesländer zu gemeinsamem Handeln aufgefordert. Die Kultusministerkonferenz (KMK), der Zusammenschluss der Kultusminister der Länder, hat sich auf einige Maßnahmen geeinigt, die nun für alle Länder gelten sollen. Dies waren insbesondere gemeinsame Bildungsstandards für die Klassen 4 und 9 (Hauptschulabschluss) beziehungsweise 10 (Mittlerer Bildungsabschluss). Für Klasse 4 wurden Standards für die Fächer Deutsch und Mathematik festgelegt. Bei der Zusammenstellung der Lernziele am Anfang dieses Kapitels sind die Ziele zu diesen beiden Fächern an diesen Standards orientiert.

www.iqb.hu-berlin.de

Die Festlegung von Standards, also Zielen, ist die eine Maßnahme. Die Überprüfung, inwieweit die ↗ Bildungsstandards von den Schülerinnen und Schülern auch erreicht wurden, ist die andere Maßnahme. Hier sind die Entwicklungen zur Zeit noch im Fluss.

Die Bildungsstandards finden sich auf der Homepage der KMK: www.kultusministerkonferenz.de, weiter: Schule/Überblick/Bildungsstandards www.bildungsserver.de, weiter: Bildungspolitik/Politische Schwerpunktthemen/Qualität/Bildungsstandards

Die Bundesländer haben sich verpflichtet, die Standards in ihre Lehrpläne einzubauen. Für die Grundschulen gilt dies für die Bildungsstandards Deutsch und Mathematik ab Schuljahr 2005/2006. Überprüfungen werden nach Beschluss der KMK derzeit in den Ländern von verschiedenen Institutionen durchgeführt, hier wurden zum Teil neue Institute gegründet oder die bisherigen Landesinstitute für Schule wurden in Institute für Schulqualität umgewandelt.

Unter den Titeln Orientierungsarbeiten oder ↗ Vergleichsarbeiten (VERA) werden in den Grundschulen Jahr für Jahr in Deutsch und Mathematik Tests geschrieben und ausgewertet. Inzwischen hat sich die Kultusministerkonferenz auf ein bundesweit einheitliches Verfahren geeinigt, sodass ab 2008 der gleiche Test, zur gleichen Zeit in allen Klassen 3 durchgeführt wird. Typische Testaufgaben finden sich im Internet.

Testaufgaben finden sich unter: http://139.14.28.6/verapub/index.php?id=14

Auf Bundesebene wurde durch die KMK im Jahr 2004 ein eigenes Institut zur Qualitätsentwicklung an der Humboldt-Universität in Berlin (IQB) gegründet, in dem Aufgaben zu den Bildungsstandards entwickelt und die Tests ausgewertet werden sollen.

Vom Input zum Output

Das Zauberwort bei all diesen Maßnahmen heißt in bestem „Denglisch“: von der Input- zur Output-Steuerung. Gemeint ist damit Folgendes: Galt bisher, dass in die Schule vor allem hineingesteckt wurde (Input), nämlich Lehrkräfte, Richtlinien und Lehrpläne, Handreichungen, Lehrerfortbildung, so soll nun das Ergebnis im Vordergrund stehen, der Output, sprich: die Festlegung der gewünschten Ergebnisse in den Bildungsstandards und deren Überprüfung durch Tests.

Diese Maßnahmen sind in der Öffentlichkeit begrüßt worden und werden auch von den Medien zumeist wohlwollend begleitet. Sie werden als eine wichtige Maßnahme angesehen, das Leistungsniveau in den Schulen anzuheben und die Leistungsergebnisse zwischen den Schulen vergleichbar zu machen. Schulpolitisch und didaktisch werden sie aber kontrovers diskutiert. Einige Punkte aus der Diskussion seien herausgehoben:

- Die Bildungsstandards und die Tests beziehen sich nur auf die Fächer Deutsch und Mathematik, in den weiterführenden Schulen kommt als Fremdsprache Englisch dazu. Dadurch besteht die Gefahr, dass alle anderen Fächer in der Wahrnehmung sowie der Wertschätzung durch Politik, Öffentlichkeit und Schulwirklichkeit an den Rand gedrängt und schulisch zur Nebensache werden.
- Die Tests greifen aus den Bildungsstandards wiederum nur solche Bereiche heraus, die sich leicht überprüfen lassen. Die

Kinder kreuzen meistens nur Zutreffendes an, streichen Unzutreffendes durch oder beantworten eine Frage. Das ist rasch gemacht und lässt sich per Computer gut auswerten. Dabei bleiben aber oft wichtige Ziele des Faches außen vor. Lesen zum Beispiel bedeutet nicht nur Informationen in einem Text finden, sondern mehr noch: sich über einen Text eigene Gedanken machen, solche Gedanken in der Klasse miteinander austauschen, Lesestoff zu bestimmten Themen finden; Lesen heißt auch, Leselust entwickeln, selbstvergessen lesen. Solche wichtigen Ziele sind durch die herkömmlichen Tests nicht ohne weiteres erfassbar. Die Ergebnisse der Tests geben also nur sehr eingeschränkt Auskunft über den Lernstand.

- Wie Erfahrungen aus anderen Ländern zeigen, besteht folgende Gefahr: Der Unterricht orientiert sich auf Dauer an dem, was die Tests fordern. Damit würden die nicht getesteten Bereiche im täglichen Unterricht nur noch eine untergeordnete Rolle spielen. So wichtig sie auch sind, sie würden kaum noch gefördert.

Einerseits ist es richtig, dass Lernergebnisse und damit auch die Qualität von Unterricht in gewissen Abständen auch von außen überprüft werden:

- Die Ergebnisse sind eine wichtige Rückmeldung für die Schule, an der sich ihre weitere Arbeit orientieren kann.
- Sie sind ein wichtiger Hinweis für alle, die für die Schule verantwortlich sind, bis hin zum jeweiligen Landtag. Bleiben Schulen dauerhaft hinter den Leistungsstandards zurück, muss entschieden werden: Fehlt es an Fortbildung der Lehrkräfte? Fehlt es an Unterstützung der Schule? Wie kann geholfen werden?
- Diese externen Überprüfungen sind für die Eltern und für die Öffentlichkeit wichtig, weil sie neben allen eigenen Beobachtungen einen objektiven Baustein liefert, um die Qualität der Schulen einzuschätzen.

Andererseits ist es wichtig, dass die Ergebnisse dieser Leistungstests nicht überschätzt werden:

- Die Ergebnisse spiegeln nur einen Ausschnitt aus dem, was an Schulbildung an die Kinder vermittelt werden muss. Deshalb muss immer der Bildungsauftrag insgesamt im Blick bleiben. Der Unterricht darf nicht darauf begrenzt werden, die Kinder für einen Test fit zu machen.
- Die Ergebnisse geben nicht das Leistungsprofil des einzelnen Kindes wieder. Dies kann nur in der konkreten Zusammenarbeit mit Lehrkräften, Kind und Eltern geklärt werden. Testergebnisse, tägliche Beobachtungen, Lernentwicklungen, Arbeitsergebnisse des Kindes müssen hier zusammen gesehen werden.
- Die Testergebnisse geben keine Auskunft über die weitere Förderung.

Die Leistungstests müssen deshalb als ein Instrument zur Einschätzung und Förderung der Schulqualität gesehen werden, sie sind aber kein Bildungsbarometer – nicht für die Schule und schon gar nicht für das einzelne Kind. Zum Beispiel müssen für die Entscheidung, auf welche Schule ein Kind nach der Grundschule gehen soll, auch viele andere Beobachtungen und Überlegungen herangezogen werden. Es ist wie so oft im Leben: Man muss wissen, wozu ein Instrument taugt und wozu es nicht geeignet ist. Nur dann kann man es richtig nutzen und unerwünschte Nebenwirkungen vermeiden.

Leistungstests ja, aber nicht überschätzen!

www.grundschulverband.de

5 Die Einschulung – (d)ein großer Tag

Uta Reimann-Höhn

Kindergarten ade

Die Einschulung eines Kindes ist und bleibt ein denkwürdiger Tag. Er bringt Veränderungen für die gesamte Familie mit sich. Schon der Abschied von den geliebten Erzieherinnen und vielen Freunden fällt nicht allen Kindern leicht. Die geregelten Unterrichtszeiten der Grundschule fordern ein hohes Maß an Pünktlichkeit und Planung, das Schulkind muss sich an einen ganz neuen Rhythmus gewöhnen und nach dem Unterricht wird durch die Hausaufgaben eine neue Eigenverantwortlichkeit gefordert. Dem Schulanfänger erschließt sich eine komplexe Lebenswelt. Es dauert eine Weile, bis sich alle Kinder kennen, die Lehrerin akzeptiert und das Schulgelände erkundet ist.
War der Kindergarten noch eine vertraute Spielwelt, so kommen mit der Schule nach und nach neue Lern- und Leistungsanforderungen auf die Erstklässler zu. Sie müssen sich längere Zeit konzentrieren, eine Weile stillsitzen, den Mitschülern und der Lehrerin zuhören. Nicht zuletzt lernen sie die „Sprache" der Mathematik kennen und entdecken die Welt der Bücher und Buchstaben. Manchen Kindern machen die gravierenden Veränderungen Angst, die meisten aber sind voller Neugierde und können ihren ersten Schultag kaum abwarten. Damit der Start in das neue Lebenskapitel gelingt, können Eltern ihre Kinder unterstützen.

Die Schule neu entdecken

Jedes Kind hat unterschiedliche Vorstellung von der Schule. Geschichten von den Eltern und Großeltern, Erfahrungen älterer Geschwister oder Freunde und Halbwissen aus den Medien verbinden sich zu einer Fantasiewelt. Es ist ratsam, mit dem Kind über seine Erwartungen zu sprechen und falsche Vorstellungen sanft zurechtzurücken.
Eltern sollten mit ihren eigenen Erinnerungen an die Schulzeit zurückhaltend umgehen, denn vieles hat sich geändert. Auch kritische Äußerungen über die Lehrerinnen und Lehrer oder die Unterrichtsmethoden können Kinder irritieren. Es ist besser, sie unterbleiben.
Ein Besuch in der örtlichen Grundschule, vielleicht zu einem Sommerfest, und Kontakte zu anderen Schulkindern reichen dafür oft schon aus. Wichtig ist, dass weder Angst noch zu hohe Erwartungen aufkommen, denn dann kann ein Kind seiner Einschulung unbelastet und optimistisch entgegensehen.

Schulespielen macht Kindern großen Spaß. Am schönsten ist es, wenn die Rollen vertauscht werden und das Kind den Lehrer spielt.

Lesetipps zur Einschulung

- *Der Ernst des Lebens.* v. Sabine Jörg/ Ingrid Keller. Thienemann 1996
- *Komm mit, die Schule fängt an!* v. Bianka Minte-König/Hans-Günter Döring. Thienemann 1999
- *Milli geht zur Schule.* v. Dagmar Chidolue. Fischer tb 2002
- *Der Buchstabenfresser.* v. Paul Maar. Oetinger 1996

Neugierde fördern

Vorschulkinder müssen sich also auf ziemlich viele Veränderungen in ihrem Leben einstellen und benötigen dazu verschiedenste Kompetenzen.

Diese Fähigkeiten können von den Eltern schon eine Weile vor der Einschulung gefördert werden. Kinder sollen dazu angeregt werden, Fragen zu stellen und Unbekanntes zu erforschen. Sie sollten dazu ermutigt werden, ihre eigenen Gedanken zu äußern, sich an Unterhaltungen aktiv zu beteiligen und einen eigenen Standpunkt zu vertreten.

Fernsehsendungen können zu interessanten Gesprächen anregen, Ausflüge und Stadtbummel bieten viele Gelegenheiten, über die Natur, Tiere oder die nähere Umgebung zu sprechen. Diskussionen und Unterhaltungen schärfen die Ausdrucksfähigkeit und machen Spaß.

Kinder sind von Natur aus so etwas wie „Lernmaschinen", die an allem und jedem Interesse haben. Eltern sollten sich nicht über die Fragerei ärgern, sondern sie als wichtige und normale Entwicklungsstufe betrachten. Spätestens in der Pubertät werden die Quasselstrippen ganz von selbst zu höchst schweigsamen Mitbewohnern.

Aktuelle Buchempfehlungen: www.stiftung-lesen.de/eltern/mainframe_eltern.html

Gruppenfähigkeit üben

Wenn ein Einzelkind ohne Kindergartenerfahrung von einem auf den anderen Tag in einer Schulklasse bestehen soll, ist dies schwierig. Neben den neuen Anforderungen an die intellektuellen Fähigkeiten der Erstklässler, die allein bereits für alle Kinder eine große Herausforderung sind, könnten Anpassungsschwierigkeiten im sozialen Bereich dazukommen.

Kinder, die keinen Kindergarten besuchen und auch keine Geschwister haben, sollten unbedingt vor dem ersten Schultag ausreichend Gelegenheit bekommen, sich mit Gleichaltrigen in einer Gruppe zu erproben. Dort können sie den Umgang mit anderen Kindern üben, ohne sich schon mit den Leistungsanforderungen der ersten Klasse auseinandersetzen zu müssen. Fußballvereine, Kinderturnen, Tanzgruppen oder Spielkreise bieten dazu Gelegenheit.

Ein guter Tipp: An Feiertagen und Geburtstagen lieber spielen als Filme anschauen! Auch regelmäßige Spielnachmittage mit den Eltern, Großeltern oder Freunden machen Spaß und trainieren die Gruppenfähigkeit.

Sorgen ernst nehmen

Manche Erstklässler haben trotz sorgfältiger Vorbereitung Angst vor der Einschulung. Meistens trifft dies Kinder, die generell ängstlich in neuen Situationen sind, weil sie nicht wissen, was sie erwartet. Es ist gut, wenn Kinder ihre ↗ Angst aussprechen und konkrete Fragen stellen können. Manchmal hilft es, an Situationen zu erinnern, in denen das Kind seine Angst erfolgreich besiegt hat. Damit erkennt es, dass Angst auch überwunden werden kann. Wichtig ist es, für die Ängste gemeinsam Lösungen zu finden. Liegen allerdings massive Ängste vor, ist es sinnvoll, ein Beratungsgespräch z.B. mit einem Schulpsychologen zu vereinbaren.

Mit Angstgefühlen umgehen lernen

Alltagsängsten kann man durch ein wenig Training begegnen. Wenn ein Kind zum Beispiel Angst hat, die Klasse in der neuen Schule nicht mehr zu finden, kann man Lösungswege mit ihm besprechen. Das kann ein Kind tun:

- Jemanden fragen, der in der Schule herumläuft.
- Ins Sekretariat gehen.
- In Klassennähe so lange warten, bis jemand das Kind suchen kommt.
- Bis zur Pause warten und eine Lehrerin ansprechen.
- Einfach in eine andere Klasse gehen und dort fragen.

Erkennt das Kind, dass es verschiedene Lösungen gibt, ja findet es sogar selbst im Gespräch welche, fühlt es sich nicht mehr handlungsunfähig und verliert die Angst vor dieser Situation.

Was man in der Schule braucht

Ob vorzeitig eingeschult, regulär oder auch mit einem Jahr Verzögerung – die Schulfähigkeit eines Kindes zeigt sich neben körperlichen und intellektuellen Fähigkeiten besonders in seiner Neugier. Jedes Kind will lesen und schreiben lernen, neue Kenntnisse erwerben und sich mit anderen Gleichgesinnten austauschen.

Dies zu lernen, bedeutet unter anderem auch einen hohen Anspruch an die sozialen Fähigkeiten. Ein Schulkind muss in einer Gruppe seinen Platz finden und sich dort behaupten. Das ist gar nicht so leicht, denn es muss ja nicht nur die neuen Klassenkameraden kennen lernen, sondern noch viel anderes Neues bewältigen. Die Lehrerinnen und Lehrer, die ihr Bestes geben, um den Erstklässlern den Anfang zu erleichtern, sind noch unbekannt, die Räumlichkeiten fremd und der feste Tagesablauf ist gewöhnungsbedürftig. Und dann wird ja auch noch den ganzen Vormittag gelernt und es gibt bald erste Hausaufgaben für den Nachmittag.

Die Feinmotorik fördern
In den Sommerferien vor der Einschulung ist es sinnvoll, Stift und Papier mit in den Urlaub zu nehmen, um die Feinmotorik zu fördern. Sandburgen bauen, Muschelbilder kleben, Gänseblumenketten knüpfen oder bunte Ferienbilder malen trainiert ebenfalls.

Schreiben ist Fingerarbeit

Die wichtigsten Handwerkszeuge in der Schule sind Bleistift, Lineal und der Füller. Damit ein Kind diese Schreibwerkzeuge richtig benutzen kann, braucht es eine gut trainierte Feinmotorik. Das bedeutet, es muss mit seinen Händen und Fingern geschickt umgehen können, denn kleine Striche auf Linien zu malen ist nicht einfach. Deshalb werden die Heftlinien auch im Laufe der Schuljahre enger. Im Kindergarten und zu Hause kann die Feinmotorik durch schneiden, malen und basteln trainiert werden und sich nach und nach verbessern. Das ist wichtig, denn Kinder, die feinmotorische Schwierigkeiten haben, tun sich später mit dem Erlernen des Schreibens schwer. Professionelle Hilfe bekommen Kinder bei der ↗ Ergotherapie, die im Bedarfsfall vom Kinderarzt verschrieben wird. Sie empfinden es als zu anstrengend und haben damit große Schwierigkeiten. Unschöne Krakelschrift und das Übermalen

der Zeilen ist die Folge. Damit verbunden ist häufig die Angst, sich zu blamieren. Und je häufiger ein Kind Misserfolge bei einer Tätigkeit erlebt, desto geringer ist seine Lust, diese erneut auszuüben. Ein Teufelskreis beginnt.
Das Trainieren der feinmotorischen Fähigkeiten durch Bastelangebote bis hin zu ersten grafo-motorischen, also schreibtechnischen, Versuchen mit Stift und Papier ist daher eine hervorragende Vorbereitung auf die Anforderungen der ersten Klasse.

Verantwortung macht stark

Schulkinder müssen mehr als zuvor Verantwortung für sich übernehmen, denn ein Vormittag kann lang sein und nicht immer ist eine Lehrkraft bei Schwierigkeiten oder Fragen sofort ansprechbar. Um ungewohnte und neue Situationen besser bewältigen zu können, brauchen Erstklässler ein stabiles Selbstbewusstsein. Dies wird am besten aufgebaut, wenn das Kind schon zu Hause Verantwortung übernimmt und sich wichtig fühlt. Eine Aufgabe, die eigenverantwortlich übernommen und zunehmend selbstständig ausgeführt wird, erhöht den Glauben an sich selbst und seine Fähigkeiten. Dann muss man in der Schule nicht bei jeder Kleinigkeit in Tränen ausbrechen, sondern kann selbst zu überlegen, wie das Problem gelöst werden kann.

Das sollte ein Kind vor der Einschulung regelmäßig können:

- das Haustier füttern,
- beim Einkaufen tragen helfen,
- den Müll rausbringen,
- die Spülmaschine einräumen,
- das Altpapier sortieren,
- die Post reinholen,
- den Teller abräumen,
- beim Tisch decken helfen,
- die Tageszeitung aus dem Briefkasten holen,
- die leeren Wasserflaschen einsammeln und in den Kasten stellen.

Verantwortung in der Familie zu übernehmen heißt auch, dass ein Kind sich wertvoll fühlt und gebraucht wird. Es merkt, dass mit zunehmendem Alter sein Anteil am Gelingen des Familienalltags wächst. Diese Erfahrung stärkt sein Selbstbewusstsein, auch wenn die Tätigkeit selbst manchmal langweilig wird. Jedes Kind jammert früher oder später, wenn es den Müll hinausbringen oder die Wäsche in den Trockner stecken soll. Nachdem die Arbeit erledigt ist, kommt jedoch zu Recht Stolz auf. Wichtig dabei ist, dass das Kind Lob und Anerkennung für seinen Anteil an der Alltagsarbeit bekommt, gleichgültig, wie gut ihm seine Tätigkeit gelingt. Schließlich zählt in diesem Alter der gute Wille mehr als letztlich das Produkt. Nur so bleiben der Spaß und die Freude am Helfen bestehen.

Kinder müssen aber auch lernen, dass sie nicht immer der Mittelpunkt der Familie sind. Klare ↗ Grenzen und folgerichtige Konsequenzen helfen dabei, auch sehr willensstarke und damit manchmal anstrengende Kinder in ihre Schranken zu weisen. „Folgerichtig" heißt, dass Sanktionen unmittelbar mit einem unerwünschten Verhalten verknüpft sein müssen. Eine Woche Fernsehverbot wegen zu späten Nachhausekommens wird als bloße Willkür empfunden. Eher leuchtet ein, dass sich Eltern Sorgen machen, wenn ein Kind nicht kommt, und dass es nur noch an einen Ort gehen darf, wo es sicher herausfinden kann, wann es heimgehen muss, um pünktlich zu sein. Klappt dies dann immer noch nicht, muss es eben zu Hause bleiben.

Je klarer einem Kind erklärt wird, was man von ihm erwartet, desto einfacher kann es diese Erwartung erfüllen. Will ein Kind ständig kommandieren und seine Macht erproben, sollten Eltern sich nicht provozieren lassen, sondern konsequent, aber liebevoll auf dem Einhalten der Vereinbarung bestehen. Wenn ein Kind bereits im vertrauten Kreise seiner Familie den Umgang mit Regeln lernt, hat es dann später in der stark strukturierten Schulgemeinschaft damit auch weniger Probleme.

Pünktlich aufstehen und gutes Frühstück

Mit dem Start der Schulzeit beginnt auch die Zeit des pünktlichen, frühen Aufstehens. Konnte man im Kindergarten in Ausnahmefällen vielleicht auch mal ausschlafen und ein Stündchen später erscheinen, so ist dies in der Schule nicht mehr möglich. Für viele Familien ist diese Veränderung beim ersten Schulkind am schwierigsten. Ein lustiger Wecker und eine paar Minuten gemeinsames Kuscheln erleichtern so manchem Langschläfer den Einstieg in den Tag.

Auch Fehler machen stark, wenn sie konstruktiv gesehen werden. Ist ein Glas zerbrochen, kann man gleich lernen wie Scherben am sichersten beseitigt werden.

Es ist wichtig, morgens ausgeschlafen zu sein, abends heißt es zeitig ins Bett zu gehen. Grundschulkinder brauchen ausreichend Schlaf (in der Regel zwischen 10 und 12 Stunden), um den Vormittag wach und ausgeruht zu bewältigen.

Auch am Morgen sollte ausreichend Zeit eingeplant werden. Schließlich muss das Kind sich anziehen und waschen, frühstücken sowie den Ranzen und die für diesen Tag notwendigen Utensilien zusammenpacken. Ein gesundes Frühstück (Kapitel 8, S.132) will auch noch frisch zubereitet werden und wenn dann gleich mehrere Familienmitglieder unter Zeitdruck ins Bad müssen, kommt Hektik auf.

Den Schulranzen packt man am besten schon am Vorabend, damit die knappe Zeit morgens für ein Frühstück in aller Ruhe zur Verfügung steht.

Wenn dann noch etwas schiefläuft und die Zeit unter den Fingern wegrinnt, ist die schlechte Laune und somit der lausige Start in den Tag vorprogrammiert.

Ein gutes ↗ Zeitmanagement, also eine genaue Planung der erforderlichen Zeiträume am frühen Morgen, ist wichtig und sollte schon einige Wochen vor Schulbeginn geprobt werden, damit im Ernstfall dann auch nichts misslingt.

Der Schulranzen

Der erste Schulranzen ist für die meisten Kinder etwas ganz Besonderes. Schon Monate vor Schulbeginn stehen sie aufgeregt in den Geschäften und betrachten die grellen, farbenprächtigen Exemplare. Je bunter, desto schöner. Da ein Kind seinen Ranzen mehrere Jahre benutzen wird, sollte es bei der Auswahl unbedingt dabei sein, wobei die letzte Entscheidung nicht das Design, sondern die sicherheitstechnischen Eigenschaften ausmachen sollte. Damit der Schulranzen mitsamt seinem Träger im Straßenverkehr möglichst gut zu sehen ist, stellt das Deutsche Institut für Normung (DIN) bestimmte Anforderungen an die äußere Aufmachung. So müssen mindestens 20 Prozent der Flächen der Vorder- und Seitenteile aus fluoreszierendem Material und mindestens 10 Prozent dieser Flächen aus reflektierendem Material bestehen. Außerdem muss ein Kind seinen Ranzen viele Kilometer weit tragen, er darf daher nicht zu viel wiegen.

Informationen über Schulranzen: www.din.de

Gewicht und Ausstattung

Zu schwer darf ein Ranzen nicht sein, denn die Kinderrücken sind empfindlich und müssen geschont werden.

Nach der DIN-Norm dürfen Schultaschen generell nicht mehr als 10 bis 12,5 % des Körpergewichts einschließlich Inhalt wiegen. Das heißt, das Leergewicht sollte 1,5 kg nicht überschreiten und in den ersten beiden Grundschuljahren sogar nicht mehr als 1,2 kg betragen. Ein 25 Kilo schweres Kind sollte also einen Ranzen von nicht mehr als rund 2,5 Kilo tragen müssen. Da der Ranzen selbst schon zwischen einem und 1,5 Kilo wiegt, bleibt für Bücher, Hefte, Stifte und das Frühstück nicht mehr viel Spielraum. Auf guten Schulranzen ist das Eigengewicht verzeichnet.

Auch für das Gurtsystem gibt es Vorgaben. Trägergurte müssen gepolstert sein, mit einer Hand in der Länge zu verstellen sein und im Auflagebereich eine Breite von mindestens 40 mm haben. Wichtig ist, dass der Ranzen gerade auf dem Rücken getragen wird und nicht zu einer Seite neigt. Das verursacht sonst Haltungsschäden.

Checkliste Schulranzen

- Leergewicht nicht über 1,5 Kilo, möglichst weniger
- Gesamtgewicht nicht mehr als etwa 10% des Körpergewichts des Kindes
- Reflektoren zur besseren Sicht im Straßenverkehr
- stabiler Rahmen, der aufprallfest ist
- gepolsterte und verstellbare Gurte
- waagerechter Sitz auf Schulterhöhe
- liegt eng am Rücken an
- Griffe aus bruchsicherem Material
- getrennte Innentaschen
- wasserdicht (s. auch S. 139)

Ein Ranzen darf keine scharfen Ecken und Kanten haben, damit sich das Kind nicht verletzen kann. Trotzdem muss er viel aushalten, denn er dient nicht selten als Ersatzhocker, wird in die Ecke gefeuert oder zur Seite gekickt. Der Schulranzen sollte vor dem Kauf immer anprobiert werden. Nur dann kann man erkennen, ob er dem Kind gut passt. Außerdem sollte er wasserdicht sein, damit die Bücher und Hefte nicht durchnässt werden, wenn der Ranzen im Regen auf der Erde steht.

Gute Markenmodelle halten oft durch die ganze Grundschulzeit hindurch. Allerdings gehen Kinder nicht immer sorgsam damit um, sodass die Ranzen verschmutzen oder durch ausgelaufene Getränke unbrauchbar werden.

Hefte, Stifte und Mäppchen

In das Innere des Schulranzens sollten Eltern anfangs täglich hineinschauen. Alle Kinder müssen erst lernen, ihre Schultasche richtig zu packen. Hinein gehört nur, was das Kind am nächsten Schultag wirklich braucht – alles andere ist überflüssiges Zusatzgewicht. Wichtig ist, dass Sie zwar unterstützen, nicht aber die Verantwortung übernehmen: Ihr Kind soll den Ranzen packen, nicht Sie. Wenn etwas fehlt, wird es die Konsequenzen spüren und ziemlich sicher beim nächsten, spätestens übernächsten Mal besser Acht geben. Lehrer kennen diese Startschwierigkeiten und sie sind geübt darin, die Kinder zur Ordnung (in schulischen Dingen) zu erziehen.
Welche Hefte und Schutzumschläge benötigt werden, richtet sich ganz nach der Lehrerin und kann von Klasse zu Klasse unterschiedlich sein. Zum Schulanfang erhalten alle Kinder eine entsprechende Liste.
Federmäppchen gibt es in unterschiedlichsten Ausführungen, doch die ganz vollgepackten überfordern die Erstklässler nur. Gute Blei- und Buntstifte, ein Radiergummi, ein Spitzer und ein Lineal sind für den Anfang ausreichend. Je mehr Inhalt ein Mäppchen hat, desto schneller fliegen die Stifte durch den Ranzen. Auch Schlampermäppchen ohne einzelne Fächer überfordern das Ordnungsverhalten der meisten Schulneulinge noch.

Der Schulweg

Einige Erstklässler werden die ersten Wochen noch von ihren Eltern in die Schule gebracht, andere müssen den Weg von Anfang an allein bewältigen. Nach einem halben Jahr sind die meisten Schulkinder in der Lage, den Schulweg ohne Hilfe zurückzulegen. Dies klappt aber nur, wenn sie vorher gut auf die möglichen Gefahren im Verkehr vorbereitet wurden, und sowohl den sicheren Schulweg als auch das richtige Verhalten im Straßenverkehr eingeübt haben.

Schulweg-Tipp
Wenn andere Klassenkameraden den gleichen Schulweg haben, können die Eltern sich anfangs bei der Begleitung abwechseln. Das spart Zeit und ist für die Kinder eine gute Gelegenheit, Kontakte zu knüpfen und neue Freunde zu finden.

Fast alle Grundschulen halten auf Nachfrage Pläne mit dem optimalen Weg für die Kinder bereit. Einige Male sollte dieser Weg mit den Eltern gemeinsam abgelaufen werden, denn Fünf- und Sechsjährige haben eine andere Perspektive als Erwachsene und vergessen gerne auch mal die ein oder andere langweilige Verkehrsregel. Eine Grafik aus dem Buch „Kinderfreundliche Umwelt" des Bundesministeriums für Raumordnung, Bauwesen und Städtebau zeigt anschaulich den Unterschied im Weg eines Erwachsenen und der Strecke eines Kindes: s.u.

www.dvw-ev.de

Alleine sollte ein Kind daher erst zur Schule gehen, wenn es sicher den richtigen Weg beherrscht, an den Ampeln wartet, die Zebrastreifen benutzt und die Straße erst überquert, wenn es sich vergewissert hat, dass dies gefahrlos möglich ist. Dazu braucht es Routine, denn Kinder lernen nicht über das theoretische Wissen, sondern hauptsächlich über ihr Handeln. Sie haben nicht den gleichen Überblick auf das Verkehrsgeschehen wie Erwachsene und lassen sich leicht ablenken.

Fahrradfahren im Straßenverkehr ist in diesem Alter noch sehr gefährlich, was die hohe Unfallzahl immer wieder bestätigt. Frühestens in der vierten Klasse, wenn die Fahrradprüfung in der Schule abgeschlossen ist, können Kinder den Schulweg mit dem Rad bewältigen. Dabei ist ein Helm natürlich Pflicht.

„Bonsai-Polizisten"

Leider ist die Tradition der Schülerlotsen, die eine halbe Stunde eher als ihre Klassenkameraden aufstehen und dann mit bunten Schirmmützen die Straßenübergänge zur Schule absichern, nicht mehr weit verbreitet. Doch vereinzelt sieht man die kleinen Verkehrshelfer noch, wie sie mit ihrer Kelle die Autos stoppen. Ein sinnvoller Beitrag zur Sicherheit für Erstklässler.

Mit dem Bus zur Schule

Wenn die Entfernung zur nächsten Grundschule mehr als zwei Kilometer beträgt, haben die Schulkinder ein Recht

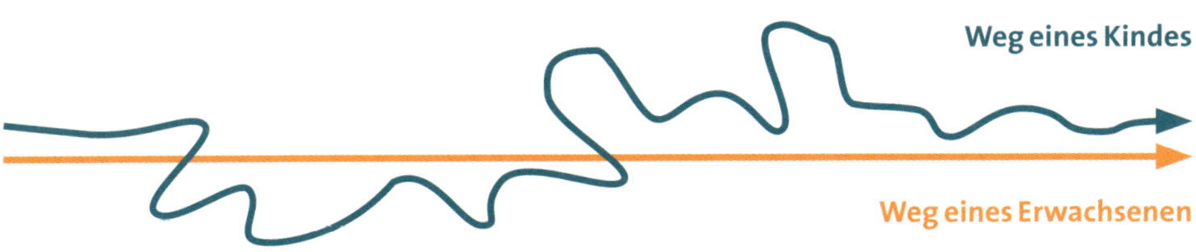

auf öffentliche Beförderung. Gibt es keinen öffentlichen Bus, so kann ein Schulbus eingesetzt werden. Diese Beförderungsart ist sehr sicher, wenn bestimmte Regeln eingehalten werden.

Regeln für das Busfahren

- Immer warten, bis ein Bus abgefahren ist. Niemals vor oder hinter dem wartenden Bus über die Straße laufen.
- Ohne Stress zum Bus! Kinder, die sich auf dem Weg zur Haltestelle sehr beeilen, achten nicht mehr genau auf den Straßenverkehr.
- Nicht toben, laufen, raufen oder Fangen spielen an der Haltestelle.
- Beim Ein- und Aussteigen nicht drängeln. Es besteht die Gefahr, dass Kinder stolpern und stürzen. Die Großen sollen auf die Kleinen achten.
- Mindestens einen Meter Abstand zum heranfahrenden Bus halten!
- Nicht gegen die Bustür drücken! Bei Druck blockieren sie automatisch und öffnen sich erst recht nicht.
- Während der Fahrt nicht herumlaufen, sondern sich festhalten. Der Bus kann plötzlich bremsen.
- Schulranzen nicht auf freien Sitzplätzen abstellen!
- Essen und Trinken sowie der Gebrauch von Handys sind im Bus verboten. Glasflaschen gehören auch nicht in den Bus.

Einschulung liebevoll gestalten

Wenn alle Vorbereitungen abgeschlossen sind, gilt es nun noch den großen Tag der Einschulung zu feiern. So, wie sich die neue Schule bemüht, ihre Erstklässler mit einem bunten Fest zu begrüßen, so sollte auch die Familie des Kindes diesen nächsten Lebensabschnitt entsprechend würdigen. Aufgrund der flexiblen Schuleingangsphasen und jahrgangsgemischten Klassen, die bundesweit in immer mehr Grundschulen eingeführt werden, sind einige Kinder erst fünf Jahre, andere aber auch schon sieben oder vereinzelt sogar acht Jahre alt, wenn sie in die Schule kommen.

Einschulungstermine liegen in den Bundesländern an verschiedenen Tagen. Manche feiern sie am Samstag, andere zu Beginn der Woche. Auskunft geben die staatlichen Schulämter.

Die Schultüte

Das wohl bekannteste Ritual zur Feier der Einschulung ist die Schultüte, prall gefüllt mit Süßigkeiten und Spielzeug. Gleichgültig, wie alt ein Erstklässler ist, auf diese Tüte möchte er nicht verzichten, und auch Geschwisterkinder freuen sich zu diesem Ereignis riesig über eine kleine Ausgabe davon.

Viele Eltern basteln die bunte Tüte ganz einfach aus Karton gemeinsam mit ihrem Kind, um dem Ereignis eine persönliche Note zu geben. Das ist natürlich besonders schön, aber auch die gekauften Schultüten in verschiedenen Größen sind mit farbenprächtigen, kindgerechten Motiven bedruckt und in vielfältigen Ausführungen und zu unterschiedlichen Preisen erhältlich. Die Schultüte ist eine Überraschung und wird dem Kind erst am Einschulungstag gezeigt. Viele Erstklässler wollen sie gar nicht mehr aus der Hand geben und bewahren sie in ihrem Zimmer noch wochen- oder monatelang auf. Ebenso wichtig wie das Design und die Größe der Schultüte ist ihr Inhalt. Ein

wenig Zuckerzeug fehlt wohl in keiner, zu viel von dem Süßkram ist aber ungesund. Stattdessen kann die Tüte mit Brezeln und Salzstangen gefüllt werden, mit Malstiften und kleinen Büchern, mit Sammelkarten, einem Spiel, Schmuck, einer CD, einer Trinkflasche oder sogar schon einer Uhr. Eltern wissen am besten, über welche Dinge sich ihr Kind freut und können auch Großeltern und Freunde über ein Einschulungsgeschenk gut beraten.

Lehrer stellen sich vor

Manche Lehrer und Lehrerinnen verschicken schon vor der Einschulung, wenn die Klassenzusammensetzung abgeschlossen ist, kurze Briefe mit einem Foto von sich an die Erstklässler. Darin stellen sie sich vor und geben ihrer Freude auf das neue Schuljahr Ausdruck. Dadurch sind sie den Kindern am ersten Schultag schon vertraut. Einige nutzen sogar die Gelegenheit, ihren ersten Brief zu „schreiben" und beantworten das Begrüßungsschreiben mit einer „signierten" Zeichnung.

Musik und Theater zur Einschulung

Um ihre Erstklässler gebührend zu begrüßen, geben sich viele Grundschulen große Mühe. Die Schulleitung hält eine Willkommensrede und ältere Schulkinder bereiten meistens ein Programm vor, das mit Musik- und Theaterstücken auf den neuen Lebensabschnitt einstimmt. Die neuen Lehrerinnen und Lehrer stellen sich vor und die verschiedenen Klassengemeinschaften werden gebildet. Dabei berücksichtigen viele Schulen bereits bestehende Freundschaften aus dem Kindergarten oder der Nachbarschaft. Das nimmt Angst und so gelingt der Schulstart leichter.

Oft werden den Neulingen Paten höherer Klassen zugeordnet, die als Ansprechpartner dienen und auf dem Schulhof in den ersten Wochen ein Auge auf sie ha-

ben. So hat jedes Kind gleich das Gefühl, ein zentraler Bestandteil der neuen Schulgemeinschaft zu sein – und die älteren Kinder sind stolz, so eine wichtige Aufgabe übertragen zu bekommen.
Nach den Festlichkeiten verteilen sich die Schulanfänger auf ihre Schulräume und lernen ihr Klassenzimmer und die Lehrkraft in Ruhe kennen. Dort erhalten sie eine Liste der in der Schule benötigten Dinge, falls die Eltern diese noch nicht im Vorfeld per Post erhalten haben. Hefte, Stifte, Ordner und Schutzfolien folgen einem bestimmten System, das in jeder Klasse anders sein kann. Daher sollten Eltern auf diese Liste warten, ehe sie die benötigten Schulsachen einkaufen.

Gottesdienst und Familienfest

Das neue Kapitel im Leben des Kindes wird in vielen Gemeinden mit einem gemeinsamen Gottesdienst gefeiert. Daran können natürlich Familien aller Religionen teilnehmen, die Veranstaltungen sind aber freiwillig. Im Anschluss daran findet die Schulfeier statt und dann sind die Familien sich selbst überlassen.
Die Aufregung vor dem Schulbeginn ist groß, und wenn die neugebackenen Schulkinder dann nach nur einer Stunde die Schule wieder verlassen, sind sie immer noch aufgeregt und voller Tatendrang. Es ist ihr großer Tag, sie stehen im Mittelpunkt und möchten dies auch am Nachmittag noch genießen.
Da bietet es sich an, mit Freunden und Verwandten den Tag noch etwas zu feiern und später geruhsam ausklingen zu lassen. An einem Samstag ist dies natürlich einfacher zu gestalten als an einem ganz normalen Arbeitstag, wenn die Eltern vielleicht schon wieder arbeiten müssen. Trotzdem sollten ein paar gemeinsame Stunden ermöglicht werden.
Da die Einschulung im Spätsommer ist, ist die Chance auf schönes Wetter groß. Ein gemütliches Kaffeetrinken, ein Ausflug in die Umgebung oder einfach nur ein gemächlicher Spaziergang lassen die Aufregung etwas abklingen. Das Kind kann seiner Familie über alle neuen Eindrücke erzählen und so seine positiven und negativen Erlebnisse des Tages verarbeiten.

Wo in Familien Zeit füreinander da ist und über alles gesprochen wird, fallen Veränderungen leichter.

Auch für die Eltern ist diese Ablösung ihres Kindes nicht immer einfach. Sie wissen nicht genau, wie es ihrem Kind in der Schule geht und ob es die neue Herausforderung schon bewältigen kann.

Kontakt zum Lehrer knüpfen

Nach dem Schulstart findet meist schnell ein Informationsabend statt, an dem alle Eltern die Möglichkeit haben, die Lehrkräfte kennen zu lernen, ihre Fragen zu stellen und die Klassenvertretung zu wählen (s. Kapitel 11). Der Unterricht des kommenden Halbjahres wird erläutert und es gibt Tipps zum Umgang mit Hausaufgaben. Auch zu Einzelgesprächen sind die Lehrerinnen und Lehrer nach Anmeldung meist bereit, viele Schulen haben dazu auch Lehrersprechstunden eingerichtet. Dort bekommen Eltern individuelle Rückmeldung über das Verhalten ihres Kindes in der neuen Klasse und im Unterricht. Hier können sie ihre Sorgen einbringen und sich über den Lernfortschritt informieren.

6 Die Welt des Grundschulkindes

Ingo Spitczok von Brisinski

Die psychische Entwicklung

Während der Grundschulzeit kommt es zu zahlreichen Veränderungen im Fühlen, Denken und Handeln eines Kindes. Um es zu verstehen und angemessen zu fördern, sind Kenntnisse über typische Entwicklungsschritte hilfreich, die jedes Kind in unterschiedlicher Ausprägung und möglicherweise früher oder später als Altersgenossen durchläuft.

Gefühle

Das deutsche Wort „Gefühl" kam im 17. Jahrhundert auf und meinte ursprünglich den ganz allgemeinen Aspekt des „Sich Anfühlens und Erlebens". Wahrnehmungen sind meist detailreich und wechseln schnell; Gedanken, Vorstellungen und Erinnerungen dagegen sind oft wenig vielschichtig, haben aber einen konkreten, benennbaren Inhalt. Gefühle sind im Gegensatz dazu typischerweise gegenstandsarm und unpräzise. Sie kommen zu Wahrnehmungen, Vorstellungen und Gedanken deutlich spürbar hinzu.
Dieselbe Wahrnehmung oder Vorstellung und derselbe Gedanke rufen manchmal völlig unterschiedliche Gefühle in uns hervor. **Affekte** (Wut, Ärger usw.) sind eher impulsiv aus dem Augenblick heraus und reaktiv, also Folge eines Ereignisses. **Emotionen** (Freude, Furcht, Enttäuschung usw.) sind milder in ihrer Intensität und deutlicher von Lernen und Erfahrung beeinflusst. **Stimmungen** (Zufriedenheit, Trauer, Angst usw.) halten in der Regel länger an und bezeichnen bisweilen auch so etwas wie eine Grundbefindlichkeit. Es gibt aber viele Übergänge und Beziehungen zwischen diesen Gefühlsausprägungen und oftmals wird gar nicht genau zwischen ihnen unterschieden.
Im Alter zwischen fünf und sieben Jahren werden Regeln zum Gefühlsausdruck entwickelt, eine „coole" emotionale Fassade wird erarbeitet. Die Wahrnehmung eigener Gefühle wird gezielt zur Steuerung der Gefühle anderer oder von sozialen Beziehungen eingesetzt. Auf schwierige Situationen reagieren die Kinder in diesem Lebensalter durch sozialen Rückzug. Sie brauchen die Eltern noch sehr stark, um mit ihren Gefühlen und denen anderer zurechtzukommen, aber das Vertrauen eines Kindes in seine eigene, der Situation angemessene Fähigkeit, Probleme zu lösen, nimmt zu.
In der Beziehungsbildung werden zunehmend eigene Gefühle mit denen anderer abgestimmt und es treten Frühformen

von gemeinsam bestimmten, so genannten „emotionalen Drehbüchern" auf. So können etwa mehrere Kinder gemeinsam Freude erzeugen, indem sie mit Absicht und Abstimmung eine dritte Person ärgern.

Mit sieben bis zehn Jahren nehmen Kinder bestehende Normen im Ausdrucksverhalten wahr und schätzen sie sehr hoch ein. Sie versuchen, Beziehungen durch Verhalten bewusst zu steuern, indem sie zum Beispiel lächeln, während sie einen Klassenkameraden verbal beschimpfen. In Situationen, die das Kind einigermaßen kontrollieren kann, versucht es jetzt selbst, mit seinen Gefühlen zurechtzukommen. In weniger kontrollierbaren Situationen distanziert es sich, zieht sich zurück oder wendet sich an die Eltern oder an Autoritätspersonen, zum Beispiel die Lehrerin.

Die Kinder lernen nun bewusster, dass sie gegenüber einer Person durchaus unterschiedliche Gefühle haben können. Sie sprechen nun auch darüber und sie verwenden persönliche Informationen über Gefühle gezielt, um enge Freundschaften aufzubauen.

Zwischen zehn und 13 Jahren werden klare Unterschiede zwischen Gefühlsäußerungen gegenüber engen Freunden und den sozialen Umgangsformen mit anderen Personen gemacht. Die Einschätzung von Kontrollmöglichkeiten in emotional belastenden Situationen wird genauer. Das Kind entwickelt zahlreiche Lösungen und unterschiedliche Strategien für den Umgang mit schwierigen Situationen.

Soziales Gespür und die Nutzung so genannter „emotionaler Drehbücher" (wie verhält man sich wann mit welchen Folgen) im Zusammenhang mit unterschiedlichen sozialen Rollen werden verfeinert. Immer früher, insbesondere bei Mädchen, setzt heute bereits die Pubertät ein. Stimmungsschwankungen und Launenhaftigkeit beherrschen die Lage, infolge erhöhter Hormonausschüttung reagieren Pubertierende in belastenden Situationen mit stärkeren Gefühlen.

Den Umgang mit Gefühlen lernen Kinder vor allem in der Familie. Eltern, die als Kind in einem Umfeld aufwuchsen, in dem es verpönt war, Gefühle zu zeigen, wenden diesen Stil des Miteinander-Umgehens unbewusst auch gegenüber den eigenen Kindern an. Diese wiederum werden ein geringeres Gespür gegenüber eigenen Gefühlen entwickeln.

Sichere Bindungen in der Familie geben Selbstvertrauen.

Wie „man" mit Gefühlen umzugehen hat, was erlaubt ist und was nicht, das hängt auch stark mit der Kultur zusammen, die eine Gesellschaft zusammenhält: Welches Verhalten zum Beispiel eben noch als temperamentvoll akzeptiert oder doch schon als korrekturbedürftig empfunden wird, dafür gibt es in italienischen, deutschen und chinesischen Familien durchaus unterschiedliche Bewertungsmaßstäbe.

Gedächtnis

Die Zeitspanne des Erfassens und der Verarbeitung von Informationen sowie die Leistungsfähigkeit des Kurzzeitgedächtnisses nehmen zwischen dem fünften Lebensjahr und dem Ende der Schulzeit deutlich zu.

Fachleute unterscheiden

- das **bewusste Gedächtnis** für Fakten und Ereignisse (deklaratives Gedächtnis, unter anderem für das aktiv nutzbare Wissen über die Welt) und
- das **unbewusste Gedächtnis** (prozedurales Gedächtnis, zum Beispiel für motorische Fertigkeiten und visuell-räumliche Wahrnehmung).

Innerhalb des bewussten Gedächtnisses unterscheidet man zwischen dem so genannten semantischen Gedächtnis, das das „Weltwissen" einer Person enthält, und dem episodischen Gedächtnis, das Informationen abspeichert, die sich auf eigene Erfahrungen beziehen. Während für das verbale bewusste Gedächtnis ein deutlicher Zuwachs vom Vorschul- zum Jugendalter bekannt ist, sind für das unbewusste und visuell-räumliche Gedächtnis nach dem Vorschulalter nur noch geringe Zuwächse zu erreichen.

Im Laufe der Evolution hat der Mensch

gelernt, mit den Begrenztheiten seines Gedächtnisses umzugehen. Lernen orientiert sich immer auch an den Möglichkeiten, Gelerntes zu ordnen und zu speichern. Insofern ist das Lernen für Psychologen eine Frage der Verfahren, die geeignet sind, die Gedächtnisleistung zu erweitern.

Ein Beispiel für ein solches Verfahren sind Ein-Wort-Wiederholungen. Sie sind schon bei Kindergartenkindern zu beobachten, wenn es darum geht, sich eine Liste mit Einkaufsgegenständen einzuprägen. Dagegen sind weitergehende Techniken erst bei etwas fortgeschritteneren Grundschülern zu beobachten (etwa Wiederholung mehrerer Wörter einer Liste) und am Ende der Grundschulzeit (Organisationsstrategien wie zum Beispiel das Einordnen nach Oberbegriffen) noch deutlicher.

Fünf- bis Siebenjährige benutzen spontan kaum Verfahren zur Steigerung ihrer Gedächtnisleistung. Sie können ihre Gedächtnisleistung aber sofort steigern, wenn man ihnen erklärt, wie das geht – wie sie also lernen sollen. Wenn Schulanfänger damit beginnen, solche Lernverfahren einzusetzen, erzielen sie in ihren ersten Versuchen oftmals noch keine Leistungsverbesserung, sie sind doch noch zu sehr damit beschäftigt, das Verfahren zu verinnerlichen. Erst wenn dieses „automatisiert" ist, folgt auch die Steigerung der Gedächtnisleistung.

Von nahezu allen Kindern zwischen acht und zehn Jahren werden die Verfahren der Wiederholung und der Organisation erworben. Darin, wie in allem anderen, zeigen Kinder durchaus unterschiedliches Geschick. Während viele Kinder sich gern mit Eselsbrücken weiterhelfen, kann es durchaus sein, dass einige diese niemals spontan nutzen, obwohl sie bei Zweitklässlern ebenso leicht trainierbar sind wie die anderen Verfahren.

Lernen lernen: Werden Kinder wiederholt ermutigt, Gedächtnis- beziehungsweise Lernverfahren gezielt einzusetzen, können sie allmählich deren Vorteile beurteilen und dieses Wissen in der Folge gewinnbringend einsetzen. Lernbezogenes Wissen wird von Psychologen als „Meta-Gedächtnis" bezeichnet. Die Fähigkeit zur Steuerung der Gedächtnisleistung ist bereits bei jungen Kindern verfügbar. Sie verbessert sich in der Folge des weiteren Lebens nicht mehr wesentlich.

Entwicklungsfortschritte werden allerdings erst im Zusammenspiel zwischen Gedächtnisüberwachung und Selbstregulation erreicht. Erst ältere Grundschulkinder können aus der eigenen Einschätzung ihrer Lernerfolge gegebenenfalls verbessernde Maßnahmen ableiten. Beispiel: Sowohl jüngere als auch ältere Grundschüler können zwischen leichten und schweren Wörter unterscheiden. Allerdings ziehen nur die älteren Kinder daraus den Schluss, dass sie für das Lernen der schweren Wörtern mehr Zeit einplanen müssen als für das Lernen der leichten. Ab der fortgeschrittenen Grundschulzeit besteht ein deutlicher Zusammenhang zwischen dem Wissen über Lernstrategien, deren Anwendung und den Gedächtnisleistungen.

Rechts- oder Linkshänder?

Jeder zehnte Mensch ist Linkshänder. Die Bevorzugung einer Seite bildet sich schon sehr früh heraus, kann aber noch im frühen Grundschulalter wechseln.

Unabhängig davon, ob ein Kleinkind vorwiegend linkshändig, rechtshändig oder beidhändig ist, kann vom fünften bis zum neunten Lebensjahr die Händigkeit mehrfach wechseln. Das Umtrainieren von Linkshändern auf Rechtshändigkeit wird heute nicht mehr empfohlen.

Soziale Fertigkeiten

Kinder entwickeln im Vorschulalter die geistige Fähigkeit, zu erkennen, dass andere Personen eigene Gedanken, Gefühle, und Absichten haben. Die Begriffe „Absicht" und „Überzeugung" sind bereits im Alter von vier Jahren als Kern der naiven Handlungserklärung verankert. Zwischen vier und sechs Jahren kommt es zu wesentlichen Erweiterungen des Verständnisses:

- Vierjährige verstehen, dass jemand eine falsche Überzeugung über einen Sachverhalt haben kann. Sie verstehen, dass man durch Sehen oder Erleben zu Wissen kommt.
- Sechsjährige verstehen, dass eine Überzeugung über eine Überzeugung einer anderen Person falsch sein kann: „Anja glaubt, dass Nicole glaubt, dass ...". Sie verstehen erst jetzt, dass auch schlussfolgerndes Denken zu Wissen führt. Und sie können jetzt nachvollziehen, dass auch indirekte Hinweise als Gedächtnishilfen dienen können.

Im Alter von fünf bis sechs Jahren können die meisten Kinder zwischen aktuellen Lernereignissen und Vorwissen unterscheiden. Während Vorschulkinder Denkvorgänge auf jeweils konkret gegebene Inhalte und Ergebnisse beziehen, entwickeln Grundschulkinder eine Vorstellung von kontinuierlicher gedanklicher Aktivität im Sinne eines Bewusstseinsstroms. Sie sind fähig zu zusammenhängenden, sinnvollen Berichten und verstehen, dass das innere Denken oft unwillkürlich und schwer zu unterdrücken ist.

Dass die Welt nicht nur eine tatsächliche, sondern auch eine gedanklich von Menschen geschaffene ist, beginnen Kinder im frühen Grundschulalter zu verstehen. Sie erkennen, dass Erwartungen und Vorurteile die Auslegung aktueller Ereignisse beeinflussen können. So kann zum Beispiel das Umstoßen eines Glases als böswilliger Akt oder als Missgeschick interpretiert werden, je nachdem, wie voreingenommen der Urteilende gegenüber dem Verursacher ist. Daher beginnen Kinder im frühen Grundschulalter, anderen Personen überdauernde psychische Merkmale zuzuschreiben, anstatt ihr Handeln nur vor dem Hintergrund augenblicklicher Wünsche, Absichten und Informationen zu deuten.

Sexualität

Die psychoanalytische Annahme, dass nach der Überwindung des Ödipuskomplexes (Entwicklungsstadium, in dem der Junge mit dem Vater um die Mutter rivalisiert) um das sechste Lebensjahr herum eine Ruhephase, „Latenzzeit" genannt, eintrete, in der Sexualität keine wesentliche Rolle spiele, hat sich nicht bewahrheitet. Vielmehr haben zahlreiche sexualwissenschaftliche Studien belegt, dass es vom Grundschulalter bis zur Pubertät zu einer stetigen Zunahme des Interesses an Sexualität und (in diesem Alter teilweise noch verborgenen) sexuellen Aktivitäten kommt.

Selbstbefriedigung ist schon bei sehr kleinen Kindern beobachtbar. Masturbation und Orgasmus im engeren Sinne erlernen Jungen oftmals durch Kontakte mit Gleichaltrigen, während Mädchen ihre ersten Orgasmen durch Selbsterforschung oder zufällig durch indirekte Stimulation erfahren.

Im Grundschulalter sind sexuelle Spiele häufig, es kommt zu Vergleichen der Geschlechtsteile, bei Jungen häufiger auch zu „homosexuellen" Spielen, ohne dass sich daraus zwangsläufig eine spätere Homosexualität entwickelt. In Zeichnungen erscheinen auch sexuelle Merkmale, ohne dass dies gleich an sexuellen Missbrauch denken lassen muss. Bis zum neunten Lebensjahr überwiegen Verhaltensweisen wie Berührung der eigenen Geschlechtsorgane, Berührung der mütterlichen Brust und die Beobachtung von Personen, die nackt sind oder sich umkleiden. Sexuelle Handlungen sind überwiegend auf sich selbst und nicht auf gegengeschlechtliche Gleichaltrige bezogen. Vor Beginn der Pubertät spielen sich sexuelle Erfahrungen in der Regel überwiegend gleichgeschlechtlich ab. Das aktive Interesse am anderen Geschlecht rückt erst im Alter zwischen zehn und zwölf Jahren in den Vordergrund.

Selbstbefriedigung gehört zur normalen Entwicklung eines Kindes und sollte daher nicht negativ bewertet werden. Diskretion ist sinnvoll. Öffentliches Onanieren gehört jedoch nicht zur normalen Entwicklung eines Kindes. Es sollte nicht nur unterbunden werden, sondern das Kind sollte auch psychologisch oder kinderpsychiatrisch untersucht werden, um eine möglicherweise zugrunde liegende psychische Störung nicht zu übersehen. Auch sehr häufiges Onanieren (mehrmals täglich über Monate) steht manchmal in Zusammenhang mit behandlungsbedürftigen psychischen Problemen. Der Kinderarzt kann hier beraten.

Im Grundschulalter entwickeln sich auch zunehmend **Schamgefühle** gegenüber den Eltern. Diese Schamgefühle sollten respektiert werden, da sie zur normalen Entwicklung gehören.

Ein Kind benötigt auch Rückzugsmöglichkeiten.

Identität und Selbstbild

Im Gegensatz zum **Fremdbild**, das andere von einem haben, heißt das innere Bild, das jemand von sich selbst hat, Selbstbild. Das **Selbstbild** eines Menschen wirkt sich auf sein Verhalten aus. Es kann dazu motivieren, Verantwortung zu übernehmen, den eigenen Anteil am Geschehen wahrzunehmen. Eine ausreichende Übereinstimmung von Selbstbild, Wunschbild und Fremdbild ist wesentliche Voraussetzung für psychische Gesundheit, Leistungsfähigkeit und angemessenen Umgang mit anderen.

Das Selbstbild setzt sich zusammen aus gedanklichen Vorstellungen von den eigenen Eigenschaften und dem eigenen Wesen, aus Gefühlen wie Selbstliebe und Stimmungen sowie aus willentlichen Komponenten wie zum Beispiel Verfahren der Selbsteinschätzung und der Einstellung gegenüber der eigenen Persönlichkeit.

Obwohl wir uns ständig verändern, neue Erfahrungen machen, älter werden, vergessen, dazulernen, bleibt unsere **Identität** erhalten: Stets fühlt man sich als derselbe Mensch. Die Identität ist so etwas wie eine psychologische Konstante über das ganze Leben hinweg.

Das trifft für das Selbstbild ansonsten nicht zu: Es unterliegt einem Wandel und ist veränderungsfähig. Die Identität eines Menschen besteht darin, dass er von anderen unterscheidbar ist und als derselbe identifizierbar bleibt, auch wenn er sich verändert. Menschen entwickeln ihre Identität in einem Wechselspiel von Dazugehören (etwa zur Gruppe der Erstklässler) und Abgrenzen (von den Kindergartenkindern). Im Rahmen der Identitätsbildung identifiziert sich ein Mensch mit etwas, nimmt ein Merkmal einer bestehenden Gruppenidentität als sein eigenes Wesensmerkmal an. Dies ist ein notwendiger Prozess zur Heranbildung der eigenen Persönlichkeit, aber auch ein Element der Fremdbestimmung und Zuschreibung. So mag vielleicht ein Kind, das gerne schulische Aufgaben erledigt und sehr gute Leistungen in der Schule bringt, sich nicht als „Streber" bezeichnen, wird jedoch eventuell von Mitschülern in diese Identität gedrängt. Die psychische Identität wird also einerseits durch Gruppenzugehörigkeiten und soziale Rollen bestimmt und andererseits (zumindest in unserer westlichen Gesellschaft) auch in Abgrenzung und Erfahrung der Einzigartigkeit, in denen eine Person sich als anders erlebt.

Ein Mensch kann in eine Identitätskrise geraten, wenn er oder sein Umfeld sich so verändert, dass die oben erwähnte psychische Konstanz nicht mehr vorhanden ist und neue Identifikationen und Abgrenzungen nicht rasch genug gelingen. Zum Beispiel sind Jugendliche keine Kinder mehr, aber auch noch nicht erwachsen, sodass die mit der Pubertät verbundene psychische Labilität nicht selten als Identitätskrise empfunden wird. Kommen in der Pubertät zu den die eigene Person betreffenden Veränderungen noch massive Einschnitte im Lebensumfeld hinzu (z. B. schwere Erkrankung oder Tod eines Elternteils), kann sich eine behandlungsbedürftige psychische Störung entwickeln, wenn nicht ausreichend andere stabilisierende Kräfte vorhanden sind.

Eltern können die Entwicklung der Identität nur „von außen" versuchen einzuschätzen. Verschiedene Faktoren spielen

Identität stiften

Wichtige Identitäts-Werte sind im Grundschulalter eine tragende familiäre Bindung, Freundschaft(en) und eine Schule, die sowohl in geistiger als auch körperlicher Hinsicht „passt".
Jedes Kind hat handwerkliche, geistige, praktische, technische, sprachliche, mathematische, künstlerische und/oder soziale Fähigkeiten und Fertigkeiten, die es zu würdigen, nutzen, entdecken und entwickeln gilt, um ein ausreichend positives Selbstbild zu erhalten. Nur dann wird es dem Kind gelingen, auch seine Schwächen zu akzeptieren und angemessen mit ihnen umzugehen.
Eine passende Schule, die es erlaubt, Aufgaben erfolgreich zu bewältigen, Anerkennung zu erhalten und gleichgesinnte Klassenkameraden/-innen als Freunde zu gewinnen, leistet einen wichtigen Beitrag zu einem positiven Selbstbild eines Kindes. Anhaltende Überforderung in der Schule oder Ausgrenzung wirken sich negativ auf das Selbstwertgefühl aus.

dabei eine Rolle: Wie nimmt das Kind seinen **Körper** hinsichtlich Figur, Größe, Gesicht, Sportlichkeit, gegebenenfalls Behinderung wahr? Bewertet es seine äußere Erscheinung als attraktiv? Wie wichtig nimmt es dies alles? Ist das Kind übergewichtig und wird deshalb gehänselt? Oder lebt es mehr nach dem Motto „Dicke Menschen sind gemütlich" und ist sozial voll integriert? Ist es gertenschlank und fühlt sich dennoch zu dick?
Familiäre Herkunft, vererbte Anlagen und individuelle Begabungen können das Selbstbild eines Kindes ebenfalls mitbestimmen. Sind alle in der Familie gute Sportler? Liegt vielleicht familiär gehäuft eine Sprachentwicklungsverzögerung oder Lese-Rechtschreibschwäche vor? Gerät das Kind unter schulischen Druck, weil es einmal den elterlichen Betrieb übernehmen soll, aber seine Schulleistungen dafür nicht ausreichen?
Sachwerte und Geld können das Selbstbild beeinflussen: Es kann kränkend wirken, wenn ein Kind zum Beispiel im Vergleich zu anderen die gerade angesagten Spielzeuge und Kleidungsstücke nicht besitzt oder häufiger nicht an Aktivitäten der Spielkameraden teilnehmen kann, weil sie die Familie zu viel kosten. Umso wichtiger ist ein positives Selbstwertgefühl, das auf anderen als rein materiellen Werten beruht.
Ziele, Bedürfnisse, Wünsche, Interessen, Träume: Manche Kinder sind anspruchslos und schätzen eine gleichförmige Zuverlässigkeit, andere sehnen sich nach Abwechslung und sehen sich in ihrer Persönlichkeit eingeschränkt, wenn sie den Eindruck haben, nicht genügend vom Leben mitzubekommen.
Manche Kinder stehen gern im Mittelpunkt und wünschen sich möglichst viele Bekannte und Freunde, anderen reichen einige wenige gute Freundschaften für zwischenmenschliche Beziehungen. Beschränken sich die **Sozialkontakte** aber auf einen einzigen langjährigen Freund oder ist sogar überhaupt keine engere freundschaftliche Beziehung zu Gleichaltrigen vorhanden, besteht in der Regel Handlungsbedarf: Es besteht die Gefahr, in einen immer größer werdenden Rückstand in der sozialen Entwicklung zu geraten, da die anderen Kinder tagtäglich ihre sozialen Fertigkeiten im Miteinander trainieren.

Zur Identität eines Kindes gehört auch, wie es **Freizeit, Erholung, Entspannung, Spiel, Sport** und andere Vergnügen gestaltet und erlebt: Zählt vor allem die Schule oder eher die Freizeit? Günstigenfalls ist natürlich beides wichtig.

Junge oder Mädchen? Geschlechtsunterschiede

Typisch Mädchen? Typisch Junge? Die deutlichen Unterschiede zwischen Jungen und Mädchen in der Wahl der Spiele und des Spielzeugs stehen in Zusammenhang mit der so genannten **Geschlechtsrollen-Identifikation:** Biologisch angelegte geschlechtsspezifische Merkmale werden durch das Aufwachsen je nach kultureller Umgebung inhaltlich ausgelegt.
Dabei handelt es sicht nicht in erster Linie um soziales Lernen, bei dem die Anpassung an die Geschlechtsrolle durch Druck von außen geschieht. Es ist die eigene Konstruktions- und Auswahlleistung des Kindes, die den Ausschlag für die Identifikation mit dem eigenen Geschlecht gibt. In diesem Prozess können vier Hauptschritte unterschieden werden:

1. die Unterscheidung zweier Geschlechter in der sozialen Umwelt;
2. die Zuordnung der eigenen Person zu einem der beiden Geschlechter;
3. die aktive Auswahl aus den Verhaltens- und Gegenstandsangeboten der sozialen Umwelt und
4. die Ausbildung (Konstruktion) des Geschlechts(rollen)verhaltens.

Spielverhalten

Einige äußerliche Merkmale genügen Kindern, um ein einfaches Verständnis von „Geschlecht" zu entwickeln. Sobald sich das Kind selbst einem Geschlecht zugeordnet hat, bevorzugt es auch das geschlechtstypische Spielzeug und Kinder des eigenen Geschlechts im Spiel.
Die Bevorzugung geschlechtstypischen

Spielverhaltens zeigt sich bereits mit zwei bis drei Jahren (etwa der Bagger als „männliches" und die Puppe als „weibliches" Spielzeug). Mit zunehmendem Alter steigt der Anteil geschlechtsangepassten Spiels. Die späteren Geschlechtsunterschiede im Spielverhalten erstrecken sich meist auch auf sportliche Aktivitäten, allerdings gibt es Sportarten (zum Beispiel Tennis, Skifahren, Leichtathletik), bei denen sich die Geschlechtsinteressen überlappen. Ausgeprägte Geschlechtsunterschiede existieren auch bei der Nutzung von Video- und Computerspielen, die von Jungen häufiger als von Mädchen genutzt werden.

Für Regelspiele haben sich in wissenschaftlichen Untersuchungen folgende geschlechtstypische Präferenzen gezeigt:

- **Jungen** bevorzugen Spiele in großen Gruppen mit Kraftanstrengung und Körperkontakt, motorischer Aktivität, Beanspruchung von viel Raum, symbolischen oder realen Konflikten zwischen Teams und wohl definiertem Ergebnis.
- **Mädchen** ziehen Spiele mit fester Reihenfolge der Spieler, gemeinsamem Singen, Rhythmen und Wörtern, indirektem Wettbewerb, einer Vielfalt von Regeln (die jede Bewegung kontrolliert) und einem Wettbewerb zwischen Individuen, nicht zwischen Gruppen, vor.

In erzieherischen Zusammenhängen muss man sich gleichwohl klarmachen, dass es nicht das typische Jungen- oder Mädchenverhalten gibt. Was hier beschrieben ist, gibt Tendenzen wieder. Es ist wenig hilfreich, den Kindern zu vermitteln, es gebe nur eine bestimmte Auswahl an Geschlechtsrollenmerkmalen. Insgesamt sind die vielfältigen Unterschiede zwischen den Kindern vielseitiger als nur die Unterscheidung „Junge" gegenüber „Mädchen". Wichtig ist, dass das Angebot dessen, was „Geschlecht" sein kann, so offen wie möglich gehandhabt wird.

Geschlechtsidentifikation

Die Überzeugung, männlich oder weiblich zu sein, bildet sich bereits vor dem Ende des zweiten Lebensjahrs aus. Zwischen dem sechsten und elften Lebensjahr erwirbt das Kind zunehmend mehr Selbstvertrauen durch Lernerfolge und praktisches Können. Es wird jetzt mehr und mehr außerhalb der Familie sozialisiert, das heißt, es lebt zunehmend auch mit anderen zusammen, etwa in der Schule, im Sportverein, im Kommunionsunterricht, beschäftigt sich in seiner Fantasie aber intensiv weiter mit den Eltern (einschließlich ihrer Geschlechtlichkeit).

Immer früher: die Pubertät

Unter Pubertät (lateinisch „Mannbarkeit") versteht man die körperliche und geistig-seelische Entwicklungsphase des Menschen zwischen dem Kindesalter und dem Erwachsensein. In der Pubertät müssen die Jugendlichen ein neues Verhältnis zum eigenen Körper entwickeln, im Ablösungsprozess von den Eltern eine neue Einstellung zu diesen finden und sich an außerfamiliäre Bezugspersonen anpassen.

Die Pubertät ist die Periode, in der wichtige biologische und psychosoziale Reifungsschritte erfolgen mit dem Ziel, ein erwachsener Mensch zu werden.

Die körperliche Entwicklung läuft der psychischen im Grundschulalter in vielen Fällen voraus. Nach neueren wissenschaftlichen Erhebungen tritt die erste Regelblutung mittlerweile mit durch-

schnittlich 12,2 Jahren auf, sie kann bereits mit zehn Jahren einsetzen, aber auch erst mit 16. Der erste Samenerguss tritt mit durchschnittlich 12,6 Jahren auf. Der Abstand zwischen Jungen und Mädchen hinsichtlich des Zeitpunktes der sexuellen Reife hat sich also verringert. Wissenschaftler haben unterschiedliche Ursachen für diese Veränderung diskutiert, von der besseren Ernährung und Versorgung bis hin zu der heute in den Industrieländern geringeren körperlichen Belastung der Menschen.
Bei Mädchen wird der Reifungsbeginn durch Brustentwicklung und Schambehaarung körperlich sichtbar. Die Schambehaarung tritt bei Mädchen etwa im Alter von 10,5 Jahren ein, etwa ein halbes Jahr später beginnt die Brustentwicklung. Möglich ist jedoch auch ein früherer Beginn der Pubertät.
Bei Jungen ist der Pubertätsbeginn durch die Hodenvergrößerung gekennzeichnet, die allen anderen männlichen Reifungserscheinungen zeitlich vorausgeht. Die Penisvergrößerung setzt etwa ein Jahr später ein.
Körperwachstum und Pubertät unterliegen der Steuerung durch verschiedene Hormone. Sowohl Körperwachstum als auch die pubertätsspezifischen Veränderungen zeigen eine große Schwankungsbreite. Unter dem Einfluss der Geschlechtshormone entwickeln sich die Geschlechtsorgane zur vollen sexuellen Reife. Parallel dazu verläuft die Ausbildung der sekundären Geschlechtsmerkmale (Schambehaarung, Achselbehaarung, Brustvergrößerung bei Mädchen usw.).
Beides geht einher mit der zunehmenden Entwicklung verstandesmäßiger Funktionen und der Erweiterung des psychosozialen Lebensraums. Die Kinder orientieren sich zunehmend an anderen, meist gleichaltrigen Menschen.
Mit der Pubertät eng verbunden ist die Weiterentwicklung von Gewissen, die Auseinandersetzung mit der sich verändernden Realität sowie Gefühlen und Trieben.

Aggression

Unter Aggression versteht man die beabsichtigte körperliche oder psychische Schädigung eines Lebewesens (Mensch oder Tier) oder die Beschädigung eines Gegenstandes.
Formen der Aggression sind:
- körperlich: Schlagen, Quälen, Töten, durch Mimik und Gestik zum Ausdruck gebrachtes Bedrohen,
- verbal: Schimpfen, Spotten, üble Nachrede, unangemessenes Schweigen,
- emotional: Ärger, Wut, Groll, Hass.

Oft ist aggressives Verhalten der Versuch, ein Problem zu lösen. Aggressionsziele sind zum Beispiel:
- Durchsetzen eigener Wünsche und Interessen, die im Gegensatz zu Wünschen anderer stehen,
- Beachtung durch andere finden,
- Reaktion auf Aggression anderer (Abwehr),
- Vergeltung erlittener Aggression.

Die Ausdrucksformen von Aggressivität ändern sich im Grundschulalter und gleichen sich zunehmend denen älterer Jugendlicher an. Außer von älteren Geschwistern lernen die Kinder nun vor allem von gleichaltrigen und älteren Mitschülerinnen und Mitschülern. Die Aggressivität von Jungen äußert sich eher in Form von direkter Gewalt, das heißt, mit offenen körperlichen Angriffen oder Drohungen. Mädchen benutzen eher verbale und indirekte ↗ Gewalt in Form von verdeckten Schikanen wie üble Nachrede, Quälen, Gerüchte verbreiten oder ignorieren.

Kinder, die gehäuft gewaltsame Handlungen erleben, sind selbst gefährdet, gewaltsam zu reagieren. Das betrifft aggressives Verhalten von Familienmitgliedern („Lernen am Modell") als auch Gewaltdarstellungen in Zeitungen, Comics, Fernsehen, Musik, Internet und Computerspielen (s. auch Kapitel 1).

Die Gewalt in den Medien schadet am meisten Kindern unter acht Jahren, da diese Realität und Fantasie noch nicht gut unterscheiden können. Gewaltdarstellungen führen zu verstärkter Aggressivität und antisozialem, auffälligem Verhalten. Sie verstärken aber auch Ängste, zum Beispiel die, selbst Opfer von Gewalttaten zu werden. Während ungünstige Auswirkungen von Gewaltdarstellungen im Fernsehen aus vielen Studien belegt sind, sind Studien zu Computer- und Videospielen rar. Auch hier gilt, dass realistischer dargestellte und oft im Spiel belohnte Gewalt auch im realen Leben zu mehr Gewalt führt. Das Mitgefühl für andere nimmt ab und kann zu Abstumpfung gegenüber realer Gewalt führen. Langfristig kann es durch Modelllernen, aktives Einüben sowie Lernen von Gewalt zu einer ungünstigen Entwicklung kommen.

Hier hilft nur die aufmerksame Beobachtung und konstruktive Auseinandersetzung der Eltern mit den Kindern, die auch Überlegungen umfassen sollte, was das Kind bei einem bestimmten Spiel möglicherweise lernt.

Manche Hormone, besonders Testosteron fördern aggressive Verhaltensweisen einschließlich Imponiergehabe, Kampfverhalten und Begattungsdrang. Auch die häufig mit Einsetzen der Geschlechtsreife besonders bei Jungen erhöhte Neigung zu verbaler Aggressivität („Flegeljahre") wird auf die veränderte Aktivität der Hormone zurückgeführt, wobei allerdings die Wirksamkeit altersspezifischer Vorbilder und Rollenkonflikte im gesellschaftlichen Rahmen nicht übersehen werden darf. Die oftmals besonders von der eigenen Familie, aber auch von anderen Erwachsenen, wie zum Beispiel Lehrkräften, als schädlich empfundenen Verhaltensweisen können auch gegen sich selbst gerichtet werden.

Gewalt führt zu Gewalt.

Mit Aggressivität umgehen

Zeigt ein Kind eine zu geringe Aggressivität, kann es seine Interessen unter Gleichaltrigen vielleicht nicht ausreichend wahren und es wird möglicherweise als Schwächling angesehen, herumgestoßen oder ausgenutzt.

Zu viel Aggressivität macht ein Kind unbeliebt oder stempelt es als aggressiv ab. Kinder müssen lernen, zwischen diesen beiden Polen die Balance zu finden. Und das müssen sie immer wieder, auf jeder Altersstufe, trainieren.

Eltern können ihren Kindern helfen, mit deren Aggressivität umzugehen, indem sie sie auffordern,

- Wut mit Worten statt mit Taten auszudrücken,
- Gefühle zu begründen,
- Wünsche zu formulieren
- und mit gutem Beispiel vorangehen!

Einnässen

Jedem Kind kann es passieren, dass es aus Versehen in die Hose macht. Wenn dieses jedoch häufiger vorkommt, obwohl das Kind schon fünf Jahre oder älter ist, sollte etwas unternommen werden. Zehn Prozent aller Siebenjährigen nässen nachts hin und wieder noch ein und immerhin drei Prozent bei Tag.

Ärztliche Hilfe suchen
Als behandlungsbedürftig wird bei Kindern unter sieben Jahren angesehen, wenn sie mindestens zweimal pro Monat einnässen, ab sieben Jahren einmal pro Monat.

Mediziner unterscheiden zwischen dem nächtlichen Einnässen und einem Einnässen während des Tages. Es gibt auch Mischformen. Manche Kinder sind noch nie längere Zeit trocken gewesen, andere fangen nach einem halben Jahr oder noch längerer Zeit wieder an. Kinder, die nachts noch ins Bett machen, leiden darunter, dass sie nicht bei Freunden übernachten können, haben Angst vor Schulausflügen; sie schämen sich oder sind verärgert; oft versuchen sie, das Einnässen zu verheimlichen. Manche Kinder riechen nach Urin und werden darum zum Außenseiter. Auch kann es zu Spannungen in der Familie kommen, wenn die Eltern glauben, das Kind nässe mit Absicht ein oder sei zu bequem, zur Toilette zu gehen (was durchaus vorkommt).

Bei Nacht kommt es im tiefen Schlaf zum Einnässen, weil das Kind trotz voller Blase nicht aufwacht. Die Harnmengen sind meist groß, sodass Schlafanzug und Bett nass werden.

Tagsüber einnässende Kinder können eine verminderte Blasenkapazität haben, eine so genannte Sextaner-Blase. Sie verspüren dann einen starken Harndrang und ungewollten Harnabgang. Typisch ist der Einsatz von „Haltemanövern".

Andere schieben das Urinieren auf oder verweigern oder verzögern es, bis es zum ungewollten Abgang kommt. Kinder nässen vermehrt bei Tätigkeiten ein, die sie nicht unterbrechen wollen, etwa beim Spielen oder Fernsehen.

Einnässen tritt familiär gehäuft auf. Während es früher allgemein als psychoso-

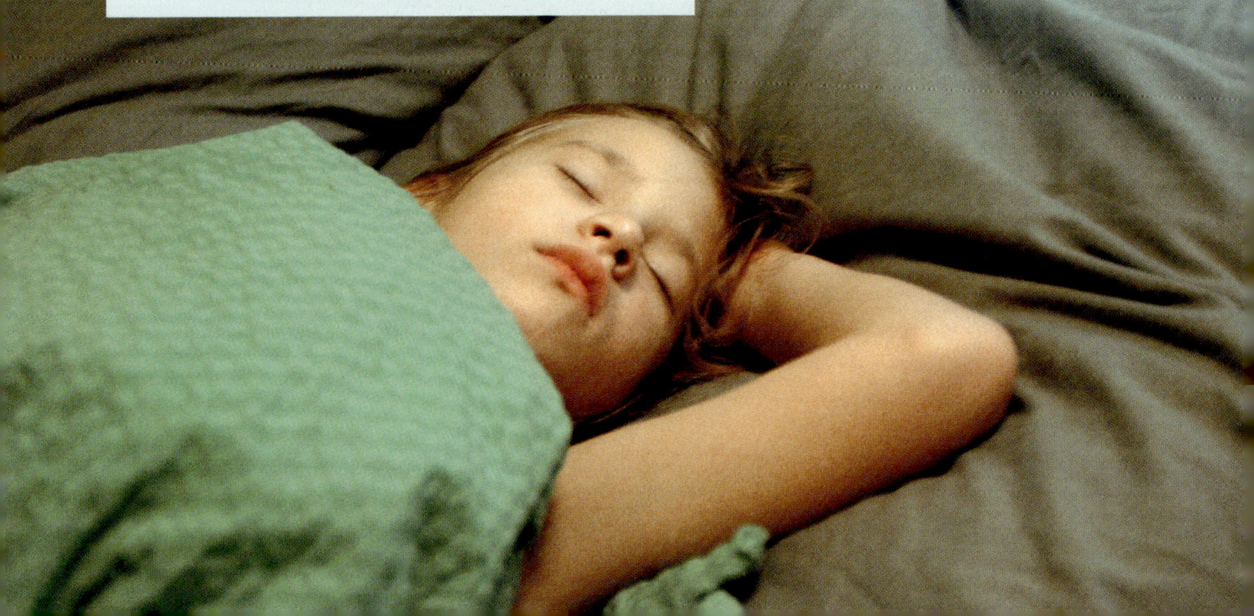

Seltenes Einnässen ist kein Grund zur Besorgnis.

matisches Problem verstanden wurde („Die Seele weint unten heraus"), wird die primäre Enuresis nocturna inzwischen mit genetischen und entwicklungsbezogenen Faktoren in Verbindung gebracht. Nässen eigentlich bereits trockene Kinder erneut ein, finden sich möglicherweise traumatisierende Lebensereignisse und weitere psychische Störungen. Tritt dies gehäuft auf, sollte zumindest der Kinderarzt beratend hinzugezogen werden.

Nächtliches Einnässen kann auf Klassenfahrten oder in ähnlichen Situationen zum Problem werden. Pro Jahr werden von den nichtbehandelten Fünf- bis Neunjährigen mit nächtlichem Einnässen nur 14 Prozent trocken, nach 20 Lebensjahren nässen noch drei Prozent ein. Man kann sich also nicht darauf verlassen, dass sich das Problem „auswächst".

Ärztliche Hilfe bei Einnässen

Einnässen kann nach dem Ausschluss organischer Ursachen durch den Kinderarzt (zum Beispiel Harnwegsinfekte oder Missbildungen des abführenden Harnsystems) verhaltenstherapeutisch behandelt werden. Dies kann geschehen durch einen Kinder- und Jugendpsychotherapeuten, einen Kinderarzt mit psychotherapeutischer Qualifikation oder einen Kinder- und Jugendpsychiater.

In der Regel wird mit der Führung eines Kalenders begonnen, um die Häufigkeit des Einnässens erst einmal genauer zu erfassen. An jedem trockenen Tag wird eine Sonne und an jedem nassen eine Regenwolke gemalt. Fast jedes fünfte Kind wird allein dadurch trocken.

Weitere einfache Maßnahmen sind gemeinsame Einschlafrituale, Bereitstellen eines Nachttopfs oder Anbringen eines Nachtlichts, um dem Kind den angstfreien Gang zur Toilette zu erleichtern. Elterliche Zuwendung vor dem Schlafengehen und eine entspannte Einschlafsituation haben positive Auswirkungen. Das Kind soll selbst den nassen Schlafanzug und die Bettwäsche wechseln. Blasentraining und regelmäßiger Toilettenbesuch sind weitere sinnvolle Maßnahmen. Bei nächtlichem Einnässen kann die Weckzeit schrittweise so weit vorverlegt werden, dass das Kind vor dem Einnässzeitpunkt auf die Toilette geht.

Hilft auch dies alles nicht ausreichend, kann der Arzt eine „Klingelhose" verschreiben: Ein Feuchtigkeitsfühler in der Unterhose gibt Alarm beim ersten Urintropfen und weckt das Kind, damit es zur Toilette gehen kann. Sind verhaltenstherapeutische Methoden nicht ausreichend wirksam, kommt in Einzelfällen auch eine zusätzliche medikamentöse Behandlung in Betracht. Liegen zusätzlich zum Einnässen psychische Probleme vor, müssen sie in der Regel psychotherapeutisch behandelt werden.

www.kinder-psychiater.de

Buchtipp
Ratgeber Einnässen. Informationen für Betroffene, Eltern, Lehrer und Erzieher. v. Alexander von Gontard/Gerd Lehmkuhl. Hogrefe, Göttingen, 2004

Frustrationstoleranz

Wie Frustrationen, also Enttäuschungen, verarbeitet werden, hängt unter anderem davon ab, ob ein Kind gelernt hat, mit Enttäuschungen angemessen umzuge-

hen. Es ist selten hilfreich, wenn Erwachsene oft versuchen, Kindern Frustrationen zu ersparen. Aber auch die gegebene Befindlichkeit und das Selbstbewusstsein tragen zum Vermögen bei, damit zurechtzukommen.
Es gibt aber auch Menschen, die grundsätzlich auf Enttäuschungen stark reagieren, sei es nun aufgrund ihres Temperaments oder wegen einer erhöhten Impulsivität aufgrund von ↗ Hyperaktivität.

Geschwister

Die Basis für einen sicheren Umgang mit sich und der Umwelt hängt eng mit dem Selbstwertgefühl zusammen.

Geschwister lernen voneinander, ältere Kinder sind meist gewollt oder ungewollt Lehrmeister. Die Jüngeren lernen vieles durch das Vorbild der Geschwister. „Das will ich auch können" ist ein großer Anreiz. Ältere Geschwister sind oft in vieler (jedoch meist nicht in jeder) Hinsicht eher besonders reif für ihr Alter.
Eifersucht, Neid, Ablehnung und Aggression sind zwischen Geschwistern allerdings ebenso alltäglich wie Liebe und Vertrauen. Geschwister, die altersmäßig wenig Abstand und das gleiche Geschlecht haben, rivalisieren besonders intensiv miteinander. Sie erleben sich als ähnlich, vergleichen sich ständig, und das birgt Konfliktstoff. Gefühle von Benachteiligung und Frustration sind an der Tagesordnung.

Vergleiche meiden
Vergleiche zwischen den Kindern sollten seitens der Eltern vermieden werden. Bemerkungen wie „Mona ist viel schneller als Nicole" stacheln das gegenseitige Wetteifern noch an. Jedes Kind soll für seine ganz besonderen Stärken gelobt werden. Wird ein Kind bevorzugt, sind Neid und Eifersucht bei dem Geschwisterkind verständlich. Jedes Kind braucht für seine Entwicklung seine eigene Zeit.

Selbstbewusstsein

Selbstbewusstsein wird in der Umgangssprache meist im Sinne eines hohen Selbstwertgefühls oder Selbstvertrauens verstanden. Eigentlich versteht man darunter aber nur allgemein die Bewertung, die man sich selbst gibt (sei sie nun positiv oder negativ gefärbt). Personen können je nach Situation unterschiedlich oder ständig auch ein unangemessenes Selbstvertrauen haben, indem sie ihre Leistungsmöglichkeiten über- oder unterschätzen. Ein zu hohes Selbstwertgefühl kann sich als Überheblichkeit äußern, ein zu niedriges Selbstwertgefühl aber auch!
Selbstsicherheit bildet sich im Laufe der kindlichen Entwicklung aus

- über positiv erlebte Gefühle,
- über Wertschätzung und Anerkennung,
- durch die Identifikation mit wichtigen Bezugspersonen, die selbst die nötige Selbstsicherheit haben und positiv auf das Kind reagieren,
- durch eine Balance zwischen erlebter Freiheit und Verbundenheit zu Bezugspersonen.

Schulische Leistungen, Aussehen, Beliebtheit, Konfliktfähigkeit und Selbstbehauptung gegenüber Gemeinheiten anderer hängen wissenschaftlichen Studien zufolge nicht zwingend mit dem Selbstwertgefühl zusammen, jedoch sind Men-

hotels viva

~~Patros Mini Würfel~~

4

schen mit hohem Selbstwertgefühl kontaktfreudiger und glücklicher als andere. Andererseits neigen Kinder mit hohem Selbstwertgefühl eher dazu, andere herumzukommandieren.

Grenzen

Eine Erziehung, die viel menschliche Wärme zeigt, aber auch ganz klare Grenzen setzt, unterstützt die Ausbildung einer gesunden Mischung von Selbstbewusstsein, Selbstkontrolle, Zufriedenheit, Unternehmungslust und Unabhängigkeit. Kinder müssen lernen, angemessene Bedürfnisse ihrer Eltern zu achten, damit sie lernen, auch in der Erwachsenenwelt zurechtzukommen. Zudem können die Eltern sich nur so selbst darin bestärken, ihre Kinder gesund und mit starken Nerven zu unterstützen. Eltern, die ständig genervt sind und nicht zur Ruhe kommen, können nicht entspannt, glücklich und stark genug sein, um ihre Kinder optimal zu unterstützen und ihnen ein gutes Vorbild sein.

Es muss genügend Raum und Zeit sein, dass Eltern etwas für die Partnerbeziehung und für sich selbst tun, sie brauchen Ruhepausen und Hobbys. Starke Eltern können ihren Kindern mehr Kraft geben als schwache!

Zur Stärke der Eltern gehört auch, Schwächen einzugestehen: Auch Eltern sind nicht in jeder Hinsicht perfekt und sollten es auch nicht anstreben, denn sie könnten sonst dem Kind vermitteln, dass Fehler machen oder Schwäche zeigen grundsätzlich schlecht sind.

Grenzen zu beachten schützt auch vor Gefahren, zum Beispiel im Straßenverkehr.

Es ist wichtig, dass Eltern frühzeitig damit anfangen, klare Grenzen zu ziehen. Denn mit zunehmendem Alter fällt es den Kindern immer schwerer, es neu zu lernen, Grenzen angemessen zu akzeptieren. Lebhafte Kinder benötigen mehr Grenzen als ruhige. Manche Kinder sprechen schon auf die leiseste Warnung an, anderen dagegen kommt man mit Worten fast gar nicht bei.

Jüngere Kinder spielen am besten in geschütztem Rahmen.

Bei der genauen Beobachtung des Kindes wird meist erkennbar, wo und wie angemessen Grenzen gesetzt werden müssen. Eltern sollten sich überlegen, wo sie „ein Auge zudrücken" und wo sie auf keinen Fall nachgeben möchten.

Grenzen müssen klar und vorhersehbar gesetzt werden. Kennt oder versteht ein Kind den gegebenen Zusammenhang zwischen einem bestimmten Verhalten und der daraus folgenden Konsequenz nicht, muss ihm dies erklärt werden. Folgt das Kind dennoch nicht, muss man bestimmter auftreten, ruhig aber klar „nein" sagen. Hilft das auch nicht, kann der Gegenstand weggebracht, das Kind fortgetragen oder auch abgelenkt werden. Bei älteren Kindern hilft manchmal nur eine (erfüllbare) Drohung oder klare und angemessene Strafe.

Kinder sollten nur dann zur Rechenschaft gezogen werden, wenn sie eine Regel über das unerwünschte Verhalten kannten, wenn sie also genau vorher wussten, dass etwas Bestimmtes verboten ist. Strafen müssen in einem logischen Zusammenhang mit dem Fehlverhalten stehen. Sie können dann einen positiven Lerneffekt bewirken, wenn unterm Strich ein positiver Sinn auch für das Kind nachvollziehbar ist. Angekündigte Strafen sollten in der Regel bei Eintreten des Fehlverhaltens auch umgesetzt werden. Daher sollte nicht mit etwas gedroht werden, was nachher nicht eingehalten werden kann. Die Strafe muss besonnen und in angemessenem Verhältnis zum Fehlverhalten gestaltet sein: Wenn auf ein geringes Fehlverhalten eine schwere Strafe erfolgt, ist für ein beträchtliches Fehlverhalten keine Steigerung mehr möglich.

Die Reaktion der Eltern sollte nie so ausfallen, dass das Kind sie um ihrer selbst willen hervorruft (zum Beispiel auf dem Zimmer bleiben, wenn das Kind genau dies gern will).

Manche Eltern sind häufig wütend auf ihre Kinder. Meistens tragen hier nicht die Kinder schuld, sondern die Unzufriedenheit der Erwachsenen: mit der Ehe, Arbeit, Unwohlsein mit der Elternrolle oder mit irgendetwas anderem. Dann reagieren die Eltern ihre Anspannung an den Kindern ab.

Das kann man tun, damit Kinder gehorchen

- Die Forderung muss eindeutig sein, die Art der Umsetzung klar.
- Verdeutlichen, dass manche Äußerungen keine Bitte sind, sondern eine Forderung, die zweifelsfrei berechtigt ist.
- Zum Kind hingehen, Augenkontakt herstellen, auch Körperkontakt (Hand auf die Schulter legen), dann die Anweisung geben.
- Klar sein: „Ich möchte, dass du das sofort tust. Hast du mich verstanden?"
- Anweisung wiederholen, nicht diskutieren, nicht ärgerlich werden. Langsam und tief atmen, damit man ruhig bleibt. Dem Kind signalisieren, dass man entschlossen ist, auf der Forderung zu bestehen.
- Solange das Kind der Anweisung nicht nachkommt, in der Nähe bleiben.

Verbringen Eltern und Kinder viel Zeit miteinander, wachsen Vertrauen und Vertrautheit, sodass Kinder bereitwilliger die Wünsche der Eltern erfüllen: Man tut gern etwas für Menschen, die einem vertrauen und viel Gutes zutrauen.

Kinder deuten manchmal aggressives Verhalten der Eltern als eine Art von Liebe: Eine negative Reaktion ist besser als gar keine?! Diese Kinder zeigen die Tendenz, zurückzuschreien, was dazu führt, dass Schreien an der Tagesordnung ist.
Auch kann Angst in Aggressivität umschlagen: Wenn Kinder alt genug sind, wehren sie sich. Aggressive Eltern erziehen oft eingeschüchterte oder trotzige Kinder. Auch eine Mischung der beiden Formen kommt vor.
Kinder, die ständig Angst vor Strafe haben, gehen weniger Risiken ein und probieren weniger aus als Kinder mit größerem Freiraum. Strafen nutzen sich auch ab: Ein Kind, das aufgrund ungehörigen Verhaltens immer wieder die gleiche Strafe erlebt, lässt sich davon jedes Mal weniger einschüchtern. Daraus folgt, dass die Strafdosis erhöht werden muss oder die Eltern müssen sich eine neue Strafe auszudenken.
Liebesentzug zerstört Vertrauen und Selbstwertgefühl. Geben Eltern dem kindlichen Willen zu viel nach, entstehen allmählich großer Ärger und Müdigkeit, da es sehr anstrengend ist, dem Kind alles zu gestatten. Schließlich kommen Eltern an den Punkt, wo eine bestimmte Ordnung doch wieder gewünscht wird. Das Ende der Geduld äußert sich dann durch ein Donnerwetter: Es folgt eine Strafe im unkontrollierten Zorn und es kann sogar zu Misshandlungen kommen.
Bei Forderungen, die aus Sicht der Eltern verhandelbar sind, sollte auch mit den Kindern verhandelt werden, mit dem Alter der Kinder zunehmend. Allgemein sollte eher positives Verhalten durch Loben oder Belohnen bestärkt werden, statt negatives Verhalten mit negativen Konsequenzen zu belegen. Andererseits sollten Konflikte nicht zu oft vermieden werden, damit das Kind lernt, mit ihnen angemessen umzugehen.
Man darf seine Meinung ändern und eine neue Regel aufstellen, wenn

- man eingesehen hat, dass die alte Regel fehl am Platz war oder ist. Eltern sind nicht unfehlbar und sollten die alte ggf. durch eine bessere ersetzen.
- das Kind mit Argumenten überzeugt: Hat zum Beispiel das Kind zuvor einem anderen versprochen, ein bestimmtes Spiel noch am selben Tag zurückzubringen, und verbieten die Eltern ihm dann, das Haus zu verlassen, so muss eine Ausnahme zulässig sein. Mit zunehmendem Alter des Kindes wird es auch häufiger gute und berechtigte Argumente finden, die Ausnahmen bestehender allgemeiner Regeln zu begründen. Gehen Eltern dann auf das Kind ein, erzeugen sie Vertrauen und Ansehen bei ihrem Kind.
- eine Ausnahmesituation vorliegt: Wenn das Kind zum Beispiel bei einer Hochzeitsfeier länger aufbleiben darf. Rückenstärkung durch den Partner ist eine wichtige Unterstützung!

Angst vor Strafe kann zwar davon abhalten, etwas Unrechtes zu tun, aber sie veranlasst nicht unbedingt dazu, das Rechte zu tun.

Buchtipps zu Erziehungsfragen

- *Das Geheimnis glücklicher Kinder.* v. Steve Biddulph. Heyne Verlag, München, 2001
- *Jungen! Wie sie glücklich heranwachsen.* v. Steve Biddulph. Heyne Verlag, München, 2002
- *Wozu erziehen? Entwurf einer systemischen Erziehung.* v. Wilhelm Rotthaus. Carl Auer Verlag, Heidelberg, 6. Auflage 2006

7 Mit Erfolg lernen

Joachim Hackler

Grundschule = Lernschule fürs Leben

Mit dem Eintritt in die Grundschule betreten Kinder ein neues „Lernland". Hier ist zunächst alles neu und spannend. Sie wollen endlich lesen, schreiben und rechnen lernen und teilhaben am Wissensprozess der Großen. Auf die Kinder wartet eine organisierte Form des Lernens, die sie zuvor in ihrem Leben so noch nicht kennen gelernt haben. Sie haben sitzen, krabbeln und laufen gelernt, ohne dass ihnen jemand das beigebracht hat. Sie haben sprechen gelernt, ihre Wahrnehmung und Feinmotorik entwickelt, ohne eine Unterrichtsstunde besucht zu haben. Sie haben sich vor allem bewegt, getobt und sich im Spiel die Welt angeeignet.

Wir wissen aus der neueren Hirnforschung, dass bereits Kleinkinder Lust zum Lernen haben. Sie wollen ihr Bedürfnis nach (neuen) Eindrücken zufriedenstellen und suchen deshalb unentwegt nach Lernanlässen. Sie probieren aus, sie fragen, sie experimentieren, beobachten und machen unendlich viel nach. Dafür gibt es keinen Lehrplan, da klingelt keine Schulglocke und da werden keine Fehler rot angestrichen. Kinder im Kleinkind- und im Vorschulalter werden nicht belehrt, sondern lernen, weil sie es selbst wollen. Sie lernen einfach so, ohne darüber nachzudenken oder sich Sorgen wegen möglicher Fehler zu machen. Böse Zungen behaupten, wenn diese frühkindlichen Lernprozesse in eine Schule verlegt würden, gäbe es rasch früheste Formen von Lernstörungen, wie Laufblockaden, Experimentierängste und Sprechverweigerung.

Ganz so bedenklich stellt sich die Wirklichkeit sicher nicht dar, doch dürfen wir nicht übersehen, dass die Grundschule den Übergang in eine andere Lernwelt bewerkstelligt: vom selbst bestimmten und selbst inszenierten Lernen hin zum organisierten und geplanten Lernen, vom lustvollen Tun hin zum Erledigenmüssen. Damit dieser Wechsel überhaupt gelingen kann, wird er in Etappen vollzogen: Grundschüler und -schülerinnen haben mindestens vier Jahre Zeit, sich auf dieses neue Lernmodell und die zukünftigen Erwartungen einzustellen. Eltern sollten sich vor Augen führen, dass er Zeit braucht. Sie sollten diesen Umstellungsprozess im Auge behalten, ihre Kinder aber nicht dabei überfordern, sondern ihnen die Zeit geben, die sie zur Anpassung brauchen.

Lernen zu lernen ist ebenso wichtig wie Fachwissen, fast wichtiger.

↗ Gelassenheit statt Panik zeigen, Zeit geben statt Druck machen, anregen und ermutigen statt kritisieren und überfordern – so begegnen Eltern der „biologischen Lernuhr“ ihrer Kinder im Grundschulalter angemessen und wirkungsvoll. In der Tat entwickelt sich hier eine neue Struktur des Lernens, also eine Art Programm, das Kinder zukünftig in die Lage versetzt, sich kompetent auf von außen vorgegebene Anforderungen einzustellen. Doch handelt es sich hierbei nicht einfach um ein Update, wie wir es vom Computer kennen; vielmehr geht es um einen Prozess, der selten gradlinig und in der Regel widersprüchlich und holprig verläuft. Rückschläge, Stillstände und Verunsicherungen sind also nichts Ungewöhnliches, sondern vielmehr zu erwarten. Andererseits müssen Eltern sich dieser Entwicklung nicht ausgeliefert erleben, sondern können hier richtig fördern, fordern und erziehen! Das Maß aller Dinge bleibt ein gesundes Selbstvertrauen, es ist die Grundlage einer intakten Lernentwicklung.

Die Erfolgspyramide des Lernens

Lernen und **Lernfähigkeit** sind vielschichtig, sie setzen sich aus verschiedenen Faktoren zusammen. Um diese zu entwickeln und möglichst gut aufeinander abzustimmen, braucht es Zeit und möglichst viele **Lernanlässe**, also Gelegenheit zum Lernen. Davon bietet die Grundschulzeit erfahrungsgemäß reichlich. Wenn es gelingt, diesen Prozess mit der gebotenen Geduld zu optimieren, wird das Ganze im Laufe der Zeit mehr als die Summe seiner Teile: Jedes Kind bildet sein sehr persönliches Lernkonzept aus, ein gutes Rüstzeug für die weiterführende Schule.

Lernfähigkeit im schulischen Sinne lässt sich in der Regel nicht direkt beeinflussen oder kurzfristig steuern, sie muss über lange Sicht entwickelt und gepflegt werden.

„Jedes Kind will lernen, aber kein Kind will lernen müssen!“
MARC MERGHEIM

Man kann sich die entscheidenden Elemente des Lernens am besten als Pyramide vorstellen. Das Fundament bilden **Gedächtnis**, **Konzentration** und **Motivation** (s. auch Kapitel 6 u. Kapitel 9). Ohne diese kann Lernen nicht gelingen. In der Mitte angeordnet sind auf der einen Seite Faktoren, die der Schüler, die Schülerin selbst in der Hand hat: eine Auswahl an wirksamen **Lernstrategien**, also Techniken und Vorgehensweisen. Auf die andere Seite gehören Selbststeuerung oder **Selbstorganisation**. Hierzu zählen folgende Fähigkeiten:

- Verantwortung für das eigene Lernen zu übernehmen,
- die erforderliche Zeit zu planen und aufzubringen,
- Bereitschaft, sich anzustrengen und Phasen von Lernunlust zu überwinden,
- Erwartungsdruck von innen und außen standzuhalten,
- Energien mobilisieren zu können.

Die Spitze der Pyramide wird eingenommen von der zentralen Kategorie des **Selbstvertrauens** oder des Selbstbilds. Hier bilden wir unser Wissen über uns selbst und unsere Fähigkeiten ab. Das Selbstbild eines Menschen ist das Produkt eines langen Erfahrungs- und Erziehungsprozesses. Aus dem Selbstvertrauen leitet sich die Erwartung ab, die ein Kind gegenüber Leistungsanforderungen entwickelt. Jüngere Kinder neigen zunächst eher zu einer generellen Selbstüberschätzung. Im Laufe der Grundschulzeit wird das Bild, bedingt durch Erfahrungen und Vergleiche mit anderen, realistischer.

Die Kinder entwickeln eine Erwartungshaltung, ob sie sich Erfolg zutrauen. Fachleute sprechen hier von der **Selbstwirksamkeitserwartung**. Ist diese positiv gestimmt, wird die Lernstruktur eine positive sein: Wir trauen uns einen Erfolg generell zu. Bei anhaltenden Misserfolgen oder abwertenden Rückmeldungen entsteht hier eine negative Lernstruktur: Das Kind erwartet, dass es sowieso wieder nicht klappt. Es hat nicht nur Angst vor einem Misserfolg, sondern schon eine regelrechte Misserfolgserwartung aufgebaut. Die Folgen sind fatal: mangelndes Selbstvertrauen in die eigenen Fähigkeiten, kaum Mobilisierung notwendiger Lernenergien und zunehmend niedergeschlagene Phasen. Diese können zu Lernblockaden führen. Erfolgserlebnisse und Kompetenzerfahrungen sind dann dringend notwendig, um das Ruder wieder herumreißen zu können.

Lernen will gelernt sein!

Früher oder später übernehmen viele Grundschüler das in Schule vorherrschende Lernmuster: Sie wollen Zusammenhänge nicht kompliziert und tiefgründig erklärt bekommen, sie wollen sie sich auch nicht selbst erarbeiten müssen, sie wollen genau die Antwort auf ihre Frage, die ihnen einfach weiterhilft. Hieraus entsteht schleichend die „hohe Kunst" des „auf den Punkt Lernens". Pragmatisch soll die Vorbereitung sein, keinen unnötigen Aufwand mit sich bringen und genau das bieten, was etwa morgen im Test gefordert wird und bloß nicht mehr. Alles andere verunsichert zunächst und muss daher abgelehnt werden. Leider kommt die Test- und Prüfungspraxis mit der Betonung von abrufbarem Wissen dieser Haltung sehr entgegen oder produziert sie vielleicht sogar ungewollt (s. Kapitel 4).

Um wie viel spannender, lehrreicher und aktiver und damit motivierender könnte Grundschule sein, wenn sie die jungen Lerntalente da abholte, wo sie stehen:

Gespräch mit einem 8-jährigen Mädchen aus einer dritten Klasse: „Und dann haben wir ein neues Thema in Sach, Tiere im Winter." „Oh, das ist doch bestimmt gut, oder?" „Nee, blöd ist das. Wir machen da immer nur Arbeitsblätter und nix anderes! Das ist doch langweilig und da lernen wir gar nix!"

Gespräch mit einem 8-jährigen Jungen aus einer anderen dritten Klasse: „Na, was gibt's denn Neues bei euch?" „Ja, in Sach haben wir ein neues Thema, Tiere im Winter." „Mmh, und wie ist das so?" „Super! Unsere Lehrerin hat gesagt, ihr wisst doch bestimmt schon ganz viel und den Rest findet ihr sicher auch noch heraus. Also sucht mal alles, was ihr zum Thema findet." „Und das klappt?" „Ja, das ist doch toll, da können wir mal selber was tun. Ich habe sofort unser Tierlexikon rausgeholt, mein Freund hat so eine Tier-CD im Computer und dann habe ich noch was in meinem Schülerkalender gefunden." Einige Zeit später war zu erfahren, dass die gesamte Klasse ein dickes Wissensbuch zum Thema erstellt hat, das mit Sicherheit sowohl vom Informationswert als auch von der Behaltensleistung alle Arbeitsblätter weit hinter sich liegen lässt.

Im zweiten Beispiel ist es der Lehrerin offensichtlich gelungen, Zutrauen, Aktivität und Lernbereitschaft zusammen mit Motivation und Teamarbeit zu einem Paket zu schnüren, das eine wahre Wissensexplosion erzeugt hat. So konnten die Kinder sich selbst als wirksam erleben und haben aus dieser Erfahrung gutes Zutrauen in die eigenen Fähigkeiten festigen können. Aus der Lernforschung ist bekannt, dass die hier umgesetzten Prinzipien die Lust am Lernen erhalten und verstärken. Menschen, die in ihrem Leben solche Erfahrungen machen, scheinen auch seltener psychisch aus der Bahn zu geraten.

„Sobald wir lernen, uns selbst zu vertrauen, fangen wir an zu leben."
J. W. Goethe

Zusammenfassend sind die wichtigsten Grundlagen erfolgreichen Lernens:

- **Selbstwirksamkeit** – sich selbst als kompetent erleben („Und ich kann es doch!") und hieraus neues Selbstvertrauen, Leistungsbereitschaft und Motivation schöpfen,
- **Autonomie** – Einfluss nehmen und selbst Lösungen finden können,
- **Emotionaler Rückhalt** und **Bindung** – sozial eingebunden sein und die eigene Wichtigkeit und Bedeutung erfahren können.

So werden auch die Grundlagen gelegt für die vielzitierten Schlüsselqualifikationen für die weitere berufliche Zukunft, denn auch diese gehen einher mit Einsatzbereitschaft und Verantwortungsbewusstsein wie auch mit Flexibilität und Durchhaltevermögen. Gewiss, Lernen kann und wird nicht immer nur autonom bestimmt verlaufen. Lernen heißt auch: Durststrecken überstehen, vorgegebenen Anforderungen sowie Leistungsvergleichen genügen und unter Zeitdruck arbeiten können.

Damit Kinder diesen zukünftigen Anforderungen gewachsen sind, müssen Eltern ihnen Erfahrungen im oben genannten Sinne vermitteln. So baut sich eine **Kultur des Lernens** auf, die Kinder auf zukünftige Anforderungen bestens vorbereitet, weil sie ihre Lernfähigkeit und Lernbereitschaft erhält. Und da können Eltern schon ihre Grundschulkinder zentral unterstützen, indem sie mit ihnen im Gespräch über Lernen bleiben, auf die Stärken blicken und ihre Kinder immer wieder ermutigen können. Gleichzeitig ist es erforderlich, dass Eltern einen Gesamtrahmen im Auge behalten, um hierüber eine tragfähige Orientierung zu vermitteln. Dies macht sich vor allem bei der Hausaufgabensituation bemerkbar.

Richtig lernen

Unter dem Stichwort „Das Lernen lernen“ finden sich viele unterschiedliche Ansätze. Allen gemeinsam ist das Bemühen, Kinder und Jugendliche in die Lage zu versetzen, ihr Lernen selbstständig und eigenverantwortlich zu organisieren. Diese Vermittlung von Lernstrategien ist umso erfolgreicher, je konkreter und abwechslungsreicher sie erfolgt: Abstraktes und allgemeines Wissen über Lerntechniken reicht nicht aus. Eltern können mit ihrem Kind den folgenden Fragenkatalog durchgehen und es anleiten, diese Fragen zunehmend zu verinnerlichen und zum Leitfaden des eigenen Handelns zu machen.

Lernstrategien lassen sich nach unterschiedlichen Merkmalen sortieren. Einige fördern vor allem das längerfristig aufgebaute Verstehen, zum Beispiel durch Verknüpfen von Neuem mit Bekanntem. Solche Lernverfahren sind ungleich aufwändiger, aber für Behaltens- und Verstehensprozesse auch ungleich wirksamer. Andere, so genannte Oberflächenstrategien, kommen klassischem Schülerlernen eher entgegen: Schnell

Mein Lern-Check

Anregungen zu einer täglichen/wöchentlichen Bestandsaufnahme und Erfolgskontrolle

- Was war mein Ziel?
- Was habe ich erreicht?
- Was hat mir geholfen?
- Was war nicht hilfreich, sondern ablenkend oder störend?
- Was will/sollte ich ändern?
- Schaffe ich das alleine oder brauche ich Hilfen? Von wem?

Erfolge würdigen und nutzen

- Worauf bin ich besonders stolz?
- Was ist mir besonders gut gelungen?
- Gegen welche Schwierigkeiten habe ich mich erfolgreich zur Wehr gesetzt?

Plan anpassen

- Was sind die nächsten Ziele?
- Was muss ich dafür bis wann in Angriff genommen haben?
- Auf welche Ressourcen kann ich zurückgreifen?

Lerntipp

Für alle, die es sich lieber etwas leichter machen wollen:

- Täglich wenige Minuten reichen schon aus, um einen Wissensteppich zu knüpfen, der die Sicherheit und Abrufbarkeit des Lernstoffs garantiert.

Und so geht's:

Mittags, wenn der Tornister ausgepackt wird, noch einmal kurz in jedes Buch, jedes Heft oder jede Mappe schauen, um die Unterrichtsinhalte aufzufrischen. Pro Fach reichen zwei bis drei Minuten.

- Vor der nächsten Stunde einen kurzen Blick in Buch, Heft oder Mappe werfen, um das Gelernte zu vertiefen. So entsteht allmählich im Gedächtnis ein Informationsnetzwerk, das sich spätestens bei der Vorbereitung auf die nächste Klassenarbeit bewährt.

In derart kleine Schritte aufgeteilt, ist Lernen auf einmal nicht mehr anstrengend. Der Erfolg wird sich bald einstellen.

noch einmal die Lernwörter für den morgigen Test auffrischen und schon heißt es: „Kann ich, hab ich mir eben noch mal angeschaut." Bei derart knappen Vorbereitungen bleibt kaum etwas hängen, sie sind weniger empfehlenswert.

Die Entwicklungsbiologie des Lernens

Je mehr Lebewesen lernen können, desto mehr müssen sie auch lernen, weil ihre Entscheidungsmöglichkeiten zunehmend zahlreicher werden. Reflexgesteuertes Verhalten unterliegt nicht der Kontrolle des Denkens, aber anpassungsfähige Verhaltensweisen bedürfen des Trainings und einer flexiblen Steuerung, damit sie optimal genutzt werden können. Darüber hinaus gibt es spezielle Zeitfenster, in denen eine Funktion (zum Beispiel die motorische, sprachliche, wahrnehmungsbezogene, aber auch soziale Entwicklung des Kleinkindes) besonders gut herausgebildet wird. Fähigkeiten, die nicht angemessen gefördert werden, können auch verkümmern oder sich gar nicht herausbilden.

Auch über die Funktionsweise des Gedächtnisses weiß man inzwischen einiges. Sinneseindrücke, also etwa Gesehenes oder Gehörtes, bleiben zunächst für einige Sekunden im Ultrakurzzeit-Gedächtnis hängen. Nur besonders interessante Eindrücke werden im Kurzzeit-Gedächtnis weiterverarbeitet, der Rest wird durch aktuellere Eindrücke überlagert und geht verloren. Was besonders spannend ist oder sich mit anderen Informationen verbinden lässt, bleibt hier für einige Minuten hängen. Gelingt die Vernetzung mit anderen bereits gespeicherten Informationen nicht, vielleicht weil diese nicht gefunden werden, zu viel Ablenkung da ist oder gleichzeitig ähnliche, andere Dinge gelernt werden, verschwinden die Informationen wieder. Was eingeordnet werden kann, wandert ins Langzeitgedächtnis, wo es als Eiweißmolekül verankert und nie wieder vergessen wird. Eine tolle Maschine, so ein Gehirn!

Langfristig wirkt Lernen in kleinen Häppchen.

Aus der neueren **Hirnforschung** haben sich folgende Erkenntnisse als bedeutsam für die Lernentwicklung im Grundschulalter erwiesen:

- Die **Konzentrationsspanne** von Kindern liegt zu Beginn der Grundschule bei etwa zehn Minuten; danach müssen sie ihren „Akku" erst einmal durch Bewegung wieder aufladen.

Kleine Tagträumer können ebensolche Schulprobleme haben, wie sehr unruhige Kinder.

- **Aufmerksamkeit** ist mehr als bloß hinschauen – sie ist Ergebnis eines komplexen Prozesses, bei dem Funktionsketten im Gehirn automatisiert und vernetzt werden; was zunächst anstrengend und mühsam ist, wird immer flüssiger und weniger störanfällig und damit wird hierfür letztendlich weniger Energie verbraucht.
- Jungen und Mädchen lernen durchaus unterschiedlich, ihre Entwicklung verläuft zeitlich etwas versetzt. Im Allgemeinen sind Jungen oft bewegungsaktiver als Mädchen und folgen eher dem Muster „rasch handeln und dann sehen, was dabei herauskommt". Demgegenüber bevorzugen viele Mädchen eine andere Strategie, sie wollen erst genau wissen, um was es geht, damit sie aktiv werden können. Ihnen helfen bisweilen Regeln und Anweisungen, wo Jungen die freie Erkundung bevorzugen. Diese Erkenntnisse kann man jedoch nicht auf alle Kinder verallgemeinern, denn letztendlich lernt jeder Mensch auf die ihm eigene und besondere Weise.
- Erfahrung eigenen Könnens stärkt nicht nur das Selbstbewusstsein, sondern setzt auch emotionale **Botenstoffe** im Gehirn frei, die Lernen und Behalten nachhaltig unterstützen. Wenn Gehirnaktivität den Neurotransmitter Dopamin freisetzt, sozusagen eine Dopamin-Dusche auslöst, werden die so gelernten Inhalte besonders gut gespeichert.
- Auch das Gegenteil ist der Fall: Angst und **Stressreaktionen** gehen mit lernstörenden Prozessen einher. Jeder kennt die Denkblockade aus Prüfungen, in denen logisches Denken und Überprüfen völlig abgeschnitten sind. Aber auch anhaltende emotionale Verunsicherungen (etwa durch Mobbing, Unsicherheiten in Beziehungen oder in Folge von anhaltenden Lernstörungen) werden in unserem Gedächtnis für Gefühle gespeichert und verhindern unbeschwertes Lernen.
- Schulisches Lernen ist dann besonders

erfolgreich, wenn unterschiedliche und möglichst **abwechslungsreiche Zugänge** gefunden werden. Schülerinnen und Schüler können die Wirkung dieser Prozesse unterstützen, wenn sie den Inhalten eine eigene Bedeutung beimessen können. Das vergrößert automatisch die Aufmerksamkeit.

- Das Abrufen von bereits Bekanntem lässt sich durch regelmäßiges Üben und Wiederholen wesentlich erleichtern. Gerade bei neuen Inhalten sichert das Wiederholen in den ersten sieben Tagen das Wiederfinden im Langzeitgedächtnis.
- Besondere Unterstützung erfährt die Speicherung im Kurz- und **Langzeitgedächtnis** immer auch durch das **Darüber-Sprechen**. Das lässt sich vergleichen mit dem Kneten eines Teiges, der so geschmeidiger wird. Dieser Aspekt wird gerade bei Grundschulkindern noch viel zu wenig beachtet.
- Gute Lerner finden im Laufe der Zeit ihre eigene Strategie des Lernens; sie nutzen ihre starken **Lernkanäle** zunächst intuitiv und später immer bewusster. Eltern können helfen, diese individuellen Lernmuster zu entdecken und zu stärken.

Handwerkszeug des Lernens

Schülerinnen und Schüler neigen dazu, Lernwerkzeuge ganz pragmatisch und konservativ zu handhaben: „Ach, das mach ich lieber einfach so (wie immer)!" und „Das hat unsere Lehrerin aber so nicht gesagt!". Viele Eltern kennen dieses Phänomen aus der Hausaufgabensituation: Gut gemeinte Empfehlungen etwa für ein Wörterbuch oder einen anderen Rechenweg werden einfach abgeblockt. Ein Hintergrund ist sicher der, dass viele Kinder – auch schon im Laufe der Grundschulzeit – Lernen zunehmend als ablehnungswürdig besetzt erleben. Lernen heißt für sie dann, lernen müssen, heißt irgendetwas, dem sie kaum Sinn oder Wert beimessen und das sie aus Gründen, die für sie nicht nachvollziehbar sind, am Tage X reproduzieren müssen. Danach geht es aus den Augen, aus dem Sinn: „Wir haben jetzt ein neues Thema, das brauch ich nicht mehr!"

So passiert es dann, dass Wissen aus der vorhergehenden Klasse nicht mehr abrufbar ist. Es ist wahrhaftig nicht leicht, diesem „Saisonwissen" entgegenzuwirken, aber unumgänglich. Ebenso notwendig wie das Kennen und Einsetzen angemessener Lernwerkzeuge. Es gibt eine Reihe von empfehlenswerten Helfern für die Lernarbeit in der Grundschule und darüber hinaus.

Vor der Anschaffung von Nachschlagewerken sollte man die Lehrkraft um einen Rat bitten.

Hilfen für alle Fächer

Lexika: „Und wenn ich etwas nicht weiß, dann geh ich ins Internet." „Und findest du denn da immer, was du suchst?" „Manchmal, aber dann gibt's da so viele andere Sachen, da guck ich dann lieber." „Und wie sieht es mit einem Lexikon zum Blättern aus, hast du so was auch?" „Nee, da finde ich mich nicht so zurecht, aber ich habe ein tolles Tierlexikon, da sind vielleicht tolle Bilder drin! Das macht Spaß!" – Diese zumindest teilweise positiven ersten Erfahrungen mit dem Nachschlagen lassen sich natürlich mit einem wachsenden Angebot noch ausbauen. Sinnvoll sind, nach und nach angeschafft:

- altersgerechtes Kinderlexikon,

Eltern stärken das Selbstvertrauen ihres Kindes, indem sie immer wieder auf das, was ihr Kind (schon) kann, schauen – denn nichts spornt mehr an als Erfolg!

Sechs-Tage-Trainingsplan für Klassenarbeiten

Planvolles Lernen entlastet von Stress und erhöht den Lernerfolg. Nicht die Prüfungsnote, sondern die systematische Vorbereitung ist die anzuerkennende Leistung: Der zu lernende Stoff sollte über eine Woche verteilt werden. Stellt man sich dessen Bewältigung als Bergbesteigung vor, so wird deutlich, dass die Klassenarbeit eigentlich nur noch das „Schmankerl" nach der eigentlichen Arbeit ist – der Prüfungsstress sinkt gewaltig.

Schritt für Schritt zum Trainingsplan:

Stoffauswahl vornehmen

- Was haben wir durchgenommen (Lernthema)?
- Was hat die Lehrerin, der Lehrer gesagt?
- Wo finde ich den Stoff (Buch, Mappe, Heft ...)?

Den Trainingsplan festlegen

- Was sollen wir können (welcher Stoff wird in der Klassenarbeit überprüft)?
- Was konnte ich bisher ganz gut?
- Wo hapert es noch?
- Was klappt kaum?
- Gibt es Übungsaufgaben/Lernwörter/eine Testarbeit?
- Was mache ich als Erstes, was danach?
- Was kann ich allein üben?
- Wobei brauche ich Hilfe?

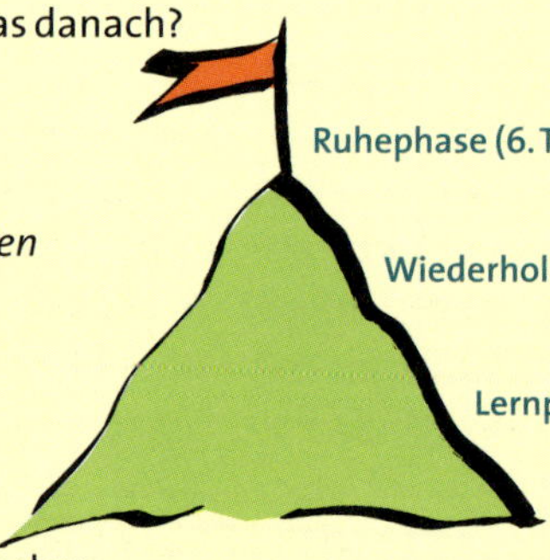

Überblick über den Stoff erstellen

- durchlesen
- anstreichen und markieren
- herausschreiben

Aktiv und gezielt trainieren

- Aufgaben wirklich selbst machen
- Diktat unter Zeitdruck trainieren
- Sachwissen selbst wiederholen (statt nur passiv überfliegen)

Neue Wege des Lernens und Merkens gehen

- Gedanken vernetzen mit einer Mind-Map
- Schwieriges in einem Lernposter vor Augen führen
- Post-it-Zettel und Textmarker benutzen

Am letzten Tag vor dem Test

- keine großen Lernanstrengungen mehr
- Ausgleich durch Bewegung
- früh ins Bett, gut schlafen

Die nötige Portion Selbstvertrauen tanken: „Ich schaffe das schon!"

- mehrbändiges Konversationslexikon,
- multimediales Lexikon auf DVD für den PC,
- themenspezifische Lexika (Tiere, Technik, Dinosaurier, etc.),
- visuelles Lexikon (ein Bild sagt mehr als 1000 Worte).

Buchhandlungen helfen gern bei der Auswahl geeigneter Medien.

Auch den Umgang mit Nachschlagewerken lernt man am besten schrittweise. **Lerntrainer** sind nur in Ausnahmefällen sinnvoll. Zusätzliche Angebote sollten nur in Absprache mit der Lehrerin oder dem Lehrer gereicht werden, damit die Kinder mit dem schulisch vermittelten Stoff nicht durcheinanderkommen.

Lernkartei: Dieser Klassiker des Lernens ist schon so etwas wie ein Symbol eigengesteuerten und systematischen Lernens geworden. Die Vorzüge liegen auf der Hand: Ich lerne nur das, was ich noch nicht oder nicht mehr kann und wiederhole schwierigen Stoff so lange, bis er sitzt. Bereits gelernter Stoff wird in immer größeren Abständen wiederholt und so optimal im Langzeitgedächtnis gespeichert. Die ↗ Klassenlehrerin kann sagen, wo eine Lernkartei sinnvoll einzusetzen wäre und wie sie aufzubauen ist.

Klassenarbeiten vorbereiten

↗ Tests und ↗ Klassenarbeiten gehören zu den Stress erzeugenden Ereignissen schlechthin. Es gibt Kinder, die stecken das scheinbar mühelos weg und andere, denen liegt ein Test schon Tage vorher schwer im Magen. Gerade Letztere brauchen einen langfristig aufgebauten Lernplan, der ihnen Sicherheit vermitteln kann: „Ich schaffe die Arbeit, denn ich habe alles Erforderliche trainiert." Darüber hinaus können sie versuchen, über Entspannungshilfen zu mehr mentaler Gelassenheit zu kommen.

Doch für alle ist ein gutes Training das Maß aller Dinge. Bewährt hat sich ein Sechs-Tage-Trainingsplan – vorausgesetzt, der Termin für Klassenarbeit oder Test wird rechtzeitig bekannt gegeben. Sollte hier allzu oft ein knapper Zeitrahmen entstehen, lohnt sich die Rücksprache mit dem Lehrer oder der Lehrerin auf jeden Fall. Im Zeitraum einer guten Woche ist es sinnvoll, die Zeit gut einzuteilen, damit der Stress auf den letzten Drücker nicht riesengroß wird. Nicht nur empfehlenswert, sondern unbedingt erforderlich ist die Abwechslung beim Lernen – bloß nicht immer auf dieselbe Art! Das Risiko, in selbst aufgestellte Fallen zu laufen, ist sehr groß. Wer sich die Aufgabenstellung (und bereits gelöste Aufgaben) lediglich anschaut, erschließt den Lösungsweg bestenfalls, erarbeitet ihn aber nicht noch einmal. Nur dann jedoch entdeckt man tatsächlich unerkannte Wissenslücken.

Falls Klassenarbeiten ohne ausreichende Ankündigung geschrieben werden, lohnt sich ein Gespräch mit dem Lehrer oder der Lehrerin.

Rechtzeitig getroffene Absprachen schaffen dann einen klaren Rahmen, der Vermeidungsstrategien und Ersatzkämpfe reduziert. Im Prinzip ist zwar allen Kindern klar, dass „gut geplant schon halb gewonnen" ist, doch reichen allzu oft Selbstdisziplin und Anstrengungsbereitschaft (noch) nicht aus, um kurzfristig attraktiven Verlockungen wie TV, PC oder Spielen erfolgreich zu widerstehen. Eltern sollten wissen, dass dies einfach so ist („auf den letzten Drücker" – wer kennt das nicht auch von sich selbst?!?), sich also mental darauf einstellen und pragmatisch damit umgehen. Das macht es für alle einfacher. In dieser Phase ist es unendlich wichtig, sich mit Kritik sehr zurückzuhalten. Denn sonst erzeugt man damit nur Stress, Abwehr und Blockierungen – also genau das, was eigentlich vermieden werden sollte.

Zweckdienlich ist vielmehr jeder Versuch der Ermutigung, des Ansporns und der Blick auf das, was (schon) klappt oder sitzt. Und der Lernprozess als solcher sollte unbedingt gewürdigt werden. Schließlich geht es immer auch darum, einen kontinuierlichen „Lernteppich" zu knüpfen und nicht nur saisonweise für Arbeiten zu lernen.

Lernzeit ist immer = Arbeitszeit + Ruhezeit.

Im Lernplan müssen immer auch Ruhepausen eingeplant werden, in denen sich der Stoff „setzen" kann. Auch das geht nur, wenn man rechtzeitig mit dem Training begonnen hat. Auf jeden Fall sollte der letzte Tag vor der Klassenarbeit (weitestgehend) lernfrei sein. Gut ausgeruht und mit frischer Energie geht es dann in den Test.

Antistress-Sofortmaßnahme: Sollte in der Klassenarbeit die (befürchtete) Blockade eintreten, hilft es, sich zwei Minuten Zeit zu nehmen und nichts zu tun. Den Kopf auf den Tisch legen und die Augen schließen oder den Blick zum Fenster raus schweifen zu lassen führt zu einer mentalen Unterbrechung und körperlichen Entspannung, und der Vorhang geht wieder zur Seite. In Absprache mit der Lehrerin kann auch Kaugummi kauen helfen, weil es ablenkt und das Kauen positive Bewegungsenergie frei setzt.

Jo Hacklers Fehler-Prozent-Schokolade: So viele Stückchen gibt's für richtige Lösungen!

Nach der Klassenarbeit ist vor der Klassenarbeit!

Leider werden die ↗ Noten auch in der Grundschule ganz schnell zum Maß aller Dinge. Solange das Ergebnis „im grünen Bereich" ist, sind alle zufrieden. Doch schon eine Vier löst oft heftige Kritik aus. Wenn dann noch „Flüchtigkeitsfehler" dafür verantwortlich gemacht werden, ist der Ofen rasch aus. Die Arbeit wird als Niederlage abgespeichert und das Ganze möglichst rasch verdrängt, vergessen. Bis zur nächsten Arbeit ist es noch lang hin …

Aber mit den Klassenarbeiten sollte man umgehen wie Trainer im Sport. Nach jedem Spiel bringt eine genaue Spielanalyse Stärken und Schwächen an den Tag. Was war okay, wo muss noch trainiert werden? Und dann geht das Training unmittelbar nach dem Spiel weiter, nicht erst drei oder vier Wochen später.

Bei einer Zwei fällt Lob nicht schwer, aber bei einer Vier oder gar Fünf – wie soll man da etwas Positives finden? Das braucht nur ein wenig guten Willen: Nehmen wir zum Beispiel ein Diktat in einer vierten Klasse. Dort gibt es mit zehn Fehlern eine Fünf. Alle sind frustriert: Umsonst geübt, es hat „nichts gebracht"! Doch wenn man in Ruhe an die Sache herangeht und zunächst einmal alle Wörter des Diktats zählt, dann macht sich rasch das erste Erstaunen breit: Es sind tatsächlich 100 Wörter, also wurden

90 Wörter richtig geschrieben! Wenn Eltern die richtigen Wörter laut zählen, tut das nicht nur ihren Kindern, sondern auch ihnen selbst gut: An die Stelle der Verzweiflung tritt Motivation.

In einem zweiten Durchgang muss die Art der Fehler näher betrachtet werden. Vielleicht sind die Lernwörter ja (fast) alle richtig und die Fehler konzentrieren sich auf die Häufigkeitswörter? Das spricht für eine gelenkte Aufmerksamkeit und für einen Lernprozess, der gut im Fluss ist. Wenn sich die Fehler am Schluss vom Diktat häufen, hat man es mit einem Konzentrationsabfall gegen Ende zu tun, auch das ist kein Drama, sondern lässt sich trainieren. Um es deutlich zu machen: Es geht auf keinen Fall darum, Misserfolg um jeden Preis schönzureden, sondern darum, ihn genau zu analysieren.

Hausaufgaben – ein Dauerbrenner

Der 7-jährige Tim kommt aus der Schule nach Hause. Beim Mittagessen fragt ihn seine Mutter nach den Hausaufgaben. „Nix, einfach nix haben wir auf! Frau Schulze hat gesagt, wir sollen heute einfach nur das schöne Wetter genießen und spielen!“ Die Erleichterung seiner Mutter ist mindestens genau so groß wie Tims Freude, denn in letzter Zeit gibt es bei den Hausaufgaben fast jeden Tag Kämpfe. Tim findet „alles blöde, langweilig und viel zu viel!“. Seine Mutter weiß nicht mehr, in welchem Maße und ob sie sich überhaupt bei Tims Hausaufgaben einbringen soll. Sie beschließt, sich auf dem nächsten Elternabend mit der Klassenlehrerin und den anderen Eltern auszutauschen. So kann es jedenfalls nicht weitergehen.

Tatsächlich gibt es kaum einen größeren Streitpunkt als das Reizthema Hausaufgaben. Soll man sie ganz abschaffen? Oder sollen Eltern (und hier vor allem die Mütter) sich einfach ganz heraushalten? Machen Hausaufgaben überhaupt einen Sinn? Die Antworten folgen nicht etwa einem digitalen Entweder-oder, vielmehr sind für die Wirksamkeit von Hausaufgaben alle drei beteiligten Gruppen (Lehrer – Eltern – Schüler) gemeinsam gefordert. Sinnvolle Hausaufgaben sind leider keine Selbstverständlichkeit, sie müssen sich von allen erst einmal erarbeitet werden.

Das sagt die Wissenschaft dazu: Hausaufgaben sind kein Problem ...

- wenn **Lehrer** nicht zu viel Hausaufgaben auf einmal aufgeben – weniger ist hier mehr;
- wenn Hausaufgaben regelmäßig nachgeschaut werden und die Schülerinnen und Schüler eine angemessene Rückmeldung auch über ihren Lösungsweg bekommen;
- wenn nicht nur nachbereitende und mechanisch wiederholende, sondern auch erkundende und recherchierende Aufgaben aufgegeben werden;
- wenn **Schülerinnen und Schüler** ihre Hausaufgaben regelmäßig und gewissenhaft erledigen und sich von Anfang an an Selbstständigkeit und Eigenverantwortung gewöhnen;
- wenn **Eltern** hier die Selbstständigkeit durch Anregungen und emotionale Unterstützung fördern;
- wenn sie sich nicht zu sehr kontrollierend, helfend und regelnd in die Haus-

aufgabenerledigung einschalten – weniger ist auch hier mehr!
Was bedeutet das für Tim und seine Mutter? Vielleicht hat sie sich in bester Absicht bislang zu sehr eingebracht und damit erreicht, dass Tim sich immer wieder auf sie verlässt. Sie kann das Ruder natürlich nicht von heute auf morgen herumreiße. Was sollte sie bei einer Änderung in kleinen Schritten beachten?
Bei den Hausaufgaben stellen sich die Weichen schon sehr früh, vielleicht sogar schon vor Schuleintritt des eigenen Kindes. Denn Eltern bringen immer Erfahrungen aus ihrem eigenen (Schul-)Leben sowie ihr persönliches Lern- und Leistungsprogramm mit, das sich im Übrigen auch noch deutlich zwischen Mutter und Vater unterscheiden kann. Hierin ist begründet, dass Eltern etwa einen hohen Leistungsanspruch an sich selbst haben und damit ein Verhalten vorleben, das Kinder sich nur allzu leicht abgucken. Denn Kinder übernehmen ungleich mehr von dem, was andere tun, als von dem, was diese anderen ihnen sagen.
Eine zweite Weichenstellung erfolgt dann mit Eintritt in die Schule und den ersten Hausaufgaben. Eltern und Kinder, die es besonders gut machen wollen, können sich hier rasch so an ihre Teamarbeit gewöhnen, dass die Kinder später darauf kaum noch verzichten wollen. Deshalb empfiehlt es sich, frühzeitig die richtige Distanz zu finden. Dieser Prozess ist letztlich immer eine Gratwanderung zwischen Fordern und Fördern, zwischen Ermutigen und Anspornen, zwischen Helfen und Loslassen. Videoanalysen von gemeinsamen Hausaufgabensituationen haben gezeigt, dass bei einer zu engen Konstellation scheinbar unsichtbare Ströme fließen, die sich schnell in einem heftigen Kampf entladen können. Auf der anderen Seite werden an Mütter, die ihre Distanz wahren oder finden wollen, große emotionale Anforderungen gestellt. Denn ihre Kinder locken sie unbewusst und ganz subtil mit Verhaltens- und Bindungsmustern, auf die Mütter von Natur aus üblicherweise sofort reagieren. Das heißt, dass Mütter hier nicht „einfach bloß mal konsequent" sein sollten – nein, sie müssen den inneren wie äußeren Stress aushalten, um die Chance der neuen Selbstständigkeit erfahren zu können. „Hilf mir, es selbst zu tun!" – dieses Motto aus der ↗ Montessori-Pädagogik gilt auch hier uneingeschränkt.

Wie Eltern Hausaufgaben wirkungsvoll begleiten

- Legen Sie Arbeitsplatz und Zeit miteinander fest.
- Schaffen Sie eine überschaubare Struktur.
- Durch Rituale wird es einfacher, weil manches selbstverständlich wird.
- Hilfestellung nur in Maßen geben – besser nach dem Motto verfahren „Hilf mir es selbst zu tun".
- Ermutigungen und andere Anerkennungen fördern die Motivation.
- Halten Sie Hausaufgabenstörer auf Distanz. Hierzu zählen vor allem PC und TV, aber auch quengelnde kleine Geschwister oder Freunde, die ungeduldig an der Tür klingeln.
- Klären Sie genau, welche Anteile der Regeln unumstößlich vorgegeben sind, was verhandelbar ist und was Ihr Kind selbst entscheiden kann.

Nützliche Informationen:
www.aktion-humane-schule.de
www.bildungsserver.de

Ohne Lesen kein Lernen

„Jungs, echt, es tät euch gut zu lesen!" Hermine Granger sagt dies zwar zu ihren Freunden Harry Potter und Ronald Weasley, doch könnte sie damit auch an die Mehrzahl der deutschen Jugendlichen appellieren. Nach Untersuchungen geben 40 Prozent der 15-Jährigen an, „nicht zum Vergnügen zu lesen"! Für sie ist Lesen eine lästige Pflicht, die zu umgehen sich lohnt. Und da sind die Ablenker, die modernen Medien, auch gleich hilfreich zur Stelle. Denn die Leseabstinenz geht einher mit einem erhöhten Medienkonsum, TV, Video und vor allem PC-Spiele sind die attraktiven, aber auch hoch nebenwirkungsreichen Alternativen. Denn jüngste Untersuchungen haben festgestellt, dass ein erhöhter Medienkonsum dumm machen und besonders Jungen beim Aufstieg in höhere Schulen behindern kann. Die multimedialen Eindrücke moderner PC-Spiele überlagern den Lern- und Behaltensprozess von schulischen Inhalten.

Schon in der ersten ↗ PISA-Untersuchung wurde die **Lesekompetenz** erforscht. Was ist damit gemeint? Ausgehend davon, dass das Umgehen mit Texten uns lebenslang begleitet, ist ein kompetenter Umgang entscheidend für das Erreichen persönlicher, schulischer und beruflicher Ziele, für die stetige Anpassung und Weiterentwicklung der eigenen Fähigkeiten, also für jede Art des selbstständigen Lernens. Lesekompetenz ist weit mehr als nur lesen können – im Einzelnen werden hierunter folgende Fähigkeiten gefasst:

- Informationen aus unterschiedlichen Texten entnehmen (ermitteln),
- sie einordnen und verstehen (interpretieren),
- Texte zielgerecht nutzen (anwenden) und
- sie reflektieren und bewerten.

Unter anderem wird Lesekompetenz maßgeblich gesteuert von dem Leseinteresse, aber auch dem Wissen um Lernstrategien und schließlich einem positiven Selbstkonzept. So wird der Schlüssel zum Lernerfolg nicht in einer bloßen Vermittlung von Sachwissen oder Lernstrategien gesehen, sondern vielmehr darin, dass Lernende sich ihr eigenes Können wie Scheitern bewusst machen, also die Chance bekommen, aus ihren eigenen Lernerfahrungen zu lernen. Und genau diese Fähigkeiten werden maßgeblich im Laufe der Grundschule herausgebildet. Für Eltern stellt sich auch hier wieder die Aufgabe, die Freude ihrer Kinder am Lernen so lange wie möglich zu erhalten. Sie kommen als Lerntalente auf die Welt, entwickeln sich mit ihrer Aktivität und Neugier rasant weiter und erleben im rauen Wind der Schule die ersten Einbrü-

Gutes Lernen geht einher mit dem Sprechen über Lernen.

Lesetraining

- Lesen lernt sich am besten durch (viel) Lesen.
- Gerade laut lesen fordert eine gezielte Aufmerksamkeit, die sich gleichzeitig auf das Entziffern, Speichern und Wiedergeben (Sprechen) des Textes richtet.
- Lesen in Gemeinschaft (zu Hause auf dem Sofa, aber auch in der Klasse) fördert Lese- wie kommunikative Kompetenzen gleichzeitig.
- Vertieft wird dieser Prozess durch gemeinsames Besprechen des Gelesenen in möglichst angenehmer Atmosphäre.

che. Lernen ist nicht mehr nur ein Selbstläufer, sondern bedarf immer mehr eines gezielten Trainings.
Lange vor der weiterführenden Schule stellen sich also die Weichen für den Aufbau einer angemessenen Lesekompetenz. Bei Leseratten hat sich ein positiver Kreislauf zwischen Motivation und Interesse einerseits und Wissen und Kompetenz andererseits aufgebaut; das ist wie eine Welle, die sie trägt. Anders sieht es dagegen bei Lesefaulen aus: sie vermeiden das, was sie am ehesten brauchen. Dabei ist es wichtig, Bequemlichkeit von einer echten Leseschwäche zu unterscheiden. Wenn ein Kind in der dritten Klasse noch etwas holprig oder viel zu schnell liest, den Inhalt aber weitestgehend versteht, dann können wir diesem Lesemuffel mit attraktivem, altersgerechtem Lesefutter und einer Verpflichtung auf die Sprünge helfen. Tägliche Lesezeiten, gegenseitiges Vorlesen und Lesetricks (Lesepfeil, große Schrift, Silbenbögen unter dem Text) und eine Extra-Portion Geduld und Ermutigung können hier schon Wunder wirken. Eltern sollten hier nicht in Panik verfallen, aber auch nicht locker lassen. Lesen ist Nahrung für die Seele.
Wenn aber ein Kind sehr stockend liest, sich nahezu jedes Wort mühsam er-lesen muss und dabei so viel Energie verbraucht, dass es am Ende den Inhalt vom Satz nicht parat hat, kann dies ein Hinweis auf einen ernstzunehmenden Entwicklungsrückstand sein, der nach Rücksprache mit den Lehrern unter Umständen einer lerntherapeutischen Untersuchung und Behandlung bedarf.

Lernkarten zu bestellen bei: www.lerntherapie-fil.de

www.stiftung-lesen.de

Handwerkszeug des Lernens

Grundschüler müssen erst lernen, in der großen Fülle der Lernwerkzeuge das jeweils sinnvolle auswählen zu können. Dazu brauchen sie Zeit, Versuche und eine gute Beratung durch Eltern und Lehrer. Die Kunst liegt darin, das jeweils zum Kind und zu der Aufgabe Passende herauszufinden. Eltern sollten also wissen, welche Lernwerkzeuge es gibt und ihrem Kind vermitteln, wie sie optimal eingesetzt werden können.

Lesetipps für Eltern

Weltwissen der Siebenjährigen. v. Donata Elschenbroich. München, Kunstmann 2003

Kinder können mehr – Anders lernen in der Grundschule. v. Fee Czisch. München, Kunstmann 2005

Methode	Verfügbarkeit	Bereiche	Ziel und Wirkungen
Lernkartei	▪ fertige Packungen (z. B. AOL Verlag) ▪ mit Karten und Kasten selbst fertigen	▪ Rechtschreibung ▪ Vokabeln ▪ Regeln + Daten	▪ systematisches Lernen ▪ gehirngerechtes Lernen ▪ eigengesteuertes Lernen
Lernposter	▪ selbst gefertigt auf DIN A3 ▪ farbige Gestaltung ▪ große deutliche Schrift ▪ anschaulich durch Bilder ▪ gut sichtbar aufhängen und ▪ 10 bis 14 Tage hängen lassen	▪ alle	▪ gehirngerechtes Lernen ▪ anschauliches Lernen ▪ Lernen im Vorbeigehen
Post-it	▪ Klebezettel (Büromarkt) ▪ in mehreren Größen, Formen und Farben verfügbar ▪ klebt fast überall und rückstandsfrei zu entfernen ▪ gut sichtbar aufhängen	▪ Lernwörter ▪ Vokabeln ▪ Formeln ▪ Merkhilfe	▪ einfaches und effektives Hilfsmittel ▪ jederzeit zur Hand ▪ Merkwörter ganz nebenbei z. B. beim Zähneputzen lernen
Post-it Vokabel-Rallye	▪ Klebezettel deutlich, groß und gut lesbar mit dickem Filzstift beschriften ▪ evtl. mit Skizze ergänzen	▪ erste Vokabeln in der neuen Fremdsprache ▪ Lernwörter	▪ „This is a door. White cup." ▪ Vokabelzettel überall in der Wohnung gut sichtbar aufhängen und laut sprechend lesen ▪ spielerisches Lernen
Bild-Wort-Lernkarten	▪ selbst gefertigt mit einer Digitalkamera und Bildbearbeitungsprogramm auf dem PC ▪ Bildschirmschoner „Eigene Bilder" eignet sich als Lernhilfe ▪ eigenes Bild-Wörterbuch gestalten (Fotolabor)	▪ erste Vokabeln in der neuen Fremdsprache ▪ Lernwörter	▪ systematisches Lernen ▪ Lernprojekt in der Familie ▪ spielerisches Lernen ▪ aktives Lernen ▪ Erstellen eigener Lernhilfen
Lern-Memory	▪ selbst gefertigt aus Karteikarten in DIN A7 ▪ farbige Gestaltung ▪ große deutliche Schrift ▪ Bilder und Skizzen helfen	▪ 1x1-Memory ▪ Vokabel-Memory	▪ spielerisches Lernen ▪ aktives Lernen
Pinnwand mit Lernkalender	▪ große Magnet- oder Pinnwand ▪ gut sichtbar aufhängen ▪ regelmäßig „ausmisten"	▪ alle	▪ praktische Merkhilfe ▪ eigenverantwortliche Organisation ▪ wichtige Termine (z. B. Klassenarbeiten)
Lern-Tagebuch	▪ selbst gefertigt aus einer ansprechenden Kladde in DIN A5	▪ alle	▪ Verlaufsprotokoll des Lernens und der Lernerfahrungen ▪ über Lernen nachdenken

8 Lernvitamine – rundum fit

Christiane van Betteray

Zwischen Wunsch und Wirklichkeit

„Besser essen" und „mehr bewegen" gehören zu einem gesunden intelligenten Lebensstil, der wiederum Gesundheit und Intelligenz von Kindesbeinen an fördert. Der Alltag sieht anders aus: Kinder und ihre Eltern essen unvernünftig, obwohl schon Kindergartenkinder ziemlich sicher wissen, was (un)gesund ist. Aber die praktische Umsetzung ist nicht leicht. Erschwerend im wahrsten Sinne des Wortes kommt hinzu, dass immer mehr Kinder sich immer weniger bewegen. Die Folge: Übergewicht von Kindesbeinen an – teilweise mit lebenslangen und lebensgefährlichen Konsequenzen, denn der süße Babyspeck im Grundschulalter wächst sich keineswegs von selbst aus. Jeder zweite übergewichtige Jugendliche bleibt lebenslang dick.

Pausbäckchen gelten zwar als niedlich und als Hinweis für gutes Gedeihen. Aber spätestens das mollige Schulkind wird von seinen Klassenkameraden gehänselt. Es zieht sich zurück, wird zum Außenseiter und das Selbstbewusstsein leidet. Oft entsteht ein Teufelskreislauf, in dem sich das Kind mit Essen tröstet. Etwa sieben Prozent der adipösen, also wohlbeleibten Kinder leiden unter Diabetes und 37 Prozent von ihnen haben erhöhte Cholesterinwerte.

Nach Schätzungen des Berufsverbandes für Kinderheilkunde und Jugendmedizin sind in Deutschland bereits heute rund 20 Prozent der Kinder und Jugendlichen übergewichtig. Die Weltgesundheitsorganisation (WHO) schlägt Alarm. Trotz allen Hungers in der Welt wird schätzungsweise die Hälfte aller Menschen im Jahr 2040 übergewichtig sein. Pro Jahr verschlingen ernährungsbedingte Krankheiten 75 Milliarden Euro!

Warum Menschen dick werden

Experten streiten sich, inwieweit die Gene zu einem erhöhten Körpergewicht beitragen. Wahrscheinlich ist ihr Anteil hoch, weil der menschliche Körper noch auf Steinzeit-Verhältnisse programmiert ist. In grauer Vorzeit hatten diejenigen Menschen die besten Überlebenschancen, die bei Nahrungsmangel am wenigsten Energie verbrauchten und im Überfluss am schnellsten Fettreserven aufbauten. Also förderte die Evolution die so genannten „guten Futterverwerter". Im Schlaraffenland der westlichen Industriestaaten sind diese Gene nachteilig. Die natürliche Sättigungsgrenze liegt et-

liche Kalorien zu hoch, als dass sie eine sichere Bremse und Schutz vor Verfettung wäre. Die Vorliebe für besonders energiereiche Kost, mit viel Zucker und/oder Fett, unterstützt den früher sinnvollen Aufbau von Fettdepots. Heute wird sie zur lebensgefährlichen Falle, weil Hungerszeiten, in denen Fettdepots schmelzen, bei uns nicht mehr eintreten. Es ist also eine Herausforderung für Eltern, ihre Kinder verantwortungsbewusst an gute Gewohnheiten heranzuführen, mit denen sie sicher und genussvoll durch das Schlaraffenland kommen.

Mangel im Überfluss – die größten Fehler:

- Kinder essen wie Erwachsene: zu fett, zu süß, zu salzig.
- Viele Kinder trinken zu wenig. Zudem nehmen sie zu häufig gesüßte Getränke zu sich.
- Sie essen nur die Hälfte der empfohlenen Gemüsemenge.
- 42 Prozent der Kinder essen so gut wie kein Obst, ein Drittel nur sehr selten Gemüse.
- Jungen ernähren sich meist noch schlechter als Mädchen.
- Kinder sitzen doppelt so lange vor Bildschirmen wie empfohlen (s. Kapitel 1).
- Mädchen trinken nur etwa 70 Prozent der empfohlenen Milchmenge.
- Kinder essen zu viel Eiweiß (Fleisch), aber zu wenig Ballaststoffe.
- Jedes sechste Kind verzichtet häufig oder immer auf das Frühstück: Tendenz steigend.
- Ein Viertel der Kinder bekommt zu Hause kein warmes Mittagessen.
- Nachmittags und abends werden in einem Übermaß Süßigkeiten, Süßspeisen, Knabberartikel gesnackt.

Gesund Großwerden: kleine Ernährungskunde

Eigentlich ist richtige Ernährung gar nicht so schwer. Man muss nur einige

Daten zur Gesundheit:
www.kiggs.de
www.fke-do.de

Individuelle Ernährungsberatung:
www.vfed.de
www.ernaehrungsmed.de

Grundlagen beherrschen, dann kann wenig schief gehen.

Das Wichtigste über Kohlenhydrate

Kohlenhydrate stecken meistens in pflanzlichen Lebensmitteln: in Getreide sowie Getreidespeisen von Gebäck bis Nudeln, aber auch in Obst und Gemüse. Mit Vollkorn-Getreide, Obst und Gemüse serviert man zusätzlich Vitamine, Mineralstoffe und Ballaststoffe.

Eine gute Nachricht: 66 Prozent der Kinder interessieren sich für „gesunde" Ernährung.

In Kohlenhydraten sind allerdings Zucker und seine Verbindungen versteckt. Brot mit hohem Vollkornanteil, Müsli und Obst liefern ausdauernd Glukose, also Gehirnenergie für lange und anstrengende Schultage. Dagegen bewirkt eine fettreiche und kohlenhydratarme Mahlzeit, etwa ein Schoko-Riegel, schon nach zwanzig Minuten einen starken Leistungsabfall.

Ballaststoffe helfen bei der Verdauung und pflegen unsere Darmflora mit ihren Kleinstlebewesen.

Gute und schlechte Zucker

Es gibt Einfachzucker oder langkettige Zuckerverbindungen (Mehrfachzucker), die von unserem Körper aufwändiger zu knacken sind. Zucker liefert sofort Energie, die aber schnell wieder verpufft. Schon eine Viertelstunde nach Verzehr meldet der Körper „Hunger", zumeist als Lust auf Süßes. So besteht die Gefahr, dass den ganzen Tag genascht wird, ohne jemals richtig satt zu werden.

Für das Gehirn bedeutet das Hin und Her zwischen Über- und Unterzuckerung, dass ihm Energie fehlt. Man wird unkonzentriert, nervös und bekommt schlechte Laune.

Auf der Zutatenliste versteckt sich Zucker oft hinter Begriffen, die auf *-ose* (Dextrose, Glucose, Fructose, Maltose, Saccharose usw.) oder mit *-sirup* enden (Glucosesirup, Invertsirup usw.) oder mit *Malto-* beginnen (Maltoextrakt, Maltodextrin usw.).

Schnelle Zucker – Süßigkeiten

Kinder lieben Süßigkeiten, sodass der Umgang mit diesem Genussmittel geübt werden muss – auch als Vorbereitung für spätere Genussmittel, etwa Alkohol. Grundschulkinder sollten höchstens 25 Gramm täglich an zugesetzten Zuckern verzehren. Sie stecken schon in einem großen Glas Limo oder einem Schoko-Riegel oder einer Hand voll Gummibärchen.

So ist Naschen erlaubt:

- Kindern anfangs die Süßigkeiten eines Tages, später einer Woche, zur freien Einteilung geben.
- Klären, was hinter der Frage „Kann ich was Süßes?" steckt: Langeweile, Frust, Traurigkeit oder tatsächlich „Süßlust"?
- Lust auf Süßes kann man senken durch Süßspeisen wie Jogurt, Schoko-Pudding, Bananenquark, Trockenobst.
- Nie Süßigkeiten bei Hunger austeilen, sondern eher nach dem Essen als „Nachtisch".
- Süßigkeiten außer Sichtweite aufbewahren.

Eiweiß ist lebenswichtig

Eiweiß ist ein lebenswichtiger Baustoff für den Körper, vor allem beim Wachsen. Körperzellen und Gewebe werden mit Eiweiß aufgebaut, repariert und erneuert. Als Baustein für Enzyme, Hormone und Antikörper schützt es den Körper und reguliert ihn. Auch als Transporter von Nährstoffen, wie zum Beispiel Eisen, ist es wichtig.

Besonders reich an Eiweiß sind mageres

Fleisch, Fisch, Milchprodukte und Eier, aber auch Getreide, Kartoffeln und Hülsenfrüchte. Die Kombination von pflanzlichem und tierischem Eiweiß ist eine perfekte Mahlzeit: etwa Kartoffel und Ei oder Brot mit Käse. Zu viel Eiweiß dagegen belastet den Körper und ist meist auch mit einem Übermaß an unerwünschtem tierischen Fett gekoppelt.

Fett ist nicht gleich Fett

Nur zu viel Fett macht „fett". Es gibt pflanzliche Fette aus Nüssen und Samen sowie tierische Fette wie in Butter, fetten Fleisch- und Wurstsorten, Käse, Sahneprodukten. Das Unangenehme: Diese Fette verstecken sich meist im Essen, sodass man von ihnen (reichlich) isst, ohne es zunächst zu bemerken. In zu großen Mengen jedoch können sie die Blutgefäße zusetzen, eine Gefahrenquelle für Herz-Kreislauf-Erkrankungen.

Pflanzliche Fette dagegen liefern ungesättigte Fettsäuren, die quasi als Transporter diese Fettflecken aus der Blutbahn räumen.

Fettsparen lohnt sich doppelt: Erstens liefert ein Gramm Fett doppelt so viele Kalorien wie ein Gramm Kohlenhydrate. Und zweitens setzt überflüssiges Fett leichter an als überschüssige Kohlenhydrate, die vom Körper erst in Fett umgebaut werden müssen, wozu dieser aber Kalorien verbraucht.

Das Forschungsinstitut für Kinderernährung (FKE) empfiehlt – aufgrund neuester Kenntnisse über Ölsorten – Rapsöl. Es hat den niedrigsten Gehalt an gesättigten Fettsäuren, die wiederum die Blutfettwerte ungünstig verändern, und eine optimale Zusammensetzung der verschiedenen ungesättigten Fettsäuren

Fettbewusste Kinderküche

- Quarkspeisen statt mit Sahne mit kohlesäurereichem Mineralwasser luftig schlagen.
- Biskuit- und Hefeteige statt Mürbe-, Plunder- und Rührteige.
- Für Teige die Hälfte der Butter durch Quark ersetzen.
- Pudding mit fettarmer Milch zubereiten.
- Jogurt oder fertige Fruchtjogurts mit weniger als 1,8 Prozent Fett bevorzugen. Vorsicht: auf den Zuckeranteil achten!
- Statt Kakao Bananen-, Erdbeermilch: Früchte pürieren und mit Buttermilch mischen.
- Schoko-Aufstriche schmecken auch ohne Streichfett, lieber durch Honig oder Konfitüre (mit Quark) ersetzen.
- „Light"-Produkte sind nicht unbedingt kalorienärmer als von Natur aus fettarme Angebote. Beim Kauf von Aufschnitt, Käse oder Desserts auf Fettgehalt achten.
- Köstliche Desserts: Obstsalat, rote Grütze mit Vanillesauce, Fruchtspieße.
- Hochwertige Fette aus Nüssen, Samen, Kernen und pflanzlichen Ölen bevorzugen und mit dem Teelöffel sparsam dosieren.

Für Kinder: www.coolfoodplanet.org

(und wie Olivenöl einen hohen Ölsäuregehalt). Es ist es am besten von allen Ölen geeignet, Krebs- und Herz-Kreislauf-Erkrankungen vorzubeugen.

Vitamine machen fit

Wie der griechische Name sagt, sind *Vita*Amine* Stoffe, die lebenswichtig sind. Davon gibt es 13 Formen. Der Körper kann sie jedoch nicht selbst herstellen und muss sie deswegen regelmäßig in

Tipps zum Obst- und Gemüseverzehr: www.5amtag.de www.vitaspur.de

Vitaminmangel äußert sich durch Abgeschlagenheit, Konzentrationsschwäche, aber auch erhöhte Infektanfälligkeit.

ausreichenden Mengen durch die Nahrung zugeführt bekommen. Fehlen Vitamine, wird man krank. Das kommt in Deutschland eher selten vor. Häufiger anzutreffen, auch bei Kindern, ist eine suboptimale Versorgung mit bestimmten Vitaminen, wie etwa Folsäure. Nur wenn man mit allen Vitaminen und Mineralstoffen gut versorgt ist, kann der Körper optimal arbeiten, also gesund bleiben, wachsen, gut denken, sich wohl fühlen. Aber Achtung: „Mehr hilft mehr" funktioniert nicht. Denn ein Zuviel an Vitaminen wird ausgeschieden und belastet den Körper überflüssigerweise. Fettlösliche Vitamine können sogar zu einer Vitaminvergiftung führen. Das ist jedoch nur möglich, wenn man hochkonzentrierte Vitaminpräparate aufnimmt.

Es gibt einfache Faustregeln, um genügend Vitamine zu bekommen:

- Täglich fünf Portionen Obst und Gemüse, die so groß sind wie die eigene Faust. Eine Portion Obst kann auch durch ein Glas Fruchtsaft, aber hundertprozentigen, ersetzt werden.
- Da Vitamine sehr empfindlich sind gegenüber Licht, Luft, Wärme und Auslaugen durch Wasser, muss man Gemüse möglichst kurz garen, bei geschlossenem Deckel, und das Kochwasser als Sauce mitverzehren.
- Tiefkühl-Gemüse in kochendes Wasser geben.
- Schnittstellen von Salat bzw. Rohkost durch eine Sauce vor Lufteinflüssen schützen.
- Wenn man schon Speisesalz verwendet, so sollte es jodiert sein, denn Deutschland ist Jodmangelgebiet.
- Schon mit einem halben Liter Milch deckt ein Schulkind seinen Tagesbedarf an Kalzium. Ein Glas Milch (200 Milliliter) enthält so viel Kalzium wie eine Scheibe Schnittkäse.

Mineralstoffe sind unverzichtbar

Nahrungsbestandteile, die nicht brennbar sind, bezeichnet man als Mineralstoffe. Je nach Menge unterscheidet man Mengen- und Spurenelemente. Mineralstoffe haben spezifische Aufgaben als Bau- und Reglerstoffe. Besonders wichtig ist das Zusammenwirken mehrerer Stoffe im Körper, sodass die übermäßige Zufuhr eines einzelnen „Mode-Minerals" über Tabletten die Wirkung der anderen Mineralstoffe stört. Auch bei Mi-

neralstoffen besteht die Gefahr, dass sie beim Kochen durch Wasser ausgelaugt werden. Beim Schwitzen verliert der Körper Natrium und Kalium. Kochsalz (Natriumchlorid) ersetzt die Natriumverluste. Jedoch verzehren wir in der Regel dreimal so viel Kochsalz wie von Fachleuten empfohlen wird. Zu viel Kochsalz kann bei entsprechender Veranlagung zu Bluthochdruck führen. Deshalb sollte man sparsam mit Salz würzen und bewusst zu vitaminreichen frischen Kräutern greifen.

Richtig trinken

Schulkinder sollten mindestens 1,5 Liter Flüssigkeit am Tag aufnehmen. Viele Kinder trinken zu wenig, weil sie „keine Zeit" haben und das Trinken vergessen. Der Körper „verlernt" dann Durst zu empfinden, das Durstgefühl schwindet. Andererseits kann man sein Durstempfinden trainieren, indem man regelmäßig genügend trinkt. Eltern sollten schon morgens zum Frühstück die ideale Menge an Getränken (Wasser, Fruchttee) bereitstellen. Selbstverständlich sollte bei den Mahlzeiten ebenso getrunken werden wie zwischendurch.

Der Trend zu meist sehr zuckerhaltigen Softdrinks gilt – neben Bewegungsmangel – als eine Hauptursache für Übergewicht bei Kindern. Ideale Durstlöscher sind Mineralwasser, Früchtetee oder Saftschorlen mit einem Teil Saft und drei Teilen Wasser.

Trinken im Unterricht: An einigen wenigen Schulen erlauben Lehrkräfte ihren Schülern, im Unterricht Mineralwasser zu trinken. Flüssigkeit und Mineralstoffe helfen dem Gehirn, Höchstleistungen zu vollbringen – mit gutem Erfolg. Dabei soll auch die Konzentrationsfähigkeit sich verbessern.

Die Zähne schützen

- Orangensaft, Eistee sowie Früchtetees auf der Basis von Himbeere, Brombeere und schwarzer Johannisbeere greifen den Zahnschmelz an. Um die Zähne zu schützen, sollte man ihren Genuss ebenso einschränken wie zuckerreiche Fruchtsaftgetränke, -nektare und Limonaden. Auch sollte man nach diesen Getränken mit dem Zähneputzen warten (etwa eine Stunde), sodass die Zahnoberfläche von der Mundflora remineralisiert und widerstandsfähiger ist. Um den Kontakt der Zähne mit sauren Getränken zu minimieren, sollte man:
- saure Getränke möglichst auf einmal und nicht in kleinen Schlucken trinken,
- diese Getränke mit Strohhalm trinken,
- generell alles Saure zu den Hauptmahlzeiten verzehren und nicht zwischendurch,
- Mundstücke aus Sportgetränkeflaschen meiden.

www.cma.de

Mineralstoffe und Vitamine werden vom Körper aus der Nahrung besser aufgenommen als aus isolierten Präparaten und Pillen.

www.trinken-im-unterricht.de
www.mineralwasser.com

Kinder für gesundes Essen begeistern

Ein Geschmack oder eine Speise wird bevorzugt, je häufiger er in der Kindheit geschmeckt wurde. Guter Geschmack wird trainiert, indem Kinder immer wieder gute Speisen angeboten bekommen. Gewohnheit gibt Sicherheit. Erst der typische Geschmack von Apfel oder Milch zeigt, dass man sie unbesorgt verzehren und genießen kann. Am Familientisch wachsen Kinder in eine Esskultur hinein, die ähnlich prägend ist wie die Mutter-

sprache. Kinder beobachten und essen, was Vater und Mutter mit mehr oder weniger viel Genuss verzehren. Lehnt der Vater Salat ab, verzieht die Mutter das Gesicht bei Erbsensuppe, so übernehmen die Kinder diese Abneigung schnell.
Gleichzeitig verhalten sich Kinder bis zum zehnten Lebensjahr vielen Gerichten gegenüber ablehnend: Neues, ungewohnte Farben oder Aromen werden spontan abgelehnt. Biologisch eine sinnvolle Reaktion, damit Kinder nicht zu unbekömmlichen oder sogar giftigen Früchten, Pilzen, Speisen greifen. Dennoch sollten Eltern ihren Kindern raten: „Wenigstens probieren und dann eine Meinung bilden!" Wurde ein Gericht abgelehnt, so sollte man es öfter anbieten. Ernährungspsychologen haben herausgefunden: „Wir mögen eine Speise, weil wir sie essen."

Für mehr Spaß am Essen:
www.kinderliedertour.de
www.kinderwelt.org
www.landwirtschaft-neu-erleben.de

Warum Kinder nach Farbe essen

Seit der Steinzeit geprägt, bevorzugen (nicht nur) Kinder Speisen mit roter, orange-farbener oder gelber Farbe. Sie signalisieren reife, nahrhafte Früchte. Dagegen werden grüne und dunkle Farben eher abgelehnt, weil sie öfter bei giftigen oder unreifen Beeren vorkommen.
Auch süßer Geschmack weist auf sichere Speisen hin, einschließlich Muttermilch – darum wird er bevorzugt. Dagegen ist „bitter" eine Warnung vor giftigen oder unbekömmlichen Speisen.
Kinder bevorzugen übersichtliche Gerichte, bei denen sie ihr Essen unterscheiden und zuordnen können. Ihrem Spieltrieb kommt Fingerfood (geschickt genutzt bei Fastfood) entgegen.
Der Körper benötigt während einer Mahlzeit mindestens zwanzig Minuten, um das Signal „satt" ans Gehirn auszusenden. Die meisten Menschen sind nach zehn Minuten mit dem Essen fertig: zu schnell, um satt zu werden. Im Fastfood-Restaurant braucht man im Durchschnitt sogar nur 3,5 Minuten für eine Mahlzeit!

Kann man Feinschmecker erziehen?

Kinder verlangen manchmal tagelang die gleiche Speise, zum Beispiel Nudeln. Aus gesundheitlichen Gründen servieren Eltern die Nudeln abwechselnd mit anderen Speisen. Die Kinder verstehen „Nudeln sind knapp. Ich muss auch anderes essen". Die Nudeln sind nun besonders begehrt, sie werden zum Leibgericht. Hätten sie, wie gewünscht, tagelang Nudeln essen können, wäre es zu einer so genannten Geschmackssättigung gekommen. Dieser Mechanismus des Körpers sorgt dafür, dass man sich abwechslungsreich ernährt.
Andererseits wird der Mensch auf das geprägt, was er ständig isst: Ein an Fertiggerichte gewöhnter Gaumen lehnt frische Speisen ab. Denn Fertiggerichte mit ihren künstlichen Aromen und Geschmacksverstärkern wirken so stark auf die Geschmacks- und Geruchsnerven ein, dass natürliche, „zarte" Aromen übertönt werden. Ein Experiment zeigt: Serviert man Jogurt mit frischen Erdbeeren und lässt fertigen Erdbeerjogurt im Blindversuch verkosten, so empfinden die meisten Kinder das Fertigprodukt als „echten" Erdbeerjogurt. Frische Erdbeeren erzeugen den Geschmackseindruck mit mehr als 300 Aromaverbindungen. Für künstliches Erdbeeraroma reichen weniger als 20. Selbst die gesamte Erdbeerernte der Welt würde nicht ausreichen, um allein die deutsche Lebensmit-

telindustrie mit dem Erdbeeraroma zu versorgen, das sie für Erdbeergeschmack von Eis bis zur Torte benötigt.
Bio-Lebensmittel enthalten mehr Trockensubstanz als ihre konventionellen Kollegen, also auch mehr Aromen.

Mahlzeiten gestalten: zu Hause und in der Schule

Selbst kochen erfordert und fördert Geschick und Verstand. Beim Schälen, Schneiden und Stechen schulen Kinder Kraft und Geschicklichkeit ihrer Hände und verbessern die Auge-Hand-Koordination. Gleichzeitig stärkt das wohlschmeckende Arbeitsergebnis das Selbstbewusstsein, weil es für den selbst gemachten Kuchen oder den gelungenen Auflauf viel Lob gibt.
Beim gemeinsamen Kochen kann man nebenbei über die frischen Zutaten sprechen, ihre Herkunft, ihre Qualität. Und erst das „Küchenlatein", die Fachsprache erweitert den Wortschatz der Jungköche, wenn man sie bewusst verwendet und erklärt.
Ein weiterer Vorteil: Oft naschen die Kinder Rohkost, etwa Möhren- oder Gurkenstangen, beim Werkeln. Neue Gerichte werden leichter akzeptiert, wenn die Kinder sie selbst zubereitet haben.
Wer nicht kochen kann, dem gehen wichtige Kenntnisse über eine angemessene Ernährung verloren. Weniger als die Hälfte der jungen Erwachsenen ist imstande, einen Pudding zu kochen oder eine Soße zuzubereiten. Wer Spaß am Essen hat, lässt sich andererseits vielleicht ermutigen, bereits im dritten Schuljahr Rezepte selbst zu lesen und nachzukochen? Ein toller Leseanreiz. Die Welt ist eine Speisekammer und Kinder können über die verschiedenen Lebensmittel aus aller Welt fremde Kulturen *er-leben*, zum Beispiel durch bewusste Einkäufe beim Türken, Essen im China-Restaurant, Kochen von italienischen Rezepten

Infos und Rezepte zu Bio-Kost: www.naturkost.de

Frühstück, das Sprungbrett in den Tag

Vor allem Kinder verbrauchen beim Schlafen Energie, Flüssigkeit, Vitamine, weil vor allem nachts wichtige Wachstumsprozesse stattfinden. Die leeren Vorräte müssen unbedingt am Morgen aufgefüllt werden, damit man den ganzen Tag leistungsfähig ist. Zu einem guten Frühstück gehören Getreide-, Milchprodukte sowie eine Portion Obst oder Gemüse oder aber ein Glas Obstsaft. Für Morgenmuffel ist es wichtig, genügend Zeit einzuplanen und sie mit einem leichten Frühstück wie Jogurt mit Obstpüree und zarten Haferflocken zu ermuntern.

Ideen für Schulessen liefern die Verbraucherzentralen: www.vzbv.de

Kinderleichte Küchenideen –

Mengenangaben:
EL = Esslöffel
TL = Teelöffel
B = Becher

1001 Brot-Kombi-Ideen

Brotsorten: Toast-, Schrot-, Knäckebrot, Brötchen aus Vollkorn, Pumpernickel
Aufstriche: Butter, Margarine, Pesto, Senf, Tomatenmark, Magerquark, saure Sahne, Erdnusscreme
Belag: Schnitt-, Streichkäse, Äpfelringe, feinst-gehackte Zwiebel, Rübenkraut, Rettich-, Möhren-, Kohlrabiraspel, Hüttenkäse, Paprikawürfel, magere Wurstsorten, saure Sahne, Konfitüre, Honig, Kräuterquark
Garnitur: Salatblätter, Essiggurke, Tomatenscheibe, Gurkentaler, Erdbeeren, Bananenscheiben, Birnenviertel, Mandarinenschnitze, Kiwischeiben

Honey-Müsli

Zutaten:
1 Stück Obst, fein gewürfelt
(bei Zeitnot: 1 EL Trockenobst)
3 EL zarte Vollkornhaferflocken
1 TL Honig
1 B Naturjogurt, mild

Zubereitung:
Alle Zutaten dekorativ aufeinanderschichten.

Power-Drink – für Morgenmuffel

Zutaten:
200 ml roter Traubensaft
3 EL Dickmilch
1 TL Zitronensaft
1 TL Rapsöl
1 Pfirsich (oder anderes Obst der Saison)

Zubereitung:
Alle Zutaten mit dem Pürierstab verquirlen.

Schoko-Wecker

Zutaten:
200 ml fettarme Frischmilch
1–2 TL Kakao
1–2 EL zarte Haferflocken
1 Banane

Zubereitung:
Alle Zutaten miteinander pürieren.
Tipp: Im Winter die Milch erhitzen und mit etwas Zimt oder Vanillepulver würzen.

Quark-Brötchen mit Überraschung

Zutaten:
250 g Magerquark
6 EL Zucker
6 EL fettarme Milch
6 EL Rapsöl
Jodsalz
1 TL Zimt
500 g Weizen-Vollkornmehl
1 Backpulver
2–3 mürbe Äpfel

Zubereitung:
1. Weizenmehl und Backpulver vermengen und zu den anderen Zutaten geben, die miteinander verknetet wurden.
2. Äpfel waschen und fein vierteln.
3. Aus dem Teig Schalen formen, in deren Mitte 1–2 EL Apfelwürfel kommen. Schalen verschließen und auf ein mit Backpapier ausgelegtes Backblech legen.
4. Bei 180–200°C etwa 20 Minuten backen.

Rezepte für Kinder

Variation I: Formbrote

Zubereitung:

Den Teig wie vorher herstellen, aber Apfelstückchen unterkneten und dann Zöpfe, Brezeln, Schnecken, Glücksschweine usw. fantasievoll formen und mit verquirltem Ei bestreichen.

Variation II: Gemüsetaschen

Zubereitung:

Den Teig wie vorher herstellen nur ohne Zucker, dafür mit 1 TL Jodsalz. Aus dem Teig Quadrate von 10 cm Seitenlänge rollen und jeweils auf eine Teighälfte etwas Gemüsefüllung geben. Die zweite Teighälfte darüberklappen, Teigränder festdrücken und backen.

Für die Gemüsefüllung je 2 Zwiebeln, Tomaten, rote Paprika vorbereiten, 5 Minuten dünsten, 200g geraspelten Gouda hinzufügen und mit Paprika, Oregano, Pfeffer, Jodsalz abschmecken.

Klugmacher

Zimt und viele andere Gewürze wirken sich positiv auf Körper und Geist aus. Sie regen die Sinnes- und Verdauungsorgane an und können positiv auf die Gefühls- und Denkarbeit des Gehirns einwirken.

Birnen-Igel

Zutaten:

2 Birnen
2 Möhren
10 Cocktailtomaten (Erdbeeren, Radieschen oder Trauben)
50 g Gouda (in Würfeln)
Zahnstocher

Zubereitung:

1. Birnen waschen, ein Viertel an der Längsseite abschneiden und als Igelkörper auf einen Teller legen.
2. Die übrigen Früchte waschen und die Möhren längs halbiert als „Füßchen" unter die Birne legen.
3. Die übrigen Früchte mit Käsewürfel auf Zahnstocher pieken und in die Birne als Stachel stecken.

Fruchtige Frühstückssonne

Zutaten:

2 Kiwis
2 Mandarinen
1 Zweig blaue Trauben
1/2 Ananas
Saft von 1/2 Apfelsine

Zubereitung:

1. Obst schälen oder waschen und würfeln.
2. Die Obstwürfel sternenförmig (oder als Mandala) anrichten, mit Apfelsinensaft beträufeln und schnell servieren.

Newsletter zur gesunden Ernährung:
www.kinderaerzteimnetz.de
www.forumpraevention.de

Kochen lernen Kinder zu Hause – oder gar nicht.

Schulbrot und Knusperpause

Das zweite Frühstück ist eine wichtige Ergänzung und sorgt für konstante Leistungsfähigkeit bis zum Mittag. Zudem wird der Leistungsabfall nach dem Mittagessen abgebremst. Auch zu einem vollwertigen Pausenbrot gehört eine Portion Obst oder Gemüse und vor allem ein sinnvoller Durstlöscher.

In vielen Grundschulen frühstücken die Kinder gemeinsam, um danach auf dem Schulhof zu spielen. Eltern sollten anregen, dass die Kinder statt Süßigkeiten Obst und Vollkornbackwaren mitbringen. Organisiert werden könnten auch Schulmilch sowie Sprudelwasser.

In manchen Bundesländern regelt ein „Kiosk-Erlass", welche Speisen am Schulkiosk oder in der ↗ Mensa angeboten werden dürfen. Im Sinne der Kinder sollten Obst, Jogurt, Vollkornbackwaren fette und süße Speisen ersetzen.

www.aak.de

Vorsicht bei Snacks für Zwischendurch: Werbung täuscht über den wahren Gesundheitsbeitrag von Lebensmitteln, insbesondere bei den so genannten Kinderlebensmitteln. Tests zeigen, dass Kinderlebensmittel meist noch süßer oder salziger und fettreicher sind als ihre „erwachsenen" Vergleichsangebote. Bei einem Test der Stiftung Warentest waren nur fünf der untersuchten 40 Arten von Kinderlebensmitteln für Kinder geeignet. Gesunde Lebensmittel wie Milch oder Jogurt werden als Kindernahrung in ihrer ungesündesten Variante angeboten, so das Forschungsinstitut für Kinderernährung in Dortmund.

Auf „Sorgenkinder" achten

Bei den Vorsorgeuntersuchungen sollte mit dem Kinderarzt abgeklärt werden, ob das Gewicht eines Kindes in Ordnung ist. Zu dünne Kinder ohne erhöhte Infektzahlen gelten eher als zäh und gesund. Übergewichtige Kinder müssen professionell begleitet werden, damit es ihnen gelingt, ihren Lebensstil zu ändern. Hinweise geben die eigene Krankenkasse, der Hausarzt aber auch die Verbraucherberatungsstellen vor Ort.

Beim Verdacht auf Lebensmittelallergien informieren die Krankenkassen und bieten auch eine individuelle Ernährungsberatung an. Weitere Informationen für Eltern und Kinder gibt es bei Verbänden wie der „Arbeitsgemeinschaft Allergiekrankes Kind". ADHS-Kinder oder so genannte Hyperaktive können durch Diäten nicht therapiert werden. Dennoch wirkt eine vollwertige Ernährung, die für einen ausgeglichenen Blutzuckerspiegel sowie eine ausreichende Versorgung mit Nervenvitaminen der B-Gruppe sorgt, entlastend.

Rituale für richtiges Essen

Die gemeinsame Familienmahlzeit stiftet Geborgenheit und „innere" Sättigung. Kinder sollten so oft wie möglich gemeinsam mit der ganzen Familie essen, zumindest sollte ein Elternteil ihnen Gesellschaft leisten. Aus der lebensnotwendigen „Nahrungsaufnahme" wird so eine Kultur des Essens und der Beziehungspflege. So klappt es:

- Zeitpunkt und Ablauf der Mahlzeiten regelmäßig gestalten,
- gemeinsamer Beginn und Abschluss durch einen Tischspruch oder ein Gebet,
- Ablenkung durch TV, Zeitung oder Buch während des Essens vermeiden,
- Besteck und Geschirr vernünftig benutzen,

- bei Tisch angenehme Themen wählen, Kritik an Schulleistungen sollte unterbleiben,
- einen festen Essplatz für jeden einrichten, grundsätzlich am Tisch.

Fit durch Bewegung

↗ Sport und Bewegung machen Kinder geschickter und gesünder, aber auch unabhängiger, kontaktfreudiger, konzentrierter. Die Lernmotivation sowie Intelligenz wird durch körperliche Betätigung erhöht. Das zeigen Studien und sie weisen gleichzeitig eine Verschlechterung von Bewegungsqualitäten sowie körperlicher Betätigung nach: In den letzten 20 Jahren verschlechterte sich die körperliche Fitness bundesdeutscher Grundschulkinder um etwa 20 Prozent. Mit mangelnder Bewegung steigt der Hang zu krasser Selbstüberschätzung. Schulkinder verunglücken umso häufiger im Schulsport und auf dem Pausenhof, je weniger Sport sie treiben. Der Bewegungsmangel kostet jährlich etwa 100 Milliarden Euro. Eine weitere Studie zeigte zudem, dass Kinder aus bewegungsfreudigen sportbetonten Grundschulen signifikant weniger Gewichtsprobleme aufweisen. Kinder, deren Eltern körperlich aktiv waren, wiesen ebenfalls die niedrigsten Gewichtswerte auf.

Einerseits bieten viele Schulen nur die minimale Zahl von zwei Schulsportstunden an. Andererseits fehlen Kindern traditionelle Bewegungsräume wie Wiesen, Brachflächen, Bolzplätze oder Straßen, auf denen sie sich spontan bewegen kön-

In China ist Einradfahren eigenständiges Schulfach. Das Trainieren des Gleichgewichtssinnes steigert den IQ.

Bewegung hilft Stress abbauen.

nen: Die Bewegungsfalle schnappt zu. Dabei haben Kinder von Natur aus einen Bewegungsdrang, der manchmal anstrengend wirkt, sei es im Unterricht, im Straßenverkehr oder im Mietshaus. TV und PCs legen Kinder „still". Umgekehrt: Je öfter sich ein Kind bewegt, desto größer wird sein Wunsch nach Bewegung. Bewegungskiller sind:

- Zu langes monotones Sitzen von täglich neun bis zehn Stunden schon bei Grundschülern,
- starres Schulmobiliar, das dynamisches rückengerechtes Sitzen verhindert,
- fehlende Schulsportstunden, allein in Bayern über zwei Millionen,
- täglich mehrstündiger ↗ Fernseh- und PC-Konsum,
- die allermeisten Kinder haben großes Interesse an Schulsport, allerdings mit abnehmender Tendenz vom ersten bis zum vierten Schuljahr.

Beim Schuleintritt sollten Kinder schon ziemlich genau zielen und einen Tennisball nach einmaligem Aufspringen fangen sowie acht- bis zehnmal auf einem Bein springen. Auf einem Bein sollten sie niedrige Hindernisse überspringen, Fahrrad fahren, Hampelmann-Springen und etwa zehn Sekunden lang auf einem Bein stehen. Am Ende der Grundschulzeit sollten Kinder mit geschlossenen Augen auf einem Bein balancieren und Kniebeugen korrekt ausführen.

Schule in Bewegung

Kinder verbringen bis zu fünf Schulstunden pro Woche auf dem Pausenhof, ohne Berücksichtigung der Zeit vor und nach dem Unterricht. Schulversuche zeigen, dass sich das Unfallrisiko während der ↗ Pause verringert, wenn der Pausenhof zu einer aktiven Pause einlädt. Das ist besonders sinnvoll, da die Pausenunfälle bei der Schulunfall-Häufigkeit die Spitzenposition einnehmen. Mehr Bewegung verringert gleichzeitig die Zahl der Unfälle insgesamt. Die Pausen verlaufen entspannter und konfliktfreier.

In Gesprächen mit Lehrern oder bei Eltern- oder Schulpflegschaftsabenden sollten Eltern immer wieder das Thema Bewegung ansprechen, denn oft führen kleine Schritte zu großen Bewegungsimpulsen. Beispiele sind:

- ↗ Schulhofgestaltung: Flächen zum

Ballspielen, Verstecken, Klettern, Bauen usw.

- Gestaltung des Klassenraumes: im Idealfall mit bewegungsfreundlichen Möbeln, über Spielelemente, die eine Bewegung im Klassenzimmer auch während der Regenpause ermöglichen.
- Pausenregelungen: Gibt es eine „Knusperpause“ (mit gemeinsamem Frühstück) und anschließend eine Bewegungspause? Können Kinder Bewegungsspielzeug mitbringen oder ausleihen (etwa aus einer klasseneigenen Spielkiste), zum Beispiel Seilchen, weiche Bälle, Jonglier- und Schwungtücher?
- Sporttage oder Projektwochen sowie Klassenausflüge (Wandertage!) mit sportlichen Höhepunkten (zum Thema Körper oder Rücken; Besuch von Kletter-, Eislauf-, Badmintonhallen, Indoor-Spielplätzen, Maislabyrinthen)
- Initiativen wie Fördervereine oder Elterninitiativen, die sich zur Verbesserung von Sporthallen oder -plätzen einsetzen
- Erweiterung des Schulsportangebotes in Form von Arbeitsgemeinschaften (AG), die auch von engagierten Eltern angeboten werden, wie Fußball-, Tanz-, Tennis-, Schwimm-AG, eventuell auch in Kooperation mit Vereinen vor Ort (immerhin kooperieren 78 Prozent der vom Deutschen Sportbund befragten Schulen mit Vereinen und 50 Prozent der Schulleiter halten die Kooperation für wichtig).

Der Deutsche Sportbund (DSB) untersuchte den Sportunterricht in Deutschland (Sprint-Studie), wobei der Sportunterricht als weder besonders gut noch schlecht bewertet wurde. Schüler erteilen dem Schulsport im Durchschnitt die Note 2,3. Ein Fünftel aller Schulen verfügt über zu wenige geeignete Sportstätten. Jede vierte Sportstunde fällt aus. An Grundschulen wird die Hälfte des Sportunterrichtes von fachfremdem Personal erteilt.

Spielelemente zum Bewegen

- Viele „Bewegungsgeräte“ sind kostenlos: Papp- oder Schuhkartons, Zeitungspapier oder -bälle, PET-Flaschen (zum Kegeln, Jonglieren oder Rollen), Aluminiumdosen ohne scharfe Kanten; Stoffe, Bänder, Seile, Knöpfe, alte Matratzen, Kissen, Decken, Wäscheklammern usw.
- Kostenintensiv, dafür aber auch langlebiger sind Spielgeräte aus der ↗ Motopädie: Gymnastikbälle in verschiedenen Größen, Pedalos, Balancierbretter, -platten oder -kugeln, Trampoline, Sportkreisel usw.
- Ideen und Regeln müssen den Kindern vorgestellt werden, aber dann entwickeln Kinder viele eigene Kombinationen.

Brain-Gym

„Gehirngymnastik“ soll mittels Über-Kreuz-Bewegungen die rechte und linke Gehirnhälfte besser vernetzen. Dazu eignen sich folgende Übungen:

Elefantenmarsch: Im Stehen Wirbel für Wirbel den Rücken abrollen und die Arme locker hängen lassen. Nun Schritt für Schritt gehen und die Arme wie Rüssel rechts und links vor sich her schwingen. Zum Schluss ebenso langsam wieder hochkommen.

Liegende Achten: Mit den Armen in die Luft malen und dann ohne Arme nur mit den Augen nachmalen.

Quirlen: Rechtes Knie möglichst hoch bis zum linken Ellbogen führen und umgekehrt.

www.bewegte-schule.de
www.ganztaegig-lernen.org
www.aok.de/kids
www.dsb.de
www.focus-schule.de

Der Rücken in Theorie und Praxis

Als Sachkunde-Thema oder während eines Projektes kann der Rücken zum Unterrichtsthema werden und mit Übungen zum Aufbau von Bauch- und Rückenmuskeln ergänzt werden. Spielerische Übungen sind:

Tauziehen: stärkt die Bauch- und Gesäßmuskulatur, das Kind liegt auf dem Rücken und hält unter der Lendenwirbelsäule ein Tuch fest. (Dazu Kinn auf die Brust und den ganzen Körper, einschließlich Bauch anspannen.) Sein Partner versucht das Tuch herauszuziehen.

Kissenschlacht: stärkt Bauchmuskeln und lockert, indem das Kind auf dem Rücken liegt und mit den Armen und Beinen in der Luft so strampelt, um so sein Kissen hochzuwerfen und zu fangen.

Kasperletheater: Zwei Kinder, die mit angewinkelten Beinen Fuß an Fuß auf dem Rücken liegen, schauen sich an, indem sie Kopf und Schultern vom Boden möglichst langsam anheben.

Schmetterling: stärkt Rücken- sowie Schulterpartie, das Kind liegt auf dem Bauch, die Arme im rechten Winkel zum Körper als Flügel. Der Kopf wird nicht in den Nacken geschoben, sondern schwebt knapp über dem Boden oder liegt auf einem Tuch. Sanft bewegt der Schmetterling seine Arme auf und ab, nach vorne und nach hinten.

Rückenfreundlich sitzen

Aus Sicht der Orthopäden sind höhenverstellbare Tische und Stühle ebenso ideal wie Rollen unter den Stühlen. Grundsätzlich gilt: Stundenlanges Sitzen vermeiden und dynamisch sitzen, also ständig die Haltung wechseln. Sitzgelegenheiten wechseln, also auch auf Sitzbällen oder Sitzball-Kissen oder Sitzkeile verwenden. Von Natur aus (wenn es erlaubt ist) ändern Kinder alle ein bis zwei Minuten ihre Sitzhaltung. Sinnvoll ist es zudem, kleine Bewegungspausen einzulegen, das heißt auch: aufstehen, sich recken und strecken.

Richtig sitzen geht so: Das Kind sitzt am vorderen Teil des Stuhles, öffnet die Knie schulterbreit und stellt die Füße fest auf den Boden, Fußspitzen leicht nach außen. Es richtet sich auf, indem es sich vorstellt, wie eine Marionette am Hinter-

Beim Schulranzen-Kauf beachten

- Gewicht für Grundschüler nicht mehr als 1,2 Kilogramm, später nicht mehr als 1,5 Kilogramm,
- Größe: passend für einen DIN-A4-Ordner,
- Form eher hochformatig oder quadratisch, auf jeden Fall nicht breiter als die Kinderschultern,
- Sitz so, dass die Oberkante mit den Schultern des Kindes abschließt,
- breite, gut verstellbare Tragegurte mit Polstern sowie eine verstärkte Rückenwand, die am unteren Ende gepolstert ist,
- Aufteilung für mehr Übersichtlichkeit innen sowie Extrafächer für Pausenbrot und Getränke,
- Sicherheit durch rückstrahlende und fluoreszierende Teile an Vorder- und Seitenwänden sowie möglichst leuchtende Farben. (s. auch S. 84)

kopf nach oben gezogen zu werden. Der Stuhl ist so hoch, dass die Oberschenkel ein wenig nach unten abfallen und die Unterarme im rechten Winkel zum Oberarm auf der Tischplatte aufliegen. Mit einem Kissen oder Buch auf dem Kopf balancierend können Kinder eine aufrechte Sitzposition erspüren.

Der richtige Ranzen

Schon bei Grundschulkindern stellen Schulärzte zunehmend Haltungsschäden fest. Jedes zweite Kind wird mit Haltungsschäden eingeschult. Schuld daran sind auch zu schwere und/oder schlecht sitzende Tornister. Im Durchschnitt tragen Grundschulkinder 5,5 Kilogramm an Material zur Schule, berichtet das Deutsche Grüne Kreuz. Dieses Gewicht belastet die Wirbelsäule übermäßig und dies kann zu Kopf- und Rückenschmerzen führen.

Als Faustregel gilt: Der gepackte Schulranzen sollte nicht mehr als zehn Prozent des Körpergewichts eines Kindes wiegen. Deswegen ist es gerade in den ersten Schuljahren ratsam, mit dem Kind den Schulranzen zu kontrollieren und von Gewichtmachern zu entlasten. Sehr motivierend ist es, mit dem Kind den Ranzen zu wiegen und zu kontrollieren, ob ein Zehntel des Körpergewichtes nicht überschritten wurde.

Das GS-Zeichen (geprüfte Sicherheit) oder DIN Nr. 58124 am Schulranzen garantieren, dass Mindestanforderungen bei der Sicherheitsausstattung erfüllt werden.

Bewegung im Alltag

Es ist nicht sehr ratsam, Kinder mit dem Auto zur Schule zu fahren. Zu Fuß gelaufen ist der Schulweg gesund und auch geselliger gemeistert, trifft man doch unterwegs zahlreiche Klassenkameraden.

↗ Fahrradfahren auf bekannten und überschaubaren Strecken sollten Kinder erst nach Bestehen der „Fahrradprüfung“, die von der Polizei im vierten Schuljahr angeboten wird. Bis zum Ende der Grundschulzeit (und noch länger) handeln Kinder impulsiv und damit im Straßenverkehr äußerst unberechenbar. Das sichere Einhalten von Regeln und die Übersicht über risikobehaftete Situationen gelingen frühestens mit zwölf Jahren.

↗ Kinderzimmer sollten viel Freiraum zum Bewegen, aber auch Bauen von Höhlen, Bergen, Seen anbieten. Ideal wäre auch ein kleines Trampolin, ein Kriechtunnel, eine Kullertonne, ein weicher Ball, Jongliertücher, Wurfscheibe, Balancierteller, Wandleiter, Boxsack usw.

Dieses Spielzeug sollte aber – wie anderes Spielzeug – nicht das Zimmer vollstellen, sondern abwechselnd von einem Lagerort außerhalb des Kinderzimmers (Keller, Speicher) als neues attraktives Angebot geholt werden..

52 Prozent aller Grundschulkinder sind Mitglied im Sportverein. Wenn Kinder nicht mehr gern zum Training gehen, ist das ein Hinweis, dass es Störungen entweder in der Beziehung zum Trainer oder zu anderen Kindern gibt oder die Sportart grundsätzlich nicht mehr dem Kind gefällt. Hier müssen Eltern schnell das Gespräch mit dem Trainer suchen und Vereinbarungen treffen.

Wenn sich das Kind einen neuen ↗ Sport aussucht, sollte es mindestens dreimal „Probe trainieren". Falls es sich dafür entscheidet, sollte ein gewisser Zeitraum, etwa ein halbes Jahr, durchgehalten werden – auch bei Trainingsdurchhängern. Das stärkt auch die „psychische" Ausdauer.

Welche Sportvereine es in der Nähe gibt, erfährt man bei der Deutschen Sportjugend oder bei der Gemeindeverwaltung. „Moderne" Sportarten werden oft von privaten Sportschulen angeboten, die man im Branchenbuch findet.

Bewegungsideen für schöne und regnerische Tage: www.bewegungsideen.de www.zzzebra.de

Welcher Sport für welches Kind?
Wichtig ist, dass man sich beim Training nicht verausgabt, sondern regelmäßig bewegt. Richtig ist, dass sich die Kinder nach dem Training gefordert, aber dennoch erfrischt fühlen.

Ältere Kinder verlassen zunehmend Garten und Spielplatz, um auf asphaltierten Flächen zu fahren, zu werfen, zu schießen. Doch dafür gibt es immer weniger „Spielräume". Für Spielstraßen gilt zwar: Kinder haben Vorfahrt und dürfen auf der gesamten Straßenbreite spielen. Trotzdem dürfen sie den Verkehr nicht unnötig behindern.

Ansonsten gilt §31 der Straßenverkehrsordnung: Sport und Spiel auf der Fahrbahn und den Seitenstreifen sind nicht erlaubt.

Es lohnt sich dennoch zu prüfen, wo Straßen oder Plätze zum freien Spiel zur Verfügung stehen oder verfügbar gemacht werden können.

Schilder wie „Betreten der Grünanlage verboten!" und auch Hausordnungen mit Klauseln, die das Spielen im Treppenhaus, Hofe oder in Garageneinfahrten verbieten, werden als schikanös angesehen, wenn Kinder sich selbst oder Dritte nicht belästigen oder gefährden. Gerichte entscheiden im Streitfall übrigens kinderfreundlich und halten es zum Beispiel für zumutbar, dass Kinder mehrmals in der Woche für zwei bis drei Stunden in einer Sackgasse skaten, auch wenn die Anwohner sich beschweren.

Viel Spaß macht ein Spaziergang allen Beteiligten, wenn Freunde des Kindes oder die ganze Familie mitgehen. Bewegen an der frische Luft steigert den Spiegel am Glückshormon „Serotonin". Das wiederum unterstützt auch das Lernvermögen.

Kinder, die nicht gern nach draußen gehen und noch weniger brav spazieren, locken folgende Spielideen:

- Wurfgegenstände (Ball, Tücher) mitnehmen bzw. suchen und damit unterwegs spielen,
- Aufgaben stellen, zum Beispiel etwas Rotes oder Schleimiges suchen,

- Sinnes-Spiele: Geräusche erkennen; sich anschleichen; Farbtöne zählen; mit verbundenen Augen führen lassen; mit geschlossenen Augen Naturgegenstände *erriechen* bzw. *ertasten*; Wildkräuter schmecken,
- Sammelgefäße mitnehmen, um Früchte, Blüten oder Steine zu sammeln und damit zu basteln oder zu kochen,
- Ziele setzen wie Spielplatz, Kletterwald, Badesee, Bach zum Staudammbauen oder Eisdiele,
- Rekorde ermitteln für bestimmte Aufträge wie eine Strecke rückwärts laufen oder Kanaldeckel springen oder gewanderte Kilometer,
- Bewegungsgeschichten oder sich als Affe, Bär oder auch Chamäleon verhalten, vielleicht auch als Roboter oder Marionette,
- Fortbewegungsmittel wechseln: mit Inlinern, Roller, Fahrrad losgehen,
- Wanderlieder erlernen und singen,
- Dämmer- oder Nachtwanderungen unternehmen.

Zeigt her eure Füße

Nicht gut zu Fuß? Manchmal stören schlechte Schuhe. Füße tragen beim normalen Gehen das gesamte Körpergewicht etwa 100-mal pro Minute. 98 Prozent der Kinder kommen mit gesunden Füßen auf die Welt. Im Jugendalter zeigen die Hälfte aller Füße schon Fußschäden bzw. -schwächen auf. Sie entstehen vor allem durch nicht passendes Schuhwerk. (Kinderfüße wachsen bis zu 1,5 mm im Monat, also viel schneller als Arme und Beine.) Deswegen müssen Füße alle 3 bis 4 Monate gemessen werden. Zu weite Schuhe deformieren die Füße genauso wie zu enge, weil die Füße ohne Halt nach vorne rutschen. Kinder mit besonders weiten oder schmalen Füßen sollten deswegen Schuhe nach dem Weiten-Maß-System (WMS) kaufen.

Etwa ein Drittel der Kinder trägt Schuhe, die nicht passen. Schuhgrößen sind keine zuverlässige Größe, weil sie je nach Schuhleisten oder Mode unterschiedlich ausfallen. Da hilft nur eine sorgfältige Anprobe. Turnschuhe sind zwar moderner, aber erstens nicht atmungsaktiv und zweitens „leiern" sie die Füße aus. Wem qualitativ hochwertige Schuhe zu teuer sind, der kann zum Beispiel Verwandten statt Geschenke eine Schuhpatenschaft vorschlagen.

Sport baut die typischen Stresshormone ab, löst Gehirnblockaden und verbessert die Abwehrkräfte.

Wichtig ist eine flexible Sohle, die den Füßen möglichst viel Beweglichkeit verschafft. Kinder sollten so oft wie möglich barfuß oder in Stoppersocken laufen. Ein besonders gutes Fußtraining ist Barfuß-Lauf im Sand, aber auch Hüpf- und Balancierspiele (wie Seilchenspringen, Gummitwist, Seiltanzen) sind wichtig.

Im Winter fördert die Fußmuskulatur Tast- und Greifspiele mit den Zehen (Tücher, Stifte, Seile, Murmeln, Bälle, Watte usw. aufsammeln und tragen oder damit malen oder mit geschlossenen Augen erspüren.).

9 Jedes Kind ist vielfältig begabt

Christiane Fischer-Ontrup

Was ist eigentlich „Begabung"?

Im den vergangenen Jahrhunderten sprach man gern von einem „Genie", wenn von Menschen mit außergewöhnlichen Fähigkeiten die Rede war. Albert Einstein, so erzählt man, sei ein schlechter Schüler gewesen, wurde aber als begnadeter Physiker berühmt. Mozart galt als Wunderkind, wird bis in unsere Tage als musikalisches Genie gehandelt. Marie Curie war besessen in ihrem Bemühen, die Strahlung des Urans nachzuweisen – es hat ihr den Nobelpreis für Physik eingetragen. Niemand würde zögern: Hier haben wir es mit Genies zu tun. Aber was ist mit Boris Becker, dem Helden von Wimbledon, bis heute ungeschlagen in seinen Tenniserfolgen? Soll man den Multimilliardär Bill Gates dazuzählen? Was ist es, das als „außergewöhnlich" eingestuft wird? Manch ein Erfolg ist außergewöhnlicher Hartnäckigkeit zu verdanken, einem zähen Training, hohem Durchhaltevermögen. Ist das genial? Oder ist der Geistesblitz, die plötzliche Erkenntnis, der Stoff, aus dem Genies schöpfen?

Im Rahmen der jüngsten Diskussionen um einen kindgerechten und gesellschaftlich tragbaren Zuschnitt des deutschen Schulsystems berichten die Medien – je nach politischer Verortung – über eine „begabungsgerechte" Beschulung einerseits und eher hindernde soziale Schranken für die Entfaltung gegebenen Potenzials andererseits. Die im Jahr 2004 veröffentlichte ↗ IGLU-Studie, die Schülerleistungen am Ende der vierten Jahrgangsstufe im internationalen Vergleich darstellte, hat gezeigt, dass die Auslese für die Wahl der weiterführenden Schule (s. Kapitel 3) die tatsächlichen Leistungen der Schülerinnen und Schüler nicht erfasst. Immerhin 44 Prozent der Viertklässler werden in Schultypen sortiert, die ihrem Potenzial nicht entsprechen. Wie aber erfasst man das Potenzial, die Begabung eines Kindes?

Als „Begabung" bezeichnet man die angeborene Fähigkeit zu besonderer oder gar herausragender Leistung in den verschiedensten Gebieten. Jedes Kind hat ein Recht darauf, angemessen gefördert zu werden und jede Art von Begabung, gleichgültig ob musischer, künstlerischer, motorischer oder sozialer Natur, ist es wert, angemessen ausgebildet und unterstützt zu werden. Fachleute unterscheiden grob in:

- **die musisch-künstlerische Begabung** – sie befähigt ein Kind zu besonderen

Leistungen im musischen oder einem anderen künstlerischen Bereich, wenn dem Kind die entsprechende Förderung angeboten wird. Das Talent beim Malen oder beim Spielen eines Instrumentes wird für die Umwelt häufig leicht erkennbar, sogar Laien bemerken außergewöhnliche Begabungen auf diesen Gebieten;

- **die psychomotorische Begabung** – sie spielt in allen Bereichen eine Rolle, in denen es auf körperliches Geschick ankommt, also beim Sport genauso wie bei feinmotorischen Tätigkeiten, wie etwa schreiben oder basteln;
- **die soziale Begabung** – sie bezeichnet allgemein und vereinfacht die Befähigung, gut mit Menschen umgehen zu können, sich in sie einfühlen zu können und der Situation entsprechend auf andere eingehen zu können. Vielfach wird hier auch von emotionaler Intelligenz gesprochen;
- **die kognitive oder intellektuelle Begabung** ist gemeint, wenn man über die verstandesmäßige Auffassungsgabe für vielerlei Bereiche spricht. Wenn im Weiteren die allgemeine intellektuelle Begabung häufiger als andere besondere Begabungen explizit betont wird, verbirgt sich dahinter keine Wertung, sondern es geschieht, da für diesen Bereich der Begabungen zwar zunehmend mehr, dennoch aber insgesamt zu wenig getan wird.

Begabung kann sich auf höchst unterschiedliche Weise zeigen.

Begabung muss entwickelt werden

Sportlich und musisch begabte Kinder finden in den meisten Städten und Gemeinden ein vielfältiges Förderangebot vor, ihre Leistungen werden in der Umwelt anerkannt. Intellektuell besonders begabte Kinder dagegen stehen mit ihren Eltern häufig (zunächst) allein da und sehen sich vielfach Vorurteilen und Unverständnis gegenüber. „Streber“ und

Je mehr Anregungen Kinder bekommen, desto vielfältiger wird ihr Weltwissen.

„Besserwisser“ sind nicht selten die Alltagsbezeichnungen für Kinder, die eine schnellere Auffassungsgabe als andere haben. Es kommt sogar vor, dass Kinder mit einem überdurchschnittlich hohen Intelligenzquotienten an den schulischen Anforderungen scheitern.

Eine hohe Begabung ist in keinem Bereich automatisch mit hoher Leistung gleichzusetzen, immer muss der Begabte entsprechende persönliche Kompetenzen, wie zum Beispiel Ausdauer, Willensstärke, ↗ Durchsetzungsvermögen, Motivation und anderes mehr mitbringen. Bei der Umsetzung von Potenzial in Leistung ist ein Kind gleichermaßen abhängig von umweltbedingten Einflussfaktoren, wie beispielsweise ↗ Klassenklima, ↗ Unterrichtsqualität, bestimmten Personen und so weiter.

Spricht man über Hochbegabung, verbinden die meisten Menschen damit eine hohe Intelligenz. Für deren Erfassung gibt es ein Messinstrument: den Intelligenztest. Hohe Intelligenz ist sicherlich ein Faktor, der in den gebräuchlichen Definitionen einen großen Stellenwert einnimmt. Heutzutage wird aber allgemein akzeptiert, dass intellektuelle Hochbegabung nicht die einzige Form ist, in der sich eine besondere Begabung zeigen kann. Jede Definition für Begabung, die allein den Intelligenzfaktor berücksichtigt, wäre völlig unzureichend, da „Intelligenz“ im landläufigen Sinne nur einen Ausschnitt aus dem breiten Spektrum an Begabung anzeigt, das möglich ist.

Psychologen und auch Erziehungswissenschaftler folgen in der Vorstellung dessen, was „Intelligenz“ sei, häufig dem amerikanischen Intelligenzforscher Howard Gardner, der aufgrund von neurobiologischen und neuropsychologischen Erkenntnissen die Theorie der vielfachen Intelligenzen entwickelt hat. Gardner meint, dass es keine endgültige Definition von Intelligenz geben könne, für ihn sind Intelligenzen nützliche Vorstellungen, die uns erlauben, über Prozesse und Fähigkeiten zu sprechen, die miteinander vernetzt sind. Howard Gardner unterscheidet zwischen neun Intelligenzen, die nicht bewertet oder gegeneinander ausgespielt werden sollten:

- die sprachliche Intelligenz,
- die musikalische Intelligenz,
- die logisch-mathematische Intelligenz,
- die räumliche Intelligenz,

Gesellschaftsspiele fördern die kindliche Entwicklung.

- die körperlich-kinästhetische Intelligenz,
- die intrapersonale (nach innen gerichtete, selbststeuernde) Intelligenz,
- die interpersonale (zwischenmenschliche, soziale) Intelligenz,
- die naturalistische Intelligenz,
- die existentielle Intelligenz.

Eine Begriffsbestimmung von Intelligenz, die sich allein auf die intellektuelle Begabung beschränkt, wird als eindimensionale Definition bezeichnet. Ein hoher Wert in einem Intelligenztest sagt nichts oder ziemlich wenig über ein bisher unentdecktes und unentfaltetes Begabungspotenzial aus, das möglicherweise auch anders als verstandesmäßig gelagert sein kann. Vor allem aber vernachlässigt die Vorstellung, jemand bringe eben einfach besondere Geistesgaben mit und sei deswegen besonders leistungsfähig, wichtige Rahmenbedingungen. Was ein Mensch „kann", wird er nur in einem förderlichen Umfeld zur Entfaltung bringen. Dazu zählen zum Beispiel interne, das heißt in der Person selbst liegende Faktoren (etwa Motivation, Interesse, emotionale Stabilität), Kreativität, aber auch äußere, etwa Familie, Schule oder Freunde.

Experten stimmen weitgehend in der Auffassung überein, dass die Intelligenz des Menschen sowohl durch seine genetische Anlage als auch durch Umwelteinflüsse auf vielfältige Weise beeinflusst ist. Die meisten Psychologen und Pädagogen gehen in der aktuellen Diskussion davon aus, dass Anlage- und Umweltfaktoren dabei eng zusammenwirken. Die entscheidende Frage ist längst nicht mehr, welchem Faktor ein größerer Einfluss zugesprochen wird, sondern wie diese ineinandergreifen und auf welche Weise ihr Zusammenspiel die Entwicklung beeinflusst. Jedes Kind wird also mit bestimmten „Veranlagungen" geboren. Wie sich diese und die Persönlichkeit des Kindes entwickeln werden, hängt entscheidend auch von seinem sozialen Umfeld ab, in den ersten Lebensjahren also vor allem von den eigenen Eltern.

Intelligenzforscher und Pädagogen sind heute sicher, dass Intelligenz allein nicht ausreicht, um außergewöhnliche Leistungen zu erbringen. Auch soziale Faktoren und Persönlichkeitsmerkmale tragen entscheidend dazu bei, eine Begabung zu entwickeln.

Modelle der Begabung

Modelle dienen dazu, komplizierte Zusammenhänge vereinfachend und anschaulich darzustellen. Wissenschaftler haben versucht, mit Hilfe von solchen anschaulichen Modellen zu zeigen, wie sie sich das Zusammenspiel zwischen Veranlagung und Umwelt bei der Entwicklung von Begabung vorstellen.

Während einige Forscher hauptsächlich angeborene, noch nicht planvoll entwickelte Fähigkeiten in unterschiedlichen Bereichen als Begabung auffassen, unterscheidet der kanadische Intelligenzforscher Françoys Gagné zwischen Begabung und Talent. „Talent" ist für ihn eine systematisch entwickelte Fertigkeit, die eine Person zum Experten auf einem bestimmten Gebiet machen kann. Begabungen in einem bestimmten Tätigkeitsfeld müssen demnach gefordert und so lange systematisch geübt werden, bis die betroffene Person auf diesem Gebiet Kenntnisse und Fertigkeiten gewinnt.

Begabung ist die Fähigkeit zu wertvollen Leistungen. Diese darf man aber nicht allein auf intellektuellem Gebiet suchen.
William Stern, 1919 (berühmter Begabungsforscher)

Ungewöhnlich ist auf den ersten Blick der Begriff „Talent", der im deutschen Sprachraum bedeutungsgleich für „Begabung" im Sinne einer genetischen Veranlagung benutzt wird. Daher wäre in der Übersetzung – dem deutschen Wortschatz entsprechend – der weniger missverständliche Begriff „Leistung" vorzuziehen. Damit aus Begabung Leistung werden kann, ist diesem Verständnis zufolge eine anregungsreiche Umgebung besonders wichtig.

Förderlich für die Entwicklung sind

- 1. Menschen, die Unterstützung und Anregung geben können,
- 2. förderliche Umfeldressourcen,
- 3. alle möglichen Fördermaßnahmen,
- 4. bedeutsame Ereignisse und
- 5. Zufälle, wie zum Beispiel das Glück, die richtige Person zur richtigen Zeit am richtigen Ort zu treffen.

Wichtig zur Entwicklung von Begabung sind ferner

- Motivation,
- Willenskraft,
- Selbstmanagement und
- Persönlichkeit.

Damit Potenzial sich als Leistung zeigt, bedarf es weiterer Voraussetzungen. Motivation und Ausdauer der Person selbst sind dabei von genauso großer Bedeutung wie die adäquaten Angebote zur Förderung der individuellen Fähigkeiten, Neigungen und Interessen durch die Umwelt. Die neueren Modelle, zu denen auch das oben genannte zählt, betrachten diese Faktoren lediglich als Voraussetzung dafür, (besondere) Begabungen auch in sichtbare Leistungen (oder Talent) umsetzen zu können.

Zunehmend richtet sich der Blick auf einen zwischengeschalteten Faktor: den Lern- und Entwicklungsprozess.

Mehr über Begabung: www.hoppsala.de

Das integrative Begabungsmodell

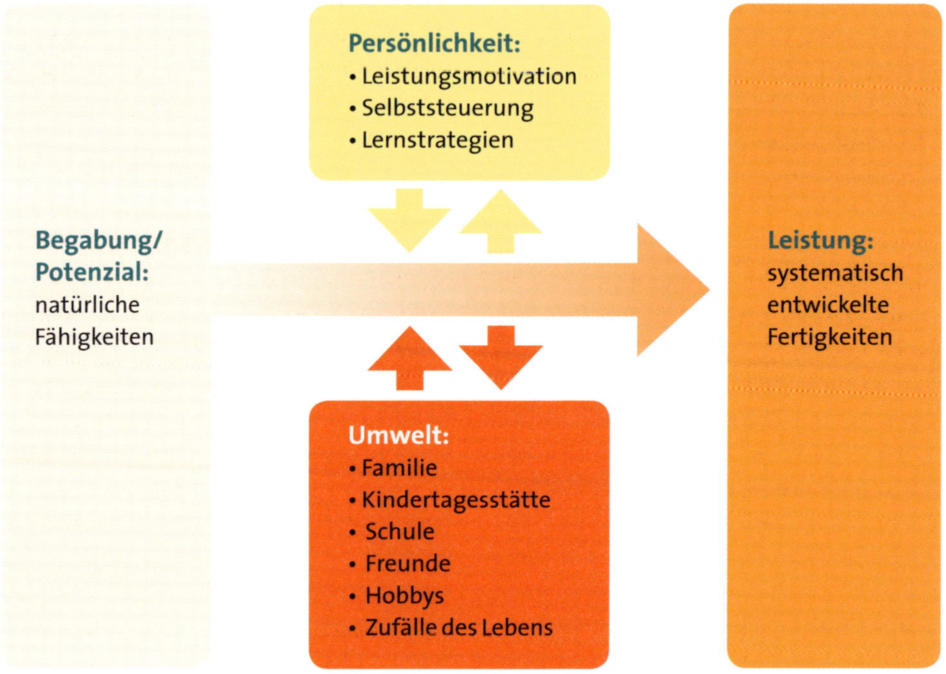

Besonders großen Einfluss haben die so genannten internen Faktoren: Leistungsmotivation, Selbststeuerung, Lernstrategien und so weiter (s. Kapitel 7).
„Intern" meint hier nur, dass es sich um Einflussfaktoren innerhalb des Kindes handelt. Sie steuern nicht nur den Lern- und Entwicklungsprozess mit, sondern stehen gleichzeitig auch in Wechselwirkung mit den äußeren Faktoren Familie, schulischer Bereich, Freunde etcetera.

Wie erkennt man Begabungen?

Wie können Eltern herausfinden, welche Fähigkeiten ihr Kind hat und ob darunter vielleicht ganz besondere sind? Wir haben gelesen, dass Begabung etwas sehr Vielfältiges ist. Also nicht irgendetwas genau zu Erfassendes, dass man in Mengen und Größen wiedergeben könnte. Schwierig ist bei dieser Betrachtung zudem, dass die Vorstellung von etwas „Besonderem" voraussetzt, dass es auch etwas „Normales", „Durchschnittliches" gibt.
Die meisten Eltern werden ein ganz gutes Gespür dafür haben, was ihr eigenes Kind kann, wo es Förderung benötigt und wo es auffallend gut zurechtkommt. Man sucht den Vergleich im Alltag: „Max spricht schon genauso gut wie die Anna, obwohl er so viel jünger ist." „Antonia hat was auf dem Kasten." „Sascha hat zwei linke Hände, rennt aber wie ein Wiesel." Solche Zuschreibungen sind meist ganz zutreffend. Schwieriger kann der Fall sein, wenn Kinder in ihrer Entwicklung von den altersdurchschnittlichen Erwartungen abweichen. Was, wenn ein Kind einfach „anders" ist, ohne dass man recht fassen könnte, woran das liegt? Was, wenn die stete Unruhe eines Kindes im Unterricht darauf hindeutet, dass es unterfordert ist? Was aber ist, wenn man mit der Empfehlung (in einigen Bundesländern auch: Zuweisung) für eine weiterführende Schule durch die Grundschullehrerin nicht einverstanden ist, weil man selbst seinem Kind mehr zutraut? Wie lässt sich dann messen, welches Potenzial wirklich in ihm steckt?
Allgemeine und verbindliche Identifikationsverfahren für Begabungen existieren nicht, sondern entsprechend den vielfältigen Begabungen werden auch zur Identifikation die verschiedensten Verfahrensweisen vorgestellt. Die einzelnen Verfahren können häufig nur einen bestimmten Teilaspekt von Begabung messen. Hieraus erwächst die Gefahr, dass einzelne Aspekte einer eingesetzten Methode festlegen, was inhaltlich mit dem Begabungsaspekt gemeint sein soll: „Begabung ist das, was getestet wird ..." Kinder, die gerade diese Kriterien nicht aufweisen, würden folgerichtig nicht als in diesem Bereich begabt erkannt werden.

www.dghk.de
www.schulpsychologie.de

Was kann man wie testen?

Im Bereich der intellektuellen Begabung ist für die Frage einer angemessenen Diagnostik entscheidend, ob Persönlichkeits- und Umweltfaktoren als Teil oder als Voraussetzung von Hochbegabung gesehen werden. Die Pädagogin A. Heinbokel beschreibt die Situation folgendermaßen: „Es gibt eine ganze Reihe mehr oder weniger objektiver Verfahren, hochbegabte Kinder zu identifizieren: Eines ist ihnen jedoch allen gemeinsam – es gibt keines, das in der Lage wäre, alle hochbegabten Kinder ohne jeden Zweifel zu erkennen."

Der Intelligenzquotient (IQ) ist eine Maßzahl, die das allgemeine intellektuelle Leistungsvermögen angibt.

Das wohl bekannteste Verfahren zur Identifikation einer besonderen Begabung ist der Intelligenztest. Die Frage ist zunächst, welchen Maßstab ein solcher Test anlegt, was genau er denn misst. Zu Beginn des Zwanzigsten Jahrhunderts bemühten sich Experten, ein solches Maß zu entwickeln. Der Begriff ↗ Intelligenzquotient wurde 1912 von William Stern geprägt. Er wurde berechnet, indem das „Intelligenzalter“ (IA) durch das Lebensalter (LA) dividiert und dieser Wert dann mit 100 multipliziert wurde: IQ = IA : LA x 100. Die Formel findet unter anderen auch heute noch Anwendung.Dass dieser Faktor eher ungenau war, liegt auf der Hand. Heute geht man von der Abweichung von der Altersnorm aus. Biologische Größen scheinen in ihrer Häufigkeit der Gauß'schen Normalverteilung zu entsprechen.

Um die Messwerte vergleichbar zu machen, wurde durch Vereinbarung der IQ auf die Gauß'sche Normalverteilung abgebildet beziehungsweise normiert, wobei der Mittelwert der Verteilung den Zahlenwert 100 erhält und eine Standardabweichung in der Regel 15 IQ-Punkten entspricht. Man kann sich das etwa folgendermaßen vorstellen: Ausgehend vom mittleren Wert werden Standardabweichungen (festgelegte Abstände auf der Achse) abgetragen. Anhand der Abbildung der Normalverteilung kann man erkennen, dass etwa 68 von 100 Menschen einen IQ zwischen 85 und 115 haben. Den Erfahrungswerten der Natur folgend wird dies als „Normalbereich“ gekennzeichnet.

In Gutachten findet man neben dem IQ in der Regel auch den Prozentrangplatz: Einem IQ von 130 entspricht der Prozent-

Normalverteilung der Intelligenzquotienten

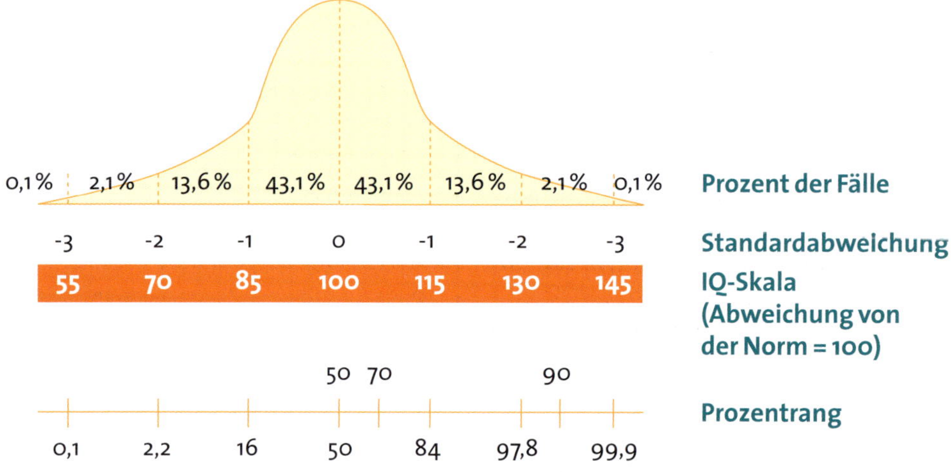

rang (PR) von 97 bis 98. Man kann schließen, dass rein statistisch betrachtet auf je 100 Menschen zwei bis drei Hochbegabte kommen.

Die Meinungen, wie geeignet ein IQ-Test für die Identifikation von Hochbegabung ist, gehen allerdings weit auseinander. Einige kritisieren generell den Einsatz von Intelligenztests zur Ermittlung von Hochbegabung, da ausschließlich intellektuelle Fähigkeiten erkannt werden können, andere Begabungen aber, wie zum Beispiel musische, künstlerische oder auch soziale Fähigkeiten, keine Beachtung finden.

Man ist sich heute einig, dass der Intelligenztest im Vergleich zu anderen Verfahrensweisen eine relative Sicherheit für die Bestimmung von Begabungspotenzialen bietet. Allerdings werden häufig auch Stimmen laut, dass ein IQ-Test nur annähernd feststellen kann, in welchem Bereich der IQ ungefähr liegt. Zutreffend ist sicher, dass auch ein Intelligenztest nur eine so genannte Momentaufnahme der Intelligenz eines Kindes abbilden kann.

Die Testung wird von vielen inneren und äußeren Faktoren mitbestimmt. Einen so genannten Grenzpunkt festzulegen ist noch schwieriger. Bei welcher Punktzahl die Schwelle zur Hochbegabung überschritten wird, hängt unter anderem sehr stark von der subjektiven Meinung des Forschers ab, meint ein Kritiker. Ein anderer schreibt dazu: „... in der Praxis kann es keine Bedeutung haben, ob ein Kind mit 129 oder 131 Punkten ‚noch nicht' oder ‚schon' hochbegabt ist. Da die Punktzahl allein nichts darüber aussagt, wie sich die Intelligenz des Kindes zusammensetzt, und da in der Entwicklung daneben noch eine Reihe anderer Faktoren eine Rolle spielen (etwa emotionale Stabilität, Motivation, Kreativität), darf sie auch nicht allein ausschlaggebend sein." Trotz dieser Einwände und Kritikpunkte ist der Intelligenztest bis heute dennoch als eines der wichtigsten Verfahren zur Identifikation hochbegabter Kinder anerkannt. Studien haben die Brauchbarkeit des Intelligenzmaßes zur Identifikation von Hochbegabten erwiesen.

Vergleicht man Intelligenztests in Bezug auf die Kriterien **Reliabilität** (Zuverlässigkeit der Messmethode; misst sie immer wieder dasselbe), **Validität** (Gültigkeit; misst die Methode das, was sie messen soll) und **Objektivität** (misst die Methode frei von individuellen Beeinflussungen) mit anderen Verfahrensweisen wie zum Beispiel schulischen Informationen wie ↗ Noten, Lehrernominierungen, Wettbewerbe, dann schneiden sie ganz gut ab. Die meisten Tests können als ein recht objektives Verfahren gelten, Eltern- und Lehrermeinung dagegen sind doch eher subjektiv. Wie schon mehrfach erwähnt, können viele innere und äußere Faktoren für die Umsetzung eines Begabungspotenzials in Leistung verantwortlich sein. Geschulte Psychologen berücksichtigen dies bei der Wahl der Testinstrumente. So sind die bekannten und standardisierten Tests ausschließlich für ausgebildete Diplom-Psychologen und Sonderpädagogen zugelassen, damit die Tests unter möglichst gleichen Bedingungen durchgeführt und die Ergebnisse korrekt interpretiert werden. Nach einem Vorgespräch entscheidet der Psychologe, welche Tests zur Anwendung kommen sollen, um Faktoren

erkennen zu können, die eine Schülerin oder einen Schüler zum Beispiel daran hindern, in der Schule erfolgreich zu sein.
Motivation, Selbstkonzept und das Arbeitsverhalten sind allerdings Faktoren, die in einem Begabungstest nicht überprüft werden. Wenn das Vorgespräch nicht genügend Aufschluss liefert, dann sollten eventuell ergänzend noch weitere Tests herangezogen werden. Adressen von Beratungsstellen befinden sich im Anhang.

Lesetipps

- *Begabte Kinder finden und fördern.* v. Bundesministerium für Bildung und Forschung (2003), www.bmbf.de/pub/begabte_kinder_finden_und_foerdern.pdf
- *Unser Kind ist hochbegabt. Ein Leitfaden für Eltern und Lehrer.* v. Franz J. Mönks/Irene Ypenburg. Reinhardt, München, 2. Auflage 2005
- *Hochbegabte Kinder. Persönlichkeit, Entwicklung, Förderung.* v. Aiga Stapf. C.H.Beck, München, 2. Auflage 2003
- *Hochbegabt? Besondere Begabungen erkennen und gezielt fördern.* v. Maria Brandenstein. Cornelsen Scriptor, Berlin 2003

Checklisten

An dieser Stelle sollen als Identifikationsmethode noch die so genannten Checklisten vorgestellt werden. Sie bergen zwar in noch viel höherem Maße als ein IQ-Test die Gefahr, Unschärfen zu hinterlassen und voreilige Zuschreibungen vorzunehmen, dennoch geben sie sowohl Lehrern als auch Eltern erste Anhaltspunkte. Weil es nicht leicht ist, Hochbegabung genau zu definieren und einzugrenzen, haben Wissenschaftler versucht, „typische" Persönlichkeitsmerkmale hochbegabter Kinder herauszustellen und in Checklisten zusammenzufassen. Merkmale, die hauptsächlich intellektuelle Begabungen beschreiben, müssen immer kritisch betrachtet werden und können nur eine erste Orientierung geben. Da Kinder daneben auch viele Eigenschaften haben, die nicht unmittelbar mit ihrer Hochbegabung in Verbindung stehen, schließt das Nichtvorhandensein eines Merkmals noch lange nicht aus, dass nicht doch eine besondere Begabung in einem Bereich vorliegt. Genauso wenig bedeutet das Vorhandensein all dieser Merkmale noch lange nicht sofort, dass eine Hochbegabung vorliegt.
Der bekannte Marburger Begabungsforscher Detlef H. Rost schreibt: „Hochbegabte Kinder sind zunächst einmal Kinder, und dann erst sind sie hochbegabt." Hochbegabte sind also noch lange keine gleichförmige Gruppe, nur, weil man ihnen dieses Etikett angeheftet hat. Problematisch ist an solchen Checklisten allerdings, dass ihre Verfasser suggerieren, dass bei einer bestimmten Anzahl beziehungsweise Kombination erkannter Eigenschaften ein Kind zumindest als begabt zu diagnostizieren sei. Häufig sind diese Checklisten sehr beliebig zusammengestellt, denn verschiedene Bereiche der Begabung werden vermischt und nicht genügend voneinander getrennt. Oft bleiben die Formulierungen ziemlich vage, sodass es zu Unklarheiten kommen kann. Trotz der häufig zu allgemein gehaltenen Formulierungen sind sie dennoch bei Eltern und Lehrern als vorläufige Ratgeber äußerst beliebt. Natürlich

Mögliche Merkmale Hochbegabter

Maria Brandenstein, Beraterin der Gesellschaft für das hochbegabte Kind, hat eine Checkliste mit Merkmalen zusammengestellt, die Eltern an ihren hochbegabten Kindern beobachtet haben. Diese berichteten

- von einem besonders wachen Blick in der Säuglingszeit,
- von einer kaum zu stillenden Lust auf Neues (einige Kinder beobachten sehr präzise, andere fragen ohne Unterlass),
- von einem hervorragenden Gedächtnis,
- von schnellen, durchdachten Schlussfolgerungen,
- von „altklugen" Gesprächen,
- von einem ungewöhnlich reichen Wortschatz,
- von ausgefallenen Hobbys,
- von früh erworbenem, erstaunlich umfassendem Wissen, manchmal auf Spezialgebieten,
- von Freundschaften bevorzugt zu älteren Kindern oder Erwachsenen,
- von einer ausgeprägten Gabe, Zusammenhänge schnell zu erfassen,
- von einem guten Überblick über das Geschehen,
- von überraschender Lösungsfähigkeit für Probleme,
- von Zielstrebigkeit,
- von großer Sensibilität,
- von einem ausgeprägten Gerechtigkeitssinn,
- von hoher Diskussionsfreudigkeit,
- von Freude an Herausforderungen,
- von Perfektionismus,
- von auffallender Freude am Lernen,
- von selbst gesteuerten, frühen Leseanstrengungen,
- von Begeisterung für mathematische Zusammenhänge,
- von einer Abneigung gegen jede Routine,
- von allzu leicht erreichten guten Noten.

Keines dieser Merkmale wird auf jedes Kind zutreffen und auf kein Kind werden alle Merkmale zutreffen. Sie sind nur erste Anhaltspunkte für gute Begabungen. Es gibt daneben aber noch viele, viele andere.
Aus: *Hochbegabt? Besondere Begabungen erkennen und gezielt fördern.* v. Maria Brandenstein. Cornelsen Scriptor, 2003

treffen nicht alle Merkmale auf alle hochbegabten Kinder zu; wenn jedoch eine Vermutung besteht, sind die Checklisten für eine erste Einschätzung sicherlich als hilfreich zu betrachten, vorausgesetzt, man nutzt sie kritisch. Sobald viele Merkmale bei einem Kind auffallen, sollte ein Intelligenztest zur genaueren Diagnose herangezogen werden. Generell hat sich in der Praxis die Kombination der beiden Verfahren, also von Checklisten für die Vorauswahl und IQ-Tests für die endgültige Identifikation, bewährt.
Mit dem Ziel, überdurchschnittliche Begabungen möglichst zu erkennen, wäre also zu fordern, dass eine Identifikation

immer über die Verknüpfung von mehreren Verfahren „durchgeführt" werden sollte. Ergänzend zu Informationsquellen wie Checklisten, Schulnoten und Intelligenztests sollten auch die gezeigte Leitungsbereitschaft, Motivation und Kreativität in anderen Bereichen (Hobbys) in die Beurteilung mit einbezogen werden.

Die Identifikation von Begabungen – gleichgültig ob intellektueller, musischer, künstlerischer oder anderer Natur, sollte immer nur der erste Schritt zu einer Begabungsförderung sein. Ein Test sollte nur dann durchgeführt werden, wenn die am Erziehungs- und Bildungsprozess Beteiligten dies für unbedingt erforderlich halten, weil

- offensichtliche Fähigkeiten und tatsächlich gezeigte Leistung (meist Schulleistung) deutlich voneinander abweichen,
- das Kind ein auffälliges Verhalten zeigt (zum Beispiel im sozialen Bereich), sodass eine mögliche Unterforderung abgeklärt werden sollte.
- Eine Diagnostik ist normalerweise nicht erforderlich, wenn sich das Kind im Großen und Ganzen altersgerecht entwickelt.

Schulleistungen dürfen im Rahmen von Entwicklungsschüben oder Lebenskrisen durchaus schwanken, mitunter auch heftig.

Wie können begabte Kinder gefördert werden?

Eine allgemein gebräuchliche Unterscheidung zwischen schulischer und außerschulischer Förderung legt nahe, dass Lehrerinnen und Lehrern eher die Verantwortung zur Förderung in der Schule und Eltern eher im außerschulischen Bereich zugewiesen wird. Insgesamt gesehen ist diese Aufgabenverteilung vielleicht ganz hilfreich, tatsächlich ist diese Trennung jedoch nicht strikt realisierbar. Beide Bereiche beeinflussen und ergänzen sich, sodass der Blick aller am Entwicklungs- und Entfaltungsprozess des Kindes Teilhabenden ganzheitlich sein sollte. Eltern fällt zum Beispiel die Aufgabe zu, auch mal bei schulischen Problemen Hilfestellungen zu geben, genauso wie der Auftrag der Lehrer nicht nur die Vermittlung von Wissen ist, sondern auch ein erzieherischer.

Besonders wichtig ist es, die individuellen Interessen der Kinder zu fördern. Daher sollten sowohl schulische als auch außerschulische Fördermaßnahmen an den Punkten ansetzen, wo die Kinder von sich aus deutliches Interesse zum Ausdruck bringen. Somit ist im Prinzip zunächst gewährleistet, dass an den Bedürfnissen der Kinder angesetzt wird und dadurch auch eine tragfähige Motivationslage geschaffen wird.

Wie können Eltern fördern?

Die Förderung von Begabungen beginnt in der Familie.

Der erste und wichtigste Schritt ist Aufmerksamkeit gegenüber dem Kind. Kinder senden Signale aus, was sie interessiert. Durch entsprechende Angebote, Ermutigung und Unterstützung werden sie in den Bereichen, die ihnen besonders liegen, auch mit mehr Ausdauer, Freude und Ehrgeiz am Ball bleiben als in denjenigen, die ihnen weniger liegen.

Wenn Eltern die Begabungen ihrer Kinder entdecken, fällt die Reaktion häufig sehr unterschiedlich aus. Handelt es sich um Begabungen im musikalischen oder sportlichen Bereich, so sind die Fördermöglichkeiten allgemein bekannt: Sport-

Selbst jüngere Kinder entwickeln manchmal echtes Expertenwissen zu einzelnen Themen.

vereine oder ➚ Musikschulen gibt es in jeder Stadt oder Gemeinde. Die Förderung dieser Begabungen ist auch allgemein anerkannt.
Anders verhält sich das im Bereich der intellektuellen Begabungen. Viele Eltern sind zunächst verunsichert, schlimmstenfalls versuchen sie sogar, die Interessen des Kindes zu unterbinden. Sie fühlen sich dem Kind und seinen außergewöhnlichen Interessen nicht gewachsen. Ausbremsen kann allerdings zu Problemen führen; so besteht eine enge Beziehung zwischen verstandes- und gefühlsbestimmten Bedingungen: Kinder, die ihren Interessen entsprechend gefördert werden, sind häufig auch zufrieden und glücklich, was sich wiederum auch positiv auf ihr Sozialverhalten auswirkt.
So wenig wie es *das* hochbegabte Kind gibt, genauso wenig gibt es die Lösung zur angemessenen Förderung. Genauso unterschiedlich wie die Begabungen sein können, unterscheiden sich auch entsprechende Förderansätze. Ziel sollte jedenfalls immer sein, die Begabungen angemessen zu fördern und nicht zu hemmen. Allgemein lassen sich höchstens ein paar generelle Tipps geben:

- Kinder sollen Freiräume bekommen, in denen sie ihre Interessen und Begabungen finden und leben können,
- Ausflüge können die Hobbys und Interessen eines Kindes fördern,
- Kinder sollten darin unterstützt werden, ihre Stärken kennen zu lernen: Eltern sollten nach Angeboten suchen, die ihr Kind angemessen fördern und in dessen Ideen bestärken,
- ehrliche und realistische Forderungen sind ein Gebot – ehrlich meint, dass Eltern „nur“ im Interesse des Kindes un-

terstützen und nicht versuchen, eigene, nicht in Erfüllung gegangene Wünsche und Träume zu realisieren; realistisch meint, dass das Ziel nicht zu hoch gesetzt werden sollte, damit das Kind auch Erfolgserlebnisse hat und nicht zu niedrig, damit es sich auch ernst genommen fühlt,

- Regeln und Einschränkungen sind unvermeidbar, aber willkürliche Entscheidungen müssen vermieden werden; das Kind und seine eigenen Vorstellungen müssen mit in Entscheidungen einbezogen werden,
- der Kontakt zu Gleichgesinnten ist wichtig, da er Austausch ermöglicht und soziale Kontakte fördert.

Jedes Kind möchte um seiner selbst willen und nicht nur wegen seiner besonderen Begabungen geliebt und geschätzt werden.

Allgemein gilt, dass Eltern ihre Kinder unterstützen sollten, aber nur, wenn die Hilfe wirklich benötigt wird; so wird das Kind in seiner Eigenständigkeit gefördert, fühlt sich aber nicht allein gelassen. Eines darf neben dem Blick auf die Begabungen nicht vergessen werden: Ein Kind ist zunächst einmal ein Kind; auch wenn es auf seinem Gebiet noch so begabt ist, so sind echtes Interesse, Mitgefühl und Anteilnahme genauso wichtig wie für alle Kinder.

Ein häusliches Umfeld, das geprägt ist von Offenheit, ↗ Toleranz, Wertschätzung, ↗ Gelassenheit und Vertrauen in die Fähigkeiten des Kindes, hilft ihm seinen eigenen Weg leichter zu finden und stärkt es in seiner Persönlichkeitsentwicklung.

Was kann Schule tun?

Jedes Kind in der Entfaltung seiner individuellen Persönlichkeit zu unterstützen ist der Auftrag des Staates an die Schule. Unser Bildungssystem muss die Voraus-

setzung dafür schaffen, dass alle Kinder und Jugendlichen die Bildungsangebote wahrnehmen können, die ihren Interessen und Fähigkeiten entsprechen.

Das Entdecken und Fördern individueller Begabungen gehört also auch zu den Aufgaben von Schule. Doch bei immer größer werdenden Klassen, den in ihrer Art und Anzahl zunehmenden Problemen und den zusammengestrichenen Geldern, wird es für die Lehrer immer schwieriger, ihren Unterricht so weit wie möglich auf die Bedürfnisse aller Schülerinnen und Schüler abzustimmen. Daher sollten sich Eltern vor der Einschulung oder vor dem Wechsel auf eine weiterführende Schule informieren, ob die Schule eine spezielle Ausrichtung und ein erweitertes Lehrangebot hat, wie Arbeitsgemeinschaften am Nachmittag, Projektunterricht, Teilnahme an Wettbewerben und so weiter (s. Kapitel 12).

Für den Bildungsbereich sind die Länder zuständig. Die Bundesregierung unterstützt sie mit flankierenden Maßnahmen, wie Leistungswettbewerben und internationalen Schülerolympiaden, mit der Deutschen Schülerakademie und anderen Maßnahmen. Es gibt allein 19 Bundeswettbewerbe, darunter „Jugend forscht" und den „Bundeswettbewerb Mathematik". Eine lange Tradition haben auch die Schülerwettbewerbe zur politischen Bildung und zahlreiche musisch-kulturelle Wettbewerbe. Beispielhaft für internationale Wettbewerbe sind zum Beispiel „Jugend forscht für die Umwelt" und die internationalen Schüler-Olympiaden.

Darüber hinaus sollte auch der „normale" Unterricht so gestaltet werden, dass die Angebote und Gelegenheiten zum Lernen den individuellen Möglichkeiten und Stärken gerecht werden. In großen Gruppen können natürlich nur bedingt die Möglichkeiten aller individuellen Potenziale ausgeschöpft werden; grundsätzlich bieten sich in der Schule aber folgende Wege an, um Lernangebote und Rahmenbedingungen so zu variieren, dass das einzelne Kind seine Möglichkeiten beim Lernen möglichst optimal entfalten kann:

Akzeleration (Verkürzen): Die Rahmenbedingungen der Schule geben einen gewissen Spielraum, entsprechend dem Lerntempo des Kindes besteht die Möglichkeit, früher mit der Schule zu beginnen oder die Schulzeit zu verkürzen, indem eine Klasse übersprungen wird. Profilklassen durchlaufen den Stoff der neun Jahre Gymnasium innerhalb von acht Jahren. Formen der Schul- und Unterrichtsverkürzung gibt es also sowohl für einzelne Schülerinnen und Schüler als auch für ganze Schülergruppen.

↓ www.bildungs-server.de

Enrichment (Anreicherung/Ergänzung): Im Unterricht und im Schulleben werden ergänzende und erweiternde Angebote gemacht, um die Kinder individuell und ihren Begabungen entsprechend über die „normalen" Anforderungen im Unterricht hinaus zu fordern und zu fördern. Dies reicht von individuellen Aufgabenstellungen in einem speziellen Fach bis hin zu Angeboten, die zum Beispiel im Schulprogramm verankert sind.

Anreichernde Angebote können auf unterschiedlichen Ebenen angesiedelt sein: Einerseits besteht die Möglichkeit

- der Förderung im Unterricht, zum Beispiel durch zusätzliche Aufgaben, Teilnahme am Unterricht anderer Lerngruppen, Projektarbeit, ↗ bilingualer Unterricht ... oder

- innerhalb des Schulalltags, etwa durch die Teilnahme an Wettbewerben, Schülerpraktika, Auslandsaufenthalten o.Ä.

Differenzierung: Differenzierungsmaßnahmen (s. Kapitel 3) tragen dazu bei, dass der Unterricht in unterschiedlichen (heterogenen) Gruppen möglichst nach Maß auf jeden einzelnen Schüler zugeschnitten werden kann. Im gemeinschaftlichen Lernprozess können so das Lerntempo, die Bearbeitungsweise und der Schwierigkeitsgrad individuell variiert werden. Dazu gehören offene Unterrichtsformen (Stationenlernen, ↗ Freiarbeit, Wochenplan, Projektarbeit…), individualisierte Aufgabenstellungen und Organisationsformen, die eigenständiges Lernen und Lernen in Kleingruppen ermöglichen. Eine wichtige Rolle spielen in diesem Zusammenhang die Schulbibliotheken, Selbstlernzentren mit Internetanschluss und so weiter.

Öffnung von Schule: Außerschulische Lernorte bieten zahlreiche Möglichkeiten, individuelle Potenziale zu wecken und zu realisieren. Zunehmend öffnen sich Schulen, sogar schon Kindergärten, um mit außerschulischen Partnern zu kooperieren. Das Ziel ist dabei, außerschulische aber lebensnahe Lerngelegenheiten für die Lernbiografie der Kinder und ihre Persönlichkeitsentwicklung nutzbar zu machen.

Eigenständiges Lernen: Durch bestimmte Lernangebote und Aufgabenstellungen soll die Selbstständigkeit der Kinder mehr gefordert werden. Selbstbestimmung meint auch, das eigene Lernen kritisch zu reflektieren und auswerten zu lernen. Die Kinder sollen auch lernen, ihren Lernweg den eigenen Interessen und Neigungen entsprechend zu gestalten. In den folgenden Lernkompetenzen zeigen sich durch das selbstständige Lernen besondere Fortschritte: Lern- und Arbeitsverhalten, Selbststeuerung, Stressbewältigung und Leistungsmotivation. Natürlich ist eine „Supervision“ und unterstützende Lernbegleitung durch einen Lehrer unabdingbar.

Mittlerweile gibt es auch eine Reihe von Spezialschulen: So gibt es Schulen für Kinder und Jugendliche mit besonderen Begabungen im sportlichen und musischen Bereich, genauso aber auch für Kinder mit Begabungen im intellektuellen Bereich (Adressen). Häufig handelt es sich um ↗ Privatschulen, für viele Eltern kommen diese Schulen jedoch nicht in Frage, da das Schulgeld sehr hoch ist. Es gibt aber auch Fördergelder und Stipendien (am besten direkt bei den jeweiligen Schulen nachfragen).

Es lässt sich festhalten, dass es sowohl im Elternhaus als auch in der Schule nicht darum gehen sollte, den Kindern zu verdeutlichen, welche Fähigkeiten sie haben, vielmehr soll ihnen gezeigt werden, wie sie sie umsetzen können. Nur so kann man sie in einer Persönlichkeitsentwicklung unterstützen, die ihren Interessen, Neigungen und Talenten entspricht.

Beratungsstellen für Hochbegabte

- Schulpsychologen in allen Städten und Gemeinden: www.schulpsychologie.de
- Beratungsstelle besondere Begabungen, Hamburg – Modell „Schmetterling", im Verbund begabungsentfaltender Grundschulen umgesetzt: www.li-hamburg.de/bbb/
- Begabungspsychologische Beratungsstelle der Universität München: www.paed.uni-muenchen.de/~ppb/Begabung
- Begabungspsychologische Beratungsstelle der Universität Würzburg: www.begabungsberatungsstelle.uni-wuerzburg.de
- Beratungsstelle für besondere Begabungen in Bremen: www.lis.bremen.de
- BRAIN in Marburg: www.staff.uni-marburg.de/~brain
- Internationales Centrum für Begabungsforschung in Münster: www.icbf.de
- Landesweite Beratungs- und Forschungsstelle für Hochbegabung Baden-Württemberg (LBFH): www.uni-ulm.de/hochbegabung
- Odysseus-Projekt in Rostock: www.odysseus-projekt.de
- Universität Tübingen: www.uni-tuebingen.de/psychologie/abtspps/astapf.htm
- Staatliche Schulberatung in Bayern: www.schulberatung.bayern.de

Online-Dienste

- Arbeitskreis Hochbegabung/Potenziale in der Sektion ABO im Berufsverband Deutscher Psychologen (Expertenliste): www.die-hochbegabung.de
- Spezielle Seite für behinderte Hochbegabte – www.begabungszentrum.de

Weiterführende Schulen für Hochbegabte

- Auguste-Viktoria-Gymnasium Trier: www.avg-trier.de
- Heinrich-Heine-Gymnasium Kaiserslautern: www.hhg-kl.de
- Jugenddorf-Christopherusschule Braunschweig: www.cjd-braunschweig.de
- Jugenddorf-Christopherusschule Königswinter: www.cjd-koenigswinter.de
- Jugenddorf-Christopherusschule Rostock: www.cjd-rostock.de
- Kurpfalzinternat, Bammental: www.kurpfalz-internat.de
- Landesgymnasium Schwäbisch Gmünd: www.kh-gmuend.de/LGH/index.php
- Landesschule Pforta: www.landesschule-pforta.de
- Leonardo da Vinci Gymnasium Neckargemünd: www.ldvg.de
- Privatgymnasium Schloss Torgelow: www.schlosstorgelow.de
- Schule für Hochbegabtenförderung Mainz-Gonsenheim: www.hbfis-mainz.de
- Spezialschulen in den neuen Bundesländern: www.spezis.de
- St. Afra in Meißen: www.sankt-afra.de

Institutionen und (Eltern-)Verbände

- Begabtenförderung in der Musik: http://groups.uni-paderborn.de/ibfm
- Bildung und Begabung e.V.: www.bildung-und-begabung.de
- Karg-Stiftung: www.karg-stiftung.de
- Mint-EC : www1.mint-ec.de
- Deutsche Gesellschaft für das hochbegabte Kind e.V.: www.dghk.de
- Hochbegabtenförderung e.V.: www.hbf-ev.de
- Landesverband Hochbegabung Baden-Württemberg e.V.: www.lvh-bw.de
- Mensa e.V.: www.de.mensa.org
- Mensa e.V. Kids & Juniors: http://kids.mensa.de

10 Tatort Schule?

Berthold Hain

Kinder gegen Gewalt schützen

Ein Szenario: Ihr neunjähriges Kind geht morgens ausgeschlafen und fröhlich zur Schule. Sie sind froh zu wissen, dass es gut versorgt ist und Sie zumindest während des Vormittags entlastet sind. Aber in den letzten Wochen wirkt Ihr Kind irgendwie bedrückt und still, klagt häufiger über Bauchschmerzen und hat morgens keinen Appetit. Ihre Nachfragen werden mit gesenktem Blick, einem Achselzucken oder der Bemerkung: „Lass mich in Ruhe!" beantwortet. Mehr zufällig bemerken Sie, dass fünf Euro aus Ihrer Geldbörse fehlen und registrieren, dass Ihr Kind in den letzten Wochen häufig nach Geld gefragt hat, „um sich etwas zu kaufen". Was ist da bloß los?

Was tun? Wie bekommen Sie heraus, warum Ihr Kind sich so anders verhält? Sollten Sie einfach abwarten oder strenger kontrollieren, eindringlicher mit ihm reden, sich an seine Klassenkameraden, deren Eltern, die Lehrerin wenden? Allmählich erfahren Sie durch geduldiges und beharrliches Nachfragen, dass Ihr Kind von anderen unter Druck gesetzt wird. Sie wollen nun genau wissen, was los ist. Wird es erpresst, haben andere ähnliche Erfahrungen gemacht? Vielleicht stellt sich aber auch heraus, dass Ihr Kind gar nicht das Opfer, sondern selbst Täter ist. Dass es zum Beispiel in einer Clique Geld oder ein bestimmtes Verhalten von anderen fordert. Wir sind es gewohnt, unser Sach-Eigentum vor gewaltsamen Übergriffen zu schützen: durch Vorsicht und Wachsamkeit, durch Zäune, Schlösser und Alarmanlagen, durch Versicherungen, durch Strafverfolgung, also Polizei oder Gerichte. Wie aber können wir unsere Kinder schützen? Auch hohe Zäune, Schlösser und Videokameras werden gewaltsame Übergriffe und aggressive Einstellungen nicht aus den Schulen fernhalten können.

Die Erwartungen an die Grundschülerinnen und -schüler sind klar: Sie sollen sich selbstbewusst, tolerant, konfliktfähig und fair verhalten. Sie sollen einen guten Platz in der Klasse und der Schule finden und „einnehmen" und sich einer Gemeinschaft zugehörig fühlen. Deren Mitglieder allerdings können sie sich nicht selbst aussuchen. Die geforderte Anpassungsleistung ist enorm. In kaum einem Unternehmen sind die Mitarbeiter nach derart vielfältigen sozialen Kriterien zusammengesetzt wie in manchen Grundschulklassen: Hier findet man unterschiedliche Begabungen, Nationalitäten, Religionen, soziale Schichten ... Eltern erwarten von der Schule, dass diese ihre Kinder weiterhin so (be)schützt, wie es in der Familie in den Jahren zuvor der Fall war. Sie geben wichtige Kompetenzen der sozialen Erziehung an die Profis ab. Die Kinder sollen empfindsam bleiben und gesund und behütet aufwachsen. Das ist eine sehr schöne Vorstellung. Die Realität ist jedoch, dass sich familiäre und gesellschaftliche Konflikte auf dem Schulhof und im Klassenraum in aller Schärfe widerspiegeln. Dies zeigt sich sowohl im Spiel der Schüler (Spaßkämpfchen, Rangeleien) als auch in ihrem Ernstverhalten (Aggressionen, Quälereien).

Das Geschehen auf dem Schulhof ist nicht immer friedlich.

Stress ist ganz normal

Ähnlich dem körperlichen gibt es auch eine Art psychisches „Immunsystem". Auch dieses wirkt wie ein Filter und hat die Aufgabe, die persönlichen Grenzen vor nicht erwünschten oder gar bedrohlichen Übergriffen zu schützen, um das Selbstwertgefühl zu erhalten. Zum schulischen Alltag gehören Lernen (input) sowie Leistung (output) und Bewertung. Entsprechen die Anforderungen den Fähigkeiten, reagieren Kinder mit Lerneifer und Stolz. Bei Unterforderung entstehen leicht Desinteresse und Langeweile (s. Kapitel 9), bei Überforderung Verkrampfung und Ängstlichkeit (s. Kapitel 7). Werden solche Befindlichkeiten dauerhaft, ist dies Besorgnis erregend.

Neben der Leistung spielt die Art der Beziehung zu den Lehrern und vor allem zu den Mitschülern eine wichtige Rolle. In positivem, ermutigendem Klima erleben sich Schülerinnen und Schüler als aktive, wichtige Teile der Gemeinschaft. Wo jedoch Macht stark betont oder Abhängigkeit erzeugt wird, fühlen sich die Schwächeren nicht nur im Verhalten, sondern auch als Person abgewertet. Die Folge: Der Stress nimmt zu, gewalttätiges Verhalten nimmt zu und wird schwerer kontrollierbar.

Zu viel Stress schadet

Wird Leistungs- und Beziehungsstress dauerhaft als bedrohlich empfunden, kann ein Kind je nach Charakter, Biografie und Befindlichkeit unterschiedlich darauf reagieren.

Ein Kind kann sich dem Stress entziehen, indem es Ablenkung sucht:

- durch Flucht in die Passivität. Ein vorher aktives Kind wird lustlos und reagiert auffallend wenig auf Anregung, verabredet sich nicht mehr, verzichtet auf vorher lieb gewonnene Aktivitäten. Ermahnungen gehen „hier rein, da raus",
- durch Schulunlust. Das Kind ist trotz normalem Schlafrhythmus müde und unkonzentriert,
- durch eine Konsumhaltung. Das Kind schaltet ➚ Fernsehen und ➚ Computer häufiger, wenig gezielt und offenbar nur zur Zerstreuung an.

Reagiert ein Kind tendenziell auf diese Weise, zeigt es sich teilnahmslos und gelangweilt, richtet sich der Stress nach innen.

Das „psychische Immunsystem" ist nicht wachsam genug. Es lässt Reize hinein, die belastend wirken und dem Organismus nicht gut tun. Das Kind „schluckt zu viel herunter" an Ärger, Wut und Ängsten. Es neigt zur ➚ Regression, das heißt, zieht sich zurück, macht sich jünger, entwickelt Selbstzweifel und Schuldgefühle. Oder es reagiert psychosomatisch mit Migräne, Bauchweh, Ängsten, Hemmungen. Mit der Zeit entsteht eine Opfertendenz. Ein Kind kann sich ohnmächtig und überfordert fühlen, es wird dann sehr hilfsbedürftig sein.

Stress kann sich aber auch nach außen richten. Das „psychische Immunsystem" ist dauernd alarmiert und „macht dicht", indem es jede Ursache von Problemen nach außen verlagert und von sich selbst wegschiebt. Das Kind fühlt sich ständig von anderen und der Umwelt provoziert. Es überspielt eigene Ängste und richtet Wut und Ärger auf andere, in der Regel auf schwächer erscheinende Personen. Diese werden körperlich angegriffen (Bullying), systematisch verbal gepiesackt und unter Druck gesetzt (Mobbing). Sachen werden beschädigt oder demoliert (Scratching, Painting, Zerkrat-

zen und Beschmieren). Mit der Zeit entsteht bei betroffenen Kindern eine Tätertendenz: Sie üben Macht oder Zwang aus und weisen anderen die Schuld an Geschehenem zu.
Solche Deutungsmuster sind natürlich immer nur Verstehenshilfen. Sie dürfen nicht dazu dienen, Menschen in eine Schublade zu stecken. Gemeinsam haben die oben genannten Reaktionsformen, dass die betroffenen Kinder sich innerlich aus der Schule als Ort der Lebensgestaltung, der Freude und Gemeinsamkeit verabschiedet haben. Kinder, die mit der zunehmend angewandten Diagnose ↗ ADHS, also Aufmerksamkeitsmangel mit Hyperaktivität, etikettiert werden, zeigen sowohl Rückzug als auch Aggression. Sie tun dies aber eher aus der Situation heraus und weniger mit einer planvollen Schädigungsabsicht.

Gegen Gewalt kann man etwas tun

Wenn man genau hinschaut, wie ↗ Gewalt entsteht und welche Rahmenbedingungen sie begünstigen, dann bemerkt man bald, dass es neben ganz individuellen, menschlichen Aggressionen durchaus auch Formen einer so genannten strukturellen Gewalt gibt: Gemeint sind Institutionen, Regeln und Verhaltensweisen, die Gewaltentwicklung zumindest begünstigen, wenn nicht gar hervorrufen. Es lohnt sich, den Blick für solche Zusammenhänge zu schärfen.
Das Ausmaß alltäglicher Gewalt ist objektiv schwer fassbar: Was für einige als „Dampf ablassen“ und „wehr dich“ gilt, kommt bei anderen als überzogen, einschränkend und verletzend an. Faktoren des Beurteilungsrahmens sind:

- das soziale Klima in der Gemeinschaft (aktiv teilnehmen, sich wohlfühlen),
- die Fähigkeit der Kontrahenten, weiter

Gesichter der Gewalt

Gewalt unter Schülerinnen und Schülern beginnt nicht erst als Rüpelei oder „Zickenkrieg“ in der Pubertät. Man muss sie bereits in Kindertagesstätte und Grundschule ernst nehmen. Gerade wenn sich niemand in der Klassengemeinschaft offen beklagt, entsteht ein Klima von Misstrauen, Missgunst und Verschlossenheit. Man unterscheidet:

- **Indirekte Gewalt:** Sie ist gerichtet gegen Lehrpersonen und die Schule als Institution in Form von andauernden und absichtlichen Unterrichtsstörungen, Arbeitsverweigerung, Schwänzen und so weiter.
- **Gewalt durch Sprache:** Sie beginnt mit Hänseln, Abwerten, Auslachen und Bloßstellen, geht bei älteren Schülern über in sexistische Sprache und Anmache, Telefonterror und gehässige Internet- Kommentare (zunehmend!) und mündet schließlich in gezielte systematische Attacken mit dem Ziel der Schädigung (Mobbing).
- **Körperliche Gewalt:**
  – Gegen Sachen: Dinge verstecken, wegnehmen, verunreinigen bis zu Formen des Vandalismus. Zum Beispiel stellen Anordnung und Zustand der Toiletten eine Visitenkarte der Schule dar und zeigen die Gewohnheiten der Schüler an.
  – Gegen Personen: bedrohen, schubsen, stoßen, schlagen, treten bereits im Grundschulbereich; erpressen, sexuelle Belästigungen und Übergriffe zeigen sich erst mit zunehmendem Alter.

in der gemeinsamen Kommunikation zu verbleiben und aufs Neue einen positiven Kontakt herzustellen.
Kinder, die fast täglich und intensiv zusammenleben, regeln Nähe und Distanz untereinander ständig neu, verteilen Rollen und Status und versuchen auch Grenzen der Zugehörigkeit festzulegen. Werden die Unterschiede zwischen Starken und Schwächeren zu stark und werden Mitschüler durch provozierende Anführer/-innen oder sogar „Banden" ausgegrenzt, ist das Eingreifen des Lehrers, der Lehrerin unbedingt notwendig. Über Sitzordnung, Klassengespräche, Einzelkontakte und Kooperation mit den Eltern sollte er oder sie sich dafür einsetzen, dass die Gemeinschaft wieder zusammenfindet – mit dem Leitbild des Kreises, in dem jeder gleichberechtigt ist und alle gemeinsam mehr Kraft entwickeln als jeder Einzelne.

Eltern von Grundschülern erfahren meist früh und recht verlässlich, was in der Klasse los ist. Bei Bedarf können auch Unterrichtsbeobachtungen abgesprochen werden.

Aufgabe der Eltern ist nicht das direkte Eingreifen in schulische Abläufe, sondern die auch kritische Wahrnehmung des Alltags, das Begleiten und Stärken ihrer Kinder sowie die Kommunikation und Zusammenarbeit mit den Lehrern. Dies gelingt besser, wenn sie die bereits erprobten und die möglichen Maßnahmen gegen Gewalt an der Schule des Kindes genauer kennen lernen. Sie sind dann nicht auf pauschale Kritik angewiesen.

Beim Elternabend sollte auch über Maßnahmen zur Gewaltvorbeugung informiert werden.

Am besten ist es, wenn sich ein positiver Umgang der Kinder miteinander entwickeln kann. Lehrer wie Eltern können einiges dazu beitragen.
Läuft alles gut, wird Gewalt nicht so häufig direkt zum Thema, weil sich vieles aus der spielerischen und unterrichtlichen Aktivität selbst ergibt.
Die meisten Grundschulen haben vorbeugende Maßnahmen ergriffen: Es werden Regeln vereinbart, die den Kindern Halt und Orientierung geben. Klasse und Schulhof sind ansprechend gestaltet, damit die Kinder sich heimisch fühlen können. Spiele und Rituale helfen, den eigenen Platz (Sicherheit), den umgebenden Raum (Begrenzung und Erweiterung) sowie den Kontakt zu sich selbst und anderen einfühlsam zu erfahren. Gelegentlich durchgeführte Bewegungs-, Sport-, Zirkus- oder Selbstverteidigungsprojekte stärken die Einschätzung und den sinnvollen Umgang mit der eigenen Kraft. Zudem fördern sie auch das Körperbewusstsein sowie faires und verantwortliches Verhalten.

Konflikte offen und fair austragen

Die Schule als Ordnungsmacht nimmt selbstverständlich ihr Recht in Anspruch, ihre inhaltlichen Ziele durch Entwicklung und Überwachung von Regeln zu schützen. Bei Bedarf geschieht dies auch durch Sanktionen und Disziplinarmaßnahmen gemäß der Allgemeinen Schulordnung, das heißt durch Bestrafung der Täter zum Schutz der Opfer. Oft kann man im offenen Gespräch den Sachverhalt genauer klären und flexibler reagieren als im offiziellen Disziplinarverfahren mit Tatvorwurf und Verteidigung.
Schülerinnen und Schüler wollen Konflikte zunächst möglichst untereinander regeln. ↗ Petzen ist verpönt. Gewalt in der Schule wird sowohl übertrieben als auch verharmlost. Häufig kann durch rasches, gezieltes Eingreifen besonders bei einmaligen Vorfällen eine Eskalation vermieden werden. Moralisierende Vorverurteilungen ohne ausreichende Klärung (Befragen der anderen Seite oder

Eltern sollten sofort reagieren – Konflikte können eskalieren.

von Mitbeteiligten) können Konflikte verstärken, statt sie aufzulösen. Oft wird bereits durch aktives Zuhören ein Raum für positive Veränderungen geschaffen, während durch machtvolle Konsequenzen einer ↗ Autorität das Kräfteverhältnis verschoben wird: Die Konfliktparteien können sich nicht eigenständig wieder vertragen, der Lehrer ergreift vorschnell Partei, seine Sanktion wird als ungerecht empfunden und bei der nächsten Gelegenheit „heimgezahlt".

Folgende Leitfragen können helfen herauszufinden, ob und wie man eingreifen soll:

- Handelt es sich um ein harmloses Kräftemessen oder eine vorübergehende Rangelei?
- Ist eine verletzende Bemerkung, eine Aktion im Eifer „herausgerutscht"?
- Reagiert ein Schüler, weil er seinerseits verdeckt angegriffen wurde?
- Wie sind die Mitschüler beteiligt: parteilich, ausgleichend, ängstlich, duldend, aktiv oder passiv?
- Verhält sich jemand vorsätzlich schädigend?
- Handelt es sich um strafbare Tatbestände wie ↗ Diebstahl und Erpressen von Geld?
- Geht es um subtile, schwer durchschaubare Macht- und Beziehungskonflikte?
- Wird beim „Opfer" eine aktive oder eine resignierende Haltung hervorgerufen, geht es gestärkt oder geschwächt aus der Auseinandersetzung hervor?

Spannungen und länger eingeschliffene Verhaltensweisen lösen sich nicht durch eine im Moment bestehende positive Absicht in Luft auf.

Vereinbarungen zur Konfliktlösung sollten immer überprüft werden.

Für die Grundschule sind in den letzten Jahren eine ganze Reihe von Programmen zur Gewaltprävention und zum Konfliktmanagement entwickelt worden, angefangen bei Regeln zum „Fairen Miteinander" bis hin zu strukturierten Formen der Streitschlichtung. Ihr Erfolg hängt wesentlich davon ab, ob sie nur verordnet oder gekauft wurden, oder ob die Schulgemeinschaft aktiv und überzeugt mit ihnen arbeitet. Die meisten Angebote werden im Internet ausführlich vorgestellt, die folgenden Links sind Beispiele:

- Allgemeine Informationen: www.schulpsychologie.de
- Gewaltprävention: www.rootswork.de
- Soziales Kompetenztraining: www.faustlos.de
- Pax an: www.lisum.de
- Mediation: www.bmev.de
- Positive Pädagogik: www.triplep.de
- Konfliktmanagement und No Blame Approach: www.fairaend.de
- Empirische Daten und Vorgehen in Mobbing-Fällen: www.mobbingzirkel.emp.paed.uni-muenchen.de

Eine verständliche und einführende Beschreibung der Programme finden Sie auf den Startseiten der beschriebenen Websites.

Das können Eltern tun

Eltern haben oft das Gefühl, sie seien „außen vor" und gäben ihren unmittelbaren Einfluss spätestens an der Haus- oder Schultür ab. Dabei begleiten, sponsern, fördern und fordern sie ihr Kind am engs-

ten und längsten auf seinem Weg in und durch die Schule. Sie sind die eigentlichen Auftraggeber der Bildungseinrichtung, nicht „der Staat". Gewalt wird verstärkt, wenn sich die Erwachsenen aus dem lebendigen Dialog, der Gemeinschaft innerlich verabschiedet haben. Meist sieht man die Folgen, nicht die ersten Anzeichen:

Es gibt meist indirekte Hinweise auf unerfreuliche Situationen, die zunächst harmlos und vorübergehend erscheinen können, bei denen Sie jedoch nachhaken sollten:

- Motivation und Leistung fallen plötzlich ab,
- das Kind trägt etwas mit sich herum, wirkt nervös und fahrig oder zieht sich von Freunden zurück,
- Geldbeträge werden entwendet (Notsignal!),
- der Morgen beginnt regelmäßig mit Trödeln, Nörgeln, mangelndem Appetit, Bauch- oder Kopfweh.

Eltern sind gut beraten, mit anderen Eltern und Lehrern nicht nur über Leistungsfragen, sondern auch über Sorgen und Befürchtungen zu sprechen. Vieles klärt sich in Türrahmengesprächen bereits auf, anderes muss in größerem Kreise geklärt werden.

Eltern sollten sowohl dem übertriebenen Impuls widerstehen, ihr Kind zu schützen, als auch zu großer innerer Distanz und Härte: „Wehr dich, da musst du durch!" Besser ist es, spontane oder noch verborgene Selbsthilfe-Impulse des Kindes zu fördern. Sagt zum Beispiel die Tochter: „Am liebsten hätte ich da laut etwas gesagt, aber ich habe mich nicht getraut", dann kann man durchaus passende Antworten entwerfen und diese vor dem Spiegel oder im kleinen Rollenspiel einüben. In wie vielen verschiedenen Lautstärken, Tonlagen und Betonungen kann sie den Satz „Lass das, ich möchte das nicht!" sprechen? Mit welchen Gesten, mit welcher Mimik und Körperhaltung kommt er noch besser zur Geltung? Selbst wenn es am Anfang gekünstelt und ungewohnt klingt: Mit der Wiederholung entsteht das Gefühl von Kompetenz.

Plötzlich veränderte Gewohnheiten sollten aufmerksam beachtet werden.

Auf den Schulhöfen geht es rau und direkt zu. Sind Umgangsformen „normal" oder werden Grenzen überschritten? Manchmal wird ein Kind deutlich mitteilen: „Bitte hilf mir nicht – es ist auch so schon schwer genug." Eltern sollten erspüren, ob sie dem Kind eine Veränderung allein zumuten können. Dauert eine Gewalt-Situation länger an oder ist im Ausmaß gravierend, ist ihr Einsatz wichtig. Jedes Kind wird nach anfänglicher Skepsis dankbar für die Unterstützung sein. So können Eltern vorgehen:

- Im Konfliktfall einen festen Gesprächstermin mit dem Lehrer, der Lehrerin vereinbaren: Gespräche „zwischen Tür und Angel" führen meistens nicht zu sinnvollen Lösungen.
- Im Gespräch ist man aufgeregt, ärgerlich oder wütend, dennoch sollte man niemanden ohne hinreichende Gründe verdächtigen, aber auch haltlose Anschuldigungen nicht widerspruchslos hinnehmen. Sie vertreten das Interesse Ihres Kindes im Gespräch, die Lehrer müssen darüber hinaus die andere Konfliktpartei und die ganze Klasse im Auge haben.
- Im gemeinsamen Gespräch auf genaue Informationen achten und unterscheiden: Was ist nachprüfbar wann geschehen, was ist subjektives Erleben der

Eigene Reaktionen, Gefühle und Fantasien sollte man ernst nehmen.

Betroffenen? Klare Absprachen und überprüfbare Maßnahmen zur Ergebniskontrolle vereinbaren.

- Soziale Kontakte und ↗ Freundschaften zwischen Kindern aufbauen helfen. Schon wenn zwei oder sogar drei Kinder zusammenhalten, kommen sie wesentlich besser mit unangenehmen und gefährlichen Situationen klar. Täter versuchen meist, andere zu isolieren.
- Selbst Unterstützung suchen, etwa beim ↗ Elternrat, bei einem Beratungslehrer, bei gravierenden Anlässen auch bei Beratungsstellen, ↗ Schulpsychologen oder beim ↗ Jugendamt.
- Das eigene Kind kann nicht nur als Opfer, sondern auch als Täter oder Mitläufer in Gewaltkonflikte verwickelt sein. Wenig hilfreich ist, es nach außen zu verteidigen und allenfalls zu Hause ausschimpfen zu wollen. Offene Gespräche tragen zur sachlichen Klärung und zu Maßnahmen des Ausgleichs bei.

Es erscheint sinnvoll, mehr oder weniger heftige und manchmal auch mit Gewalt ausgetragene Konflikte von Mobbing abzugrenzen.

Dauerhafte Gewalt: Mobbing

Der Begriff Mobbing war im schulischen Umfeld vor wenigen Jahren noch kaum gebräuchlich. Das hat sich geändert: Unter „das ist ja Mobbing!“ und „der hat mich gemobbt“ wird inzwischen fast alles zusammengefasst, was Schülerinnen und Schüler im Miteinander als unangenehm erleben. Dadurch wird der Begriff unscharf, und es ist sinnvoll, ihn enger zu fassen: Mobbing ist absichtlich und systematisch durchgeführtes, über einen längeren Zeitraum wiederholtes, körperliches, verbales oder relationales Schikanieren Schwächerer mit dem Ziel der sozialen Herabstufung. Es tritt verstärkt in weniger beaufsichtigten Räumen und in hierarchisch strukturierten Systemen auf (zum Beispiel an den Schulen stärker als an den Universitäten). Als Mobbing zu bezeichnende Verhaltensweisen findet man durchaus bereits in Kindergarten und Grundschule.

Es ist sinnvoll, alltägliche, manchmal auch aggressiv ausgetragene Konflikte von Mobbing abzugrenzen: Im Konfliktfall sind die Kontrahenten eher gleichrangig, sie erscheinen selbst bei hoch emotionalen Auseinandersetzungen zugänglicher im Hinblick auf eine Konfliktlösung und nehmen Hilfe nach anfänglichen Vorbehalten einsichtig, manchmal sogar dankbar an.

Dies sind Gründe, warum schulische Streitschlichter-Modelle bei Konflikten recht gut funktionieren.

Im Unterschied dazu sind in der Mobbing-Situation die Verhaltensspielräume der Parteien durch systematisches Planen und Wiederholen ähnlicher Situationen deutlich eingeengt, festgelegt und aufeinander bezogen. Die Beziehung der Beteiligten steht absolut im Vordergrund. Selbst wenn Gründe für Ablehnung und Schikane genannt werden (Kleidung, Aussehen, bestimmte Eigenschaften), dienen sie allenfalls als Auslöser und Rechtfertigung, nicht als wirkliche Ursachen. Es geht um Macht, Status und Zugehörigkeit auf der einen, um Abhängigkeit, das Gefühl von Willkür und Ausgeliefertsein auf der anderen Seite: ein „Teufelskreis“.

Wenn Eltern von Mobbingfällen erfahren, müssen sie dafür sorgen, dass die Vorgänge benannt und nicht unter den Teppich gekehrt werden. Es ist sinnlos, sich Mitschüler des Opfer-Kindes „zur

Auch „Spaßkämpfe" machen nicht immer allen Beteiligten Spaß ...

Brust nehmen" zu wollen. Gespräche mit betroffenen Eltern sind dann sinnvoll, wenn sie lösungsbezogen verlaufen und sich nicht in Beschuldigungen und Rechtfertigungen erschöpfen. Mobbing findet in der Regel in der Gemeinschaft statt und kann meist nur mit Hilfe der Gruppe sinnvoll beendet werden.

Bei besonders schlimmen und verfestigten Mobbing-Situationen sollte Beratung von außen geholt werden. Von Beratern und auch der Polizei sind in den letzten Jahren ermutigende Erfahrungen mit Methoden der Prävention und Deeskalation entwickelt worden. Es gibt sowohl konfrontative Vorgehensweisen als auch Strategien, die gemeinsame Verantwortung und solidarische Veränderung betonen.

Lesetipps

- *Prügel, Mobbing, Pöbeleien. Kinder gegen Gewalt in der Schule stärken.* v. Horst Kasper. Cornelsen Scriptor, Berlin 2003
- *Mobbing unter Kindern und Jugendlichen.* v. Arbeitsgemeinschaft Kinder- und Jugendschutz NRW (Hrsg.). Broschüre, zum Preis von 2,20 Euro: www.ajs.nrw.de
- *Mobbing unter Kindern und Jugendlichen in der Schule.* v. Aktion Jugendschutz, Landesarbeitsstelle Bayern e. V. (Hrsg.), München, zum Preis von 1,00 Euro (zzgl. Porto/Versand) unter der Bestell-Nr. 32001 im Online-Materialdienst unter: www.bayern.jugendschutz.de
- *Mobbing bei Kindern. Erkennen, helfen, vorbeugen.* v. Jo-Jacqueline Eckhardt. Urania, Berlin 2006

11 Einmischen: Eltern wirken mit

Jutta Velte

Eltern in der Schule

Mit dem Beginn der Grundschulzeit kommt nicht nur das Kind in Schule – auch seine Eltern. Und die haben noch die Schule von vor 25 Jahren im Kopf. Das mag alte Ängste wecken oder längst vergessenen Trotz hervorrufen. Manche der eigenen Schulerfahrungen wollen viele Eltern ihren Kindern ersparen – auch die eigenen Fehler. Doch wie macht man das? Wie stellt man sich auf die Schule von heute ein? Wie geht man als Erwachsener mit Lehrern um, die man als Kind als absolute Autorität erlebt hat? Manche Eltern treten hier den Rückzug an und üben sich in Wohlverhalten. Oder versuchen, ihr Kind mit allerlei Tricks, ↗ Nachhilfe und Hausaufgabenunterstützung fit zu machen für die unbekannten Herausforderungen. Nach dem Motto: „Mein Kind soll gut sein in der Schule, aber das Verhältnis zum Lehrer soll es selbst klären." Nachteil dieses Verfahrens: Lehrer oder Lehrerin erhalten keine Rückmeldung. Sie erfahren nicht, ob sie zu viele Hausaufgaben aufgeben, ob der Unterrichtsstoff zu schwer ist oder ob das Kind Probleme hat (s. Kapitel 7).

Die Schulen von heute – insbesondere die Grundschulen – sind in ständigem Wandel begriffen. Inhalte, Lehrmethoden und Anforderungen ändern sich, die Zusammensetzung der Klasse und des Lehrkörpers hat großen Einfluss auf den Unterricht und die Forderungen der weiterführenden Schulen wirken ständig auf die Grundschulen zurück. Schule hat damit die starre Form vergangener Zeiten verlassen und wird mehr und mehr zu einem Haus des Lernens. In diesem Haus kommt es auf jeden an: auf die Lehrerinnen und Lehrer, auf die Kinder – und auf die Eltern. Denn Schule kann sich nur entwickeln, wenn alle daran mitarbeiten.

Gerade in der Grundschule sind Eltern die Lobby ihrer Kinder. Sie können dafür Sorge tragen, dass Schule sich weiter ent-

> Neben dem Lehrstoff müssen Grundschulkinder viele andere Dinge lernen: still sitzen, Ruhe halten, Konzentration, Ordnung, Umgang mit Lehrerinnen und Klassenkameraden. Bei all dem kommt es darauf an, dass sie die Freude am Lernen nicht verlieren, sondern weiterentwickeln. Eltern, die sich ins Schulleben einmischen, wissen viel eher, worauf es ankommt und können ihrem Kind besser helfen, auch über Lernkrisen hinwegzukommen.

wickelt. Sie bringen Lebenserfahrung und berufliche Kenntnisse ein. Und vor allem sind sie diejenigen, die wissen, an welcher Stelle bei ihrem Kind der Schuh drückt. Behalten sie ihr Augenmaß, können sie viel dazu beitragen, dass ihr Kind die Schule mit Freude am Lernen besteht. Und dabei für eine gute Schule sorgen.

Elternmitwirkung in der Praxis

Grau ist alle Theorie. Was sich der Gesetzgeber – und die ständig rührigen Landeselternvertreter – in Sachen Elternmitwirkung so schön vorgestellt haben, läuft in der Praxis nicht immer rund. Wege der Informationsbeschaffung gestalten sich mitunter schwierig, Lehrer gehen nicht immer gern auf Eltern zu und umgekehrt und schließlich leidet der eine oder andere Elternabend an mangelnder Beteiligung – aus welchen Gründen auch immer.

Gleichwohl kann es lohnend für Eltern sein, in der Schule Verantwortung zu übernehmen – auch mit wenigen Mitstreitern. Denn schließlich geht es um viel, nämlich um die bestmögliche Bildung für das Kind. Und mit dem einen oder anderen interessanten Thema gelingt es vielleicht auch, andere Eltern zu interessieren. Ein Wort noch zur Lehrerschaft. Bildung und Erziehung lassen sich nicht trennen. Deshalb sind Lehrer und Eltern geborene Partner. Das bedeutet auch, dass sie ständig an dieser Partnerschaft arbeiten müssen und können.

Eltern individuell – der Elternsprechtag

↗ Elternsprechtage dienen dazu, Eltern einen Überblick über das Verhalten und die Leistungen eines Kindes aus Sicht der Schule zu geben. Sie finden in der Regel einmal in einem Schulhalbjahr statt, in guten Schulen nicht kurz vor den ↗ Zeugnissen, sondern mittendrin.

Für Eltern ist dieser Tag meist sehr aufregend. Durch die Rückmeldungen der Lehrer erhalten sie den Blick eines Fremden auf ihr Kind – und der weicht mitunter von der eigenen Sichtweise ab. Außerdem ist es manchmal schwer zu ertragen, dass sich Kinder in der Schule anders als zu Hause benehmen und sich die Leistungen nicht so wie gewünscht entwickeln. Da liegt es für einige nahe, die Schuld bei der Schule oder beim Kind selbst zu suchen. Beides führt in der Regel nicht zum gewünschten Erfolg. Besser ist es, wenn Eltern und Lehrer sich nicht als Gegner, sondern als Partner verstehen, die beide das gleiche Ziel verfolgen.

Elternsprechtage sind keine Veranstaltungen in Sachen Schulschwierigkeiten, sondern geben Eltern und Lehrern die Gelegenheit, einander besser kennen zu lernen, Förder- und Fordermöglichkeiten für das Kind zu besprechen und sich über die Situation in der Klasse auszutauschen. Schon allein das sollte ausreichend Grund für alle Eltern sein, den Sprechtag wahrzunehmen sowie für die Schule alle Eltern einzuladen. Allzu leicht wird sonst der Eindruck erweckt, man kümmere sich nur, wenn Schwierigkeiten auftreten. Soll das Gespräch dann auch gelingen, empfiehlt es sich einige einfache Regeln einzuhalten.

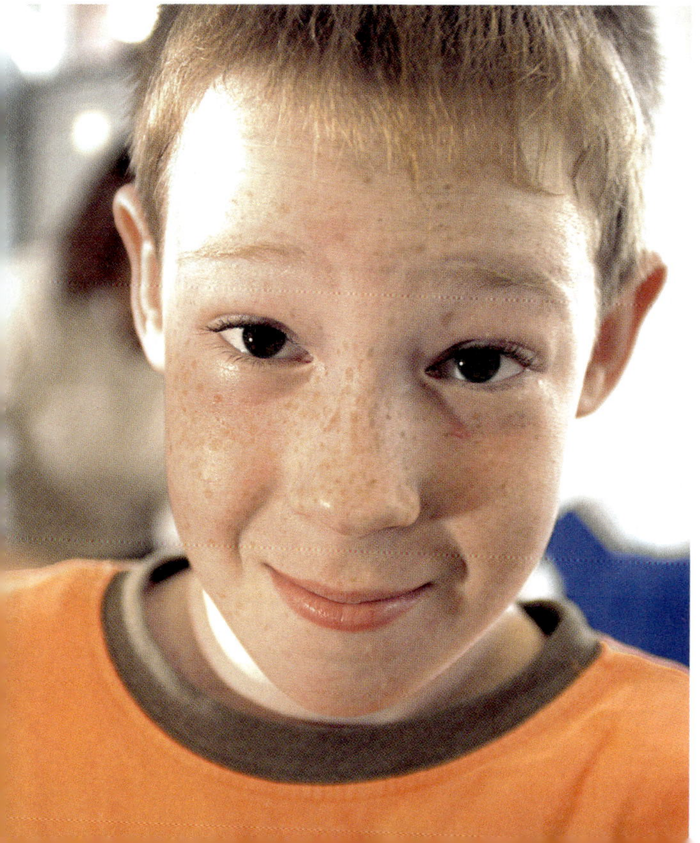

- Eltern, die regelmäßig Elternabende besuchen, haben einen eindeutigen Vorteil. Sie kennen die Lehrer und sind bereits über Stärken und Schwächen der Klasse informiert.
- Eltern sollten sich vorher Gedanken darüber machen, was sie außer dem Leistungsstand des Kindes noch vom Lehrer wissen wollen, zum Beispiel über Klassenfreundschaften, Arbeitsgemeinschaften, Förder- und Forderangebote der Schule.
- Eltern – und auch die Lehrer – können sich darum bemühen, dem jeweils anderen zunächst vorurteilsfrei zuzuhören. Vielleicht gibt es ja Gründe für die andere Sichtweise.
- Eltern – und auch Lehrer – sollten versuchen, ihre Anregungen und Kritik jeweils sachlich und freundlich vorzubringen. Ganz wichtig: keine Schuldzuweisungen an den jeweils anderen formulieren. Besser ist es, die eigene Sichtweise in der Ich-Form darzustellen (Ich habe den Eindruck, dass …).
- Bei Schwierigkeiten des Kindes können Eltern und Lehrer gemeinsam nach Lösungen suchen. Dabei ist es wichtig, die Vorschläge zu begründen und – wenn nötig – dem anderen eine Bedenkzeit einzuräumen.
- Werden Vereinbarungen getroffen, ist

Unterrichtsbegehung

In vielen Ländern haben Eltern das Recht, am Unterricht in der Klasse ihres Kindes teilzunehmen, um sich ein Bild zu machen. Man nennt dies auch Hospitation. Viele scheuen jedoch vor diesem Schritt zurück. Sie wollen sich nicht in die Angelegenheiten des Lehrers mischen und befürchten Nachteile für ihr Kind. In der Tat können Eltern wohl nur selten die Qualität des Unterrichts beurteilen. Darum geht es auch nicht. Im Mittelpunkt einer Unterrichtsbegehung stehen eher die Frage des Klassenklimas, der Lernatmosphäre und natürlich der Situation des Kindes. Eltern, die sich die Zeit und den Mut nehmen, eine Unterrichtsbegehung zu machen, sind später in der Lage, ihr Kind in schulischen Dingen besser zu verstehen und zu unterstützen.

Zur guten und partnerschaftlichen Organisation einer Hospitation gehört selbstverständlich, dass man sie frühzeitig mit dem Lehrer und dem Kind abspricht. Dabei sollte klar sein, dass es um einen besseren Einblick geht und nicht darum, Lehrer oder Kind Noten zu geben.

es sinnvoll, eine Form zu finden, wie man gemeinsam diesen Prozess begleitet (z.B. über Mitteilungen im Heft, über regelmäßige Telefongespräche oder weitere Besuchstermine).

Stellt sich trotz alledem heraus, dass Eltern und Lehrer nicht zusammenkommen, sollte man jemanden bitten, das Gespräch zu moderieren. Der Elternvertreter könnte beispielsweise vermitteln. Gelingt das nicht, kann man sich über die Elternvertretung der Klasse oder der Schule an die Schulleitung wenden.

Hilfe, ich bin Elternvertreter/-in

Elternvertreter sind Menschen, die möglicherweise in ihrem Leben noch nie eine Tagesordnung geschrieben, eine Einladung verfasst oder Referenten angeworben haben. Sie stolpern oft regelrecht in dieses Amt. Doch keine Sorge, jeder ist lernfähig und Elternvertreter können sich der Unterstützung der Lehrerschaft – und natürlich auch anderer Eltern – in der Regel versichern. Die meisten merken nach kurzer Zeit, dass das Amt auch Spaß macht. Auch hier gilt: Übung macht den Meister. Was ist also zu tun, damit aus einem Elternabend ein Abend für Eltern wird?

Einen Elternabend vorbereiten

Termin und Themen festlegen: Wichtig zu wissen – zu Elternabenden muss fristgerecht eingeladen werden, in der Regel zwei Wochen vor der Veranstaltung. Das heißt auch, dass man mindestens drei Wochen vorher mit dem Klassenlehrer Kontakt aufnimmt, um mit ihm den konkreten Termin abzustimmen und dessen Themenvorschläge zu erfragen. Mögliche Referenten sollte man schon vorher anfragen, da die oft einen vollen Terminkalender haben. Außerdem sollte man den Kontakt zu anderen Eltern suchen, denen vielleicht das eine oder andere Thema auf den Nägeln brennt.

Raumfrage klären: Elternabende finden meist in der entsprechenden Schule statt. Dazu muss geklärt werden, ob der gewünschte Raum frei ist.

Wer mit den Eltern anschließend noch ein gemütliches Beisammensein plant, sollte die entsprechende Lokalität auch anfragen.

Tagesordnung erstellen: Zu volle Tagesordnungen wirken abschreckend und sind für die Teilnehmenden ein Graus. Es ist sinnvoller und einfacher, ein oder zwei inhaltliche Themen intensiv zu diskutieren als viele nur zu streifen. Darüber hinaus sollte die Einladung mit der Tagesordnung in jedem Fall die folgenden Punkte enthalten: Tag, Uhrzeit, Ort und gegebenenfalls Anlass des Elternabends, Verabschiedung des Protokolls von der letzten Sitzung, Namen und Funktion des Einladenden sowie den Punkt Verschiedenes. Wer sichergehen will, dass die Eltern die Einladung auch bekommen haben, hängt unten an die Einladung ein kleines Rückmeldungsfeld (Name, kann kommen, kann nicht kommen) an. Die fertige Einladung wird dann über die Schule an die Eltern weitergeleitet.

Einen Elternabend durchführen

Vorbereitung: Wer schon auf viel zu kleinen Stühlen sitzen muss, freut sich über eine angenehme Raumatmosphäre. Eine gute Idee ist es, wenn die Kinder den Raum gemeinsam mit ihrem Lehrer oder der Lehrerin herrichten. Dann wissen sie nicht nur, dass ein Elternabend stattfindet, sondern sind auch stolz auf ihre interessierten Eltern. Zu einer guten Stimmung gehören im Übrigen auch Getränke – sie helfen bei der Konzentration – und Namensschildchen für die teilnehmenden Eltern, zumindest wenn die einander (noch) nicht kennen.

Begrüßung und Protokollführung: Es gehört natürlich zum guten Ton, die Anwesenden angemessen zu begrüßen. Freiwillige für die Führung des Protokolls finden sich allerdings selten. Hier hat es sich bewährt, von vorneherein Regeln festzulegen, nach denen der Protokollant ernannt wird (zum Beispiel alphabetisch, Zufallsprinzip, Alter der Kinder).

Gesprächsführung: Im einfachsten Fall muss der oder die Vorsitzende nur von einem oder anderen Tagesordnungspunkt auf den nächsten überleiten. Das kommt vor, ist in der Regel aber langweilig, denn Diskussion ist ja gewünscht. Für diesen Fall ist es günstig, eine Rednerliste zu führen, abzuarbeiten und nach Ankündigung rechtzeitig zu schließen. Hilfreich ist es außerdem, die wichtigsten Argumente immer wieder kurz zusammenzufassen oder im Idealfall an der Tafel aufzuschreiben. So wird die Diskussion transparent. Wichtig für alle Anwesenden ist es, am Ende der Diskussion die Ergebnisse zusammenzufassen und das weitere Vorgehen zu klären – im Zweifel auch direkt Zeiträume und Verantwortliche zu benennen. Ansonsten tritt der Gesprächsleiter als Moderator auf, das heißt, er hält sich mit seiner Meinung zunächst zurück und versucht gegebenenfalls zwischen widerstreitenden Meinungen zu vermitteln.

Nachbereitung: Zu einer guten Nachbereitung gehört natürlich das Verfassen und Versenden des Protokolls. Hat der Elternabend damit geendet, dass Aufga-

> **Kostenübernahme**
> Elternvertreter bekleiden ein öffentliches Amt. Die Schule muss notwendige Kosten für Kopien (oft in der Schule möglich), Porto oder Ähnliches übernehmen, die dafür anfallen. Außerdem muss sie Briefe und Informationen an die Elternvertreter weiterleiten – allerdings keine Postwurfsendungen.

ben verteilt oder bestimmte Wünsche angemeldet wurden, gilt es jetzt diese Aufgaben zu koordinieren und deren Ergebnisse auf dem nächsten Elternabend zu präsentieren. Soll der nächste Elternabend ein spezielles Thema haben, muss man entsprechende Referenten einladen.

Der Elternabend

Auf Elternabenden können sich Eltern informieren, Anregungen, Kritik und Bedenken vortragen und den Kontakt zur Schule pflegen. Denn als Erziehungsberechtigte haben sie das Recht, über die schulischen Belange des Kindes unterrichtet zu werden. Die Liste der Informationen, die Eltern erhalten sollten und der Themen, die sie ansprechen können, ist lang. Dazu gehören zum Beispiel:

- die Lerninhalte des Schuljahres in den einzelnen Fächern,
- Grundsätze von ↗ Klassenarbeiten und Zensurengebung (in einigen Ländern kann in den ersten Klassen sogar entschieden werden, ob Ziffernnoten oder ↗ Verbalbeurteilungen gewünscht werden),
- das Leistungs- und Entwicklungsniveau der Klasse und Fragen der Lerndisziplin,
- die Förder- und Forderkonzepte der Schule,
- die Einrichtung von Nachmittagsunterricht und Arbeitsgemeinschaften,
- die Anschaffung von ↗ Schulbüchern und Unterrichtsmaterialien und deren Kosten,
- die Frage der Hausaufgaben, einschließlich deren Länge und die Frage der Unterstützung,
- die Stundenpläne,
- geplante Ausflüge oder Exkursionen und schulfreie Tage,
- Anforderungen und Inhalte weiterführender Schulen,

- Fragestellungen zum Umgang mit Medien, ↗ Gewalt und Konsum oder auch zur Geschlechtererziehung,
- ↗ Klassenfahrten und deren Kosten,
- Beschlüsse aus den übergeordneten Gremien,
- und vieles mehr ...

Allein die Teilnahme an einem Elternabend kann sich für die Eltern lohnend auswirken. Mehr Möglichkeiten hat natürlich, wer sich um die Organisation kümmert.

Eltern wollen, dass ihre Kinder in der Schule mit Freude lernen, und sind in der Regel bereit, ihr Teil dazu beizutragen. Oft fehlt es aber an Know-how. Hier kann helfen, wenn man einen Elternabend als Themenabend gestaltet. Stoff dazu gibt genug, von der sinnvollen Hausaufgabenbegleitung über ↗ Ordnung und Konsum im ↗ Kinderzimmer bis hin zum Umgang mit Leserechtschreibschwäche, Konzentrationsschwierigkeiten oder Lernmedien.

Wer einen solchen Elternabend plant, tut gut daran, auch externe Referenten ins Klassenzimmer zu holen. Die findet man in Stadtverwaltungen, Jugendbüchereien, Verbraucherberatungsstellen oder dem ↗ Kinderschutzbund. Durch die Experten gewinnen Eltern und auch Lehrer noch einmal einen anderen Blick auf das jeweilige Thema und können unbefangener diskutieren.

Allerdings sollten Themenabende immer auch etwas mit den Fragestellungen der Eltern einer Klasse zu tun haben. Durch einfache Abfragen oder auch die Abstimmung über Vorschläge findet man das schnell heraus. Eventuell ist der eine oder andere Elternteil dann auch bereit, bei der Vorbereitung zu helfen.

Elternmitwirkung – rechtlich gesehen

Nach dem Grundgesetz gehören Pflege und Erziehung eines Kindes zu den Pflichten von Eltern, über deren Einhaltung der Staat wacht. Die schulische Bildung ist dagegen grundsätzlich Sache des Staates. Da Bildung ohne Erziehung und Pflege und umgekehrt nicht funktionieren kann, ist im Grunde die Zusammenarbeit von Schule und Elternhaus notwendig, auch wenn das nicht immer so gesehen wird.

> **Namensvielfalt**
> Klassenpflegschaft, Elternversammlung, Schulbeirat, Elternbeirat usw. Elternvertretungen haben viele Namen je nach den Gepflogenheiten des Bundeslandes. Um die Verwirrung nicht auf die Spitze zu treiben, wird hier neutral von Elternvertretungen gesprochen. Geneigte Eltern können dies dann getrost in die Namensgebung ihres Bundeslandes übertragen.
> Elternvertretungen unterliegen in den Ländern unterschiedlichen Gesetzeslagen, die in den Schulgesetzen des jeweiligen Landes festgeschrieben sind.

Dem Föderalismus sei Dank gibt es in Deutschland keine einheitlichen Regelungen zur Elternmitwirkung an den Schulen. Gleichwohl ergeben sich einige Gemeinsamkeiten. Elternmitwirkung findet in allen Bundesländern auf der Ebene der Klasse und auf der der Schule statt. In einigen Ländern gibt es darüber hinaus noch regional organisierte Elternvertretungen. Landeselternvertretungen und der Bundeselternrat vertreten die

Elternschaften mit Blick auf die jeweiligen Landesregierungen und auf die Bundesregierung. Mit jeder Ebene sind spezielle Rechte und Pflichten der Elternvertreter und Elternvertreterinnen verbunden.

Die Schulgesetze der Länder und andere Verordnungen

Für Elternvertreter sind sie eine Pflichtlektüre, für alle übrigen Erziehungsberechtigten zumindest eine gute Handreichung: die Schulgesetze der Länder. Hier ist (fast) alles zu finden, was Eltern über die rechtlichen Rahmenbedingungen von Schule wissen sollten – von den Aufnahmebedingungen über Stundenzahlen bis hin zur Mitwirkung von Eltern, Lehrern und Schülern. Doch da auch hier oft vieles nicht ganz so einfach ist, werden diese ergänzt von weiteren Vorschriften, die in Form von Erlassen und Verfügungen daherkommen. Nicht immer zur Freude der Schulgemeinden. Die meisten Landesministerien haben mittlerweile erkannt, dass auch in dieser Hinsicht Transparenz vonnöten ist, und geben hilfreiche Broschüren und Publikationen heraus. Hier finden Eltern Antworten auf die wichtigsten Fragen rund um den Schulalltag einschließlich ihrer eigenen Rechte und Pflichten. Zu beziehen sind diese Schriften und auch die Gesetzestexte in der Regel kostenfrei bei den zuständigen Ministerien der Länder.

Schule ist ein Thema, an dem sich Politik, Institutionen und Organisationen gern versuchen und das sich derzeit – endlich – in einem beständigen Wandel befindet. Entsprechend vielfältig sind die zahllosen Erlasse, Rechtsverordnungen, Lehrplanvorgaben und andere Änderungen. Man denke da nur an die Einführung von Englisch in der Grundschule oder an das Instrument der ↗ Vergleichsarbeiten. Eltern – mitunter auch Lehrer – haben es generell schwer, sich durch diesen Verordnungsdschungel durchzukämpfen. Im Grunde hilft da aber nur eine Machete – die des Wissens. Deshalb sollten sich Eltern – insbesondere die, die man in eine verantwortliche Position gewählt hat – kundig machen. Die Publikationen der Ministerien helfen dabei. Darüber hinaus hat die Schulleitung aber auch die Aufgabe, Eltern zu informieren. In gut geführten Schulen werden deshalb die gültigen Vorschriften und Lehrpläne zur Einsicht bereitgestellt.

www.deutscher-bildungsserver.de

Außerdem können Eltern einen Elternabend nutzen, um sich umfassend informieren zu lassen. Denn nur wer die Vorschriften kennt, kann sich erfolgreich einbringen – und notfalls auch zur Wehr setzen.

Elternvertretung auf der Klassenebene

Alle Eltern der Kinder einer Klasse – selbstverständlich auch die, die dauerhaft oder vorübergehend das Sorgerecht für ein Kind haben – bilden gemeinsam die Basis der Elternmitwirkung. Sie entscheiden über die Belange der Klasse und wählen diejenigen, die sie in anderen Gremien der Schule vertreten sollen. Damit haben sie je nach Bundesland pro Kind eine oder zwei Stimmen. Form und Umfang der Wahl sind in den Schulgesetzen der Länder festgeschrieben.

In der Regel werden ein Vertreter der Klassenelternschaft und dessen Stellvertreter für ein Jahr – in manchen Ländern zwei Jahre – direkt gewählt. Mitunter sehen die Schulgesetze auch vor, einen weiteren Menschen zu wählen, der die Belange der Migrantenfamilien vertritt. In einigen Bundesländern ist darüber hinaus auch üblich, jemanden zu wählen, der die Interessen der Elternschaft auf den so genannten ↗ Klassenkonferenzen repräsentiert.

Ob nun zwei, drei oder vier Vertreter gewählt werden – die Vertreterinnen und Vertreter bekleiden ein öffentliches Amt. Mit ihrer Wahl sind immer auch Rechte und Pflichten verbunden. Insbesondere der Vorsitz der Klassenelternschaft fordert einen gewissen Einsatz. Von ihm oder ihr wird erwartet, dass:

- er/sie den Kontakt zwischen Schule und Elternhäusern mit gestaltet,
- er/sie regelmäßig zu einem Elternabend einlädt. Die Schulgesetze machen hier Mindestvorgaben, die meist auf einen Elternabend im Schulhalbjahr hinauslaufen. Außerdem muss meist der erste Elternabend im Schuljahr innerhalb einer bestimmten Frist (oft sechs Wochen) einberufen werden. Abgesehen davon, dass oft auch mindestens ein Fünftel der Eltern einen solchen beantragen können, empfiehlt es sich, Elternabende in kürzeren Abständen einzuberufen. Der Themen gibt es viele und es ist immer von Vorteil, wenn die Eltern einander besser kennen lernen. Meist helfen die ↗ Klassenlehrer gerne bei den Vorbereitungen, indem
- er/sie an den Elternversammlungen auf der Schulebene teilnimmt,
- er/sie die Elternschaft der Klasse über

Entscheidungen, Themen und Anträge auf der Schulebene informiert,
- er/sie in manchen Ländern an der Klassenkonferenz teilnimmt.

Diesen Pflichten stehen selbstverständlich auch Rechte gegenüber. So haben in den meisten Ländern die Elternvertretungen der Klassen ein Anhörungsrecht in Belangen, die diese Klasse betreffen, sie müssen über schulische Angelegenheiten informiert werden.

Auf vielen Elternabenden und Schulelternversammlungen geht es um Personen oder Dinge, die nicht für die Öffentlichkeit bestimmt sind. Deshalb sind die Teilnehmenden gehalten über die Vorgänge Stillschweigen zu bewahren. Es sei denn, es handelt sich um offenkundige Tatsachen. Immer sollte jedoch das Persönlichkeitsrecht beachtet werden.

Elternvertretung auf der Schulebene

Die Schulgesetze der allermeisten Länder sehen eine Schulelternvertretung (Schulelternbeirat, Schulelternrat, Schulpflegschaft) vor. Sie setzt sich aus den dafür gewählten Elternvertretern der Klassen (meist die Vorsitzenden der Klassenelternschaft) zusammen. Der Einfluss und die Rechte einer Schulelternvertretung sind konsequenterweise erheblich weiter gefasst als die der Eltern einer Klasse. In allen Bundesländern hat sie ein umfassendes Informationsrecht und Anhörungsrecht bei Belangen, die die gesamte Schule betreffen. Außerdem kann sie – meist – Anträge an die Schulkonferenz stellen und Teilelternkonferenzen an der Schule (zum Beispiel jahrgangsweise) ins Leben rufen. Darüber hinaus wählt sie, den Regularien des jeweiligen Landes folgend:

- den Vorsitz, der die Elternschaft der Schulleitung und der Öffentlichkeit gegenüber vertritt, sowie dessen Stellvertreter,
- die Elternvertreter für Teilkonferenzen der Schule, wo es die gibt,
- die Elternvertreter für die Schulkonferenz, das höchste beschlussfassende Gremium einer Schule,
- die Elternvertreter für die Landeselternvertretung,
- und – wo vorhanden – die Elternvertreter für die regionale Elternvertretung.

Alle gewählten Vertreter sind der Schulelternschaft gegenüber verpflichtet, Informationen weiterzugeben. Der oder die Vorsitzende muss darüber hinaus die Schulelternschaft regelmäßig, meist einmal im Schulhalbjahr, bei Bedarf auch öfter, fristgerecht einladen. In der Regel ist die Schulleitung verpflichtet, an den Versammlungen teilzunehmen, in manchen Ländern muss sie ebenfalls von dem oder der Vorsitzenden dazu eingeladen werden.

In manchen Bundesländern ist es üblich, die Arbeit an der Entwicklung der Schule in Teilkonferenzen zu vollziehen – oft unter Beteiligung von Eltern. Die wichtigsten sind:

Die Klassenkonferenz: Klassenkonferenzen setzen sich aus den unterrichtenden Lehrern einer Klasse zusammen. Sie besprechen beispielsweise die Entwicklung der Klasse, die Zensurengebung und entscheiden mitunter über disziplinarische Maßnahmen für ein Kind. Im letzteren Fall müssen in einigen Bundesländern Elternvertreter einbezogen werden.

Die Fachkonferenz: Fachkonferenzen werden von den Lehrerinnen und Lehrern gebildet, die ein bestimmtes Fach (zum Beispiel Englisch) an der Schule unterrichten. Sie entscheiden über die inhaltlichen sowie didaktischen Schwerpunkte in diesem Fach und schlagen der Schulkonferenz die Anschaffung entsprechender Lernmaterialien vor. In einigen Ländern können dafür gewählte Elternvertreter in dieser Konferenz beratend tätig werden.

Daneben haben manche Schulen Jahrgangskonferenzen und Arbeitsgemeinschaften (z.B. zur Entwicklung des ↗ Schulprogramms) eingerichtet, an denen Eltern mitunter teilnehmen können.

Die Schulkonferenz: Die Schulkonferenz ist das wichtigste Gremium an der Schule. Sie setzt sich zusammen aus den Vertretern der Lehrerschaft, der Elternschaft und an den weiterführenden Schulen der Schülerschaft. Je nach Land kann die Schulkonferenz mehr oder weniger weitreichende Entscheidungen treffen. Zum Beispiel berät bzw. entscheidet sie über:

- die Verwendung der Haushaltsmittel einer Schule,
- Anschaffungen von Lernmitteln,
- die Einrichtung zusätzlicher Lehr- oder Schulveranstaltungen und Arbeitsgemeinschaften,
- Nachmittagsangebote,
- die Gründung von Teilkonferenzen, etwa Klassenkonferenzen,
- die Festlegung beweglicher Ferientage und den grundsätzlichen Umgang mit Klassenfahrten,
- die Zusammenarbeit mit anderen Schulen,
- die Zusammenarbeit mit Trägern der Jugendhilfe, mit Religionsgemeinschaften, mit Berufsberatungen, mit der Gesundheitsfürsorge und andere mehr,
- den Erlass einer Schulordnung,
- Empfehlungen und Anregungen für die Schulaufsicht.

Außerdem beschäftigt sich die Schulkonferenz mit Grundsätzen der Bildungs- und Erziehungsarbeit an einer Schule. Sie spricht Empfehlungen für die Unterrichtsverteilung, die Einrichtung von Kursen, die Gestaltung von Unterrichtsinhalten und die Leistungsbewertung aus.

Den Vorsitz der Schulkonferenz hält in der Regel die Schulleitung. Im Rahmen der zunehmenden Schulautonomie erhält die Schulkonferenz immer mehr Bedeutung. In den Schulgesetzen der Länder sind ihre Aufgaben, Pflichten und Grenzen detailliert festgelegt. Das betrifft auch das Verhältnis der jeweiligen Gruppierungen zueinander – und das ist in den Bundesländern unterschiedlich geregelt: In manchen Ländern gilt die Drittelparität, bei gleicher Anzahl von Eltern-, Lehrer- und Schülervertretern (für den Grundschulbereich Lehrer zu Eltern 1:1). Hier haben Eltern und Schüler verständlicherweise den größten Einfluss. In anderen Ländern stehen den Lehrervertretern zusammengenommen ebenso viele Eltern- und Schülervertreter gegenüber.

Bei Kampfabstimmungen entscheidet hier die Stimme der Schulleitung. Anderenorts überwiegen die Lehrerstimmen und in manchen Bundesländern sind Eltern und Schüler in der Schulkonferenz nur beratend tätig. Doch selbst dort, wo die Eltern keinen oder nur einen geringen Einfluss haben, sollten sie sich nicht abschrecken lassen, ihre Stimme zu Gehör zu bringen. Denn auf Dauer ist keine Schule gut beraten, gegen den Willen der Eltern zu agieren.

Elternräte auf der Ebene der Kommunen, der Länder und des Bundes

Regionale Elternkonferenzen sind in einigen Ländern verbindlich festgeschrieben, in anderen können sie sich freiwillig gründen. Bei ihnen handelt es sich um einen Zusammenschluss der Schulelternvertretungen auf kommunaler oder regionaler Ebene. Dabei können sich die Vertretungen aller Schulen zusammenschließen oder die einer Schulform, beispielsweise der Grundschulen. In Verhandlungen mit den jeweiligen Schulträgern und beim Zusammenwirken der Schulen untereinander haben die regionalen Elternvertretungen ein nicht unerhebliches Gewicht.

Auf der Landesebene haben die Elternvertretungen aller Bundesländer sich zu Landeselternvertretungen zusammengeschlossen – meist schulformspezifisch. Daneben existieren mittlerweile auch erste schulformübergreifende Landeselternvertretungen oder sind in Gründung begriffen. Landeselternräte beschäftigen sich in der Regel mit der inhaltlichen, organisatorischen und politischen Weiterentwicklung „ihrer" Schulform und vertreten diese gegenüber dem Land. Außerdem pflegen sie den Kontakt zu anderen Einrichtungen auf der Landesebene wie den Landesschülervertretungen, den Landeselternvertretungen anderer Schulformen oder Institutionen, die sich mit Entwicklung von Schule befassen. Gegebenenfalls streben sie dort auch Kooperationen an.

Als freiwillige Zusammenschlüsse finanzieren sich Landeselternräte über die Beiträge ihrer Mitglieder, also der Schulelternvertretungen. Die Bedeutung der Landeselternräte sollte nicht unterschätzt werden – denn Schulpolitik ist Ländersache. Sie wird in der Regel „von oben" gestaltet. Eine gute Landeselternvertretung kann in Verhandlungen mit dem Land für ihre Mitglieder einiges erreichen.

Auf der Bundesebene vertritt der Bundeselternrat die Eltern aller Schulformen. Seine Aufgaben bestehen im Wesentlichen in der Kontaktpflege zu den bildungsrelevanten Bundesministerien, zur Kultusministerkonferenz sowie zu bundesweit oder international agierenden Organisationen im Bildungsbereich. In regelmäßigen Veröffentlichungen nimmt er Stellung zu aktuellen schulpolitischen Themen, stellt Forderungen und gestaltet den Austausch der Landeselternräte untereinander.

www.bundeselternrat.de
Darstellung der aktuellen Arbeit, Hinweise zu Tagungen, Links

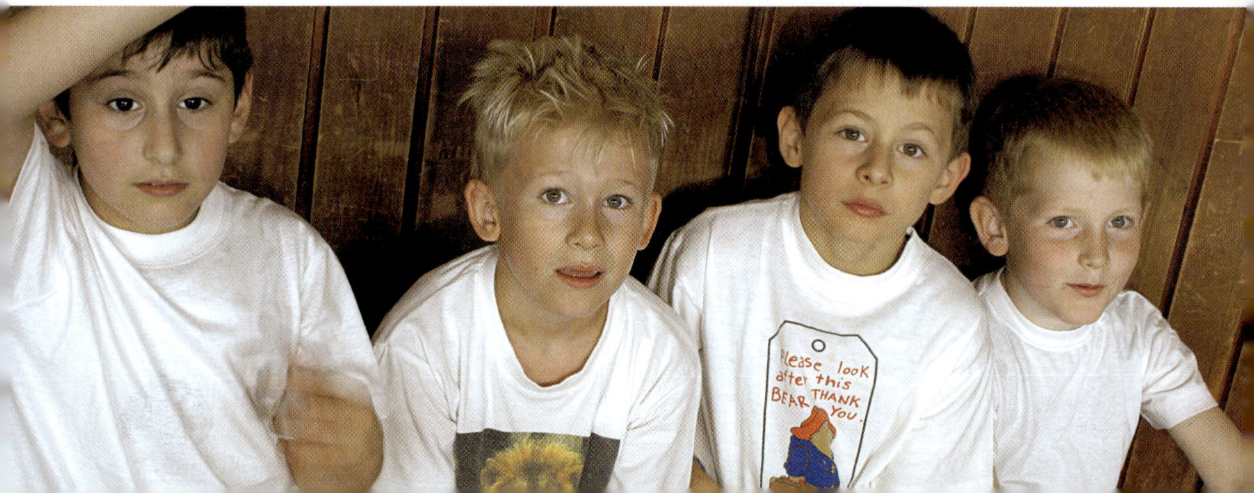

12 Wenn das Lernen schwerfällt …

Simone Wejda

Was verursacht Lernprobleme?

Etwas mehr als 250.000 Schülerinnen und Schüler wiederholen jährlich ein Schuljahr. Sitzenbleiben oder freiwillig wiederholen – in beiden Fällen ist klar, dass es mit dem Lernen nicht geklappt hat. Und dies vielleicht trotz häufigem Üben oder gar privat von Eltern finanzierten Nachhilfestunden. Denn durchschnittlich erhält jeder vierte Schüler in Deutschland Nachhilfeunterricht. Die Ursachen für Schulversagen sind ebenso zahlreich wie komplex und gar nicht so einfach zu bestimmen.

Lernblockaden

Immer wieder wird die Schule für die mangelnden Leistungen der Kinder verantwortlich gemacht. Individuelle Förderung, das Eingehen auf die einzelnen Lernbedürfnisse des Kindes, persönliche Betreuung und Spaß am Lernen sind leider im deutschen Schulsystem selten Realität. Die Verantwortung lastet auf dem einzelnen Kind und seinen Erziehern. Umso wichtiger ist es, dass die Kinder beim Lernen nicht versagen und Leistungen erbringen können.

Dass es mit dem Lernen nicht klappt, ist häufig kein Zeichen für fehlende Intelligenz (s. Kapitel 9). Ursächlich können es unterschiedliche Probleme sein, die das Lernen beeinträchtigen. Bei einer Blockade gelingt es dem Kind nicht mehr, sein angeeignetes Wissen einzusetzen. Auf diese Weise ist die Leistung verringert. Im schlimmsten Falle ist das Kind überhaupt nicht mehr in der Lage, im Test Antworten zu Papier zu bringen. Für viele noch frustrierender ist es, vor der Klasse kein Wort herauszubringen oder bei mündlichen Abfragen nicht antworten zu können. Häufige Lernblockaden führen in der Regel zu schlechten ↗ Leistungsbeurteilungen. Noten wie „Mangelhaft" oder „Ungenügend" in den Klassenarbeiten gefährden langfristig die Versetzung und damit die gesamte Schullaufbahn. Um Lernblockaden zu stoppen, sind die individuellen Lernprobleme mit ihren Ursachen zu finden.

Wie kommt es zur Blockade?

Um diese Frage zu klären, müssen zunächst die besonderen Lernschwierigkeiten des Kindes näher betrachtet werden. Bei vorübergehender Angst oder einem „Ausrutscher" in der Klassenarbeit ist sicherlich nicht von Lernstörungen zu sprechen. Der Begriff Lernstörung bezeichnet einen über einen längeren Zeitraum bestehenden Zustand, dessen Ursachen es zu hinterfragen gilt.

Situationsauslöser finden: Um gezielt helfen zu können, ist es wichtig zu erfahren, in welchen Situationen die Lernblockaden beobachtet werden können: mündlicher oder schriftlicher Test, Tafelabfrage, Hausaufgaben, Gruppensituation ... Manche Schülerinnen und Schüler reagieren nicht in bestimmten Situationen, sondern nach bestimmten Ereignissen, wie ↗ Scheidung, Lehrerwechsel, Klassenwechsel oder ↗ Umzug mit Lernschwierigkeiten. Dann nützt kein Verändern des Lernverhaltens, das Kind braucht andere Hilfe.

Schwierigkeiten genau analysieren: Zunächst sind die gegenwärtigen Anforderungen der Lerninhalte zu überprüfen: Besteht vielleicht eine Über- oder Unterforderung, gibt es zu viel Lernstoff, unübersichtliche Darstellungsformen, ist der Stoff schlecht aufbereitet? Viele Fragen sind zu klären. Nicht jedes Kind ist gleich, und bei Lernschwierigkeiten ist es daher wichtig, die persönliche Begabung in den Blick zu nehmen. Was für das Geschwister- oder Nachbarskind zutrifft, gilt nicht unbedingt für jedes Kind. Mancher Schüler benötigt mehr Hilfe oder braucht mehr Zeit zum Üben und Lernen als ein anderer. Neben Begabung spielen Konzentration, Aufmerksamkeit und Ausdauer eine wichtige Rolle (s. Kapitel 9). Nicht unbedeutend sind auch die Interessen des Kindes. Wer Freude am und ↗ Neugierde auf den Lernstoff hat, kann auch das Gelernte besser behalten.

Leistungsprobleme beobachten und vergleichen: Interessant ist die Fragestellung, ob alle mit dem Kind vertrauten Personen (Eltern, Lehrer, Freunde) die Schwierigkeiten beschreiben können. Eltern müssen das Gespräch mit dem Lehrer suchen, um zu erfahren, wie er die Probleme beobachtet und einschätzt. Frühere Arbeiten und ↗ Zeugnisse lassen beurteilen, ob sich die ↗ Note in der

1,2 Milliarden Euro hätten für vorbeugende Fördermaßnahmen ausgegeben werden können, hätte man auf Klassenwiederholungen verzichtet. Statistisches Bundesamt, Fachserie 11, Reihe 1, 2003/04

Hilfe suchen: www.schulpsychologie.de

letzten Zeit oder den letzten Jahren deutlich verändert hat. Bei einer schlechten Note in einer schriftlichen ↗ Klassenarbeit ist es manchmal hilfreich zu erfahren, dass die anderen Klassenkameraden keine wesentlich besseren Leistungen erbracht haben und der Notendurchschnitt der Klasse insgesamt schlecht ausgefallen ist.

Den Lerntyp bestimmen: www.ditt-online.org (weiter: Das Geheimnis der verlorenen Buchstaben)
www-lernfoerderung.de
www.iflw.de

Defizite im Lernverhalten

Neben den Lerninhalten ist aber vor allem das Lernverhalten zu analysieren. Jedes Kind zeigt ein eigenes Vorgehen beim Lernen. Bei Lernblockaden kann falsches Lernverhalten ursächlich oder in Folge gestört sein. Wenn keine geeigneten Strategien zur Verfügung stehen, kann eine Aufgabenstellung nicht begabungsgerecht gelöst werden. In diesem Falle müssen Verfahrensfehler entdeckt und neue Handlungsmuster erlernt werden. Dazu ist es wichtig festzuhalten, wer in der Familie die Lernbeobachtung und -steuerung übernimmt. Neben den Techniken und Organisationsfragen muss hinterfragt werden, ob das Kind in der Lernphase zu sehr abgelenkt wird oder zu viele Freizeitaktivitäten die Übungszeiten einschränken (s. Kapitel 7).

Teilleistungsstörungen – ein weites Feld

Der Begriff der Teilleistungsstörungen gehört zu den umstrittenen Fachbegriffen der Pädagogik und Medizin, und er wird nicht einheitlich gebraucht. Meist werden unter dem Begriff verschiedene Ursachen für Leistungsbeeinträchtigungen beschrieben, die nicht mit fehlender Begabung einhergehen. Teilleistungsstörungen sind keine allgemeinen Lernbehinderungen, sondern bezeichnen eine Beeinträchtigung in einem isolierten Bereich, der zum Lernen benötigt wird oder einen Lernbereich betrifft. Generell wird nach gegenwärtigem Forschungsstand davon ausgegangen, dass sich das Kind in den meisten Gebieten altersgemäß entwickelt hat und nur in einem Ent-

Manchmal stecken zu viele Energien in außerschulischen Interessen.

wicklungsbereich Auffälligkeiten zeigt. Häufig sind vor allem Entwicklungsbeeinträchtigungen in der visuellen und auditiven Wahrnehmung sowie in der Aufmerksamkeit und Konzentration. Neben der Aufnahme oder Wahrnehmung von Reizen durch Hören (auditiv) oder Sehen (visuell) geht es um die Verarbeitung der Sinneseindrücke.

Auditive Verarbeitungs- und Wahrnehmungsstörungen (AVWS)

Auditive Wahrnehmungsstörungen sind von allgemeinen Hörstörungen wie Schwerhörigkeit oder Taubheit zu unterscheiden. Kinder mit einer eingeschränkten Leistung der Hörwahrnehmungs- und Verarbeitungsleistung hören auf den ersten Eindruck gut, verstehen und verarbeiten Gehörtes jedoch schlecht und können sich das Gehörte nur unzureichend merken. Die Hörschwäche kann sich dabei sowohl auf natürliche Geräusche als auch auf gehörte Sprache beziehen. Besonders schwer wird es für die betroffenen Kinder, wenn das Gehörte auch noch aus weiteren Hintergrundgeräuschen herauszufiltern ist.

Schüler mit auditiven Teilleistungsstörungen können die Worte der Lehrerin im Klassenzimmer aufgrund der vielen Geräusche nicht richtig wahrnehmen. Informationen werden falsch und vielleicht nicht vollständig aufgenommen. Wahrnehmung und Verarbeitung können unterschiedlich eingeschränkt sein. Beispielsweise treten Schwierigkeiten in der Hörmerkspanne oder der Unterscheidung klangähnlicher Laute (*b/p; d/t; g/k*) oder Wörtern (*zwei/drei*) auf. Folge des eigentlichen Hörproblems sind dann Unruhe, Unkonzentriertheit, Desinteresse und schließlich mangelnde Schulleistungen.

Bei Verdacht auf eine derartige Problematik sollte in jedem Falle ein Fachmann wie der Pädaudiologe (Mediziner mit Fachgebiet Hören und Hörstörungen im Kindesalter) zu Rate gezogen werden. Die Untersuchungen sind zwar sehr aufwändig, aber äußerst wichtig.

Deutsche Gesellschaft für Phoniatrie und Pädaudiologie e.V.: www.dgpp.de

Je nach Ausprägungsform einer AVWS müssen unterschiedliche Maßnahmen zur Hilfe eingesetzt werden. Hilfe bei der Suche nach dem geeigneten Therapieansatz geben die Pädaudiologen. Es gilt das Kind zu entlasten, um günstige Effekte auf die Lernausgangslage zu erzielen. Wie dies gelingen kann, wird der Therapeut ausführlich erklären.

Eltern sollten sehr zurückhaltend gegenüber wissenschaftlich nicht haltbaren Therapieansätzen sein. So steht beispielsweise die renommierte Gesellschaft für Neuropädiatrie dem Hörtraining nach Tomatis oder der Klangtherapie nach Bérard und Nyffenegger (Auricula-Therapie) eher kritisch gegenüber. Informationen finden sich auf der Website.

www.neuropaediatrie.com/aerzte/Stellungnahme/KLANG-KURZ.htm

Visuelle Wahrnehmungs- und Verarbeitungsstörungen

Jedes Kind mit Auffälligkeiten im Bereich des Sehens sollte so früh wie möglich dem Augenarzt oder der Orthoptistin zur umfassenden Augenuntersuchung vorgestellt werden. Orthoptische Abteilungen findet man an Universitätskliniken, Augenkliniken und in einigen Augenarztpraxen. Sie werden manchmal auch als Sehschulen bezeichnet.

Nicht hinter jedem Sehproblem steckt sofort eine Sehbehinderung oder generelle Einschränkung der ↗ Sehfähigkeit. Viele

Alarmsignale für visuelle Probleme

- Ständiges Blinzeln und Augenreiben,
- Zwinkern und Zukneifen des Auges,
- Lichtempfindlichkeit,
- übertriebenes Herangehen an die Sehquelle (Buch o.Ä.),
- Schielen oder Schiefstellen des Kopfes,
- Kopfschmerzen,
- Stolpern, Anstoßen, Ungeschicklichkeit,
- schnelles Ermüden,
- geringe Konzentrationsfähigkeit.

Sehschwierigkeiten können heute bereits mit Sehhilfen korrigiert oder in der Augenschule behandelt werden.

Da Erkrankungen der Augen die Sehleistung und somit auch die allgemeine Lern- und Leistungsfähigkeit stark beeinträchtigen können, sind die Ursachen der Sehprobleme unbedingt zu klären. In jedem Falle müssen die Sehprobleme mit augenärztlichem Fachwissen überprüft werden. Denn fehlerfreies Sehen mit beiden Augen ist Voraussetzung für eine optimale Bildaufnahme und Bildverarbeitung im Gehirn. Eine Sehkorrektur muss genau auf die Problematik des Auges abgestimmt sein.

www.augeninfo.de
www.orthoptistinnen.de

ADHS: Aufmerksamkeits-Defizit-Hyperaktivitäts-Störung

Die Sorgen beginnen schon morgens beim Aufstehen mit hektischem Verhalten, Zerstreutheit und Unruhe am Frühstückstisch. Kinder mit ADHS können sich nicht auf den Unterricht konzentrieren, sind unaufmerksam und verpassen den Unterrichtsstoff. Zu Hause können sie sich kaum mehr an das in der Schule Durchgenommene erinnern. Häufig wissen die Kinder gar nicht, was sie aufhaben und die Hausaufgaben werden zur Qual. Die auch als „Störenfriede, Träumer oder Zappelphilippe“ Bezeichneten sind mit ihren Gedanken ständig woanders, sind unruhig, impulsiv und immer in Bewegung – und das meist über den ganzen Tag hinweg. Die Folge ist, dass die schulischen Leistungen schlechter werden und Versetzungen gefährdet sind. Dabei sind Kinder mit Störungen der Aufmerksamkeit, Konzentration oder motorischer Unruhe durchschnittlich intelligent und können durchaus auch weiterführende Schulen besuchen. Die Arbeitsgemeinschaft der Wissenschaftlichen Medizinischen Fachgesellschaften fasst zusammen: „ADHS liegt vor, wenn unaufmerksames und impulsives Verhalten mit oder ohne deutliche ↗ Hyperaktivität ausgeprägt ist, nicht dem Alter und Entwicklungsstand entspricht und zu Störungen in den sozialen Bezugssystemen, der Wahrnehmung und im Leistungsbereich von Schule und Beruf führt.“ Die Störung beginnt in der Regel bereits vor Schuleintritt.

Welche Ursachen hat ADHS?

Bei ADHS-Kindern ist die Informationsaufnahme und -verarbeitung stark eingeschränkt, was aber nichts mit mangelnder Erziehung zu tun hat. Vielmehr lässt die Erforschung unseres Gehirns die Ergebnisse medizinischer Untersuchungen bei der Ursachenforschung deutlich in den Vordergrund treten. Es ist bekannt, dass Informationen ent-

Typische Verhaltensweisen

Bei Impulsivität und Hyperaktivität:

- Das Kind ist oft wütend,
- es unterbricht und stört andere,
- es neigt häufig zu Unfällen,
- es verletzt ständig die Regeln,
- es ist erhöht reizbar und schnell frustriert,
- es wackelt und zappelt übermäßig herum,
- es steht ständig auf und läuft umher,
- es redet viel und ohne Unterbrechung,
- es kann nicht ruhig spielen.

Bei Aufmerksamkeits- und Konzentrationsproblemen:

- Das Kind lässt sich schnell ablenken,
- es bricht Aufgaben frühzeitig ab,
- es verliert schnell das Interesse an der Aufgabe,
- es kann sich nicht auf die Aufgabe konzentrieren,
- es verliert sich in Details oder übersieht diese,
- es kommt nicht zur Ruhe bei den Hausaufgaben oder beim Lernen,
- es kann Lernen nicht selbst organisieren oder strukturieren.

lang den Nervenbahnen weitergegeben werden. Beim Übertritt von einer Nervenbahn zur anderen (so genannte Reizweiterleitung) benötigt das Gehirn bestimmte Stoffe, die man Neuro-Transmitterstoffe (Dopamin, Serotonin und Noradrenalin) nennt. In der Regel produziert der Körper diese Stoffe selbst – nicht jedoch beim hyperaktiven oder aufmerksamkeitsgestörten Kind. Die Versorgung ist bei den betroffenen Kindern nicht im Gleichgewicht. Es kommt zu einer Störung der Reizweiterleitung, verminderter Filterung von Reizen und auch mangelnder Speicherfähigkeit von Reizen oder Informationen. Als Ursache einer Neurotransmitter-Störung lassen sich eine genetische Vorbelastung oder minimale hirnorganische Beeinträchtigungen benennen. Bei etwa ein bis zwei Prozent der Kinder sind allergische Reaktionen und/oder falsche Ernährung der Grund.

Ursachen im sozialen und pädagogischen Bereich sind eher als Folge der bereits im Säuglingsalter entstandenen Auffälligkeiten, die eine medizinische Begründung haben, zu sehen. Bereits im Säuglingsalter beginnt ein Teufelskreis, der sich im sozialen und pädagogischen Umfeld verstärkt, wenn kein Eingreifen in Form von Verhaltensänderungen bei allen Beteiligten (Kind, Eltern, Erzieher, Lehrer usw.) erfolgt.

Wie kommt man zur Diagnose?

Die Ursachen stecken in einem lebenslangen und individuellen Geflecht, die nur durch eine ausführliche Diagnostik entdeckt und offenkundig gemacht werden können. Die umfassende Betrachtung, die aus mehreren Teilbereichen besteht, ist Grundlage für die Entscheidung über die richtige Behandlungsform.

Anlaufstellen sind vor allem die Kinder- und Jugendpsychiater. Die Befragung der Eltern, des Kindes und der Lehrkräfte gibt Aufschluss darüber, wie das Verhalten des Kindes in der Schule und zu Hause ist und wie dies seit dem Säuglingsalter war. Es muss ausgeschlossen werden, dass die Auffälligkeiten auf problematische oder ungeordnete Familienverhältnisse oder andere Konflikte zurückzuführen sind. Die Überprüfung der Schulleistungen und der Begabung lässt

eine schulische Überforderung ebenfalls ausschließen. Die körperliche Untersuchung beinhaltet eine internistische und neurologische Untersuchung und auch ein EEG (Ableitung der hirnelektrischen Ströme). Eine umfassende Diagnostik beinhaltet somit das Gespräch mit den Eltern und dem Kind, Fragebögen für Lehrer und Erzieher, medizinische Untersuchung mithilfe bestimmter Geräte, Intelligenz- und Schulleistungstest sowie weiterer individueller Verfahren.

www.bv-auek.de
www.bv-ah.de
www.info-adhs.de

Welche Therapieansätze zeigen Erfolge?

Häufig ist eine mehrdimensionale Therapieform notwendig. Dazu gehört: Eltern- und Lehrerberatung, Elterntraining, Psychotherapie, soziales Kompetenztraining, Aufmerksamkeitstraining, Erlernen von Lerntechniken, Bewegungsschulung und nicht zuletzt medikamentöse Therapie. Nur das Zusammenarbeiten aller Beteiligten lässt Erfolge, die nicht immer spektakulär sind, erzielen. Doch Studien belegen, dass Kinder, die rechtzeitig unterstützt werden und eine für sie richtige Therapie und Hilfe erhalten, nicht suchtgefährdet sind oder ins soziale Abseits bis hin zur Straffälligkeit rutschen.

Nötig ist professionelle Hilfe statt schneller Heilsversprechungen: Zahllose Veröffentlichungen zum Thema ADHS zeigen, dass wie zu kaum einem anderen Störungsbild Kämpfe um richtige Behandlungs- und Hilfemaßnahmen ausgefochten werden. Eltern, Lehrer, Mediziner, Psychologen und Fachleute aller Art vertreten ihren Standpunkt zu dieser Thematik und die Medien tun schließlich das ihrige dazu. Sekten, Heilpraktiker, selbsternannte Therapeuten und andere Berufsgruppen preisen ihre Form von „Heilung“ an, um Rat suchenden Eltern Erfolg versprechende Maßnahmen anzubieten.

Eltern sollten sich daher vertrauensvoll an die Frühförderstellen, Elternverbände sowie Mediziner wenden, um kompetente Hilfe in Wohnortnähe zu erhalten.

Legasthenie und Dyskalkulie

Bei immerhin acht Prozent der Schülerinnen und Schüler helfen weder vermehrtes Üben noch neue Lernorganisationen weiter. Die am häufigsten mit dem Vorurteil Faulheit, Dummheit oder mangelnder Konzentration in Verbindung gebrachten Schwächen zeigen sich beim Lesen, Rechtschreiben und Rechnen. Lese-Rechtschreibstörung (Legasthenie) und Rechenstörung (↗ Dyskalkulie) gehören zu den umschriebenen Entwicklungsstörungen schulischer Fertigkeiten. Sie beschreiben eine spezifische und deutliche Beeinträchtigung des Erlernens beim Lesen, Rechtschreiben und Rechnen. Der Leistungsstand des Kindes in der schulischen Fertigkeit liegt deutlich unter dem eigenen Intelligenzniveau und ist nicht durch eine Intelligenzminderung erklärbar. Die Noten im Lesen, Rechtschreiben oder Rechnen passen so gar nicht zu den Noten in den anderen Fächern. Es geht um ein isoliertes Versagen in einem Fach. Die Entwicklungsstörung ist bereits sehr früh im Grundschulalter zu beobachten.

Lese- und Rechtschreibstörung: Definierendes Merkmal ist eine umschriebene Beeinträchtigung in der Entwicklung der Lesefertigkeiten und damit verbunden sehr häufig der Rechtschreibung. In der späteren Kindheit und im Erwachsenenalter ist regelhaft die Lesefähigkeit verbessert, die Rechtschreibproblematik das meist größere Defizit.

Isolierte Rechtschreibstörung: Diagnostisches Merkmal ist die Entwicklungsstörung der Rechtschreibfertigkeit, ohne dass eine umschriebene Lesestörung in der Vorgeschichte nachzuweisen ist.

Wie zeigt sich eine Legasthenie?

Vorschulisch: Bei einigen Kindern zeigen sich bereits im Vorschulalter ein verzögerter Sprechbeginn, eingeschränktes Sprachverständnis oder allgemeine Sprechschwierigkeiten. Vor allem aber ist die so genannte phonologische Bewusstheit eine wichtige Vorläuferfertigkeit für das Lesen- und Schreibenlernen. Als phonologische Bewusstheit wird die Fähigkeit bezeichnet, die Lautstruktur der gesprochenen Sprache zu verstehen.

www.phonologische-bewusstheit.de

Phonologische Bewusstheit
Im weiteren Sinne: Erkennen von größeren sprachlichen Einheiten wie Wörtern Silben und Reimen.
Im engeren Sinne: Vorgesprochene Wörter in einzelne Lautbestandteile zerlegen können (*M – au – s* für *Maus*), Anfangs-, Mitte- und Endlaute erkennen.

Die phonologische Bewusstheit lässt sich mit einem geeigneten Förderprogramm mit wenig Aufwand bereits im Kindergartenalter trainieren. Eine Bestimmung der Lautierungsfähigkeit ermöglicht das „Bielefelder Screening zur Früherkennung von Lese-Rechtschreibfähigkeit (BISC)". Dieses Verfahren wird in der zweiten Hälfte des letzten Kindergartenjahres eingesetzt. Manche Kindergärten, Kinder- und Jugendärzte, Psychologische Beratungsstellen oder Frühfördereinrichtungen bieten eine Diagnose mit dem BISC an. Es ist allerdings nicht möglich, bereits im Vorschulalter eine Legasthenie zu diagnostizieren.

Auffälligkeiten in der Schule: Typische Probleme beim Lesen sind das stark verzögerte Lesen, häufiges Stocken und das Verlieren der Zeile im Text. Auffällig ist das Auslassen, Vertauschen oder Hinzufügen von Wörtern, Silben oder einzelnen Buchstaben. Das Gelesene kann zum Teil nur unzureichend wiedergegeben bzw. interpretiert werden.

In der ↗ Rechtschreibung ist die Fehlerzahl, vor allem bei ungeübten Diktaten, aber auch bei abgeschriebenen Texten auffallend hoch. Wörter werden teilweise

Eine Lese-Rechtschreibschwäche erkennen

Im Lesen:

- fehlerhaftes Verbinden von Lauten,
- mangelndes Zusammenführen von Worten zu Sätzen,
- auffallend langsames Lesen ,
- geringes inhaltliches Verstehen von Gelesenem.

In der Rechtschreibung:

- Probleme in der Unterscheidung und im Schreiben einzelner Buchstaben,
- fehlerhafte Umsetzung vom Gehörten ins Geschriebene,
- Weglassen oder Hinzufügen einzelner Buchstaben,
- Schreiben so genannter Wortruinen,
- Probleme beim Abschreiben von Wörtern und Sätzen,
- unleserliche Schrift,
- hohe Fehlerquote bei ungeübten Diktaten.

zerstückelt, in demselben Text häufig auch mehrfach unterschiedlich falsch geschrieben. Hinzu kommen auffallend viele Grammatik- und Interpunktionsfehler und oft eine unleserliche Handschrift.

Die Deutsche Gesellschaft für Kinder- und Jugendpsychiatrie und Psychotherapie stellt fest: „Rechtschreibfehler treten vor allen Dingen beim Diktat und bei spontanem Schreiben (Aufsatz) auf, während das Abschreiben von Anfang an oder in späteren Klassenstufen weitgehend fehlerlos sein kann. Die Kinder können auch die Worte in aller Regel korrekt artikuliert aussprechen und dennoch das Wort fehlerhaft schreiben. Kinder, die leicht auswendig lernen, und solche mit höherer Intelligenz kompensieren unter Umständen die Lese- und Rechtschreibstörung. Sie versagen erst in der dritten Klasse oder erst nach dem Wechsel in eine weiterführende Schule (↗ Realschule, ↗ Gymnasium), wenn ungeübte Schriftsprachleistungen und Aufsätze gefordert werden oder ein höheres Leistungs- und Temponiveau bei schriftlichen Arbeiten abverlangt wird. Schwerer betroffene Kinder sind meist nicht fähig, die Fehler beim Lesen und Rechtschreiben selbst zu erkennen und sich zu korrigieren.“

Leistungsprobleme aufgrund von eingeschränktem, das heißt verlangsamtem oder fehlerhaftem Lesevermögen und mangelhafter Rechtschreibung wirken sich auch auf die anderen Fächer aus. So können zum Beispiel die Lese- und Rechtschreibschwierigkeiten ebenfalls in den Fremdsprachen auftreten.

Eine eingeschränkte Lesekompetenz kann durchaus auch eine ungenügende Wissensaufnahme in den übrigen Lernfächern (Sachtexte, Arbeitsanweisungen, ↗ Textaufgaben in Mathematik) verursachen, weil etwa im vorgegebenen Zeitrahmen das Wissen nicht aufgenommen oder niedergeschrieben werden kann. Legasthenie kann daher zu Problemen in der gesamten Schullaufbahn und in allen Fächern führen.

Wie zeigt sich eine Dyskalkulie?

Rechenstörung als umschriebene Entwicklungsstörung schulischer Fertigkeiten zeigt sich als eine deutliche Beeinträchtigung im Erlernen des Umgangs mit Zahlen, Mengen und des Rechnens. Diagnostisch richtungweisend gilt eine schulische Leistung, die bei weniger als drei Prozent der altersgleichen Schulkinder zu messen ist und sich auch durch

Eine Rechenstörung erkennen
Die umschriebene Beeinträchtigung von Rechenfertigkeiten umfasst Schwächen in den Grundrechenarten Addition, Subtraktion, Multiplikation und Division. Weniger relevant sind die höheren mathematischen Fertigkeiten, die für Algebra, Trigonometrie, Geometrie sowie Differential- und Integralrechnung benötigt werden.

Nachhilfe oder vermehrtes Üben nicht überwinden lässt. Der Leistungsstand des Kindes muss zudem deutlich unter dem eigenen Intelligenzniveau liegen. Eine Dyskalkulie darf nicht durch eine allgemeine Intelligenzminderung erklärbar sein. Auszuschließen sind auch: mangelnde Lerngelegenheiten, ggf. Schulversäumnisse, häufiger ↗ Schulwechsel oder unqualifizierter Unterricht.

Vorschulisch: Die Wissenschaft hat in der Bemühung um die Aufklärung von Rechenstörungen vor allem im Bereich der Vorläuferfertigkeiten wichtige Erkenntnisse gewonnen. Mit einer frühzeitigen Beobachtung der mathematischen Kompetenzen im Vorschulalter und gegebenenfalls notwendigen Förderung können später schlechte Zensuren vermieden und ein angstfreier Umgang mit Zahlen ermöglicht werden.

Die Studien haben ergeben, dass fünf im Kindergartenalter spezifische Vorläuferfertigkeiten die späteren mathematischen Leistungen wesentlich beeinflussen. Diese fünf wichtigen frühen mathematischen Fähigkeiten sind:

- Seriation (ein Element in eine vorgegebene Reihe einordnen können),
- Mengenvergleich (erkennen, dass die Anzahl einer Menge nicht durch deren andere räumliche Anordnung veränderbar ist),
- Zahlwissen (Ziffern bis 10 sowie Zuordnung Ziffer – Menge – Zahlwort),
- Zählfertigkeiten (vorwärts und rückwärts zählen, weiterzählen, Vorgänger und Nachfolger bestimmen),
- Anwendung von Zahlenwissen (erste Rechenaufgaben mit konkretem Material durchführen).

In der Grundschule: Bereits erstes anschauliches Rechnen mit Gegenständen fällt schwer. Besondere Schwierigkeiten bereiten Zehner-Übergänge sowie der Wechsel zwischen den Rechenarten. Die Zerlegung von Zahlen, Platzhalter-Aufgaben oder Umkehr-Operationen werden nicht verstanden und willkürlich gelöst.

Die Störung zeigt sich meist bereits zu Beginn der Schulzeit. Zur Leitsymptomatik gehören Schwierigkeiten in der Zahlensemantik, zum Beispiel werden die zugrunde liegenden Konzepte einer Rechenoperation nicht ausreichend verstanden (mehr-weniger, größer, kleiner, gleich etc.) und/oder Zahlenraumvorstellungen sind unzureichend. Häufig beobachtbar ist das schwere Verständnis für das Dezimalsystem sowie die Fähigkeit, Rechenoperationen aus Sachzusammenhängen zu erschließen.

Doch gerade Schülerinnen und Schüler mit einer höheren Begabung und gleichzeitigen Rechenstörungen fallen in den ersten Jahrgangsstufen selten durch große Rechenschwierigkeiten auf. Sie kompensieren lange mit Zählhilfen, wie Fingern, Stiften oder anderem Anschauungsmaterial. Dabei zählen sie jedoch vielmehr, anstatt tatsächlich zu rechnen.

Auffällig werden sie dann, wenn sie falsche Zählstrategien verfolgen.

Später werden im Hunderter- und Tausender-Zahlenraum die Stellenwerte vertauscht oder verdreht. Das Rechnen mit Maßeinheiten (Geld, Uhrzeit, Gewichte, Längenmaße) bereitet fast allen große Schwierigkeiten. Im Bereich der Text- und Sachaufgaben kommen oft zahlreiche unterschiedliche Fehlermöglichkeiten zusammen. Die Kinder finden keinen Zugang zur Umsetzung des Textes in Rechenaufgaben. Auf besondere Schwierigkeiten treffen Kinder mit einer Rechenstörung im Alltag. Dort finden sich Stolpersteine wie Tages-, Wochen-, Jahresverlauf, Thermometer, Himmelsrichtungen, Uhr, Stromkreis, geschichtliche Ereignisse. Auch die Orientierung mit Hilfe von Karten und Tabellen können bei einer vorliegenden Dyskalkulie größere Schwierigkeiten bereiten.

Weder Legasthenie noch Dyskalkulie wachsen sich aus

Beide Störungsbilder bleiben bis ins Erwachsenenalter bestehen. Erfahrungen erwachsener Legastheniker und Familienstudien haben die Wissenschaft zur Suche nach einer genetischen Ursache der Legasthenie veranlasst. Ende 2005 ist es einem deutsch-schwedischen Team von Wissenschaftlern gelungen, ein spezifisches Gen nachzuweisen.

Möglicherweise spielt das Gen (kurz: DCDC2-Gen) beim Wandern von Nervenzellen im sich entwickelnden Gehirn eine wichtige Rolle. Es ist entscheidend für das Verstehen und den Gebrauch von Schriftsprache.

Aber mit der Identifikation eines Gens ist es nicht getan. Therapie und Förderung sollen es ermöglichen, mit der speziellen Lernstörung besser umgehen zu lernen. Die Hilfestellungen müssen um-

Hausaufgaben sind für Kinder mit Teilleistungsschwächen ein Reizthema.

fassend und ganzheitlich angelegt sein. So kann man der Gesamtpersönlichkeit der Kinder in schulischer, sozialer und emotionaler Hinsicht gerecht werden.

Die Ursachen des schlechten Abschneidens sind nicht in Lernblockaden oder schlechtem Unterricht zu finden. Sie sind vielmehr entwicklungsbedingt. Nach den neuesten Erkenntnissen der Forschung werden die Ursachen in einer zentralnervösen, kognitiven Störung der Informationsverarbeitung gesehen. Im Falle der Legasthenie unter Umständen auch genetisch bedingt.

Als Ursache ausgeschlossen werden folgende Aspekte: mangelnde Lerngelegenheit, Schulversäumnisse, unqualifizierter Unterricht, häufiger ↗ Schulwechsel, fehlende oder geringe Erziehungskompetenz der Eltern, unkorrigierte Seh- oder Hörstörungen, neurologische Erkrankungen oder etwa der Verlust bereits erworbener schulischer Fertigkeiten durch einen Unfall.

Wie kann Kindern mit Legasthenie oder Dyskalkulie geholfen werden?

Ganz wichtig ist, eine Teilleistungsstörung so frühzeitig wie möglich festzustellen und die Ursache für das schulische Versagen zu finden. Daraus ergibt sich meist eine psychische Entlastung, denn endlich gilt das Kind nicht mehr als dumm oder faul. Christine Sczygiel, Bundesvorsitzende des Bundesverbandes Legasthenie und Dyskalkulie e.V., wirbt um Verständnis: „Bei geklärter ‚Schuldfrage' wird die Ursache auch nicht mehr in der mangelnden Erziehungskompetenz im Elternhaus gesucht. Ganz wichtig ist in dem Zusammenhang der Rückhalt in der Familie. Betroffene Kinder können sich nur positiv entwickeln, wenn sie von ihren Eltern trotz schlechter Leistungen anerkannt werden. Quälendes Üben zu Hause und der Druck, besser werden zu müssen, können sehr belasten."

Eltern: Vorrangig ist es natürlich Aufgabe der Schule, frühzeitige Hilfestellungen anzubieten. Einem Kind mit Legasthenie oder Dyskalkulie zu helfen, ist eine große Aufgabe, der sich Eltern nicht allein stellen sollten. Zu Hause mit eigenen Förderprogrammen zu arbeiten, bedarf neben einem grundlegenden Wissen um das Störungsbild auch pädagogischen und didaktischen Geschicks. Es muss sichergestellt sein, dass konsequent über einen längeren Zeitraum mit dem Kind gearbeitet werden kann. Meist sind Eltern aber mit einer geeigneten Hilfestellung überfordert. Ständiger schulischer Druck, häufige Frustrationen und schlechtes Gewissen, zu wenig oder nicht richtig zu üben, gefährden Lernerfolge. Eltern sind daher nicht immer als (Co-)Therapeuten geeignet. Zudem sind Eltern (und Lehrer) für die notwendige professionelle Hilfe nicht ausgebildet.

Außerschulische Hilfe: Bestmöglich suchen sich Eltern weitere Partner, die ihr Kind unterstützen können. Alle Hilfestellungen sollten in enger Absprache mit Schule, Elternhaus und gegebenenfalls außerschulischer Fachkraft (Legasthenie-/Dyskalkulie-Therapeut) abgesprochen werden.

Da zusätzliche Förderung häufig durch außerschulische private Anbieter erfolgt und die Suche danach zunimmt, ist es wichtig für Eltern zu wissen, wo sie professionelle Hilfe erhalten können. Wirksamkeit der Therapie sowie Qualifikation

www.legasthenie.net
www.legasthenie.at
www.bvl-dyskalkulie.de
www.verband-dyslexie.ch

der Therapeuten sind bedeutsame Punkte, vor allem, wenn für die Stunden privat bezahlt werden muss. Den Ausbildungsberuf zum „Legasthenie- oder Dyskalkulie-Therapeuten" gibt es jedoch nicht. Jeder darf sich so nennen. Es besteht kein Schutz für ein solches Berufsbild. Eltern müssen daher bei der Suche nach qualifizierter Hilfe nach der Aus- und Fortbildung des Therapeuten fragen. Derzeit tätige Therapeuten verfügen in der Regel über ein abgeschlossenes Hochschulstudium mit den Kernfächern Pädagogik, Medizin oder Psychologie. Es muss sichergestellt sein, dass die therapierende Person bzw. Einrichtung über eine Qualifikation im pädagogisch-psychologischen Bereich verfügt. Zusätzliche Erfahrungen und Ausbildung in der Arbeit mit legasthenen und rechengestörten Kindern können erwartet werden. „Licht in den Therapie-Dschungel" bringt der BVL mit dem Titel „Zertifizierter Dyslexietherapeut nach BVL®". Hier kann sicher gestellt sein, dass der Therapeut eine Ausbildung mit Mindeststandards durchlaufen hat.

Fördermaterialien

Im Rahmen einer Legasthenie-Therapie zu empfehlen sind:

- Küspert/Schneider/Plume: *Hören, lauschen, lernen I und II*
- Forster/Martschinke: *Leichter lernen und schreiben lernen mit der Hexe Susi*
- Dummer/Hackethal: *Kieler Lese- bzw. Rechtschreibaufbau*
- Kossow: *Lautwortoperationsverfahren*
- Reuter-Liehr: *Lautgetreue Lese-Rechtschreibförderung*
- Schulte-Körne: *Marburger Rechtschreibtraining*

www.kmk.org (weiter: Schule/Veröffentlichungen)
www.bvl-legasthenie.de

Gibt es ein Recht auf Hilfe in der Schule?

Lesen und Rechtschreiben lehren ist zunächst einmal Bildungsauftrag der Schule. Schwierigkeiten beim Erlernen der Kulturtechniken sollten daher dort bemerkt und aufgegriffen werden. Im Dezember 2003 wurden von der Kultusministerkonferenz (KMK) „Grundsätze zur Förderung von Schülerinnen und Schülern mit besonderen Schwierigkeiten im Lesen und Rechtschreiben" veröffentlicht, die jedoch nicht bindend für die Kultusministerien der Länder sind.

Rechte bei Legasthenie

Die Rechte legasthener Kinder sind abhängig vom jeweiligen Bundesland, in dem das Kind zur Schule geht. Nicht in allen Bundesländern besteht die Möglichkeit, einen wirksamen Nachteilsausgleich zu erhalten, damit eine Schule besucht werden kann, die der eigentlichen Begabung entspricht. Bis heute ist es aufgrund der Länderhoheit in der Bildungspolitik nicht gelungen, für einheitliche Nachteilsausgleiche zu sorgen.

Dennoch ermöglichen, auch auf Forderung der KMK im Jahre 2003 hin, einige Bundesländer Nachteilsausgleiche und Förderung, leider jedoch nicht in Form eines abzuleitenden Rechtsanspruches. Außer in Bayern sind die Rechtsvorschriften (Erlasse, Verwaltungsvorschriften) zur schulischen Förderung legasthener Schülerinnen und Schüler sehr allgemein gehalten. Schule „muss" nicht helfen, sondern „kann". Die Formulierungen der Vorschriften beziehen sich nicht im Speziellen auf Kinder mit einer Lese-Rechtschreibstörung, sondern all-

Achtung, wenn Kinder immer weiter mit den Fingern rechnen.

gemein auf alle Kinder mit Schwierigkeiten beim Lesen und Rechtschreiben. Die Berücksichtigung der speziellen Entwicklungsstörung mit Anspruch auf einen Nachteilsausgleich wird nur in Bayern formuliert. Zudem gewähren die anderen Bundesländer in der Regel nur einen Nachteilsausgleich bis Jahrgangsstufe 10 und nicht darüber hinaus. In Bayern ist es jedoch möglich, auch im Abitur gesonderte Regelungen in Anspruch zu nehmen.

Rechte bei Dyskalkulie

Eine Berücksichtigung der Dyskalkulie findet bundesweit in den Schulen praktisch nicht statt. Es gibt bisher nur in wenigen Ländern Erlasse, die sich mit der speziellen Problematik der Dyskalkulie beschäftigen. Dyskalkulie-Erlasse sind in einigen Ländern in der Diskussion. Die KMK hat in ihrer Empfehlung im Jahr 2003 die Kinder mit Rechenschwierigkeiten nicht aufgenommen. Dementsprechend sind Anspruchsnormen für einen Nachteilsausgleich oder eine Förderung bei Dyskalkulie im Schulrecht schlicht nicht vorhanden.

Wie kommen Kinder zu schulischer Hilfe?

Leider findet eine spezielle Förderung innerhalb der Schule nur in Ausnahmefällen statt. Die Qualifikation der Lehrkräfte zur speziellen Legasthenie- oder Dyskalkulieförderung ist nicht immer gewährleistet. Vorgaben zur Beantragung eines Nachteilsausgleiches und die Feststellung einer Legasthenie oder Dyskalkulie werden in den Bundesländern sehr unterschiedlich gehandhabt. Es empfiehlt sich, mit dem zuständigen Lehrer zu sprechen. Wenige Lehrer und Lehrerinnen sind bisher entsprechend ausgebildet. Manchmal wissen auch sie nicht weiter. Dann sollten sich Eltern an die Schulberatung oder den Bundesverband Legasthenie und Dyskalkulie e. V. wenden.

Hilfe zur Selbsthilfe

Weitere Tipps für das Lernen und den Umgang mit teilleistungsgestörten Kindern halten die für das jeweilige Störungsbild zuständigen Elternverbände bereit. Die Bundesverbände mit ihren regionalen Gruppen sind Vereine betroffener Eltern, die vorurteilsfrei, kompetent und ohne wirtschaftliches Interesse mit Rat zur Seite stehen. Informationen, Hilfe und Unterstützung bei der Entscheidung über Diagnose- und Therapiemöglichkeiten können die jeweiligen Bundesverbände geben. Dort ist die Möglichkeit gegeben, mit anderen betroffenen Eltern und Fachleuten ins Gespräch zu kommen. Die Verbände halten Lebens- und Lernhilfen, Hinweise auf hilfreiche Veröffentlichungen, schulische Richtlinien oder Gesetze bereit. Kompetente Ansprechpartner helfen die Gedanken und Sorgen, die sich die Familien bei Legasthenie/Dyskalkulie/ADHS machen zu klären und zu sortieren. Im Gespräch wird gemeinsam nach den Problemen gesucht und Lösungsansätze werden entwickelt. Die Eltern werden mit ihren Problemen nicht allein gelassen. Außerdem bieten die Verbände Hilfe an, Menschen in Wohnortnähe kennen zu lernen, die den betroffenen Familien Unterstützung bieten. Die Berater teilen mit, ob und wo es in der Nähe Elterntreffs, Diagnostiker und Therapeuten gibt. In der Beratung lässt sich gemeinsam klären, ob die Familien professionelle Hilfe brauchen und wo sich die Fachleute befinden, die zu kontaktieren sind.

Allgemeine Lernschwierigkeiten

Eine große Zahl an Schülerinnen und Schülern hat massive Schwierigkeiten im Erlernen der Kulturtechniken, ohne dass eine Teilleistungsschwäche vorläge. Es ist wichtig, auch diese Kinder frühzeitig und mit den richtigen Hilfen aufzufan-

gen. Je früher Lernschwierigkeiten entdeckt werden, umso eher können Leistungsrückstände aufgedeckt und in Angriff genommen werden. Manchmal genügt dann schon ↗ Nachhilfe über einen kurzen Zeitraum hinweg. Wichtig ist jedoch, dass die Kinder nicht den Spaß am Lernen verlieren und auch das Richtige geübt wird. Nachhilfeinstitute und Lernmaterialien zur zusätzlichen Förderung gibt es auf dem Markt genug. Doch auch hier gilt: Gute Auswahl ist wichtig!
Eltern sollten sich an erfahrene Institute und Verlagsprodukte halten. Nicht alles, was neu auf den Markt kommt, ist auch geeignet. Gerade „schnelle, einfache Hilfe" ist zu kurzfristig gedacht. Zudem sind die Angebote meist teuer, obwohl kein durchdachtes pädagogisches und didaktisches Konzept dahintersteckt. Jede Auswahl an Hilfe beginnt in der Regel auch zunächst mit der Feststellung der Schwierigkeiten. Nur so kann gezielt geholfen werden. Es empfiehlt sich also, die Einrichtungen oder Produkte auszuwählen, die, bevor etwas „verkauft" wird, zunächst eine Lernstandsdiagnose anbieten.

Angst

Schulversagen, Sitzen bleiben, Schulwechsel sind gefürchtete Folgen, wenn es mit dem Lernen dauerhaft nicht klappt. Doch davor stehen zunächst andere Konsequenzen bei Lernversagen. Eltern und Lehrer reagieren unterschiedlich auf die Problematik. Schulisch gibt es als Reaktion meist schlechte Noten. Langfristig besteht die Gefahr von Lernrückständen und Versetzungsgefährdung. Eltern drängen auf vermehrtes Üben, bestrafen schlechte Zensuren, belohnen bei Notenbesserungen oder suchen Hilfe bei Dritten.

Angstsymptome

- Kopfschmerzen,
- Halsschmerzen,
- Magenschmerzen,
- Herzklopfen,
- Brustschmerz,
- Erstickungsgefühle,
- Zittern,
- Muskelspannung,
- Schwitzen,
- Benommenheit,
- Schwindelgefühle,
- Oberbauchbeschwerden,
- Übelkeit,
- Kribbelgefühle,
- Hitze- oder Kälteschauer.

Freude an der Schule – das wünschen wir allen Schülern. Doch Schule kann neben Lust an neuem Wissen und interessanten Lerninhalten auch begleitet sein von Angst. Angst ist zunächst ein Zustand, der zur normalen kindlichen Entwicklung dazugehört: Angst vor dem ersten Kindergarten-Tag, Angst vor der neuen Schule. Doch wenn Angst dauerhaft anhält und zu ständigem Versagen oder Lernblockaden führt, braucht das Kind Hilfe.
Im Unterschied zur Panik, die Reaktion auf eine unvorhersehbare Situation ist, steht Angst immer in einem direkten Zusammenhang zu einer Angst auslösenden Situation. Angst vor der Klassenarbeit, Angst vor den Reaktionen der Eltern, Angst vor Versagen und so weiter.
Angst zu versagen: Kinder, die Angst haben, weil es mit dem Lernen nicht

www.cornelsen-eltern.de
www.lernserver.de
www.nachhilfe.de

Meine Gedanken	So kann ich es auch sehen/sagen
Immer vergesse ich alles, was ich gelernt habe.	Heute konnte ich mich an ... erinnern.
Nie schreibe ich mal eine Eins.	Beim nächsten Mal versuche ich mich zu verbessern.
Meistens kommen die Aufgaben dran, die ich nicht so gut verstanden habe.	Die Aufgabe ... war doch gar nicht so schwer.

klappt oder geklappt hat, spüren ihre Hilflosigkeit deutlich. In der Folge trauen sie sich nicht an neuen Lernstoff heran, können ihn nicht bewältigen oder sind nicht in der Lage, Gelerntes zu behalten. Schulische Krisen sind dadurch vorprogrammiert. Kann das Kind nicht angstfrei lernen, beginnt ein Teufelskreis, denn es versagt in der kommenden Leistungsüberprüfung erneut. Die wiederum schlechten Noten bringen noch mehr Befürchtungen und der weitere Schulverlauf ist gefährdet.

Eine Möglichkeit der Hilfe durch Eltern kann es sein, gemeinsam mit dem Kind herauszufinden, wie die richtige Lerntechnik aussieht (s. Kapitel 7). Eine andere Möglichkeit besteht darin, dass eigene Erziehungsverhalten bei Leistungsversagen zu verändern.

www.schulpsychologie.de

Angst wegen Überforderung: Andauerndes Leistungsversagen, weil der Stoff zu schwer ist oder dem nicht gefolgt werden kann, macht Angst. Wenn ein Kind täglich damit konfrontiert wird, Leistungen erbringen zu müssen, die es überfordern, kann es sich nicht positiv entwickeln. Die Möglichkeit, das Angst aus einer schulischen Überforderung heraus begründet ist, muss zum Schutze des Kindes kritisch hinterfragt werden. Es muss sichergestellt sein, dass der Schüler den richtigen Schultyp besucht. Angst aufgrund einer Überforderung muss durch einen Schulwechsel oder Zurückstufen begegnet werden. Hilfe bei dieser Entscheidung kann der Lehrer oder der Schulpsychologe geben.

Angst vor den Reaktionen der Eltern: Kein Elternteil möchte, dass sein Schützling vor ihm Angst hat. Angst, die auf den Reaktionen von Eltern begründet ist und die in Zusammenhang mit schlechten Schulleistungen steht, ist meist nicht auf den ersten Blick für Eltern erkennbar. Es geht nicht darum, dass der Vater sofort mit Prügelstrafen oder Brüllen reagiert. Es sind vielmehr die unterschwelligen Reaktionen der Eltern. Ein wortloses Stirnrunzeln oder Verändern des Gesichtsausdrucks, das als „kapierst du das nie?" verstanden wird, kann mehr Schaden und Missverständnisse beim Kind hervorrufen als deutliche Worte.

Die richtigen Antworten auf schlechte Leistungen zu finden, ist aber nicht leicht. Denn auch Kommentare wie „so schaffst du keinen Übertritt!", „musste das denn sein?", „wie willst du mit diesen Noten später eine Lehrstelle finden?" oder „dein Bruder hat das mit links gemacht!" frustrieren und verunsichern. Angst vor der nächsten Probearbeit mit erneutem Versagen und den darauffolgenden Reaktionen der Eltern ist vorprogrammiert. Manchen Kindern fällt während des Tests plötzlich ein, wie die Eltern reagieren könnten, wenn diese Arbeit wieder „danebengeht". Schon sind Konzentrations- und Leistungsfähigkeit weg ...

Angst vor den Reaktionen in der Schule: Schlechte Schüler fürchten aber nicht nur die Worte ihrer Eltern, sondern vor allem auch die Auswirkungen des Leistungsversagens innerhalb der Schule. Die Schule stellt neben Familie und Freunden im Leben eines Kindes den wichtigsten Bezugspunkt seiner Entwicklung dar. Sicherheit und Angstfreiheit sind für eine störungsfreie Entwicklung des Kindes daher von besonderer Bedeutung.

„Mann bist du doof, das war doch leicht" – harte Worte eines Klassenkameraden, die das Versagen öffentlich machen. „Du hast wohl nicht geübt, das haben wir alles oft besprochen!" – Lehrerkommentare, die Angst vor der nächsten Arbeit aufkommen lassen.

Nicht zuletzt bedeutet häufiges Versagen besetzt mit Angst in der Folge eine Versetzungsgefährdung, die erneut Angst hervorruft. Als einzigen Weg, aus den negativen Gefühlen herauszukommen, versuchen Kinder, die Schule zu meiden. In manchen Fällen kommt es sogar zur Schulverweigerung.

Auf kindliche Angst reagieren

Kinder, die Angstsymptome zeigen, versuchen häufig, den Schulbesuch zu umgehen. Am frühen Morgen oder kurz bevor die Schule beginnt, treten bei betroffenen Kindern zum Beispiel Kopf-, Hals- oder Magenschmerzen auf. Wenn sie zu Hause bleiben dürfen, fühlen sie sich schon nach Kurzem wieder besser.

Doch bereits am nächsten Tag treten die Beschwerden erneut auf. Was tun? Ständige Angst ohne adäquate Hilfe ist bedrohlich für die Kindes- und Schullaufbahnentwicklung. Wenn häufig Unterricht versäumt wird und der Schüler für längere Zeit von seinen Klassenkameraden getrennt ist, isoliert er sich zunehmend. Unterrichtsausfall und Isolation bringen das Kind in schwere schulische oder soziale Probleme. Für die Eltern und das Kind ist es daher außerordentlich wichtig, professionelle Hilfe in Anspruch zu nehmen. Psychotherapeuten und Kinder- und Jugendpsychiater werden den Ängsten auf den Grund gehen und können so helfen und Mut machen, die Schulangst zu überwinden.

Psychologen:
www.dgkjp.de
www.bptk.de

Jeder Mensch möchte für seine Erfolge belohnt werden. Das gilt in besonderem Maße für Kinder. Kleinste Lernfortschritte sollten formuliert und belohnt werden. Es muss nicht immer gleich ein großes Geschenk wie ein Computerspiel oder die neuesten Trendschuhe sein. Es geht vielmehr um die Art, wie mit Erfolg und Misserfolg umgegangen wird. Meist folgen auf schlechte ↗ Noten Konsequenzen, wie noch mehr Üben, extra Nachhilfestunden oder Strafen. Gute Noten werden nur wenig berücksichtigt – vielleicht kurz kommentiert, aber meist als normal vorausgesetzt.

Gute Leistungen zu belohnen, ist aber nicht möglich, wenn diese sich nachhaltig nicht einstellen wollen. Also bleibt zunächst nur vermehrtes oder anders organisiertes Lernen als erste Reaktion auf schulischen Misserfolg. Es besteht jedoch die Möglichkeit, dem eigentlichen unangenehmen Ereignis des zusätzlichen Lernaufwands ein angenehmes Ereignis folgen zu lassen. Das Kind nimmt das unangenehme Ereignis nicht so schwer, wenn es weiß, dass unmittelbar danach etwas Angenehmes folgt. Ein Warten auf die nächste gute Note würde zu lang dauern. Nach jeder zusätzlichen Lerneinheit sollte daher eine Belohnung folgen.

Lernprobleme führen leider dazu, dass sich das Kind immer wieder im Versagen neu erlebt. Es entwickelt schnell negative Gedanken, hinterfragt sich und seine Leistungen ständig und macht sich dadurch das Leben noch schwerer. Die negativen Gedankenmuster müssen aber abgestellt werden. Dazu ist es hilfreich, gemeinsam mit dem Kind die negativen Gedanken in einer Liste aufzuschreiben und positive Formulierungen zu finden. Die neue Sichtweise wird in der rechten Spalte notiert und künftig eingesetzt oder darauf verwiesen. Die Übersicht sollte gut sichtbar zu Hause aufgehängt werden und dazu führen, neue Denkmuster anzuregen.

Abwertende Gedanken, welche die eigene Leistungsfähigkeit ständig in Zweifel ziehen, sollten durch positive motivierende Gedanken ersetzt werden. Durch das Stoppen der abwertenden Gedanken werden die schlechten Gefühle, die sich auf die eigene Leistung beziehen, aus dem Kopf verscheucht. Eltern sollten den Selbstbeschimpfungen durch Nachsicht und durchdachte Hilfestellung begegnen. Sie müssen das Kind aufbauen und emotional unterstützen.

Kinder müssen lernen, Verantwortung für sich und ihre Leistungen selbst zu übernehmen. Das heißt auch, sich um Inhalt und Dauer von Übungszeiten selbst zu kümmern. Je nach Alter muss der Schüler selbst wissen, wann er begin-

nen muss, für eine Prüfung zu lernen. Bei Versagen ist es an den Eltern, gemeinsam mit dem Kind über das „Warum“ des Misserfolgs zu reflektieren und Lösungswege aufzuzeigen.

Stress

Schule und Lernen sind nicht selten mit Stress verbunden. Neben mangelnden Lernstrategien, Defiziten in der Lernorganisation, Teilleistungsstörungen oder Ängsten kann eine weitere Möglichkeit des Lernversagens sein, nicht kompetent mit Stress umgehen zu können. Doch dies ist lernbar.

Zunächst sollten Eltern ihr Kind genau beobachten und in einem „Stresstagebuch“ festhalten, wann Stress verspürt wird und welche besonderen Herausforderungen sich an diesem Tag stellten. Aufschlussreich dazu können Gespräche zwischen Eltern, Kind und Lehrkraft sein. Bekannte Stress-Situationen sind: Hausaufgaben, anstehende Tests oder Abfragen, nicht verstandener Unterrichtsstoff, unklare Arbeitsanweisungen, zu große Stofffülle, mangelnde Vorbereitung, Konzentrationsprobleme, Persönlichkeit oder Unterrichtsstil des Lehrers. Welche Situationen mit Stress verbunden werden, lässt sich häufig erst festhalten, wenn bereits Stress-Reaktionen zu erkennen sind. Zunächst nimmt jeder Schüler

Wie reagieren Kinder auf Stress?

- Weinen, Angst
- Schlafstörungen, Albträume
- Klassenclownerie, Aggression, Wutausbrüche
- Gedanken oder Worte wie: „das kann ich nicht“, „das ist zu schwer“
- Lernverweigerung
- Rückzug von den Klassenkameraden
- Konzentrationsprobleme
- schlechte Noten trotz häufigen Übens

Ganz wichtig: einen positiven Ausgleich für Lernprobleme schaffen.

Lernversagen anders wahr und reagiert darauf unterschiedlich. Außerdem ist Stress immer subjektiv und spiegelt eine Empfindung wider. In der Beobachtung und im Gespräch mit dem Kind lassen sich verschiedene Stress-Reaktionen erkennen.

Elternhilfe gegen Stress

Stress-Entlastung ist ein zentraler Punkt der Stressbewältigung, da Spannungen weitere schlechte Leistungen nach sich ziehen. Ganz wichtig ist in dem Zusammenhang der Rückhalt in der Familie. Dem Teufelskreis Lernversagen kann nur entkommen werden, wenn Eltern ihre Kinder trotz schlechter Leistungen in ihrer Persönlichkeit anerkennen und Hilfe anbieten. Eltern sollten sich immer als Lernpartner verstehen und ihrem Kind bei der Stressbewältigung helfen, statt durch das eigene Verhalten den Stress zu verstärken. Ruhe, Gelassenheit, Sicherheit und Vertrauen sind die Basis für gemeinsame Stressbewältigung. Neben dem Verändern von Lernstrategien und Lerntechniken (s. Kapitel 7) kann das Umgestalten der Lernorganisation weiterhelfen. Bei der Art des Lernens sind auch die unterschiedlichen Lerntypen zu beachten.

Da Lernversagen in direktem Zusammenhang mit der Schule steht, ist es unerlässlich, das Gespräch mit der Schule

zu führen. Dort ist zu erfragen, ob sich das Lernversagen bereits auf die anderen Fächer auswirkt. Der Lehrer sollte immer darüber informiert sein, wie viel Zeit für Hausaufgaben und zusätzliche Übungsphasen gebraucht wird. Bei Stress-Reaktionen und Angstsymptomen ist es besonders wichtig, den Kontakt mit der Schule zu suchen und über Entlastungen, die seitens der Schule möglich sind, zu sprechen. Hilfestellung kann auch von Vertrauenslehrern und Schulpsychologen gefordert werden. Regelmäßige Besuche der Elternsprechtage sowie einzelne Beratungsgespräche sind für die Hilfestellung bei Lernstörungen unerlässlich.
Ganz wichtig sind Informationen darüber, welche Hilfen die Schule anbietet. Teilweise werden in den Schulen spezifische Förderunterrichte angeboten, die den Schülern helfen sollen, den Anschluss an den Klassenstoff nicht zu verlieren. Auch gibt es in den einzelnen Bundesländern unterschiedliche Rechtsgrundlagen, wie Differenzierung gestaltet werden kann. Bei Überforderung ist zu überlegen, ob Klassenwiederholung oder Schullaufbahnwechsel notwendig ist.

Außerschulische Hilfe

Nicht immer kann ein Kind allein üben, manche brauchen einen Lernpartner. In manchen Fällen ist die häusliche Übungssituation aber bereits negativ belastet. Kind und Eltern geraten zunehmend unter Stress und die aufgewendete Zeit für weitere Lerneinheiten zeigt keine Erfolge. Dann ist es ratsam, sich außerschulisch und außerfamiliär durch Dritte Unterstützung zu holen. Vorher ist zu klären, ob kurzfristige oder langfristige Hilfe benötigt wird.
Außerschulische Hilfe kann gewährleistet werden durch private Förderangebote oder Nachhilfeinstitute. Entscheidend ist, wie professionell und erfahren die benötigte Hilfe sein muss und was sie kosten darf. Nicht immer ist die Qualität außerschulischer Angebote gegeben. Erziehungsberechtigten ist daher zu empfehlen, sich mit anderen Eltern oder der Schule auszutauschen, mit welchen Einrichtungen oder privaten Einzelpersonen bereits positive Erfahrungen gemacht wurden.

www.aktion-humane-schule.de

Kostenübernahme bei professioneller Hilfe

Eine qualifizierte Lerntherapie kostet ungefähr 60 Euro/Stunde. Die Kosten müssen jedoch nicht immer von den Eltern getragen werden. In bestimmten Fällen

§ 35a SGB VIII

(1) Kinder und Jugendliche haben Anspruch auf Eingliederungshilfe, wenn
1. ihre seelische Gesundheit mit hoher Wahrscheinlichkeit länger als sechs Monate von dem für ihr Lebensalter typischen Zustand abweicht und
2. daher ihre Teilhabe am Leben in der Gesellschaft beeinträchtigt ist oder eine solche Beeinträchtigung zu erwarten ist.
Von einer seelischen Behinderung bedroht im Sinne dieses Buches sind Kinder oder Jugendliche, bei denen eine Beeinträchtigung ihrer Teilhabe am Leben in der Gesellschaft nach fachlicher Erkenntnis mit hoher Wahrscheinlichkeit zu erwarten ist.

kommt es zu einer Kostenübernahme nach dem Kinder- und Jugendhilfegesetz. Der Anspruch auf so genannte Eingliederungshilfe beruht auf § 35a des Sozialgesetzbuches (SGB VIII).

Zu den Krankheitsbildern, die mit hoher Wahrscheinlichkeit einen Eingliederungshilfeanspruch nach sich ziehen, sind im Zusammenhang mit schulischen Auffälligkeiten vor allem die Aufmerksamkeitsstörungen, Lese-Rechtschreibstörungen, Rechenstörungen und Ängste zu benennen. Die Abweichung der seelischen Gesundheit darf jedoch nicht vorübergehend sein, sondern muss mindestens sechs Monate anhalten. Die Teilhabe am Leben muss durch die Störung beeinträchtigt sein oder eine solche Beeinträchtigung drohen. Die Beurteilung des Integrationsrisikos kann von einer leichten sozialen Beeinträchtigung in zwei Bereichen aus Elternhaus, Schule und Umwelt bis hin zu einer tiefen und schweren Beeinträchtigung der sozialen Eingliederung beschreibbar sein. Die Beeinträchtigung muss seit der Gesetzesänderung im Oktober 2005 mit hoher Wahrscheinlichkeit zu erwarten sein; dies heißt, dass die Wahrscheinlichkeit der Beeinträchtigung zu mindestens 50 Prozent gegeben sein muss.

www.bmfsfj.de
www.sgbviii.de

Die Eltern müssen sich an das für sie zuständige Jugendamt wenden und können dort formlos einen Antrag auf Eingliederungshilfe nach § 35a SGB VIII stellen. Es muss also keine besondere Form eingehalten werden. Es gibt keine verbindlichen Antragsvordrucke und es reicht sogar aus, wenn der Antrag mündlich gestellt wird. Besser ist aber natürlich immer ein schriftlicher Antrag.

Das Jugendamt holt sich dann fachärztliche, schulische und psychologische Befunde ein. In der Regel soll die Abweichung von der seelischen Gesundheit sowie das soziale Integrationsrisiko von einem Kinder- und Jugendpsychiater, einem approbierten nichtärztlichen Psychotherapeuten oder einem Kinder- und Jugendpsychotherapeuten nach festgelegten, staatlich vorgegebenen, einheitlichen Kriterien festgestellt werden. Es sind also die entsprechenden Fachleute aufzusuchen.

Die Anträge sind an das Jugendamt zu richten. Meist erhalten die Eltern nach einem zusätzlichem Hausbesuch, der die Teilhabesituation aus sozialpädagogischer Sicht beurteilen soll, eine Gesamtbeurteilung. Über die Notwendigkeit und Art der Hilfe entscheidet das Jugendamt. Eine Genehmigung oder Ablehnung der Therapie wird schriftlich zugestellt.

Bei längerfristiger Unterstützung wird ein Hilfeplan gemeinsam mit den Eltern aufgestellt. Regelmäßige Prüfung über Absetzung oder Weitergewährung der Maßnahme werden im Verlauf vorgenommen.

Die Eingliederungshilfe mit Kostenübernahme wird nicht vor dem Zeitpunkt der Antragstellung beim Jugendamt gewährt. Wenn also bereits ein Therapieplatz in Anspruch genommen wird, werden die Kosten nicht rückwirkend übernommen. Das heißt, sich die Hilfe zunächst selbst zu beschaffen und dann an die Jugendhilfe heranzutreten, ist nicht zu empfehlen, wenn die Kosten nicht selbst getragen werden können.

Bei ambulanten Maßnahmen müssen sich die Eltern nicht an den Kosten beteiligen. Bei teilstationären und stationären Maßnahmen (das heißt vor allem beim

Besuch einer Privatschule oder bei Unterbringung in einem Internat) muss das Kind oder der Jugendliche sein Einkommen einsetzen und die Eltern müssen einen Kostenbeitrag leisten.

Und wenn es trotzdem mit dem Lernen nicht klappt ...

Gute Schulnoten sind nicht so wichtig wie das seelische Gleichgewicht eines Kindes. Nicht jedes Kind muss eine Realschule oder ein Gymnasium besuchen. Auch über den zweiten Bildungsweg lassen sich höhere Schulabschlüsse erreichen. Wichtig ist, dass ein Kind die für seine Begabung passende Schulart besuchen kann. Mit der Unterstützung durch ein liebe- und verständnisvolles Elternhaus entwickeln lernschwache Kinder mit schlechten Lernvoraussetzungen oft eine außergewöhnlich starke Persönlichkeit, da sie bereits im Kindesalter gelernt haben, Probleme zu akzeptieren und Lösungsmöglichkeiten zu finden. Nicht selten trifft man sie in verantwortungsvollen Positionen in den unterschiedlichsten Berufsfeldern an.

Eltern müssen die Stärken ihres Kindes fördern und ihm helfen, ein eigenes und selbstbewusstes Leben zu führen.

Anerkennung hilft am besten beim Lernen!

13 Integrationsschulen

Astrid Kaiser und Simone Seitz

Was heißt „sonderpädagogischer Förderbedarf"?

Jedes Kind ist zuallererst Kind. Alle Kinder brauchen Förderung und Unterstützung, um ihre persönlichen Möglichkeiten entwickeln zu können. Ein Kind, das als besonders förderbedürftig eingeschätzt wird, unterscheidet sich daher von anderen Kindern nicht durch den Förderbedarf an sich. Denn zunächst steht fest: Jedes Kind muss gefördert werden. Im Einzelfall kann dies aber intensiver oder mit bestimmten Schwerpunkten nötig sein. Es ist also lediglich das Mehr und der besondere Bereich der notwendigen Unterstützung, die einen sonderpädagogischen Förderbedarf ausmachen. Eltern brauchen keine Sorgen zu haben, ihr Kind sei in einer grundsätzlich schwierigen Lebenslage, wenn gesagt wird, es müsse besonders gefördert werden.

Wenn bei einem Kind in der Schule offiziell ein sonderpädagogischer Förderbedarf festgestellt wird, sagt dies daher erst einmal wenig über das Kind, seine Fähigkeiten und die aufgetretenen Schwierigkeiten aus. Es sagt in erster Linie, dass die Schule zunächst nicht in der Lage ist, diesem besonderen Kind die angemessenen Lern- und Entwicklungshilfen zu geben (vielleicht, weil bestimmte Hilfsmittel fehlen oder weil nur eine Lehrerin in der Klasse ist). Meist wird dann Förderung innerhalb der eigenen Schule oder von außerhalb angefragt.

Eine richtig bemessene Fördermaßnahme schaut genau darauf, wie weit das Kind entwickelt ist und was die nächsten Entwicklungsschritte sein könnten. Sie berücksichtigt außerdem das breite Umfeld eines Kindes, also das, was die Familie leisten kann und was die Schule. Fördermaßnahmen sind nur dann gut, wenn sie nicht isoliert auf das einzelne Kind bezogen werden. Es sollte immer auch gefragt werden, wie die Umgebung des betroffenen Kindes in Unterricht, Freizeit und Familie aussehen sollte, um eine optimale Entwicklung zu ermöglichen: Kind-Umfeld-Analyse. Mit dem Blick auf dieses Gesamtfeld der Entwicklung eines Kindes kann dann überlegt werden, welche Hilfen notwendig sind.

Das deutsche Bildungswesen hat die Arten von Unterstützung, die ein Kind braucht, „Förderbedarf" genannt. Es werden folgende Förderschwerpunkte unterschieden:

- Lernen (früher: Lernbehinderung),
- Verhalten (auch emotionale und sozi-

ale Entwicklung, früher: Verhaltensstörung),

- Sprache (früher: Sprachbehinderung),
- Hören bzw. Gehörlosigkeit oder Schwerhörigkeit,
- Sehen bzw. Blindheit oder Sehschädigung,
- motorische Entwicklung (früher: Körperbehinderung),
- geistige Entwicklung (früher: geistige Behinderung).

Kinder mit besonders stark ausgeprägtem Förderbedarf werden in Deutschland überwiegend an eine spezielle Sonderschule (auch: Förderschule) überwiesen, wie beispielsweise die Schule für Sehbehinderte oder für Blinde, die Schule für Geistig Behinderte oder für Erziehungshilfe bei Verhaltensauffälligkeiten. Denn im Unterschied zu den meisten anderen europäischen Ländern hat sich in Deutschland zu jedem Förderschwerpunkt eine spezielle Schulform herausgebildet.

Die Zuweisung zu einem Förderschwerpunkt folgt dem Anliegen, den Bereich zu benennen, in dem das Kind die größten Auffälligkeiten oder Schwierigkeiten hat. Es ist jedoch kein Kind nur in einer Hinsicht förderbedürftig und in anderen nicht. Ein Kind mit einer körperlichen Beeinträchtigung kann auch unangemessenes Verhalten entwickeln, wenn es sich nicht so akzeptiert fühlt, wie es ist. Ein Kind, das nicht gut hören kann, kann sich auch zu einem Kind mit Lernproblemen entwickeln, wenn seine Schwierigkeiten zu spät wahrgenommen werden und es keine angepasste Unterstützung bekommt. Darüber hinaus sind die Abgrenzungen vom „Normalen" zum „Besonderen" bei solchen Festlegungen immer fließend und mit vom Umfeld abhängig, selbst wenn ein Förderschwerpunkt recht eindeutig dominiert. Es lässt sich also nie genau sagen, an welchem Punkt zum Beispiel ein Verhalten „auffällig" ist. Das gleiche Kind kann sich in bestimmten Umgebungen ganz normal verhalten, in anderen aber auffallen, weil es vielleicht mit den Regeln nicht zurechtkommt oder sich nicht akzeptiert

Förderung braucht jedes Kind: das eine mehr, das andere weniger.

Meist haben Kinder in mehreren Bereichen Schwächen und – das wird häufig vergessen: viele Stärken.

fühlt. In der Realität finden wir also kaum ein Kind, das in die ideal gedachten Kästchen der Sonderpädagogik passt.

Damit ist ein Schwachpunkt des gegebenen Sonderschulsystems benannt, den sich Eltern genau anschauen sollten: Die Zuweisung zu einer Sonderschule erfolgt nach den Schwächen, die bei einem Kind am auffälligsten wahrgenommen werden. Dies kann zum einen dazu führen, dass die Schwächen eines Kindes überbetont werden, und bringt es zum anderen mit sich, dass das Kind in der Sonderschule ausschließlich Kinder findet, bei denen der gleiche Förderschwerpunkt festgelegt wurde. Ein Kind mit Problemen in der Sprachentwicklung lernt dann hauptsächlich Kinder kennen, die ebenfalls sprachliche Probleme zeigen. Motivierende Anreize durch Kinder, die keine Sprachprobleme haben, fehlen ihm. Das Kind hat also weniger Chancen, seine eigene Sprache weiterzuentwickeln, denn es fehlen ihm weitgehend die Vorbilder von Gleichaltrigen. Es ist aber seit langem bekannt, dass Lernen nicht aus dem Nichts heraus erfolgt, sondern immer auch der Spannung zwischen Möglichkeiten und aktuellem Können bedarf. Bei einer Zusammensetzung der Lerngruppe mit Kindern verschiedener sprachlicher Entwicklung ist es eher möglich, dass Kinder an den Vorbildern anderer eigene Lernansprüche herausbilden.

Ein weiterer Schwachpunkt ist die Gefahr, nur noch die Probleme des Kindes zu sehen. Der Blick auf die Defizite versperrt die Sicht auf die Stärken. Und gerade die gilt es in der Schule zu entwickeln, frei nach dem pädagogischen Motto, dass man immer von den Stärken ausgehen soll. Aus ihnen schöpfen Kinder Interesse und Motivation für weiteres Lernen. Deshalb ist es problematisch, wenn ein Kind vor allem über das definiert wird, was es nicht kann.

Eltern können also gegen eine „klein machende" Brille im Blick auf das Kind etwas tun. Schließlich sind die eigenen Eltern die besten Experten für die Entwicklung ihres Kindes. Sie können beispielsweise jeden Tag bewusst daran denken, was das eigene Kind wirklich kann. Dies hilft dem Kind, sich selbst mit seinen Stärken und Schwächen anzunehmen. Denn wenn es sich mit dem, was es schon kann, anerkannt und ernst genommen fühlt, wird es ihm leichter fallen auch das zu lernen, was es noch nicht kann. Eltern können den positiven Blick auf ihr Kind üben.

Welche Schule ist die richtige für mein Kind?

Den positiven Blick einüben: Fragen

- Welche drei Eigenschaften des Kindes schätzen Vater und Mutter besonders?
- Über welchen Lernfortschritt gab es in der Familie besondere Freude?
- Wobei hat sich das Kind in der letzten Woche besonders angestrengt?
- Was ist in den Augen anderer Kinder besonders gut am eigenen Kind?
- Was möchte das Kind jetzt wohl am liebsten lernen?
- Was kann das Kind besser als vor einem Jahr?
- Was könnte das Kind in den nächsten Wochen neu dazulernen (nur eine Sache nennen)?

Für Familien mit einem Kind, bei dem Fachleute einen sonderpädagogischen Förderbedarf vermuten, sind bei der Schulwahl viele Entscheidungen denkbar. Deshalb ist es wichtig, sich möglichst früh vor der Einschulung ein Bild davon zu machen, welche Beschulungsmöglichkeiten es gibt. Wenn Eltern selbst wissen, was ihnen wichtig ist, können sie ihre Entscheidung gut nach außen vertreten. Denn mit der Einschulung eines Kindes mit Förderbedarf wird eine bedeutende Weiche für dessen weiteren Lebensweg gestellt. Eltern steht dabei zum einen in vielen Orten die Möglichkeit offen, ihr Kind integrativ in der Grundschule beschulen zu lassen. Zum anderen werden sie mit einem Angebot verschiedener Sonderschulen konfrontiert. Im Sonderschulsystem werden die Kinder ihrer Diagnose entsprechend einem Sonderschultyp zugeordnet. So kann ein Kind bei eingeschränkter Sehfähigkeit, körperlicher Beeinträchtigung oder Sprachproblem in eine Sonderschule kommen, die sich hierauf spezialisiert hat. Insgesamt gibt es gegenwärtig in Deutschland 13 Sonderschulformen, die den unterschiedlichen Förderschwerpunkten entsprechen. Sie werden in den einzelnen Bundesländern unterschiedlich bezeichnet.

Die wichtigsten Sonderschularten mit den gebräuchlichsten Bezeichnungen sind:

- Schule für Lernhilfe (auch: Förderschule, früher: Schule für Lernbehinderte),
- Förderschule für emotionale und soziale Entwicklung (auch: Schule für Erziehungsschwierige),
- Schule für Sprachbehinderte,

- Schule für Gehörlose/Schwerhörige,
- Schule für Blinde/Sehbehinderte,
- Schule für Körperbehinderte (auch: Förderschule für motorische Entwicklung),
- Schule für Geistigbehinderte (auch: Förderschule für Geistige Entwicklung; oder: Schule für Praktisch Bildbare).

Die Sonderschularten haben sich herausgebildet, obwohl die Grundschule seit ihrer Einrichtung 1920 die einzige Schulstufe in Deutschland ist, in der laut Auftrag alle Kinder gemeinsam unterrichtet werden sollen. Dennoch wurden Kinder mit Auffälligkeiten und Lernbeeinträchtigungen von Beginn an ausgeschlossen und auf die damals so genannten Hilfsschulen überwiesen. Viele Kinder wurden auch gar nicht beschult. Erst seit

knapp dreißig Jahren wird in Deutschland integrativer oder auch „gemeinsamer“ Unterricht praktiziert. Die Idee hierzu ging damals von engagierten Eltern aus. In der Fachdiskussion werden die Eltern daher auch als eigentliche Erfinder der schulischen Integration bezeichnet.

Zunächst wurden Schulversuche durchgeführt. Dabei ging es von Beginn an nicht darum, Integrationsschulen als eine besondere, ergänzende Schulform einzuführen. Vielmehr sollte das gemeinsame Lernen von „behinderten“ und „nichtbehinderten“ Kindern in möglichst vielen Grundschulen eingeführt werden und schließlich zur Selbstverständlichkeit werden. Mittlerweile findet integrativer Unterricht in verschiedenen Umsetzungsformen statt. Je nach Bundesland und Region kann es komplette Schulen geben, in denen ausnahmslos alle Kinder aufgenommen werden, die im Einzugsgebiet wohnen (wohnortnahe Integration) oder Schulen mit einzelnen Integrationsklassen, die nur Kinder bestimmter Förderschwerpunkte aufnehmen. Manche Schulen haben für Kinder mit ‚sonderpädagogischem Förderbedarf' spezielle Klassen eingerichtet. Dann wird meistens nur in einem Teil des Unterrichts zusammen mit den Kindern einer „Regelklasse“ gelernt. Diese Klassen heißen dann „Förderklassen“, „Außenklassen“ (Baden-Württemberg) oder „Kooperationsklassen“. Die Ausstattung für Integration in der Grundschule ist in den einzelnen Bundesländern und Regionen sehr unterschiedlich: Das betrifft die Klassengröße und die Anzahl der Unterrichtsstunden, in denen eine zweite Lehrerin in der Klasse ist (Doppelbesetzung).

Die wichtigsten Möglichkeiten der Beschulung im Überblick:

1. Integrationsschule: In allen Klassen der Grundschule werden Kinder mit und ohne sonderpädagogischen Förderbedarf unterrichtet.

2. Integrationsklasse: An einer Grundschule wird ein Teil der Klassen (zum Beispiel eine pro Jahrgang) als Integrationsklasse geführt. In der Integrationsklasse befinden sich mehrere Kinder mit(unterschiedlichem)sonderpädagogischem Förderbedarf. Der Unterricht findet mit allen Kindern zusammen statt. Es gibt also vielleicht unterschiedliche Angebote mit verschiedenen Schwierigkeitsgraden zu einem Unterrichtsthema (↗ Binnendifferenzierung). In einem Teil der Stunden (manchmal auch durchgehend) unterrichten Grundschullehrerin und Sonderschullehrerin zusammen. In einzelnen Phasen kann es sein, dass eine Lehrerin mit einer Kleingruppe eine besondere Förderung durchführt (zum Beispiel Leseförderung), während der Rest der Klasse zu einem anderen Thema arbeitet.

3. **Einzelintegration:** In einer Klasse ist ein Kind mit sonderpädagogischem Förderbedarf. Für zwei bis drei Unterrichtsstunden kommt eine Sonderschullehrerin in die Klasse und unterstützt das Kind im Unterricht der Grundschullehrerin oder arbeitet mit dem Kind außerhalb der Klasse.

4. **Kooperation in der Grundschule:** An einer Grundschule wird eine Klasse für Kinder mit Förderbedarf (zum Beispiel im Lernen) eingerichtet. In einigen Unterrichtsstunden (etwa Sport oder Musik) findet der Unterricht gemeinsam mit einer Partnerklasse statt. Außerdem treffen sich die Kinder in der Hofpause und bei Schulfesten.

5. **Sonderschule:** Es werden ausschließlich Kinder mit einer Art des sonderpädagogischen Förderbedarfs an einer hierauf spezialisierten Schule unterrichtet.

Die „Sortierung“ der Kinder nach ihrem vorrangigen Förderbereich in den unterschiedlichen Sonderschulen ist umstritten, unter anderem weil die betroffenen Kinder dadurch von ihren nichtbehinderten Freunden und Geschwistern getrennt werden. Oft müssen sie weite Schulwege zur Sonderschule zurücklegen. Sie verlieren dadurch schnell die für alle Kinder so wichtigen Spiel- und Freizeitkontakte mit Gleichaltrigen. Mitunter geraten dann mit den Kindern auch die Eltern in die soziale Isolation. Ein weiteres ungelöstes Problem dieser Schulsortierung ist, dass es gar nicht die Kinder gibt, die einzig und allein für diese oder jene Sonderschule passen. Die Zuweisung zu einer bestimmten Sonderschulform geschieht deswegen häufig auch unter praktischen Gesichtspunkten, also zum Beispiel der Nähe von Wohnort und Sonderschule.

Andere europäische Länder setzen daher seit langem auf die Eingliederung statt auf die Aussonderung von Kindern mit Förderbedarf (so in Italien), in Deutschland sind die genannten unterschiedlichen Wege möglich.

Wie erfolgt eine Einstufung als „besonders förderbedürftig“

Wird bei einem Kind bereits vor Schulbeginn ein besonderer Förderbedarf vermutet, so wird ein Verfahren zur offiziellen Überprüfung des sonderpädagogischen Förderbedarfs durchgeführt. Dabei überprüfen eine Sonderschullehrerin und eine Grundschullehrerin in Zusammenarbeit, wo und wie dieses Kind am besten gefördert werden kann. Man nennt dies Verfahren kurz „VOSF“. Die Abkürzung „VOSF“ bezieht sich auf die „Verordnung über die Feststellung des sonderpädagogischen Förderbedarfs und die Entscheidung über den Förderort". Bis 1994 wurde stattdessen ein so genanntes „Sonderschulaufnahmeverfahren" („SAV") durchgeführt. Das „SAV" regelte über die Feststellung der „Sonderschulbedürftigkeit" die Aufnahme von Kindern in die Sonderschule. 1994 gab die Kultusministerkonferenz (KMK) die Empfehlung heraus, stattdessen von einem „individuellen sonderpädagogischen Förderbedarf" zu sprechen. Die Förderung ist seitdem ausdrücklich nicht mehr an eine Sonderschule gebunden; eine Förderung an Grundschulen und anderen allgemeinen Schulen ist genauso gut möglich. Grundsätzlich soll bei der Suche nach einem geeigneten Förderort zuerst bei der allgemeinen Schule nach Möglichkeiten gesucht werden, „wenn dort die notwendige sonderpädagogische und auch sächliche Unterstützung sowie die räumlichen Voraussetzungen gewährleistet sind" (KMK 1994). Das heißt, dass integrative Beschulung von der Kultusministerkonferenz generell bevorzugt wird. Als Begriffe dazu werden heutzutage diskutiert: Gemeinsamer Unterricht, Integrativer Unterricht und neuerdings auch Inklusiver Unterricht.

Eigentlich ist nur eine Grundschule, in die alle Kinder gehen dürfen, weil sie Kinder sind, eine „normale" Schule. Eine Schule, die sich für einzelne Kinder nicht zuständig fühlt, ist eine „unnormale" Schule.

Unterricht in Integrationsklassen

„Es ist normal, verschieden zu sein." Dieser Ausspruch des ehemaligen Bundespräsidenten Richard von Weizsäcker ist ein grundlegender Gedanke für den Unterricht in Integrationsklassen. Alle Kinder sind verschieden und Behinderung ist eine Form von Verschiedenheit, die Herkunft aus unterschiedlichen Ländern ist eine andere.

Für Kinder, die in Integrationsklassen unterrichtet werden, ist das gemeinsame Lernen und Spielen von Kindern mit unterschiedlichen Förderbedürfnissen etwas ganz Selbstverständliches. Wenn Kinder in die Schule kommen, haben sie meist keine abstrakte Vorstellung von Behinderung wie die Erwachsenen. Sie nehmen andere Kinder zuerst mit der Suche nach Freundschaft wahr und suchen nach Kindern, mit denen ihnen das Spielen Spaß macht. Zuordnungen zu Förderschwerpunkten spielen für sie dabei keine Rolle. Hierzu ein Zitat aus einer Integrationsklasse der Bodelschwingh-Schule in Bonn-Friesdorf:

Sascha, körperbehindert, zu Indra: „Bist du eigentlich auch behindert?"

Indra runzelt die Stirn, sie scheint angestrengt nachzudenken.

Nach einer Weile antwortet sie: „Ich glaube ein bisschen."

Sascha interessiert: „Was hast du denn?"

– „Allergie."

Ein Unterricht, der die Verschiedenheit von Kindern anerkennt, verabschiedet sich vom Lernen im Gleichschritt. Denn verschiedene Kinder verlangen verschiedene Lernwege. Integrativer Unterricht ist ein kindzentrierter Unterricht, in dem jedes Kind im eigenen Tempo lernen darf. Es wird von unterschiedlichen Lernausgangsbedingungen aller Kinder ausgegangen, daher sollten zum Beispiel auch Kinder, die besonders schnell lernen, Angebote, die auf sie direkt zugeschnitten sind, bekommen. Es wird auch davon ausgegangen, dass Kinder individuell verschiedene Aneignungsweisen haben (s. Kapitel 7). Während das eine Kind am besten lernt, wenn es sich die Dinge genau ansehen kann, lernt das andere besonders gut über das Zuhören. Und ein drittes Kind lernt eben besonders gut, wenn es die Dinge betasten kann. Dass das dritte Kind blind ist, spielt dann nur am Rande eine Rolle. Außer es liest mit Braille-Schrift (Blindenschrift): Das Experimentieren mit dieser „Geheimschrift" kann für alle Kinder spannend und bereichernd sein. Dadurch lernen sie wichtige Hintergründe über Schriftsprache als Zeichensystem. Dies fördert das Sprachbewusstsein von allen Kindern. Ein blindes Kind ist also keine Belastung, sondern auch ein Anlass, die Förderung für alle intensiver zu machen.

Da Verschiedenheit im integrativen Unterricht erlaubt und gewünscht ist, wird nicht erwartet, dass alle Kinder zum gleichen Zeitpunkt und auf die gleiche Weise den gleichen Stoff lernen, vielmehr wird der Unterricht nach den individuellen Voraussetzungen der verschiedenen Kinder differenziert. Entscheidend dabei ist, dass nicht nach den Lernwegen der nichtbehinderten Kinder und den Lernweisen der Kinder mit Förderbedarf gefragt wird. Integrativer Unterricht fragt zuerst, wie alle Kinder zusammen zu einem Thema lernen können und dann, was jedes Kind an besonderen Lernmöglichkeiten benötigt.

Offene Unterrichtsformen (s. Kapitel 2), in denen Kinder selbstbestimmt und entdeckend lernen können, sind daher für integrativen Unterricht besonders geeignet, denn sie erlauben den einzelnen Kindern, interessengeleitet und motiviert auf Lernangebote zuzugehen und den eigenen Lernweg selbst zu bestimmen. Die Kinder erhalten so die Möglichkeit, ihre vielfältigen Vorerfahrungen in den Unterricht einzubringen. Natürlich kommt es dann darauf an, ob es der Lehrperson gelingt, an diese verschiedenen Lernwege pädagogisch anzuknüpfen und den Lernprozess der Kinder aufmerksam zu verfolgen.

Integrativer Unterricht nutzt dabei insbesondere das Lernen von Kind zu Kind (Kooperation). Kindern sind andere Kinder sehr wichtig und sie lassen sich gerne von ihnen anregen, schließlich suchen sie ja ganz wesentlich Freundschaft in der Schule. Sie können von gemeinsamen Lernsituationen profitieren, ob sie nun den ungefähr gleichen Lernstand haben oder unterschiedlich weit entwickelt sind. Für das Lernen der Kinder ist es

Eine integrative Grundschule auswählen

- Sind die Klassenräume so eingerichtet, dass es verschiedene Ecken mit unterschiedlichem Lernmaterial gibt?
- Gibt es an den Türen und Wänden der Schule Bilder, Fotos oder andere Dinge, die zeigen, dass jedes einzelne Kind angenommen wird?
- Kann man an den Türen und Wänden der Schule bei Bildern und anderen Ausstellungsobjekten sehen, welche Klassen oder welche Kinder dies angefertigt haben? Wird also die Wertschätzung der Arbeit von Kindern verdeutlicht?
- Sind die Sitzplätze der Kinder in Stuhlreihen oder in anderen Formen (Tischgruppen, Kreis) angeordnet?
- Gibt es einen Nebenraum, der von kleinen Gruppen genutzt werden kann? Können dort verschiedene Kindergruppen arbeiten oder ist der Raum immer nur für die Kinder mit Förderbedarf da?
- Ist in der Schule sichtbar, dass man sich um eine ansprechende Lernumgebung für die Kinder bemüht, in der sie sich wohlfühlen können?
- Können Eltern beim Besuch der Schule Kindergruppen außerhalb der Klassenräume arbeiten sehen?
- Hat die Schule auf den Fluren Ausstellungsflächen für Ergebnisse der Gruppen?
- Gibt es Ankündigungen von Festen und Veranstaltungen mit Planungsbeteiligung von Schülerinnen und Schülern? Werden dazu die Eltern eingeladen?
- Werden Eltern auf Plakaten oder auf andere Weise zum Mitwirken bei schulischen Vorhaben aufgefordert?
- Ist der Schulhof freundlich gestaltet? Wenn Sie eine Hofpausensituation beobachten können: Spielen dort „behinderte" und „nichtbehinderte" Kinder zusammen? Gibt es Außenseiter? Wie gehen die Lehrerinnen damit um?
- Ist das Schulhaus so eingerichtet, dass auch Kinder im Rollstuhl in alle wichtigen Räume gelangen?

enorm bereichernd zu erfahren, wie unterschiedlich die Lernweisen der anderen Kinder sind, denn darüber wird ihnen am ehesten bewusst, wie sie selber am besten lernen. Sie werden also zu Experten für ihr eigenes Lernen. Wichtig ist daher auch, dass die Lehrerinnen und Lehrer geeignetes Lernmaterial anbieten, an dem die Kinder wechselseitig ihr Denken entwickeln. Damit Formen der Zusammenarbeit im Unterricht gelingen können, brauchen allerdings die Beziehungen der Kinder untereinander im Unterricht Beachtung und manchmal auch eine Aufarbeitung von Konflikten im Klassengespräch.

Soziales Lernen (s. Kapitel 2) ist ein fester Baustein in Klassenkonzepten für integrativen Unterricht. Dieser Unterricht lebt also insgesamt einerseits von der Verschiedenheit der Kinder. Andererseits ist es im Unterricht wichtig, neben der individuellen Förderung ausreichend Gemeinschaftserlebnisse zu ermöglichen und dafür zu sorgen, dass sich die Klasse als Gruppe erlebt. Soziales Lernen findet zum Beispiel in Klassengesprächen statt, in denen die Kinder das Verhalten nach demokratischen Grundregeln erlernen, aber auch in eigens hierfür vorgesehenen Unterrichtsbausteinen, zum Beispiel in Projekten, in denen etwas gemeinsam erarbeitet wird. Dies kann zum Beispiel ein Theaterstück, eine Ausstellung oder ein selbst erstelltes Ergebnisbuch zu einem Thema sein. Wichtig ist, dass alle Kinder an diesem Vorhaben beteiligt werden. Auch feste Rituale im Tagesablauf unterstützen das Gemeinschaftserleben der Kinder, so etwa ein regelmäßiger Morgenkreis.

Eltern können die Merkmale guten integrativen Unterrichts an einer Schule erfragen und beobachten. Dazu in der Übersicht links einige Testfragen, die Eltern bei der ersten Besichtigung einer Grundschule für sich selbst anwenden können.

Wenn Eltern einen guten Eindruck vom allgemeinen pädagogischen Konzept einer Schule haben, ist es wichtig, dass sie sich genauer nach dem Umgang mit den verschiedenen Arten des Förderbedarfs erkundigen. Sie sollten fragen, ob alle Kinder immer dieselben Lernziele erreichen sollen oder ob es Unterricht gibt, bei dem einige Kinder andere Lernziele verfolgen. Die dabei verwendeten zentralen Begriffe heißen „zielgleich“ und „zieldifferent“. Sie haben einen rechtlichen Hintergrund.

Im „zielgleichen“ integrativen Unterricht sollen alle Kinder nach den Lernzielen und dem Lehrplan der Grundschule unterrichtet werden. Ihre Leistungen werden dann nach den gleichen Kriterien bewertet wie die aller anderen Kinder, sie bekommen aber besondere Unterstützung, um diese Ansprüche erfüllen zu können. Zielgleicher Unterricht kommt zum Beispiel zum Tragen, wenn ein Kind mit einer körperlichen Beeinträchtigung besondere Hilfen beim Schreiben benötigt, aber keine Lernschwierigkeiten hat.

Im „zieldifferenten“ integrativen Unterricht sollen die Kinder mit sonderpädagogischem Förderbedarf nach besonderen Lehrplänen unterrichtet werden, also nach den Lehrplänen für den speziellen Förderbereich, dem sie zugeordnet werden. Dies ist in der Praxis meist nicht so genau umzusetzen und eher für rechtliche Fragen wichtig. Es kann beispielsweise bedeuten, dass Leistungen nach besonderen, auf das Kind bezogenen Kriterien bewertet werden. Ein Kind mit Lese-Rechtschreibschwäche (s. Kapitel 12) kann dann ein kürzer und einfacher aufgebautes Diktat bekommen als andere Kinder in der Klasse. Ein Kind mit Lernschwierigkeiten kann dann ein Zeugnis erhalten, in dem die Noten nach anderen Kriterien vergeben werden. Denn Leistungen von Kindern in Integrationsklassen sind zuallererst individuelle Leistungen, die als solche Anerkennung verdienen (das ist die „individuelle Bezugsnorm“). Der Vergleich der Leistungen unterschiedlicher Kinder dient deshalb nicht dazu, einen Konkurrenzkampf zu eröffnen, sondern dazu, die eigenen Leistungen realistisch einzuschätzen, die Leistungen anderer anzuerkennen und sich gegenseitig zu unterstützen.

Die Kinder verstehen einen anerkennenden Umgang mit unterschiedlichen Leistungen meist sehr schnell. So kommt es vor, dass sie im Sitzkreis die Präsentation eines Kindes spontan mit Applaus beantworten, auch wenn sie selbst in der gleichen Zeit eine an der üblichen Norm gemessenen bessere Leistung erbracht haben. Sie verstehen aber, wenn die gezeigte Leistung für das bestimmte Kind eine sehr gute Leistung ist und spüren, dass dies wertgeschätzt werden sollte.

Die Elternsicht

Die ersten Schulversuche zur Integration wurden von Eltern initiiert. Zuvor hatten erste Versuche zur integrativen Erziehung in Kindergärten stattgefunden. Diese verliefen pädagogisch sehr erfolgreich, sodass sich die beteiligten Eltern zusammenschlossen und eine Fortführung gemeinsamer Erziehung und Bildung in der Grundschule einforderten (1970er Jahre). Der erste Versuch an einer staatlichen Grundschule wurde in Berlin durchgeführt (Fläming-Grundschule). Es folgten bald mehr Schulen. Die Eltern, die sich hierfür einsetzten, schlossen sich 1985 zu der Elterngemeinschaft „Gemeinsam leben – Gemeinsam lernen“ zusammen, bis heute ein wichtiger Ansprechpartner für Eltern, die Integration befürworten (siehe Tipps und Adressen). In der Elterngemeinschaft sind nicht nur Eltern von Kindern mit Förderbedarf engagiert, sondern auch Eltern ‚nichtbehinderter’ Kinder, die sich für ihre Kinder wünschen, dass diese einen natürlichen Umgang mit ‚behinderten’ Kindern von Beginn an lernen und die das pädagogische Konzept von integrativem Unterricht schätzen, weil hier jedes Kind in seiner Besonderheit zählt. Trotzdem wird die schulische Umsetzung von Integration bei der Neueinführung von Eltern oft zunächst skeptisch betrachtet. Einige Eltern von ‚nichtbehinderten’ Kindern haben die Befürchtung, ihr Kind könnte zu kurz kommen oder das Leistungsniveau der gesamten Klasse könnte sinken. Nach den ersten erfolgreichen Erfahrungen entwickelt sich aber bei den Eltern in der Regel eine hohe Beliebtheit dieser Schulen. Einige Schulen haben regelrechte ‚Wartelisten’ von Schüler/innen. Damit wird bestätigt, was die wissenschaftliche Begleitfor-

Jedes Kind hat ein Anrecht auf ihm angemessene Förderung.

schung integrativer Schulklassen gezeigt hat: ‚Nichtbehinderte' Kinder lernen in Integrationsklassen genauso gut oder besser als in ‚Regelklassen' und sie sind oftmals ihren Alterskameraden ohne Integrationserfahrung in ihren sozialen Fähigkeiten überlegen. Anhand dieser Ergebnisse wurde erkannt: Auch Kinder ohne ausgewiesenen besonderen Förderbedarf profitieren von einem beweglichen Unterricht, in dem Kinder selbstständig und in ihrem eigenen Tempo lernen können, in dem viele Projekte durchgeführt werden, Kommunikationslernen möglich ist und viele verschiedene Aufgaben statt nur einer gestellt werden.

Wenn Eltern sich also für eine Integrationsschule entscheiden, die ein gutes pädagogisches Konzept hat, wissen sie auch in der Regel, dass ihr Kind in eine förderliche Lernumgebung kommen wird.

Und nach der Grundschule?

Der Übergang in eine weiterführende Schule ist eine wichtige Schwelle im schulischen Werdegang aller Kinder.

Für Eltern von Kindern mit sonderpädagogischem Förderbedarf, die sich für ihr Kind auch in der Sekundarstufe einen Besuch der allgemeinen Schule wünschen, kann dies auch ein Zeitpunkt erneuter Auseinandersetzung mit Widerständen sein, denn integrativer Unterricht ist hier weit weniger verbreitet und nicht in allen Bundesländern möglich. Wenn sich Sekundarstufenschulen für Integration öffnen, dann sind es meist Gesamtschulen oder auch andere Schulen, die bereits vor der Einführung von Integrationsklassen die Verschiedenheiten von Schüler/innen bewusst in ihr Konzept aufgenommen haben. Bildungspolitisch wird in der Sekundarstufe besonders oft auf die Einrichtung von Förderklassen gesetzt, das heißt „Sonderklassen" innerhalb der allgemeinen Schule. An dieser Nahtstelle im Bildungsgang ist es besonders wichtig, alle Möglichkeiten in der Region genau zu prüfen. So ist es durchaus denkbar, dass einzelne Lehrerinnen und Lehrer an Sekundarstufen der Integration aufgeschlossen gegenüberstehen, sich aber ansonsten noch nicht mit dieser Frage auseinandergesetzt haben. Diese zu finden ist nicht einfach, aber möglich. Denn wenn einzelne Lehrerinnen und Lehrer an Sekundarschulen erst einmal bereit sind, Kinder mit besonderem Förderbedarf aufzunehmen, lässt sich dies eher im gesamten Kollegium vermitteln. Deshalb ist es hilfreich zu wissen, wie Eltern derartige, zu Förderung bereite und aufgeschlossene Lehrpersonen finden können.

Es gibt keine Verzeichnisse bei Behörden, welche Lehrerinnen und Lehrer der Integrationsfrage gegenüber aufgeschlossen sind, dies müssen Eltern selbst herausfinden. Dazu gibt es eine einfache Methode, nämlich bei den Lehrerverbänden in der eigenen Stadt, im eigenen Landkreis zu fragen. Es ist sinnvoll, nach der nächsten Stadtverbandssitzung oder sonstigen Versammlung zu fragen. Die Organisationsverantwortlichen können dann gefragt werden, ob sie bereit sind, dass Eltern auf der nächsten Sitzung Fragen stellen. Und dies ist tatsächlich eine große Chance. Wenn ein Kind mit Förderbedarf von den eigenen Eltern vorge-

stellt wird, bekommen Lehrerinnen und Lehrer einen direkten Einblick in die Problemlage und können sich eher bereit erklären, nun auch diese Kinder in den eigenen Unterricht aufzunehmen.
Was für die Beschulung eines Kindes mit Förderbedarf außerdem wichtig ist zu wissen: Nach vier Schuljahren muss in jedem Fall der „sonderpädagogische Förderbedarf" erneut festgestellt und bestätigt oder aufgehoben werden.

Viele Fragen – gute Antworten

Eltern, die vor der Entscheidung für eine Förderschule stehen, haben viele sehr unterschiedliche Fragen. Je nachdem, mit wem man spricht, kommen immer neue Zweifel, aber auch Gewissheiten hinzu.

Brauchen Kinder mit Förderbedarf besondere Schonräume?

Die Annahme, dass Kinder im Schonraum einer Sonderschule besonders gut auf eine gesellschaftliche Integration als Erwachsene vorbereitet werden könnten, hat sich nicht bestätigt. Kinder können am besten zusammen mit anderen Kindern lernen, ihren Platz in der Gesellschaft zu finden. Werden sie in der Kindheit davor verschont, sich mit ihren Einschränkungen auseinandersetzen zu müssen, ist es ungleich schwieriger für sie, sich als Erwachsene in das gesellschaftliche Leben einzugliedern und ein möglichst selbstständiges Leben als aktive Bürger zu leben. Wird einem Kind also empfohlen, es in der Schulzeit zunächst vor der „Härte" des Vergleichs mit anderen Kindern zu bewahren, um sich später besser behaupten zu können, sollten Eltern misstrauisch werden. Es könnte dahinter der unbewusste Wunsch verborgen sein, sich selbst und die Gesellschaft vor der Auseinandersetzung mit den Schwierigkeiten und Besonderheiten bestimmter Menschen zu schützen. Es ist also bei solchen Zuschreibungen sehr wichtig, genau nachzuschauen, wer vor wem „geschont" werden soll und warum. Eltern sollten kritisch nachfragen: Welche Interessen vertritt diese Person? Ist sie auf der Seite des Kindes? Will sie vielleicht die Augen vor unangenehmen Seiten schließen?
Wenn die kritischen Fragen für sich positiv beantwortet werden können, ist dies eine gute Basis, nun vertrauensvoll mit dieser Person zu sprechen und deren Rat offen und unvoreingenommen zu prüfen.

Sind Integrationsschulen teurer als Sonderschulen?

Integrationsschulen sind nachweislich nicht teurer als Sonderschulen. Zwar ist die Beschulung eines Kindes in einer Integrationsklasse auf den ersten Blick teurer als in einer „Regelschulklasse", verglichen mit der Beschulung in einer Sonderschule sind die Kosten für das Kind mit sonderpädagogischem Förderbedarf aber geringer, unter anderem weil dann der meist sehr lange Anfahrtsweg zur Sonderschule eingespart wird.

Werden „nichtbehinderte" Kinder in Integrationsschulen weniger gut gefördert?

Erwiesenermaßen lernen „nichtbehinderte" Kinder in Integrationsklassen nicht weniger effektiv. Dort dürfen alle

Kinder, wenn es optimal läuft, ihren unterschiedlichen Lernständen und Interessen gemäß lernen. Das Potenzial eines jeden einzelnen Kindes kann besser ausgeschöpft werden als in Klassen, in denen alle Kinder im gleichen Tempo und auf die gleiche Art und Weise lernen sollen. Von der Akzeptanz der Verschiedenheit profitieren daher alle Kinder. Auch Kinder mit herausragenden Fähigkeiten können hier eher die Chance erhalten, auf ihre Besonderheiten zugeschnittene Angebote zu erhalten und müssen sich nicht „anders" fühlen. Dies heißt allerdings nicht, dass jeder Unterricht, der sich als offen bezeichnet, auch lernförderlich ist. Manche Lehrerinnen und Lehrer nennen Unterricht „offen", wenn sie viel Material zur Verfügung stellen. Es kommt außerdem darauf an, dass er gut strukturiert ist und die Kinder nicht den Überblick verlieren. Es ist ebenfalls wichtig, dass die Kinder Zeit für systematisches Üben haben und viel echte Lernzeit stattfindet, das heißt, dass nicht zu viel Unterrichtszeit für Organisatorisches verwendet wird.

Rechtlich steht jedem Kind mit sonderpädagogischem Förderbedarf in der allgemeinen Schule eine bestimmte Anzahl an Stunden zu, in denen eine Sonderschullehrerin in der Grundschule mitarbeitet. Sind mehrere Kinder mit Förderbedarf in einer Klasse, werden diese Stunden einfach „zusammengezählt". Eltern mit Bedenken sollten vorher erfragen, in wie vielen Unterrichtsstunden zwei Lehrer/innen im Klassenraum sind und den Unterricht gestalten (sog. „Doppelbesetzung"). Folgende Fragen sollten geklärt werden:

- Gibt es Doppelbesetzung?
- Wie häufig gibt es Doppelbesetzung in einer Woche?
- Wie viele Stunden gibt es besondere sonderpädagogische Förderung?
- Ist differenziertes Material vorgesehen für Kinder verschiedener Lernstände?
- Gibt es eine sichtbare Strukturierung des Schulalltags?
- Werden Angebote für verschiedene Kinder gemacht?
- Sind gemeinsame Aktivitäten der Klasse vorgesehen?
- Wird generell berücksichtigt, dass es verschiedene Kinder gibt?
- Ist die Schule dabei, sich auf verschiedene Lernvoraussetzungen einzustellen?
- Gibt es besonderes Material oder besondere Angebote für Kinder anderer Muttersprache, anderer Kulturen, Anregungen für Jungen und/oder Mädchen?

Gibt es ein Recht auf die allgemeine Schule?

Zwar hat das Bundesverfassungsgericht 1997 festgestellt, dass die Überweisung in eine Sonderschule gegen den Willen der betroffenen Person nicht grundsätzlich eine im Sinne von Art. 3,3 GG verbotene Benachteiligung sei, aber es wurde dabei ausgeführt, dass integrativer Unterricht aufgrund der wissenschaftlichen Untersuchungen die vorrangig zu verwirklichende Alternative sein solle und betont, dass bei der Entscheidungsfindung das Persönlichkeitsrecht des Kindes (Art. 2,1 GG) und das elterliche Erziehungsrecht (Art. 6,2 GG) zu berücksichtigen seien. Die Schulbehörde ist daher verpflichtet, genau zu begründen, warum ein Kind auch gegen den Willen der Eltern an eine Sonderschule überwiesen werden soll.

Im Grundgesetz (GG) heißt es seit 1994 im Art. 3, Absatz 3: „Niemand darf wegen seiner Behinderung benachteiligt werden."

Wenn die Grundschule ein Kind prinzipiell beschulen möchte, aber keine ausreichende personelle Hilfe vorhanden ist (etwa Pflege), können die Eltern beim Sozialhilfeträger („Behindertenhilfe") oder beim Jugendamt („Hilfe zur Erziehung") die Finanzierung von zusätzlichem Personal beantragen. Dabei kann man sich beziehen auf das Bundessozialhilfegesetz (BSHG). Unter anderem wird dort in den Paragrafen 39 und 40 die „Eingliederungshilfe für Behinderte (und von Behinderung Bedrohte)" geregelt. Diese sieht ausdrücklich „Hilfe zu einer angemessenen Schulbildung" vor, das heißt, es können „Einzelfallhelfer/innen" finanziert werden.

www.gemeinsamleben-gemeinsamlernen.de

Auch das Kinder- und Jugendhilfegesetz (KJHG; SGB VIII) schreibt den Rechtsanspruch von Eltern auf Hilfe bei integrativer Erziehung und Bildung fest. In diesem Gesetz gibt es zwei Paragrafen, die für Eltern hilfreich sind, nämlich § 27 und § 35a. Der erste regelt, dass Eltern einen Anspruch auf Hilfe zur Erziehung haben. Dies gilt für den Fall, dass „eine dem Wohl des Kindes oder des Jugendlichen entsprechende Erziehung nicht gewährleistet ist und die Hilfe für seine Entwicklung geeignet und notwendig ist" (Absatz 1). Im dritten Absatz dieses Paragrafen heißt es ganz klar, dass dies „die Gewährung pädagogischer und damit verbundener therapeutischer Leistungen" einschließt. Also dürfen Eltern bei den Behörden Unterstützung bei der Integration in Schulen beantragen (§ 35a des KJHG).

Je schwerer die Behinderung ist, umso notwendiger braucht ein Kind die vielfältigen Anregungen der nicht behinderten Kinder.
JUTTA SCHÖLER

Eltern stehen also nicht allein da, wenn sie ein Kind mit besonderem Förderbedarf haben, sie müssen nur die Hilfen bei der Förderung ausschöpfen.

Die Rechte des Kindes

- Personelle Begleitung im Unterricht im Falle schwerer Beeinträchtigung,
- Schulweghilfe,
- mobilitätsgerechte Schulbauten gemäß den Richtlinien für alle öffentlichen Gebäude,
- therapeutische Fördermaßnahmen nach dem Kinder- und Jugendhilfegesetz.

Argumentationshilfen in der Auseinandersetzung um die Förderung:

- legitime Ansprüche (s.o.),
- Lebensorientierung,
- umfassende Bildung,
- Entwicklung sozialer Kompetenzen,
- Glücksfähigkeit.
- Persönlichkeitsbildung.

Wenn Eltern sich klarmachen, was ihrem Kind guttut, können sie ihrem Gefühl folgen. Sie spüren, was wichtig und richtig ist. Denn bei aller Notwendigkeit, zu überprüfen, was es an Fördermöglichkeiten für das eigene Kind gibt, ist es wichtiger, zu erspüren, was in der Situation für das Kind das Beste ist.

Sind Integrationsschulen für alle Kinder geeignet?

Zunächst einmal gilt: Nichts ist wichtiger als pädagogische Unterstützung, Anregung und ein gutes Lernklima. Dies braucht jedes Kind zuerst. Je mehr Förderbedarf ein Kind hat und umso vielfältiger dieser ist, umso wichtiger ist es, dass es in einer lebendigen und natürlichen Umgebung ist, in der es sich anerkannt fühlt und viele Anregungen bekommt.
In der Schulwirklichkeit ist es für Kinder mit leichten Beeinträchtigungen leichter,

einen Platz in einer Integrationsklasse zu bekommen als für Kinder, die viel Unterstützung benötigen. Daher entsteht schnell der Eindruck, Integrationsklassen seien besonders für Kinder mit „leichten" Beeinträchtigungen geeignet. Aber das ist nicht die volle Wahrheit. Integrationsschulen können für alle Kinder die erforderliche Förderung bieten, wenn die Rahmenbedingungen stimmen. Als wichtigen Grundsatz der Integrationspädagogik formulierte der Pädagoge Jakob Muth: „Integration ist unteilbar." Es ist aus dieser Sicht ein demokratisches Grundrecht von Kindern mit Beeinträchtigungen, nicht ausgesondert zu werden und mit anderen Kindern zusammen lernen und spielen zu können.

Die Frage, ob ein Kind in einer Integrationsklasse gut aufgehoben ist, sollte daher nicht davon abhängen, ob das Kind sich gut genug an die Voraussetzungen des Unterrichts anpassen kann, sondern vielmehr davon, ob der Unterricht so gestaltet ist, dass Kinder mit unterschiedlichen Bedürfnissen davon profitieren können. Dies heißt, dass der Unterricht offen ist für verschiedene Wege des Lehrens und Lernens. Und es heißt, dass der Unterricht flexibel genug ist, um jedes Kind bei seinen Lernvoraussetzungen abzuholen und weiterzuführen. Das Fachwort dafür ist „Individualisierung". Dies ist bereits an der äußeren Gestaltung der Klasse zu erkennen. Wenn es zum Beispiel Fächer oder Listen gibt, in denen Materialien für bestimmte einzelne Kinder bereitgehalten werden, dann ist das ein Zeichen dafür, dass individualisierend gearbeitet wird. Es kommt aber auch darauf an, ob die Lehrpersonen jedes Kind auch wirklich annehmen und fördern wollen. Ohne zwischenmenschliche Unterstützung und Zutrauen ist eine Entwicklung kaum möglich.

Einige wissenschaftliche Untersuchungen haben gezeigt, dass das Selbstkonzept von Kindern mit Beeinträchtigungen des Lernens in integrativen Klassen zunächst relativ niedrig ist und sich später stabilisiert. In Sonderschulen scheint das Selbstkonzept zunächst etwas stärker ausgeprägt zu sein, es sinkt aber rapide in den letzten Schuljahren. Dies ist einfach zu erklären: Kinder in Sonderschulen werden über lange Jahre vor einem direkten Leistungsvergleich mit Gleichaltrigen ohne Beeinträchtigung verschont. Oftmals wird ihnen erst in den letzten Schuljahren bewusst, dass sie kaum gelernt haben, sich außerhalb des Schonraums Sonderschule mit ihren Leistungen zu behaupten und ihre eigenen Fähigkeiten und Qualifikationen realistisch einzuschätzen.

Oft wird gesagt, die pädagogische Wirksamkeit von Integrationsschulen sei noch nicht ausreichend belegt. Es gibt aber viele wissenschaftliche Studien, die den Erfolg des Integrationskonzepts belegen. Viel zu wenig untersucht ist vielmehr die Wirksamkeit von Sonderschulen. Hierzu gibt es bisher erst eine Studie, in der gezeigt wurde, dass Schüler und Schülerinnen mit Lernschwierigkeiten in der Sonderschule deutlich schlechter abschnitten als in der Integration.

Was ist „Inklusion"?

Neuerdings wird oftmals von der inklusiven Schule gesprochen. Was bedeutet das?

Inklusion leitet sich von dem englischen Begriff „inclusion" ab. Dieser Begriff wurde bekannt durch eine Erklärung der UNESCO von 1994. Damals hat die UNESCO in Salamanca (Spanien) eine Erklärung verabschiedet, in der für alle Kinder in allen Ländern der Welt – unabhängig von Fragen der Begabung oder der Armut – die Eingliederung in die allgemeinbildende Schule gefordert wird. Diese Forderung wurde mit dem Begriff „inclusion" (deutsch: Einbeziehung) bezeichnet.

In Deutschland wurde dies aufgenommen und mit einer Unterscheidung von dem bisherigen Verständnis von „Integration" verbunden. Unter „Integration" wird meistens verstanden, dass die Mehrheit der nicht behinderten Kinder die Minderheit der behinderten Kinder „integriert" (die behinderten Kinder passen sich also mehr oder weniger an). Der Begriff „Inklusion" betont eher, dass Vielfalt den Normalfall darstellt und eine künstliche Unterteilung von behinderten und nichtbehinderten Kindern wenig Sinn macht, unter anderem weil Kinder zugleich aus unterschiedlichen Kulturen kommen und verschiedenen Religionen angehören. In der Fachdiskussion meint „Inklusion" also nicht genau das Gleiche wie „Integration", die Begriffe werden aber trotzdem oft so verwendet.

„Ihr Kind wird niemals ... können"?

Prognosen von Fachleuten, die nach dem Strickmuster, schon vorher zu wissen, was ein Kind nicht lernen wird, mit Eltern sprechen, sollten diese misstrauen. Dabei wird gedanklich die Zukunft vorweggenommen. Deshalb sollten Sie hier kritisch sein, denn diese Fachleute verkennen die Komplexität von kindlicher Entwicklung. Die vielfältigen Einflussfaktoren auf den Lern- und Entwicklungsweg eines Kindes sind nicht im Einzelnen vorhersehbar. Vorwegnehmende Gewissheiten über angebliche Entwicklungsgrenzen können schnell zu Reduzierungen in Bildungs- und Lernangeboten führen, die dann tatsächlich den Entwicklungsweg eines Kindes begrenzen.

Hitliste der Fehlprognosen

- Was Hänschen nicht lernt, lernt Hans nimmermehr.
- Das Kind ist nicht bildbar.
- Sie ist unintelligent.
- Er ist nicht begabt.
- Der Junge kann einfach nicht.
- Sie ist ein Schwachmathikus.
- Er ist lernresistent.
- Sie wird niemals lesen lernen.
- Jeder Unterricht bei ihm ist vertane Liebesmühe.

Wir wissen gerade aus wissenschaftlichen Analysen von Integrationsschulen, dass einzelne Kinder mit dem Etikett „geistige Behinderung" im dritten Schuljahr unerwartet lesen, schreiben und rechnen gelernt haben. Sie konnten dies aber nur zeigen, weil es ihnen zugetraut wurde und sie dementsprechende Lernangebote erhalten haben. Wir wissen auch, wie Menschen mit schweren körperlichen Beeinträchtigungen zu Höchstleistungen in verschiedenen Sportarten in der Lage sind. Daher sind negative Vorhersagen, die nur von einem allgemeinen „Behinderungsetikett" abgeleitet werden, schlicht unprofessionell. Lernen kann bei einer Person – das weiß man heute – in einzelnen Bereichen ganz unterschiedlich verlaufen und ist von vielen unvorhersehbaren Einflüssen mitbestimmt. Fachleute und Eltern sollten deshalb die Unvorhersehbarkeit von Entwicklungsprozessen in Kauf nehmen und ‚wach' bleiben für die Lernmöglichkeiten eines Kindes. Eine genaue Beobachtung des jeweiligen Entwicklungsstandes und seiner Lernschritte ist viel wichtiger als Prognosen. Die Frage sollte daher eher lauten: „Was kann mein Kind – auf der Basis dessen, was es bereits beherrscht – als Nächstes lernen, wenn es dabei angemessen herausgefordert, aber nicht überfordert werden soll?"

Auch behinderte Kinder zeigen gute Lernerfolge.

„Sie wollen die Behinderung Ihres Kindes nicht wahrhaben!"

Eltern, die sich für eine integrative Beschulung ihres Kindes einsetzen, wird manchmal unterstellt, sie könnten die Behinderung ihres Kindes nicht akzeptieren. Tatsächlich ist es nach der Diagnose für Eltern ein schwieriger und oft schmerzvoller Prozess, ihr Kind so anzunehmen, wie es ist. Wenn sie sich für ihr Kind wünschen, dass es innerhalb seines normalen Umfelds gemeinsam mit allen anderen Kindern in die Schule geht, heißt das aber noch lange nicht, dass sie nicht um die Schwierigkeiten ihres Kindes wissen. Vielmehr zeigen Eltern damit, dass sie nicht bereit sind, ihr Kind am Rande der Gesellschaft aufwachsen zu lassen, sondern dass sie ihm zumuten wollen, sich von Anfang an einen Platz mitten in der Gesellschaft zu erobern – und nicht am Rand. Dies heißt ja auch, dass Eltern wirklich etwas tun wollen. Integrative Beschulung kostet mehr Mühen als der einfache Weg der Aussortierung. Aber es eröffnen sich dadurch auch vielfältige Entwicklungsmöglichkeiten für Kinder. Diese in die Tat umzusetzen ist lohnend, aber auch nicht immer einfach. Am wichtigsten für Eltern ist es in diesem Zusammenhang, dass sie sich nicht entmutigen oder „klein machen" lassen von anderen und Abwertungen oder Ausgrenzungen ihres Kindes nicht einfach hinnehmen.

Der Weg der Integration verlangt viele Gespräche und da muss immer wieder zum Wohle des Kindes der eine oder andere Konflikt ausgehalten werden. Wenn sich aber Eltern für ihr Kind mit Förderbedarf wünschen, dass es nicht am Rande der Gesellschaft, sondern mittendrin aufwächst, dann ist dies ein Ziel, für das sich die Anstrengung lohnt.

Adressen und Lesetipps

Integrationsschulen – eine Auswahl an guten Beispielen

Evangelische Grundschule Bonn-Friesdorf (Bodelschwingh-Schule):

- Erster Schulversuch mit Gemeinsamem Unterricht in Nordrhein-Westfalen (seit 1981),
- seitdem Integrationsklassen,
- in den ersten Jahren wissenschaftliche Begleitforschung,
- es wurden von Beginn an Kinder aller Förderschwerpunkte aufgenommen, Voraussetzung war aber die Fähigkeit, erkennbaren Kontakt mit anderen Kindern aufzubauen.

Am Woltersweiher 10, 73175 Bonn
Tel.: 0228-382930, Fax: 0228-382937884
bodelschwingh-schule-bonn@t-online.de

Grundschule Berg Fidel, Münster

Profilschwerpunkte: Ganztagsschule, Klassenrat, Altersmischung der Jahrgänge 1 bis 4, Integration/Inklusion, „Multiprofessionelle Teams" in allen Klassen
Schulleiter: Dr. Reinhard Stähling, Gemeinschaftsgrundschule Berg Fidel
Hogenbergstr. 160, 48153 Münster
Tel.: 0251 - 78 75 68, Fax: 0251 - 76 19 560
E-Mail: ggs-bergfidel@t-online.de, Internet: www.ggs-bergfidel.de

Fläming-Grundschule

- Erste Schule in Deutschland mit Integrationsklassen: „Mutterschule" der Integration (seit 1975),
- seit Schuljahr 1983/84 (nach 6. Schuljahr) Übergang auf Sophie-Scholl-Schule (Gesamtschule),
- in den ersten Jahren wissenschaftliche Begleitforschung,
- es werden Kinder aller Förderschwerpunkte aufgenommen,
- viele weitere Integrationsschulen haben ihr Konzept nach dieser Schule ausgerichtet.

Illstraße 4-6, 12161 Berlin
Tel.: 030-75607061, Fax: 030-75604336
E-Mail: Flaeming-Grundschule.cids@t-online.de,
Internet: www.flaeming-grundschule.de

Elternverbände und Organisationen:

- Arbeitsstelle der Technischen Universität Berlin: „Arbeitsstelle integrative Förderung schulschwacher/behinderter Kinder und Jugendlicher": www.ewi.tu-berlin.de/index.php?section=62 (u.a. Medienkatalog zur „Integration von Menschen mit Behinderungen")
- Bundesarbeitsgemeinschaft „Gemeinsam leben – gemeinsam lernen": Eltern gegen Aussonderung e.V.: www.gemeinsamleben-gemeinsamlernen.de/BAG.htm
- Bundesverband für Körper- und Mehrfachbehinderte e.V.: www.bvkm.de
- Bundesverband Hilfe für das autistische Kind – Vereinigung zur Förderung autistischer Menschen e.V.: www.autismus.de
- Bundesvereinigung Lebenshilfe für Menschen mit geistiger Behinderung e.V.: www.Lebenshilfe.de

- Der Grundschulverband: www.grundschulverband.de/
- Rechte behinderter Kinder: www.behinderte-kinder.de/ (Informationen aller Art für Kinder mit Förderbedarf, u.a. zu Gesetzen und Urteilen, Hilfsmitteln etc.)
- Gewerkschaft Erziehung und Wissenschaft: www.gew.de

Lesetipps

- *Gemeinsam leben.* Zeitschrift der Bundesarbeitsgemeinschaft „Gemeinsam leben – gemeinsam lernen". (Fachzeitschrift von und für Eltern und Fachleute[n], die sich für Integration in Kindheit und Erwachsenenleben einsetzen)
- *Integrative Pädagogik. Eine Einführung.* v. Ulrich Heimlich. Stuttgart, Kohlhammer 2003 (verständlich geschriebene Einführung zur Integration in Kindergarten, Schule und Erwachsenenleben)
- Leben ohne Aussonderung. Eltern kämpfen für Kinder mit Beeinträchtigungen. v. Christa Roebke, Birgit Hüwe und Manfred Rosenberger (Hrsg.). Luchterhand 2000 (gut verständlicher Elternratgeber, enthält eine Chronologie der Integrationsentwicklung aus Elternsicht, Elternberichte, viele hilfreiche Tipps und Informationen zu den einzelnen Bundesländern)
- *Ratgeber gegen Aussonderung.* Manfred Rosenberger (Hrsg.). Heidelberg, Universitätsverlag C. Winter 2. aktualisierte und erweiterte Auflage 1998 (einzelne verständlich geschriebene Fachbeiträge, Berichte, brauchbare Elterntipps)
- *Integrative Schule – Integrativer Unterricht.* v. Jutta Schöler. Reinbek bei Hamburg 1998 (Einführung, richtet sich an Eltern und Lehrer, verständlich geschrieben)

Gute Kinderbücher zur Thematik

- *Eine wunderbare Liebe.* v. Kirsten Boie. Oetinger Verlag 1996 (Geschichte über die Freundschaft zu einem Kind, das sich manchmal ungewöhnlich verhält, empfohlen ab 10 Jahre)
- *Meine Füße sind der Rollstuhl.* v. Franz-Joseph Huainigg, Verena Ballhaus. Wien, Annette Betz 2003 (ab 5 Jahre)
- *Wenn die Ziege schwimmen lernt.* v. Nele Moost, Pieter Kunstreich. Weinheim/Basel, Beltz 2004 (Bilderbuch, das die Verschiedenheit der Befähigungen und Lernwege kindgerecht dargestellt)
- *Kathrin spricht mit den Augen. Wie ein behindertes Kind lebt.* v. Kathrin Lemmler/ Stefan Gemmel. Edition Zweihorn 2005 (autobiografische Erzählung aus dem Leben eines behinderten Kindes, als 10-Jährige und als Abiturientin)
- *Tage mit Eddie oder Was heißt schon normal.* v. Janet Tashjian. dtv junior 2005 (einfühlsame, ungeschminkte Bearbeitung des Themas aus Geschwistersicht)
- *Ein Haus für alle.* v. Ursula Wölfel. Thienemann Verlag 1991 (Roman, thematisiert aus Kinderperspektive die „Euthanasie" im Nationalsozialismus)
- *Anton oder Die Zeit des unwerten Lebens.* v. Elisabeth Zöller. Fischer Taschenbuch 2004 (Kinderroman, die Autorin schildert die wahre Geschichte ihres Onkels, der als Kind im Nationalsozialismus von Euthanasie bedroht war, empfohlen ab 12 Jahre)

14 Wohin nach der Grundschule?

Uta Reimann-Höhn

Die weiterführende Schule wählen

Das Auswahlverfahren für die weiterführenden Schulen ist in den Bundesländern unterschiedlich geregelt und kann auf dem jeweiligen Staatlichen Schulamt erfragt werden. In Bayern, Baden-Württemberg, Thüringen, Sachsen und NRW haben die Empfehlungen der Schule einen hohen Verbindlichkeitscharakter. Manchmal wird die schulische Empfehlung auch an einen Probeunterricht gekoppelt, wie zum Beispiel in Bayern, im Saarland und in NRW. Hierzulande ist die Entscheidung für eine Schulform, wie nicht zuletzt ↗ PISA gezeigt hat, meistens noch immer maßgeblich für den gesamten weiteren (Aus-)Bildungsverlauf. Oft wird damit bereits über den noch in weiter Ferne liegenden Schulabschluss und die damit verbundene Berufswahl entschieden, obwohl das sehr offen angelegte deutsche Bildungssystem formal eigentlich keine Sackgasse vorsieht und auch später noch Möglichkeiten für Richtungswechsel bietet.

Als sich Ende des 18. und im frühen 19. Jahrhundert unser in der Regel dreizügiges Schulsystem ausbildete, hatte man gesellschaftlich relativ klar gefasste Perspektiven im Blick: Der Hauptschüler (damals noch Volksschüler genannt) wird voraussichtlich eine Lehre machen und einen Handwerksberuf erlernen, der Realschüler arbeitet auf eine kaufmännische Ausbildung oder den Verwaltungsdienst hin und der Abiturient strebt ein Studium und einen akademischen Beruf an. Inzwischen sind die Grenzen nicht mehr so starr und die Schulform der Gesamtschule bietet zusätzlich Möglichkeiten, sich erst später für einen endgültigen Bildungsabschluss zu entscheiden.

Je leichter die Fähigkeiten und Begabungen eines Kindes zu erkennen sind (s. Kapitel 9), desto leichter fällt die Wahl einer Schule: Leistungswille, Begabung, Lerntempo und Selbstbewusstsein stehen im Blickpunkt. Die eigenen kindlichen Wünsche, das Interesse an Neuem und die individuelle Lernbereitschaft sind richtungsweisend. Viele Eltern machen sich diese Entscheidung nicht leicht und überlegen lange, wo ihr Kind am besten aufgehoben ist und sein Potenzial optimal entfalten kann.

Grundsätzlich folgt nach der verpflichtenden Grundschule, der so genannten Primarstufe, ebenfalls verpflichtend für alle Schulkinder die Sekundarstufe I, die auf die weitere schulische Laufbahn

oder eine Ausbildung vorbereitet. In Berlin und Brandenburg beginnt sie nach der sechsten Klasse, in den anderen Bundesländern nach der vierten Klasse. Schleswig-Holstein hat 2007 die ↗ Gemeinschaftsschulen eingeführt. Welche Möglichkeiten ein Kind nach der Grundschule hat, wird bei schulischen Informationsveranstaltungen im Laufe der vierten (oder sechsten) Klasse allen interessierten Eltern dargelegt. Hier erfahren sie, welche Alternativen es vor Ort gibt.

Im Hamburger Abkommen der KMK (Kultusministerkonferenz) von 1964 haben sich alle Bundesländer auf gemeinsame Bildungsstandards geeinigt. Ein Umzug von einem Land zum anderen sollte prinzipiell problemlos möglich sein. In der Realität sieht das jedoch oft anders aus, weil es doch große Unterschiede zwischen den Schulen der verschiedenen Bundesländer gibt.

Verschiedene ↗ Schulformen stehen zur Auswahl, und dabei zeigt sich die föderalistische Bildungsstruktur Deutschlands wieder sehr deutlich. Je nach Bundesland können Eltern und Kinder wählen zwischen normalen und erweiterten ↗ Haupt- und ↗ Realschulen, Regionalschulen, ↗ Gemeinschaftsschulen, Mittelschulen, integrierten und kooperativen ↗ Gesamtschulen und ↗ Gymnasien. So unterschiedlich die Schulen auch sind, die Bildungsabschlüsse sind bundesweit einheitlich und werden gegenseitig anerkannt.

Die Wahl der weiterführenden Schule stellt entscheidende Weichen für die Zukunft.

Orientierungsphase oder Erprobungsstufe

Einige Bundesländer und Schulformen bieten nach der Grundschule noch eine besondere zweijährige Orientierungsphase (fünfte und sechste Klasse) an, die umstritten ist und teilweise schon wieder abgeschafft wird. In anderen Bundesländern (Bayern) werden die Viertklässler nach bestimmten Kriterien direkt in die drei klassischen Schultypen, Haupt-, Realschule und Gymnasium, aufgeteilt.

Aufgabe der Orientierungsphase ist es, die Schüler und Schülerinnen behutsam auf die Anforderungen der Sekundarstufe vorzubereiten, sie in diesen zwei Jahren intensiv zu fördern und in ihrem individuellen Lernverhalten zu beobachten. Erst dann wird die entgültige Entscheidung über die Zuweisung zu einer Schulform getroffen. Nicht immer wird dieser Auftrag auch verwirklicht, sodass in manchen Schulen eine starke Auslese statt der gewünschten Förderung stattfindet.

Traditionell versteht man unter der Orientierungsstufe eine Einheit, in der die Schulkinder aller vorhandenen Leistungsstufen gemeinsam unterrichtet werden. In manchen Ländern gibt es diese Möglichkeit gar nicht (Baden-Württemberg), andere haben dafür eigene Schulzentren (Bremen) oder binden die Orientierungsstufe an eine Grund-, Haupt-, Real- oder Gesamtschulen (Hessen) an. In Niedersachsen wurde die Orientierungsstufe erst flächendeckend eingeführt, inzwischen ist sie wieder abgeschafft. Generell werden die Klassen 5 und 6 überall als Orientierungsphase bezeichnet, da hier ein Wechsel auf eine andere Schulform nicht ausgeschlossen ist. Über die unterschiedlichen Möglichkeiten und Angebote ihres Einzugsgebietes müssen sich Eltern immer aktuell erkundigen, da Veränderungen und Schulschließungen oder -zusammenlegungen in Zeiten schwindender Schülerzahlen schnell die aktuelle Situation verändern können.

In Berlin, Brandenburg und teilweise auch in Bremen besuchen Schülerinnen und Schüler die Grundschule sechs Jahre lang. Obwohl in fast allen europäischen Ländern das gemeinsame Lernen bis zur sechsten, achten oder sogar neunten Klasse mittlerweile Standard ist und eine Erweiterung des gemeinsamen Unterrichts bis zum Ende der Schulpflicht mit gutem Erfolg in der Hälfte aller europäischen Länder praktiziert wird, setzt sich in Deutschland die sechsjährige Grundschule nicht durch. Immer wieder gibt es Bestrebungen, diese Schulform in den drei Bundesländern aufzulösen.

Generell wird das erweiterte gemeinsame Lernen nicht abgelehnt, denn europaweite Untersuchungen haben insbesondere im Anschluss an die PISA-Ergebnisse mehr als deutlich gezeigt, dass Kinder und Jugendliche davon profitieren. Voraussetzung ist allerdings, dass

neben der gemeinsamen Lernzeit auch eine intensive individuelle Förderung gewährleistet ist.
Befürworter der sechsjährigen Grundschule weisen auf die gesellschaftliche Aufgabe hin, alle Kinder gemäß ihren Möglichkeiten optimal zu fördern sowie ihnen die gesellschaftlichen Anforderungen und Regeln eines demokratischen Gemeinwesens nahezubringen. Kinder und Jugendliche müssen nicht nur in ihren kognitiven, also geistigen Fähigkeiten sondern, ebenso in ihrer Gesamtentwicklung gefördert werden.
Sie müssen Toleranz im Zusammenleben mit anderen Menschen lernen, mit allen denkbaren Lebenshaltungen, besonderen Fähigkeiten, aber auch Beeinträchtigungen und Behinderungen. Dies wird in einer sechsjährigen Grundschule, aber auch in der Gesamtschule oder in der Orientierungsphase sehr viel selbstverständlicher möglich sein. Eine „Sortierung" nach der vierten Klasse, wie es das gegliederte Schulsystem vorsieht, unterstützt diese Aufgabe nicht. Ziel ist sogar das gemeinsame Unterrichten bis zum Ende der Pflichtschulzeit (s. Kapitel 3).
Gegner dieser These hingegen stellen den Leistungsgedanken in den Vordergrund. Nur durch eine frühe Auswahl der leistungsstarken Kinder sei das Erreichen eines insgesamt hohen Niveaus möglich. Das Argument, dass leistungsstarke Schülerinnen und Schüler von schwächeren gebremst werden würden, lässt sich jedoch durch die PISA-Ergebnisse nicht verifizieren. Eine Auswahl nach der vierten Klasse in die entsprechende Schulform gibt weder den leistungsstarken Kindern mehr Möglichkeiten sich zu entfalten, noch profitieren die leistungsschwächeren Kinder von niedrigerem Anspruchsniveau. Im Zuge der Schulstrukturreform werden jetzt auch neue Konzepte auf den Weg gebracht.

Wer entscheidet eigentlich?

Viele Eltern haben bereits sehr früh klare Vorstellungen davon, welchen Schulabschluss ihr Kind erreichen kann und soll. Oft liegen sie damit auch richtig, manchmal muss die Planung gründlich überdacht werden. Auch die Kinder beginnen früh, sich über ihre schulische Zukunft Gedanken zu machen. Ab der dritten Klasse geraten die Noten zum Diskussionsthema. Kleine Freundesgrüppchen bilden sich, die gemeinsam auf eine Schule gehen möchten. Und obwohl die verschiedenen Schulformen nicht viel mehr als abstrakte Begriffe für die Kinder sind, spüren sie doch sehr genau, was ihre Eltern von ihnen wünschen, und ob sie diese Erwartungen erfüllen oder nicht. Viele Lehrer stellen zu diesem Zeitpunkt fest, dass Leistungsdruck in der Klasse entsteht. Auch die Eltern spüren eine Veränderung und beginnen, die Leistungen genauer zu prüfen. Die Meinungen der Lehrkräfte zur Schulempfehlung kristallisieren sich langsam heraus.
Ziel ist, dass jedes Kind die Schule besucht, die für seine Leistungsmöglichkeiten und Begabungen am geeignetsten ist. Schließlich hat die Schulvielfalt nur einen Sinn, wenn die unterschiedlichen Konzepte auch den jeweils dafür passenden Kindern zugeordnet werden.
Grundsätzlich haben Eltern ein Wahlrecht, was den Schulbesuch ihres Kindes betrifft. Dieses Wahlrecht ist jedoch eingeschränkt durch die überhaupt zur Verfügung stehenden Schulen, die persön-

www.grundschulverband.de

Früher Leistungsdruck und Konkurrenzgebaren erzeugen bei den Grundschülern Angst vor Versagen. Angst blockiert das Gehirn und behindert das Lernen.

liche Eignung des Kindes und durch schulorganisatorische Gründe. Über die Aufnahme in der neuen Schule entscheidet letztlich deren Schulleitung. Eine Schule kann Anträge abweisen, wenn sie bereits ausgelastet ist und die Kinder nicht zu ihrem Einzugsgebiet gehören.

Die Halbjahreszeugnisse der vierten Klasse und die Bewertungen und Einschätzungen der Klassenlehrerin oder des Klassenlehrers über die Persönlichkeit eines Kindes sollen Auskunft über dessen Eignung geben. Bei leistungsstarken Kindern mit guten Noten und ohne Verhaltensauffälligkeiten steht das Gymnasium selten in Frage. Ebenso wenige Schwierigkeiten gibt es, wenn Kinder sich reibungslos in die Lebensplanung ihrer Eltern eingliedern und denselben Bildungsabschluss anstreben, weil beispielsweise ein Handwerksbetrieb oder eine eigene Firma übernommen werden soll. Doch bei vielen Grundschülern ist das nicht so einfach. Sei es, weil ihre Leistungen in einem Zwischenbereich liegen, ihr Verhalten noch nicht reif genug erscheint, die familiären Planungen andere sind oder das Selbstbewusstsein der Kinder noch wachsen muss. Und die Kinder sind einfach auch noch sehr jung!

Auch der Wohnort entscheidet über Schulkarrieren!

In einigen wenigen Bundesländern liegt die alleinige Entscheidungsbefugnis über die Eignung eines Kindes bei der Grundschule. In einigen Bundesländern haben Eltern ein Wahlrecht, was den Schulbesuch ihres Kindes betrifft, in den anderen entscheidet die Schulempfehlung oder ein Test ↗ Probeunterricht. Darüber hinaus ist das Wahlrecht eingeschränkt durch die persönliche Eignung des Kindes und durch schulorganisatorische Gründe. Über die Aufnahme in der neuen Schule entscheidet letztlich deren Schulleitung. Ist die Schule bereits ausgelastet oder gehören die Kinder nicht zu ihrem Einzugsgebiet, kann nicht allen Aufnahmeanträgen stattgegeben werden. Die entsprechenden Schülerinnen und Schüler werden dann an einer anderen Schule der gewünschten Schulform aufgenommen.

In der Mehrzahl der Bundesländer liegt die Entscheidungsbefugnis zunächst bei den Eltern. Die Grundschullehrer geben individuelle Empfehlungen ab, die aber nicht befolgt werden müssen. So kann in Hessen beispielsweise ein Schüler mit Realschulempfehlung problemlos auf ein Gymnasium wechseln. Schafft er dort allerdings die Anforderungen nicht, so kann ihn die aufnehmende Schule ohne weitere Tests oder Probezeiten nach einem Jahr „quer" an eine Realschule versetzen. Dem Wahlrecht der Eltern steht somit die Eignungsentscheidung der aufnehmenden Schule entgegen.

Was sagen die Noten?

Noten sind immer „relativ".

Für die weiterführende Schule ist das Halbjahreszeugnis der vierten Klasse wichtig. Es enthält in allen Bundesländern ↗ Noten. Sie sind das zentrale Kriterium für die Wahl der Schulform, aber nicht allein ausschlaggebend und nur bedingt aussagekräftig. Obwohl sie den Anschein von Objektivität haben, stecken hinter Noten je nach Klasse doch recht unterschiedliche Aussagen. Dies sieht man immer wieder im Vergleich verschiedener Klassen oder Schulen, da es sehr unterschiedliche Leistungsniveaus gibt, die sich in den Noten nicht nieder-

Bundesland	Dauer	Vorgehensweise am Ende der Grundschule
Baden-Württemberg	4 Jahre	Schulempfehlung nach dem ersten HJ der 4. Klasse, Noten: Deutsch und Mathe Durchschnitt 3 für Real, Durchschnitt 2,5 für Gymnasium. Probeunterricht bei schlechteren Noten
Bayern	4 Jahre	Notendurchschnitt D, M + E = 2,33 bis 2,66 für Realsch., Deutsch + Mathe = 2,0 für Gymnasium, Probeunterricht möglich
Berlin	6 Jahre	Eltern wählen dann weitere Schulform, Gymn.-Empf. bis Notendurchschnitt 2,2, Realsch. 2,8 bis 3,2 und ab 3,8 Hauptschule. 6 Monate Probe, dann Wechselpflicht, wenn es nicht klappt.
Brandenburg	6 Jahre	Elternwahlrecht und Schulempfehlung, 6 Monate Probe, Aufnahmetest möglich, dann Wechselpflicht, wenn es nicht klappt
Bremen	4 Jahre und 6 Jahre	Nach der 4. Klasse haben Eltern das Entscheidungsrecht. Sie werden auf der Grundlage der Grundschulempfehlung beraten. An den fünf 6-jährigen Grundschulen trifft die Schule die Entscheidung über den Bildungsgang nach der Klasse 6.
Hamburg	4 Jahre	Eltern entscheiden, entweder Gesamtschule oder Beobachtungsstufe von Haupt-, Realschule und Gymn. Übergang Realschule 3,0 und Übergang Gymnasium 2,5
Hessen	4 Jahre	Eltern entscheiden, Schulempfehlung. Querversetzung nach einem Jahr möglich, wenn nötig.
Mecklenb.-Vp.	4 Jahre	Elternwille entscheidet
Niedersachsen	4 Jahre	Elternwille entscheidet
NRW	4 Jahre	Grundschule entscheidet, Eltern können Probeunterricht fordern
Rheinland-Pfalz	4 Jahre	Elternwille entscheidet
Saarland	4 Jahre	Für Gymn. ist Schulempfehlung notwendig, Eltern können Prüfung verlangen
Sachsen	4 Jahre	Möglichkeit eines Aufnahmeverfahrens, wenn im Halbjahreszeugnis keine Empfehlung steht, erweiterte Realsch. und Gesamtsch. sind Pflichtschulen, wenn Kind kein Gymnasium besucht. Notendurchschnitt für Gymn. 2,5
Sachsen-Anh.	4 Jahre	nach 4. Klasse, Elternwunsch + Schullaufbahnempfehlung
Schlesw.-Holst.	4 Jahre	Eltern entscheiden, Beratung durch die Schule u. Empfehlung
Thüringen	4 Jahre	nach Klasse 4, für Gymn. Aufnahmeprüfung oder D + M = 2.

auf strikte Vorgaben. Schwierig ist es auch, wenn Kinder sehr langsam arbeiten. Trotz guter Noten könnte dann ein Wechsel ins Gymnasium schwerfallen, weil hier von Beginn an eine hohe Selbstlernbereitschaft vorausgesetzt wird. Das Kind könnte in einer Realschule besser aufgehoben sein und später gegebenenfalls immer noch das Abitur ablegen. Der unruhige Klassenclown andererseits, dem man außer Fußballspielen nichts zutraut, könnte möglicherweise aufblühen, wenn seine Begabungen endlich gezielt gefordert werden. Gehen die Meinung sehr stark auseinander, kann es sinnvoll und hilfreich sein, Beratung von dritter Seite zu suchen. Dafür stehen zum Beispiel die ↗ schulpsychologischen Dienste zur Verfügung.

Für den Übergang in eine andere Schule sind nicht nur die Bewertungen in den Fächern Deutsch und Mathematik wichtig, sondern besonders auch die Note in Sachkunde. Dieses Fach teilt sich schulformabhängig nach der vierten Klasse in verschiedene Bereiche (Erdkunde, Politik, Biologie, Physik, Chemie, Geschichte) auf, die dann alle einzeln bewertet werden. Die jeweilige Note in Sachkunde sagt neben dem Interesse für die vielfältigen Lebensbereiche auch etwas über Selbstständigkeit, Leistungsbereitschaft und Interessenvielfalt eines Kindes.

schlagen. Eine „Zwei" in einer leistungsschwachen Klasse bedeutet inhaltlich etwas ganz anderes als eine „Zwei" in einer leistungsstarken Klasse. Fragen Sie, wie die jeweilige Note zustande gekommen ist.

Neben den Noten ist die persönliche Beurteilung der Lehrkräfte über die Fähigkeiten, Entwicklungschancen und die Persönlichkeit des Kindes entscheidend. Eltern sollten dies durchaus auch dann ernst nehmen, wenn sie sich nicht mit ihrer eigenen Wahrnehmung deckt. Immerhin haben die ↗ Klassenlehrerin oder der Klassenlehrer die Kinder unter Bedingungen kennen gelernt, die Eltern nicht aus eigener Anschauung kennen. Sie können beurteilen, wie lernwillig und aufgeschlossen sich Kinder im Unterricht präsentieren. Vielleicht zeigt die so anpassungsbereite Tochter im Unterricht keinerlei Eigeninitiative und reagiert nur

Gutachten und Empfehlungen

Zur Wahl der weiterführenden Schule müssen Lehrer im Laufe der vierten Klasse in fast allen Bundesländern ergänzend zum Zeugnis entweder schriftlich oder mündlich gegenüber den Eltern ihre Empfehlungen abgeben. Dabei werden neben den Noten, die den Leistungsstand des Kindes wiedergeben, auch die Lernentwicklung und die individuellen Fähigkeiten beurteilt.

Ein ↗ Zeugnis ist nur eine Momentaufnahme, und die Lernentwicklung eines Kindes über den Zeitraum von drei bis vier Jahren kann weitere Erkenntnisse über den voraussichtlichen Verlauf seiner Entwicklung bringen. Hier ist auch Platz zu bedenken, ob ein Grundschulkind seine Leistungen weitgehend allein oder mit intensiver häuslicher Zuwendung erbracht hat, wie es mit den Hausaufgaben umgeht und ob es der Schule zugewandt und neugierig oder eher abweisend gegenübersteht.

Im persönlichen ↗ Beratungsgespräch kann individuell auf die im Zeugnis nicht vermerkten individuellen Fähigkeiten eingegangen werden (s. Kapitel 9). Ein besonderes Interesse für ein bestimmtes Thema, hohe soziale Kompetenzen oder auch spezielle Schwierigkeiten sollten in einem Beratungsgespräch thematisiert und bei der Wahl der weiterführenden Schule berücksichtigt werden. Letztlich wird in einem Beratungsgespräch abgeklärt, ob die Einschätzungen der Eltern mit denen der Schule übereinstimmen, oder ob es Abweichungen gibt.

Probeunterricht und Prüfungsaufgaben

In manchen Bundesländern, zum Beispiel in Nordrhein-Westfalen, bilden die Klassen 5 und 6 eine pädagogische Einheit namens Erprobungsstufe. Kein Kind kann hier sitzenbleiben, alle werden automatisch in die sechste Klasse versetzt. Am Ende der Klasse 6 entscheidet eine Konferenz mit der Versetzung der Schülerinnen und Schüler in die Klasse 7 auch über deren Eignung für den weiteren Besuch der gewählten Schulform. In Baden-Württemberg und Bremen kann die Aufnahme an eine Schule von einer Prüfung abhängig gemacht werden. Im Saarland können Eltern ihr Kind auch gegen die Empfehlung der Grundschule auf dem Gymnasium anmelden, es nimmt dann einem Übergangsverfahren teil.

In Bayern sieht es wieder ganz anders aus. Bis zur Durchschnittsnote 2,0 ist ein Schüler für das Gymnasium geeignet und kann ohne ↗ Probeunterricht in die fünfte Klasse wechseln. Ab der Durchschnittsnote 2,5 oder nach dem Besuch einer freien Schule (Waldorfschule) muss jedes Kind, welches das Gymnasium besuchen möchte, an einem dreitägigen Probeunterricht teilnehmen und diesen erfolgreich bestehen. Für die Zulassung zum Probeunterricht gibt es keine Noten-Untergrenze. Bis zur Durchschnittsnote 2,5 ist ein Kind für die Realschule geeignet und kann ohne Probeunterricht nach der fünften Klasse dorthin wechseln. Ab der Durchschnittsnote 3,0 und schlechter muss jede Schülerin, jeder Schüler, die oder der die Realschule besuchen möchte, an einem Probeunterricht teilnehmen und diesen in vollem Umfang bestehen.

Problematisch: Für den Übertritt gilt ein Höchstalter – Stichtag ist der 30. Juni des Jahres. Wer zu diesem Zeitpunkt bereits zwölf Jahre alt ist, wird in der Regel nicht in die fünfte Klasse von Realschule oder Gymnasium aufgenommen.

Die Beurteilungsmöglichkeiten einer Schule sind naturgemäß eingeschränkt, denn die Unterrichtsfächer geben nur einen speziellen Ausschnitt wieder. Nicht alle Kinder können sich in der Schule frei

Prüfungsaufgaben und genaue Bestimmungen zum Schulübergang in Bayern findet man unter www.note1plus.de

entfalten, sind dort gelöst und selbstbewusst. Schüchterne, ängstliche und stille Schüler zeigen selten alles, was sie wirklich können. Kinder mit Teilleistungsstörungen werden oft überproportional an ihren Defiziten gemessen, andere Talente und Begabungen verblassen dahinter. So kann es passieren, dass weder die Noten noch die Beurteilung der Schule wirklich erfassen, für welche weitere Schullaufbahn das Kind geeignet ist. Neben den Noten und Persönlichkeitsbeurteilungen durch die Schule sind auch die Eltern gefordert, auf die Begabungen ihres Kindes zu achten (s. Kapitel 9). Wie verhält es sich zu Hause, was tut es gerne, welche Fähigkeiten sind erkennbar, wann ist es entspannt und zufrieden, womit beschäftigt es sich lange und ausdauernd, was lehnt es konsequent ab? Solch ein Begabungsprofil kann die Wahl der weiterführenden Schule erleichtern.

Gymnasien: Für das Gymnasium sind sprachliche Kompetenzen sehr wichtig. Gut lesen und schreiben zu können ist die Grundlage der meisten Schulfächer. Texte müssen schnell erfasst und verstanden werden, egal ob es sich um einen Aufsatz, eine Textaufgabe oder eine Arbeitsanleitung in Chemie handelt. Wer hier schwach ist, wird vermutlich sehr bald Probleme bekommen. Auch für die Fremdsprachen, von denen mindestens zwei erlernt werden müssen, ist das sichere Beherrschen der Muttersprache in Wort und Schrift zentral. Systematisches Denkvermögen sollte ebenfalls vorhanden sein, denn es ist in den Naturwissenschaften vonnöten. Außerdem wird von den Kindern schnell selbstständiges Arbeiten und problemlösendes Verhalten erwartet.

Realschulen: Neben einer guten Allgemeinbildung wird in der Realschule Wert auf anschauliches Denken gelegt. Sie wird eher von praktisch begabten Kindern besucht, die jedoch im Anschluss an den Realschulabschluss durchaus noch die Möglichkeit haben, an eine Fachhochschule oder ein Oberstufengymnasium zu wechseln und dort einen höheren Bildungsabschluss bis zum Abitur zu erzielen. Eine Fremdsprache ist Pflicht, eine zweite kann aber in der siebten Klasse noch hinzugenommen werden. Für eher naturwissenschaftlich begabte Kinder besteht die Möglichkeit, anstelle der zweiten Fremdsprache ein anderes Fach zu wählen.

Hauptschulen bereiten auf eine technische, handwerkliche oder kaufmännische Ausbildung vor und bieten dafür auch spezielle Fächer wie Technik, Wirtschaftslehre und Hauswirtschaft an. Sie vermitteln eine frühe Berufsorientierung durch Praktika und Beratungen und bauen auf eine enge Beziehung von Klassenlehrer und Schüler. Die Hälfte aller Stunden wird vom Klassenlehrer oder der Klassenlehrerin im Klassenverband gehalten. Diese Schulform ist für eher handwerklich, praktisch begabte Kinder gedacht, die in der Grundschule einen Notendurchschnitt unterhalb von „befriedigend" haben. In Zeiten fehlender Lehrstellen verliert der Hauptschulabschluss zu Unrecht leider zunehmend an Wert, da die entsprechenden Ausbildungsplätze oft an höher qualifizierte Realschüler vergeben werden.

Gesamtschulen bieten eine gute Möglichkeit, einem Kind den Freiraum zu lassen, sich nach seinen persönlichen Neigungen zu entfalten. Es gibt sie in zwei verschiedenen Formen, integriert und kooperativ. Da die Gesamtschulen das Ziel haben, jeden nach seinen Möglichkeiten zu fördern, bieten sie insbesondere auch den so genannten „Spätzündern" gute Möglichkeiten, mit wachsender persönlicher Reife ihr Leistungspotenzial zu entfalten. Wer am Ende der Grundschule eher mäßige Noten hatte, kann durchaus ein hervorragendes Abitur schaffen. Aber auch alle anderen Schulabschlüsse sind möglich.

Gesamtschulen sind meist Ganztagsschulen, sie bieten vielfältige Möglichkeiten, sich zu engagieren und einzubringen. Attraktive Angebote und interessante Kurse fordern ein hohes Maß an Selbstständigkeit, Ausdauer und Durchhaltevermögen. Um die Vielfalt des Angebots aufrechterhalten zu können, haben Gesamtschulen zudem im Vergleich zu anderen Schulen sehr hohe Schülerzahlen. Kinder, die eher strukturierte Angebote und ein klares Lernsystem benötigen, sind hier vielfach überfordert.

Ob überhaupt eine Gesamtschule für ein Kind in Frage kommt, hängt aber auch stark vom Wohnort ab. Beim örtlichen Schulamt erhalten Eltern über ein wohnortnahes Angebot Auskunft.

Im Zweifelsfall – Beratung erwünscht

Trotz Zeugnisnoten und eigener Einschätzung fällt manchen Eltern die Wahl der weiterführenden Schule nicht leicht. Möglicherweise sind die Noten wenig aussagekräftig, Begabungen schwer zu erkennen und auch die persönliche Entscheidung, auf welcher Schulform ein Kind besser aufgehoben ist, schwer zu treffen. Schüler entwickeln sich sehr unterschiedlich, und bei weitem nicht alle Zehnjährigen zeigen ihre Begabungen und Talente schon in der vierten Klasse deutlich. Es gibt Spätentwickler, die eben länger für die Entfaltung ihrer Fähigkeiten brauchen. Und es gibt Kinder, die aufgrund von persönlichen Erlebnissen, zum Beispiel gravierende Familienereignissen oder Krankheiten, noch hinter ihren Möglichkeiten zurückstehen.

Zur Entscheidungsfindung können neben den Lehrern auch andere Fachleute hinzugezogen werden. Klassischerweise ist dies eins der Aufgabengebiete von ↗ Schulpsychologen, die ↗ Schullaufbahnberatungen anbieten. Dabei informieren sie die Eltern detailliert über die

Entwicklungspsychologen zufolge ist die Leistungsfähigkeit von Kindern erst ab etwa zwölf Jahren so stabil, dass eine verlässliche Aussage über die Schullaufbahn überhaupt sinnvoll ist.

www.schulpsychologie.de

Vorzüge der verschiedenen Schulformen und klären die Eignung des Kindes im gemeinsamen Gespräch und gegebenenfalls durch spezielle Tests ab. Lehrkräfte können, müssen aber nicht, von den Schulpsychologen hinzugezogen werden.

Welche Schule ist die richtige?

Die Entscheidung für eine spezielle Schulform ist der erste Schritt. Dann muss die konkrete Schule ausgewählt werden. In größeren Städten gibt es in der Regel von jedem Schultyp mehrere Angebote, auf dem Land dagegen ist die Wahl meistens eingeschränkt.

Eine sehr gute Möglichkeit der Information sind „Tage der Offenen Tür" oder andere Veranstaltungen, an denen man einen ersten Eindruck von dem Zustand der Schule, den Räumlichkeiten, der Lehrerschaft und den schuleigenen Angeboten bekommt. Oft sind auch Gespräche mit einzelnen Lehrern möglich, die gern Auskunft über Besonderheiten oder das Schulkonzept geben. Neben den öffentlichen Schulen gibt es auch im weiterführenden Bereich eine große Auswahl an Privatschulen, die ihre eigenen Aufnahmekriterien haben. Oft können sich diese Schulen gerade zu Beginn der Sekundarstufe vor Anmeldungen nicht retten, sodass eine Bewerbung schon mit dem Abschlusszeugnis der dritten Klasse sinnvoll ist.

Wenn sich die Eltern nach sorgfältiger Überlegung für eine Schule entschieden haben, kann es passieren, dass sie bei ihrem Kind auf großen Widerstand stoßen. Obwohl Zehnjährige noch nicht selbst entscheiden können, welche Schulform für sie die geeignetste ist, haben sie manchmal sehr wohl konkrete Vorstellungen. Vielleicht sind sie fest entschlossen, dieselbe Schule wie die beste Freundin zu besuchen, auch wenn die Schulzweige unterschiedlicher Art sind, oder sie beschließen, auf dieselbe Schule wie der Bruder oder die Schwester zu gehen. Doch diese Kriterien sollten nicht ausschlaggebend sein, da sie sich schnell verändern können. Kompromisse sind gefragt.

Den Übergang behutsam gestalten

Ebenso wie die Einschulung ist auch der Wechsel an eine weiterführende Schule für die Kinder mit viel Aufregung verbunden. Nun sind sie nicht mehr die Großen, wie sie es aus der Grundschule gewöhnt waren, sondern wieder die „Kleinen". Das Schulgebäude, die Lehrer und die Mitschüler: alles fremd und ungewohnt. Da hilft es, wenn die Grundschule zumindest einige in Frage kommende Schulen besucht und den Kindern vorstellt. Viele weiterführende Schulen bieten auch Einführungsveranstaltungen an, bei denen im Rahmen eines Sommerfestes auch die Kinder vielfältig eingebunden werden.

Auch auf den Familienalltag kommen oft neue Anforderungen zu. Der Schulweg wird meistens länger und die Kinder müssen nun häufig mit dem Bus oder der Bahn fahren. Die Unterrichtszeiten verlängern sich und die Hausaufgaben werden umfangreicher. Anfangs kann das durchaus eine intensivere Zuwendung für die Eltern bedeuten, denn die Fünft-

Fragen an die weiterführende Schule

- Wie ist das pädagogische Konzept der Schule? Gibt es Schwerpunkte im naturwissenschaftlichen, im musischen oder im sportlichen Bereich?
- Wann und welche gemeinsamen Unternehmungen mit der Klasse sind geplant? Ausflüge oder Klassenfahrten zu Beginn der fünften Klasse begünstigen die Klassengemeinschaft und schaffen ein vertrauteres Klima. Der Klassenlehrer oder die Klassenlehrerin lernt die Kinder schneller kennen und kann sie besser einschätzen.
- Welche Arbeitsgemeinschaften (AGs) gibt es, die ein Kind oder Jugendlicher im Nachmittagsbereich belegen kann?
- Welche Unterrichtszeiten sind verbindlich? Gibt es eine „nullte" Stunde? Wo findet der Sportunterricht statt?
- Gibt es Betreuungsangebote für die unterrichtsfreie Zeit, eine Hausaufgabenbetreuung oder einen Mittagstisch?
- Nach welchen Kriterien wird die Klasse zusammengestellt? Manchmal gibt es Musikklassen, Sprachklassen oder reine Jungen- oder Mädchenklassen.
- Wie groß wird die Klasse voraussichtlich sein? Kleine Klassen, wie man sie in Privatschulen oft findet, umfassen ungefähr 25 Schüler und Schülerinnen, in öffentlichen Schulen können es leicht 32 werden.
- Wie ist der Austausch zwischen Lehrern und Eltern geregelt? Wie viel Mitarbeit wird von Eltern gefordert?
- Können Freunde gemeinsam eine Klasse besuchen?
- Wie wird der Stundenplan aussehen? Wie sind die Hauptfächer verteilt und was passiert in Freistunden?
- Gibt es Zusatzangebote zum Pflichtunterricht, zum Beispiel für lese- und rechtschreibschwache oder rechenschwache Kinder?
- Sind die Unterrichtsräume groß genug für die Klassenstärke, gibt es eine Möglichkeit, Bücher in der Schule zu lassen?
- Wie ist die Ausstattung der Schule im naturwissenschaftlichen, technischen, musischen und sportlichen (z.B. eigener Sportplatz oder Turnhalle) Bereich?
- Ist der Schulhof attraktiv gestaltet? Gibt es getrennte Bereiche für jüngere und ältere Schüler?
- Wie geht die Schule mit Alkohol-, Nikotin- und Drogenkonsum um?
- Sind die Klassenräume ansprechend gestaltet und haben die Kinder größengerechte Tische und Stühle?

klässler brauchen einige Zeit, um sich an all das Neue zu gewöhnen.

Trotz intensiver Überprüfung passiert es immer wieder, dass Kinder auf einer für sie ungeeigneten Schulform angemeldet wurden. Wichtig ist es dann, dem Kind nicht die Schuld an seiner Situation zu geben, sondern sich gemeinsam Alternativen zu überlegen. Auf keinen Fall sollte man Zeit verlieren: Im Interesse des Kindes ist mit der Schulleitung und den Klassenlehrern eine geeignete Lösung zu suchen. Und diese gibt es immer! Familie und Lehrkräfte sollten gemeinsam eine andere Schule finden, auf der das Kind mit Freude und Spaß weiterlernen kann.

A

A

Actionspiele Actionspiele, die am ↗ Computer gespielt werden, stehen in Verdacht, Wut und Aggression bei Kindern zu fördern. Wie so oft gilt auch hier: Es kommt auf das Maß an. Bedenklich wird der Hang zum Actionspiel erst dann, wenn das Kind seine gesamte Freizeit vor dem Rechner verbringt, es also regelrecht vereinsamt. Um das zu vermeiden, sind Sorgfalt bei der Auswahl, Interesse für das Spiel und klare zeitliche Grenzen gefragt. Selbstverständlich sollten auch die Altersempfehlungen für Spiele beachtet werden, die kundige Medienpädagogen erarbeitet haben. Insbesondere für jüngere Kinder gibt es ein sehr anregendes Spiel- und ↗ Lernsoftware-Angebot. Bewertungen aktueller Computerspiele: → www.bpb.de / www.feibel.de / www.gigamaus.de

ADS Abkürzung für Aufmerksamkeitsdefizit-Störung oder -Syndrom. Der Begriff wird für eine Aufmerksamkeitsdefizit-Störung ohne Hyperaktivität benutzt, aber auch als Überbegriff für Aufmerksamkeitsdefizit-Störungen ohne und mit ↗ Hyperaktivität (↗ Ritalin®). Hilfreich sind Beratung, Aufmerksamkeitstraining und ggf. Medikation. Menschen mit ADS ohne Hyperaktivität sind meist ruhig und wirken verträumt. Wichtig ist die Abgrenzung von Schüchternheit, Intelligenzminderung, Depression, Epilepsie (ohne Krampfanfälle), posttraumatischer Störung und Autismus (Asperger-Syndrom). Diese schwierige Unterscheidung kann nur ein Facharzt für Kinder- und Jugendpsychiatrie treffen: → www.kinderpsychiater.org.

› *Wackelpeter und Trotzkopf. Hilfen bei hyperkinetischem und oppositionellem Verhalten.* v. Manfred Döpfner u.a.: Beltz, 2. Auflage 2000

Alleinerziehende Längst sind alleinerziehende Mütter und Väter keine Seltenheit mehr. Gleichwohl werden ihre Bedürfnisse in vielen kleinen und großen Fragen des Schulalltags oft nicht ausreichend berücksichtigt. Zu Unrecht: Ein-Elter-Familien sind ganz „normale" Familien, die allerdings unter erschwerten Bedingungen zurechtkommen müssen. Dafür können sie Rücksichtnahme erwarten – zum Wohle aller, z.B.:

- Frühere Anfangszeiten von Elternabenden mit zeitgleicher Kinderbetreuung kommen auch anderen Familien entgegen, wo auch nicht immer jemand ohne weiteres abkömmlich ist.
- Ganztagsbetreuung an der Grundschule oder zumindest planbare, verlässliche Schulzeiten helfen allen berufstätigen Eltern, nicht nur Alleinerziehenden.
- Pädagogisch sinnvoll ist die Teilnahme von Kindern an ↗ Elternsprechtagen: als Regel, nicht als Ausnahme. Dann spricht man mit dem Kind und nicht über es.
- Es nutzt allen Familien, wenn ↗ Klassenfahrten und Ausflüge nicht allzu teuer sind.
- Es kommt allen Eltern zugute, wenn die ↗ Lernmittelfreiheit erhalten, Zuzahlungen niedrig bleiben.

Keine Frage, Organisation ist wichtig, aber nicht alles. Alleinerziehende haben einiges zu tragen, auch in Sachen Schule: Erziehungsfragen müssen sie in der Regel mit sich selbst abmachen, auch die Hausaufgabenbetreuung bleibt an ihnen allein hängen. Einzelkämpfertum hilft allerdings weder dem Elternteil noch dem Kind. Sinnvoller ist es, wenn Alleinerziehende sich Unterstützer suchen, im Freundeskreis, bei der Familie oder auch bei den Erziehern und Lehrerinnen des Kindes. Möglicherweise können der Großvater oder eine Freundin das Kind viel stressfreier bei den Hausaufgaben anleiten oder es am Nachmittag nach der Schule betreuen? Und schulische Bezugspersonen können Kinder durchaus auch partnerschaftlich in Krisen stärken. Sorgen, wegen ihrer Lebenssituation abgewertet zu werden, sollten sich Alleinerziehende nicht machen. Denn erstens gehört ihr Lebensstil zumindest im städtischen Umfeld zur Normalität und zweitens sind in Wahrheit auch viele verheiratete Mütter faktisch alleinerziehend. Es ist außerdem auch keine Schande, sich bei bestimmten Erziehungs- oder Schulfragen (mehr oder weniger professionellen) Beistand zu suchen, sondern ein Zeichen von Selbstbewusstsein und Verantwortungsbereitschaft.

→ Verband alleinerziehender Mütter und Väter: www.vamv.de / Bundesgeschäftsstelle des Verbandes berufstätiger Mütter: www.berufstaetige-muetter.de

Anfangsunterricht Die erste Phase des Unterrichts in der Grundschule, vor allem im ersten Schuljahr: Am Schulanfang ist es besonders wichtig, im Unterricht an bereits vorhandene Erfahrungen und Kenntnisse der Kinder anzuknüpfen (s. Kapitel 2).
Im Deutschunterricht lernen die Kinder lesen und schreiben. In der Klasse sollte eine Lese- und Schreibkultur entwickelt werden, in der jedes Kind Sprache und Schrift als persönliche Bereicherung erfahren kann. In Mathematik geht es ebenfalls darum, die Vorkenntnisse der Kinder zu erweitern und grundlegende mathematische Konzepte, z.B. den Zahlbegriff, die Addition und Subtraktion, zu erarbeiten. Der mathematische Anfangsunterricht kann Kindern durch den Umgang mit geeigneten Materialien vielfältige Erfahrungen ermöglichen.

Aufnahmeprüfung In Bayern müssen Schüler/-innen, die in eine höhere Jahrgangsstufe oder Schulform wechseln wollen, eine schriftliche und mündliche Aufnahmeprüfung und einen ↗ Probeunterricht absolvieren. Überzeugt der Gesamteindruck, kann über einzelne Wissenslücken hinweggesehen werden. Über die Aufnahme entscheidet die Schulleitung. Auch in anderen Ländern wird diese Prüfung erwogen.

→ Aktuelle Informationen: www.bildungsserver.de.

Aufsichtspflicht In der Schule obliegt die Aufsichtpflicht den Lehrkräften, auf dem Schulweg den Eltern. Es gilt: Die Aufsicht muss situationsgerecht sein, das heißt, sie muss das Alter des Kindes, seinen Entwicklungsstand und seine Besonderheiten ebenso berücksichtigen wie die äußeren Bedingungen. Die Selbstständigkeit des Kindes sollte nicht durch allzu viele Regeln und Verbote eingeschränkt werden. In der Schule wird die Aufsichtspflicht umfassend geregelt. Dazu gehört u.a., dass Schüler/-innen über mögliche Gefahren und die sachgerechte Handhabung von Geräten informiert werden müssen. Bei Klassenfahrten oder besonderen Aktivitäten ist in der Regel das Einverständnis der Eltern einzuholen.
Eltern können sich über die Regelungen zur Aufsicht am besten in der Schule ihres Kindes informieren (s. Kapitel 11).

Außenseiter Wenn ein Kind keine Freunde in der Klasse findet und die Freizeit überwiegend allein verbringt, fehlt ihm etwas Wichtiges. Zudem droht ein „sozialer Trainingsrückstand“: Während die Mitschüler täglich ihre Fertigkeiten im Umgang mit Gleichaltrigen, im Aufbau und in der Pflege von Freundschaften üben und ausbauen, gerät ein Kind ohne altersgemäße Beziehungen zunehmend ins Hintertreffen. So besteht die Gefahr, dass es in einen Teufelskreis gerät und dadurch zum Einzelgänger oder Außenseiter wird. Um dem entgegenzuwirken, müssen Eltern früh aktiv werden und jedes

A

Kind im Aufbau altersgemäßer Kontakte unterstützen. Da die Schule eine zentrale Rolle beim Knüpfen von Freundschaften spielt, sollten die Lehrer/-innen einbezogen werden, weil sie nicht nur für die Vermittlung von Fachwissen, sondern auch von Fertigkeiten für das Leben in der Gemeinschaft zuständig sind.

Helfen elterliche und schulische Unterstützung nicht ausreichend weiter, sollte die Beratung durch Fachleute gesucht werden: → www.schulpsychologie.de / www.bkjpp.de (dort weitere Links zu Störungsbildern)

› *Dazugehören – Wie Kinder ihren Platz in der Klasse finden*. v. Ingo Spitczok von Brisinski. Cornelsen Verlag, Berlin 2003.

Autorität Eine soziale Position, die dazu führt, dass sich andere Menschen in ihrem Denken und Handeln nach ihr richten. Autorität ist keine objektive Eigenschaft, sondern bedarf der Anerkennung anderer und ist zeitlich, räumlich oder fachlich eingeschränkt. Die Autorität der Eltern gegenüber ihren Kindern ergibt sich zunächst aus der gesellschaftlich vorgegebenen Rolle. Ob sie in altersgerechter und positiver Weise erhalten bleibt, hängt davon ab, ob es sich überwiegend um erzwungene Autorität (z.B. infolge körperlicher Unterlegenheit oder Angst) handelt oder um Wertschätzung und Respekt. Autorität erwächst aus Fertigkeiten und Wissensvorsprung, aber auch aus einem angemessenen Umgang mit Macht. Das positive Adjektiv zu Autorität lautet „autoritativ", während „autoritär" nur die negativen Seiten der Autorität umfasst, d.h. Machtmissbrauch, Unterdrückung und Gewalt darstellt (s. Kapitel 6).

› *Das Geheimnis glücklicher Kinder*. v. Steve Biddulph. Heyne Verlag, München 2001

Wozu erziehen? Entwurf einer systemischen Erziehung. v. Wilhelm Rotthaus. Carl Auer Verlag, Heidelberg 5.A. 2004

B

Bedürfnis Unter Bedürfnis versteht man einen aktuellen körperlichen oder psychischen Mangelzustand mit Streben nach Bedürfnisbefriedigung (z.B. sich zu wärmen, wenn man friert), aber auch langfristige Neigungen (z.B. Anerkennung suchen, Karriere machen). Bedürfnisse sind Wurzeln allen Handelns. Sie dienen dem Leben, sollten aber von den Strategien zu ihrer Erfüllung abgegrenzt werden.

Grundbedürfnisse des Menschen sind Lebensvoraussetzungen, die erfüllt sein müssen, um ein gesundes, zufriedenes und würdiges Leben zu führen. Sie betreffen Kinder ebenso wie Eltern.

Körperliche Grundbedürfnisse: Gesundheit, Nahrung, Luft, Wasser, Sonne, Kleidung, Unterkunft, Wärme, körperliche Betätigung (Sport, Spiel, Arbeit, Sexualität), Schlaf, Entspannung, usw.

Psychische Grundbedürfnisse: Sicherheit (wie z.B. Geborgenheit, Gebrauchtwerden, Verbundenheit, Beständigkeit, Planbarkeit, Schutz, Verständnis) aber auch Abwechslung (z.B. neue Aufgaben), Erfolg, Anerkennung, Freiheit, Kreativität, Selbstachtung, Selbstständigkeit, Intimität, Liebe geben und nehmen können, verlässliche Beziehungen, und nicht zuletzt Sinn.

Beratungsgespräch Im Laufe des vierten Schuljahres ist in den meisten Bundesländern ein Beratungsgespräch vorgesehen, in dem geklärt wird, welche weiterführende Schule für ein Kind geeignet ist. Es dient u.a. der Klärung des Elternwunsches und führt zu einer ↗ Schullaufbahnempfehlung.

B

Betreuung Im Gegensatz zum europäischen Ausland sind Ganztagsschulen in Deutschland (noch) eine Seltenheit. Die meisten Grundschüler/-innen besuchen deshalb die „klassische" Halbtagsgrundschule. Das stellt insbesondere berufstätige Eltern vor Probleme. Sie müssen nicht nur die Nachmittagsbetreuung für ihr Kind sicherstellen, sondern auch für Stundenausfälle, unregelmäßige Anfangszeiten, freie Schultage und schließlich die vielen Schulferien Betreuungsmöglichkeiten organisieren. Denn vor allem im Westen Deutschlands ist die Kinderbetreuung rund um Schule noch nicht zufriedenstellend. Außerdem gibt es diesbezüglich deutliche Unterschiede zwischen Stadt und Land sowie in den Bundesländern. Da gilt es, die Möglichkeiten vor Ort zu erkunden, z.B.:

Horte sind Einrichtungen, die Schulkinder je nach Bundesland bis zum 10., 12. oder 14. Lebensjahr besuchen können. Sie öffnen in der Regel bereits vor Schulbeginn und stellen die Betreuung bis in den späten Nachmittag hinein sicher – einschließlich Hausaufgabenbegleitung. Zudem sind sie während der meisten Schulferien geöffnet. Für dieses eltern- und kinderfreundliche Angebot sind allerdings die Plätze rar.

Offene Ganztagsgrundschulen sind in den letzten Jahren in einigen Bundesländern wie z. B. in Nordrhein-Westfalen entstanden. Abgekoppelt vom Schulalltag bieten sie ein buntes Nachmittagsangebot für Kinder inklusive Hausaufgabenbetreuung. Sie stellen die Betreuung meist auch während des größten Teils der Schulferien sicher.

Verlässliche Grundschulen findet man vor allem in den großen Städten. Im Idealfall werden die Kinder dort bereits vor Schulbeginn betreut. Die Öffnungszeiten am Nachmittag sind recht unterschiedlich. Viele schließen bereits um 13.00 Uhr, andere später. Selten sind verlässliche Grundschulen bis in den späten Nachmittag hinein geöffnet. In den Schulferien haben sie in der Regel geschlossen. Meist bieten die verlässlichen neben Mittagessen auch eine Hausaufgabenbegleitung.

Darüber hinaus gibt es vor Ort mitunter in Kirchen, Jugendzentren oder Elternvereinen eine Kinder-über-Mittag-Betreuung oder Vergleichbares. Hier können die Kinder nach der Schule essen und ihre Hausaufgaben erledigen. In der Regel müssen sie aber danach, also zwischen 13.00 Uhr und 14.00 Uhr, abgeholt werden.

Ferienprogramme finden sich in vielen Städten. Hier werden die unterschiedlichen Aktivitäten für Grundschulkinder angeboten. Wegen des oft zu geringen Angebotes wird eine frühzeitige Anmeldung empfohlen.

Eltern, die keinen Hortplatz ergattert oder vor Ort keine Ganztagsschule haben, ist anzuraten, gemeinsam mit anderen Eltern ein Netzwerk zu bilden, um Betreuungsnotständen entgegenzuwirken. Ansprechpartner für Betreuungsfragen sind die örtliche Schulverwaltung oder das ↗ Jugendamt.

Bildung Was macht einen „gebildeten" Menschen aus? Zu dieser Frage werden zehn verschiedene Menschen zehn verschiedene Antworten haben. Und jede Antwort fordert zu Ergänzungen oder Änderungen heraus. Die Erziehungswissenschaft hat den Begriff Bildung zu verschiedenen Zeiten immer wieder aufs Neue bestimmt, sodass er beschreibt, woran sich Schule und Erziehung in der jeweiligen Zeit orientieren können.

Die Wissensgesellschaft gilt heute als wichtige Orientierung. Damit ist aber nicht gemeint, dass Menschen möglichst viel Wissen gespeichert haben müssen, was in den Schulen dann auswendig zu lernen sei. Niemand

B

kann heute mehr das ganze Wissen der Welt im Kopf haben. Aber man muss wissen, wie man sich Wissen beschafft, wie man es mit seinem bisherigen Wissen vernetzt, wie man Wissen nutzt, um Fragen zu klären, Probleme zu lösen. Dies versteht man unter **Sachkompetenz**. Sie ist aber nur ein Aspekt von Bildung. Es fehlen die **Selbst**- und die **Sozialkompetenz**. Selbstkompetenz heißt, für die eigene Person und eigenes Handeln verantwortlich zu sein. Sozialkompetenz bedeutet, zu einem Miteinander und zu solidarischem Verhalten fähig zu sein.

In diesem Zusammenhang ist Aufgabe der Grundschule, grundlegende Bildung zu vermitteln (s. Kapitel 3). Sie muss zwei Aspekten gerecht werden:

- Sie legt ein breites Fundament für die weitere Bildung in den kommenden Jahren.
- Sie bezieht sich dabei auf die Möglichkeiten der Kinder im Grundschulalter.

Dazu dienen die Fächer der Grundschule (Deutsch, Mathematik, Sachunterricht, Musik, Kunst, Sport, Fremdsprache, Religion). Wichtig sind auch die vielen Lerngelegenheiten jenseits der Fächer, bei denen die Kinder Verständnis für Regeln und für moralische Normen gewinnen, ↗ Gefühle erfahren und sie angemessen zum Ausdruck bringen, ein Bewusstsein vom eigenen Ich entwickeln. Solche Lerngelegenheiten sind z.B.: das Leben in der Klasse gemeinsam gestalten, in einem geregelten Verfahren über Streitigkeiten verhandeln, vor der Klasse eine Arbeit präsentieren (s. Kapitel 3). Besonders wichtig ist der Erwerb von ↗ Schlüsselqualifikationen, das sind diejenigen Fähigkeiten, die das lebenslange Lernen ermöglichen: Schreib- und Lesefähigkeit, mathematische Fähigkeiten, Nachdenken über Sprache oder mathematische Lösungswege, die Verständigung in einer Fremdsprache.

Was als grundlegende Bildung im jeweiligen Bundesland festgelegt ist, findet sich in den Bildungsplänen für die Grundschule (auch ↗ Lehrplan, Rahmenrichtlinien, Richtlinien genannt). Länderübergreifend hat die Kultusministerkonferenz (KMK) ↗ Bildungsstandards für Klasse 4 herausgegeben: → www.kultusministerkonferenz.de / www.bildungsserver.de (Schulministerien aller deutschsprachigen Länder – Link: Bildungspolitik, Institutionen).

Bildungspolitik Bildungspolitik betrifft alle Bildungsbereiche, vom Kindergarten über die Schulen bis zu den Hochschulen und den Einrichtungen der Fort- und Weiterbildung. Sie gehört im Wesentlichen in den Hoheitsbereich der 16 Bundesländer. In einer Reihe von Entscheidungen sind Absprachen zwischen den Bundesländern nötig, z.B. zur gegenseitigen Anerkennung der Schulabschlüsse, zuletzt auch zur Verabschiedung von gemeinsamen Bildungsstandards und zur Einrichtung eines zentralen Instituts für Qualitätsentwicklung in Berlin. Dazu haben die Länder die Ständige Konferenz der Kultusminister der Länder in der Bundesrepublik Deutschland eingerichtet (KMK), in der solche Entscheidungen vorbereitet und getroffen werden: → www.kultusministerkonferenz.de / www.bildungsserver.de (Link: Bildungspolitik, Institutionen).

Bildungsstandards Im Rahmen der Diskussion um die Ergebnisse der PISA-Studie vereinbarte die Kultusministerkonferenz (KMK), sich bundesweit für bestimmte Fächer und Abschlussklassen auf gemeinsame Bildungsstandards zu verständigen. Diese beschreiben die sachbezogenen Kompetenzen und das Wissen, welche Schüler bis zu einem bestimmten Zeitpunkt erworben haben müssen. Für die Grundschulen wurden Standards für die Jahrgangsstufe 4 in den Fächern Deutsch und Mathematik erarbeitet, die mit Beginn des Schuljahres 2005/2006 in Kraft getreten sind. Für die Sekundarstufe I betreffen sie die Klasse 9 (Hauptschulabschluss) und Klasse 10 (mittlerer Schulabschluss) und dort die Fächer Deutsch, Mathematik, Englisch (oder Französisch) sowie die Naturwissenschaften. Die Bildungsstandards sollen in die ↗ Lehrpläne, die im jeweiligen Land gelten, eingearbeitet werden und Grundlage für regelmäßige Leistungstests sein. ➜ www.kultusministerkonferenz (Link: Schule, Überblick, Bildungsstandards) / www.bildungsserver (Link: Qualität im Bildungswesen, Bildungsstandards).

Bilingualer Unterricht (auch zweisprachiger Unterricht; weiterhin abgekürzt mit BU) Beim BU wird der Stoff in mindestens einem Fach in einer Fremdsprache vermittelt. In Deutschland wird BU meist an neusprachlichen Gymnasien angeboten, selten auch an Gesamt-, Real- und Grundschulen. Für den BU spricht, dass die Sprachkompetenz der Schüler/-innen stärker gefördert wird, gegen den BU, dass vor allem schwächere Schüler/-innen den erhöhten Anforderungen teilweise nicht gewachsen sind. Da es noch keine ausreichenden wissenschaftlichen Ergebnisse auf diesem Gebiet gibt, müssen beide Meinungen gleichermaßen gehört werden. Mittlerweile nehmen zumeist nur Schüler/-innen am BU teil, die bestimmte schulintern festgelegte Kriterien erfüllen. Einerseits bringt dies dem BU häufig den Vorwurf der Eliteförderung ein, andererseits wird er so als Förderangebot für besonders Begabte genutzt (s. Kapitel 9).
Die Möglichkeit eines frühzeitigen BUs in der Grundschule wird kontrovers diskutiert: Befürworter meinen, dass Sprachen nie wieder so leicht gelernt werden; Gegner befürchten, dass dadurch grundlegende Fähigkeiten wie Schreiben und Lesen in der Muttersprache noch weniger Raum haben.

Brille Etwa jeder fünfte Schulanfänger ist fehlsichtig und braucht eine Brille. Wird das nicht erkannt, sind Kinder in ihrer Entwicklung stark behindert. Sie leiden unter den Auswirkungen, denn sie wissen ja nicht, dass andere besser sehen können. Deshalb sind die Erwachsenen gefordert, auf Fehlsichtigkeiten zu achten und im Zweifel einen Sehtest mit dem Kind durchführen zu lassen. Hinzu kommt, dass sich auch bei Kindern, die bereits eine Brille haben, die Sehschärfen schnell verändern. Bei der Auswahl einer Kinderbrille sollte man sich gut beraten lassen. Kinderbrillen müssen eine Menge aushalten: z. B. Wachstum, Toben, Sport. Sie sollten außerdem leicht (nicht mehr als 30 bis 40 Gramm) und komfortabel sein.

C

Computer Das Vorhandensein eines Computers im Klassenraum ist noch kein Hinweis auf einen besonders „modernen“ oder guten Unterricht. Der Einsatz von Computern muss immer im Zusammenhang mit den pädagogischen Zielen des Unterrichts und der einzelnen Schule gesehen werden. Angesichts der enormen Bedeutung, die die neuen Medien erlangt haben, ist ihre Integration in den Schulalltag unumstritten. Dennoch entstehen daraus neue und schwierige Anforderungen für den Grundschulunterricht:
Die Ausstattung und Finanzierung müssen geplant und gesteuert werden. Es gibt zwischen den Schulen ein großes Gefälle in der Ausstattung mit Computern und den Möglichkeiten des Internetzugangs. Der Verpflichtung, alle Grundschulen gleichmäßig

mit zeit- und kindgemäßer Hard- und Software auszustatten, kommen viele Schulträger nur unzureichend nach. Noch viel zu oft bleibt es bei dem Bemühen, mit gespendeten (also „alten") Computern medienpädagogische Ziele zu erreichen.

Hinzu kommt, dass Lehrer/-innen technische Fertigkeiten im Umgang mit Hard- und Software erwerben und ständig ergänzen müssen, auch hier sind die Unterschiede groß. Die Nutzung der vorhandenen Ausstattung erfordert ein gemeinsames pädagogisches Konzept, nicht den „medienpädagogischen Einzelkämpfer" im Kollegium. Schließlich muss ein sinnvolles Nebeneinander von bewährten und neueren Unterrichtskonzepten gefunden werden. Weder eine „Computerisierung" des Unterrichts noch ein „Nischendasein" in Computer-Arbeitsgemeinschaften ist sinnvoll.

Bislang ist es oft noch so, dass neue Medien lediglich „additiv", also zusätzlich in den herkömmlichen Unterricht einbezogen werden, manchmal sogar eher zufällig. Zu häufig werden Computer noch nicht als alltägliches Werkzeug für die Bearbeitung von Inhalten und zur Erreichung von Lernzielen genutzt. Der Computer darf keinesfalls das dominierende oder einzige Unterrichtsmedium werden. Unterricht bedarf der Medienvielfalt. Nur wenn die Kinder weitgehend offenen Zugang zu verschiedenen Medien haben, können sie auch selbstständig damit arbeiten. Daraus ergeben sich Konsequenzen für die Lernumgebung: Computerräume, die zudem nur in bestimmten Stunden zugänglich sind, unterstützen den selbstgesteuerten Gebrauch verschiedener Medien nicht.

Es ist ohnehin nicht sinnvoll, Computer im Frontalunterricht einzusetzen, um alle Schüler/-innen gleichzeitig an derselben Aufgabe arbeiten zu lassen. Während des Klassenunterrichts lässt sich der Computer als Instrument zur Differenzierung nutzen. Bis zu drei Schüler/-innen können am Computer Übungen durchführen oder bestimmte Lernaufgaben lösen, während ihre Mitschülerinnen andere Aufgaben bearbeiten.

In inhaltlich weitgehend freien Arbeitsphasen können Kinder individuell entscheiden, welche Aufgabe sie bearbeiten möchten. Hier können Computer als Werkzeug genutzt werden, um eigene Arbeitsblätter zu entwerfen, längere Texte zu verfassen, Vorträge und Präsentationen zu erarbeiten, Informationen im Internet zu suchen oder E-Mails mit Partnerklassen oder Experten auszutauschen. Der Computer wird hier zum Hilfsmittel und Werkzeug für selbst gewählte Vorhaben oder zur Beantwortung selbst gestellter Fragen. →

Hinweise: www.schulen-ans-netz.de / grundschule.nibis.de

Bislang ist es oft noch so, dass neue Medien lediglich „additiv", also zusätzlich in den herkömmlichen Unterricht einbezogen werden, manchmal sogar eher zufällig. Zu häufig werden Computer noch nicht als alltägliches Werkzeug für die Bearbeitung von Inhalten und zur Erreichung von Lernzielen genutzt.

› *Der Familien-PC. Spaß beim Lernen mit dem Computer für 5- bis 10-Jährige.* v. Stefan Aufenanger. Cornelsen Scriptor, Berlin 2004

Curriculum Der aus dem Lateinischen kommende Begriff bedeutet ursprünglich „Ablauf des Jahres". In der bildungspolitischen Diskussion wurde der Begriff Anfang der 1970er-Jahre aus den USA übernommen und bezeichnet schriftlich fixierte, möglichst präzise Aussagen über die Ziele und den Verlauf des Lehr- bzw. Lernprozesses im Unterricht. Schulische Curricula werden häufig als „Spiralcurriculum" konzipiert: Um die Lernentwicklung der Kinder berücksichtigen zu können, werden die Lerngegenstände nicht linear aufsteigend angeordnet, sondern in Form einer Spirale: Einzelne Themen kehren im Laufe der Schuljahre mehrmals, auf jeweils höherem Niveau, wieder.

D

Denunziation (Petzen) „Der größte Lump im ganzen Land ist immer noch der Denunziant" (Hoffmann von Fallersleben). Man soll ehrlich sein – aber nicht „zu ehrlich", denn manches sollte man besser „für sich behalten". Damit sich Kinder ein Bild davon machen können, wann sie Missetaten anderer berichten sollten und wann besser nicht, muss nicht nur das Verhalten anderer erörtert, sondern auch beleuchtet werden, welche Folgen Petzen für den „Verräter" haben kann. So können sie künftig abwägen, ob weitere Vergehen eines Missetäters drohen und er davon durch Entlarven abgehalten werden sollte, oder ob die Folgen eher gering einzuschätzen sind im Vergleich zur Gefahr, als Denunziant sich erhebliche Nachteile einzuhandeln, z.B. eine ↗ Außenseiterrolle. Um diese Gratwanderung hinzubekommen, ist eine Menge soziales „Fingerspitzengefühl" erforderlich. Mit Regeln und Logik kommt man da nicht weit genug. Einfühlungsvermögen ist gefragt, allgemeingültige Regeln existieren nicht.

Diebstahl „Gelegenheit macht Diebe" sagt der Volksmund, und da ist etwas dran: So mancher hat schon einmal mit mehr oder weniger schlechtem Gewissen etwas stibitzt. Wenn ein Kind aber öfter anderen insgeheim etwas wegnimmt und es trotz Besprechen von „Dein und Mein" zu keiner Einsicht kommt, wenn sich Diebstähle häufen oder andere Störungen des Sozialverhaltens wie z.B. aggressives Verhalten, Schuleschwänzen, Weglaufen, oppositionelles Verhalten oder gar Anschluss an kriminelle Cliquen hinzukommen, sollten sich Eltern frühzeitig professionelle Unterstützung holen, ehe es zu einer nur noch mühevoll korrigierbaren negativen Entwicklung kommt. Unterstützung bieten vor allem Erziehungs- und Familienberatungsstellen und ↗ Jugendämter, manchmal ist auch eine psychologische oder kinderpsychiatrische Untersuchung sinnvoll.

Disziplin (aus dem Lateinischen übersetzt = Zucht, gewahrte Ordnung) In den Wörtern „Zucht", „züchtigen", „Zucht und Ordnung" klingt die so genannte Schwarze Pädagogik aus dem vergangenen Jahrhundert an. Sie wecken unangenehme Erinnerungen und Assoziationen. „Disziplin" – „disziplinieren", klingen diese Begriffe sympathischer? Sie lassen Überwindung spüren. Aber Disziplin, vor allem **Selbstdisziplin**, brauchen wir im Leben, beim Lernen, beim Arbeiten, vor allem in zweierlei Hinsicht: zur Überwindung des eigenen „inneren Schweinehundes", des „Keine-Lust-Gefühls". Unangenehme Aufgaben – und davon gibt es viele im Leben – müssen auch erledigt werden.
Die zweite Fassette des Begriffs wendet sich gegen das Prinzip des „Ich will das und zwar jetzt sofort", das menschliche Streben nach der stets größten Portion des Besten. Hier wird der Sinn des Begriffs Disziplin aus der Sozialisationsforschung entliehen. Er weist auf die erzieherischen Maßnahmen hin, die ein Kind zum Verzicht auf seine unmittelbare und direkte Bedürfnisbefriedigung anleiten. Ziel ist die allmähliche Anpassung des Kindes an die Verhaltensnormen der Erwachsenen. Ein Beispiel: nicht die ganze Tafel Schokolade vor dem Essen aufessen, sondern erst als Nachspeise – dann aber nur die Hälfte davon. Ein anderes: Wenn der Vater nach Hause kommt, will er zumindest seinen Mantel

D

ausgezogen und sich kurz hingesetzt und ausgeruht haben, bevor er sich der Lösung kindlicher Probleme widmen kann und will. Das Wort „Geduld" ist ein Synonym für diese Lesart der Disziplin.

Unter Berücksichtigung der heutigen Gepflogenheiten könnte man auch den Disziplinbegriff dem Lustprinzip gegenüberstellen: Das Kind begrüßt die Nachbarn nicht, es hat „keine Lust". Es bedankt sich nicht für ein Geschenk, Begründung: „Keine Lust!" So gesehen sind freundliche und höfliche Umgangsformen keine Frage der Lust, sondern der Selbstdisziplin. Und diese muss gelernt werden. Selbstdisziplin ist immer auch dann gefragt, wenn es zwischen zwei ungleichen Alternativen zu wählen gilt: lieber noch ein bisschen fernsehen oder sich endlich an die Hausaufgaben setzen? Noch ein bisschen Musik hören oder früh schlafen vor der Klassenarbeit? Nicht von ungefähr haben sich einige Sprichwörter entwickelt: Erst die Arbeit, dann das Vergnügen. Vielleicht sind sie doch eine nützliche Hilfestellung?

Durchsetzungsvermögen Einfühlungsvermögen, aber auch Durchsetzungsfähigkeit hängen eng mit Selbstbewusstsein und Konfliktfähigkeit zusammen.

Eigene Interessen sollen gegenüber anderen durchgesetzt werden, jedoch unter angemessener Berücksichtigung der geltenden, gesellschaftlich vereinbarten Regeln und Grenzen, aber auch kindlicher ↗ Bedürfnisse. Um konfliktfähig zu werden, muss das Kind ausreichend Gelegenheit haben, mit anderen Menschen (sowohl mit Erwachsenen als auch Gleichaltrigen) in Konflikte zu geraten, Lösungen zu vereinbaren und auf diese Weise sowohl Erfolge als auch Misserfolge zu erfahren. Die Vermeidung von Auseinandersetzungen in der Erziehung ist also keine gute Idee, vielmehr sollten altersangemessenes Durchsetzen eigener Interessen ebenso belohnt werden wie altersangemessene Rücksichtnahme.

Dyskalkulie Die Rechenstörung ist von der Weltgesundheitsorganisation (WHO) als umschriebene Entwicklungsstörung schulischer Fertigkeiten mit der Ziffer F81.2 weltweit definiert und stellt eine wesentliche Beeinträchtigung der Rechenfertigkeiten dar. Sie umfasst die Grundrechenarten Addition, Subtraktion, Multiplikation und Division. Die Auffälligkeiten zeigen sich bereits im frühen Grundschulalter. Intelligenzminderung, mangelnde Übung, unangemessene Beschulung, neurologische Erkrankungen oder Sinnesbehinderungen müssen als Ursache ausgeschlossen sein. Die Rechenleistungen unterscheiden sich wesentlich von den anderen Fertigkeiten des Kindes. Die Rechenkompetenz ist deutlich niedriger, als es der übrigen Altersgruppe und dem Intelligenzquotienten des Kindes entspricht. Davon abzugrenzen sind Rechenschwächen allgemeiner Art (s. Kapitel 12).

E

Einschulungstest Schulärzte schätzen bei Einschulungstests vor allem die körperliche Schulreife der Kinder ein (s. Kapitel 2). In den meisten Bundesländern sind diese Untersuchungen verbindlich. Getestet werden u.a. der körperliche Allgemeinzustand, das Hör- und Sehvermögen sowie der Entwicklungsstand des Kindes in Bezug auf seine motorischen und sprachlichen Fähigkeiten. Während es lange Jahre üblich war, Kinder, die nicht als schulreif galten, entweder für das folgende Jahr von der Schulpflicht zu entbinden und/oder sie zum Besuch von Schulkindergärten zu verpflichten, setzt sich zunehmend die neue Schuleingangsphase durch. Verstärkt werden die Schulgesetze der Länder dahingehend geändert. Die geltenden Regelungen können beim zuständigen Ministerium oder beim Schulamt erfragt werden: → www.bildungsserver.de

Elternrat In den verschiedenen Bundesländern gibt es unterschiedliche Begrifflichkeiten für Elternvertretungen – von Elternbeirat über (Schul-)Pflegschaft bis zum Elternrat. Gemeint ist immer die gewählte Elternvertretung, die sich auf der Schulebene zum Elternrat zusammenschließt.
Über den Elternrat wird die Mitwirkung der Eltern am Schulgeschehen sichergestellt. Der Elternrat hat meist ein Informations- und Anhörungsrecht in vielen Belangen der Schule und kann Anträge an die ↗ Schulkonferenz stellen. Festgeschrieben sind seine Rechte und Pflichten in den Schulgesetzen der jeweiligen Länder. → Eine gute Übersicht über die Schulgesetze der Länder findet sich unter www.bildungsserver.de

Elternsprechtag Lehrer/-innen haben die Aufgabe, die Erziehungsberechtigten regelmäßig über die schulische Entwicklung ihres Kindes, über sein Arbeits- und Sozialverhalten sowie über die Lernerfolge oder auch -schwierigkeiten zu unterrichten. Neben den Sprechstunden, die Lehrkräfte anbieten, sind Elternsprechtage eine Möglichkeit des Informationsaustauschs zwischen Schule und Elternhaus. Diese Möglichkeit sollten alle Erziehungsberechtigten nutzen, nicht nur diejenigen, mit denen Lern- oder Verhaltensprobleme zu erörtern sind. Beim Elternsprechtag auch von den Fortschritten und Stärken des eigenen Kindes zu erfahren, sollte ebenso selbstverständlich sein. Lehrer wie Eltern sind dann nicht mehr „Defizitfahnder“, sondern „Schatzsucher“ im Interesse des Kindes (s. Kapitel 7).

Englisch Der Umgang mit einer fremden Sprache zählt heute zu den notwendigen Kulturtechniken. Englisch hat einen großen praktischen Wert für Studium und Beruf, aber auch für Reise und Urlaub und prägt in besonderer Weise den Alltag. Der Sinn des Englischunterrichts in der Grundschule wird kaum noch bezweifelt. Lediglich der Zeitpunkt des Beginns wird noch diskutiert und ist in den einzelnen Ländern unterschiedlich geregelt (erste oder dritte Klasse).
Untersuchungen zeigen, dass Kindern im Grundschulalter der Einstieg in das Lernen einer fremden Sprache besonders leichtfällt. Zudem haben Kinder ein spontanes Interesse an der englischen Sprache, weil sie ihnen aus Fernsehen und Computerprogrammen, von Musik und Freizeit her vertraut ist.

Ergotherapie Wenn bei Kindern im Vorschul- oder Grundschulalter Hinweise auf ↗ Entwicklungsprobleme vorliegen, kann eine Ergotherapie Mittel der Wahl sein. So können bei einem ungeschickt und tollpatschig wirkenden Kind motorische Probleme, wie Unsicherheiten in der Körperkoordination oder der Grob- und Feinmotorik, als Ursache identifiziert werden. Hinter einem Vermeiden von Puzzle- oder anderen Zuordnungsspielen können Entwicklungsverzögerungen in der Verarbeitung der Wahrnehmungsinformationen des Seh-, Hör- oder Tastsinns liegen. Nach einer umfassenden entwicklungsbezogenen Diagnostik stehen bei Kindern spielerische und übende Verfahren im Vordergrund der Behandlung. Hier steht das Selber-Tun im Vordergrund, um dem menschlichen Grundbedürfnis nach Aktivität durch Wiederherstellung der Handlungsfähigkeit gerecht zu werden. Ergotherapie erfolgt auf ärztliche Verordnung (Rezept vom Kinderarzt) und ist den Regelungen für Heilmittel unterworfen (s. Kapitel 6 und 12).

E

Erlebnispädagogik Sicher ist: Grundschulkinder lernen anders als Erwachsene – nämlich in erster Linie durch Handeln und Erleben. Das ist der Grund, aus dem Erlebnispädagogik in manchen Schulen Eingang zumindest in die Projektwochen gefunden hat (s. Kapitel 3 und 4). Eine einheitliche Definition, um was es sich bei der Erlebnispädagogik genau handelt, gibt es nicht, nur viele verschiedene Ansätze. Grob gesagt geht es darum, dass Kinder im Team möglichst in der Natur Herausforderungen gemeinsam bewältigen, z.B. Klettern im Seilgarten oder Überlebenstraining im Wald. Das vermittelt neue Erfahrungen, stärkt das Selbstbewusstsein und schult das soziale Handeln. Allerdings nur, wenn eine vierte Dimension dazukommt: das Nachdenken.

Erprobungsstufe In der Sekundarstufe I bilden die Klassen 5 und 6 eine besondere pädagogische Einheit, die Erprobungsstufe. Lehrer/-innen sollen an die Lernerfahrungen der Kinder in der Grundschule anknüpfen und sie an die Unterrichtsmethoden und Lernangebote der jeweiligen weiterführenden Schule heranführen. Die Kenntnisse, Fähigkeiten und Fertigkeiten der Kinder werden mit dem Ziel beobachtet, gemeinsam mit den Erziehungsberechtigten die Entscheidung über die gewählte Schulform sicherer zu machen. Innerhalb der Erprobungsstufe gehen die Schüler/-innen ohne Versetzung von der fünften in die sechste Klasse über. Am Ende der Klasse 6 entscheidet die Versetzungskonferenz mit der Versetzung in die Klasse 7 auch darüber, ob das Kind für den weiteren Besuch dieser Schulform geeignet ist (s. Kapitel 14).

Erziehungsberatung In den meisten Städten gibt es Erziehungsberatungsstellen. Sie können in der Trägerschaft von den Kommunen, Kirchen, Wohlfahrtsverbänden oder in freier Trägerschaft sein. An Erziehungsberatungsstellen, wie auch an die des Kinderschutzbundes, können sich Kinder, Jugendliche und Eltern sowie Familienangehörige, aber auch Lehrer, Erzieher oder andere Fachleute in allen Erziehungsfragen wenden.
Die Beratung ist kostenlos und vertraulich. Es ist immer besser, sich schon frühzeitig beim Auftauchen von Problemen, Fragen und Unsicherheiten an eine Erziehungsberatungsstelle zu wenden, als zu warten, bis die Probleme und Auseinandersetzungen sich verschlimmert haben und Brüche in den Beziehungen auftreten. Die Beratungsdauer und die Terminvereinbarung hängt von der Problemlage und von den Gepflogenheiten der jeweiligen Stelle ab. Neben der Erziehungsberatungsstellen gibt es über 20 Kinderschutz-Zentren in Deutschland. Sie sind auf ➚ Gewalt in der Familie spezialisierte Fachberatungsstellen, die auch Fortbildungsangebote und Tagungen für Fachpersonal organisieren: ➜ www.kinderschutzbund.de

F

Fachkonferenz Die Fachkonferenz setzt sich aus den Lehrer/-innen zusammen, die an einer Schule ein bestimmtes Fach unterrichten. Ihre Aufgabe ist es, die inhaltlichen und didaktischen Schwerpunkte für die Klassenstufen entsprechend den verbindlichen Lehrplänen abzustimmen und festzulegen. Außerdem empfiehlt sie die Anschaffung von passenden Lernmaterialien. In manchen Bundesländern können gewählte Elternvertreter beratend an den Fachkonferenzen teilnehmen. Wer sich vorab über die ➚ Lehrpläne informieren will, kann diese über die zuständigen Landesministerien beziehen. Die meisten Bundesländer stellen die Pläne auf ihren

Bildungsservern zur Verfügung: → www.deutscher-bildungsserver.de

Fahrrad Bewegung ist entspannend und wichtig und Schulwege sind mitunter lang. Da neigt man dazu, das Kind mit dem Fahrrad auf den Weg zu schicken. Kinder im Straßenverkehr sind allerdings wesentlich mehr gefährdet als Erwachsene. Das liegt unter anderem daran, dass die Fähigkeit der Kleinen, Gefahren und Geschwindigkeiten richtig einzuschätzen, wenig ausgeprägt ist, sie oft zu klein sind, um den Überblick zu bewahren oder dass sie spontan und mitunter unberechenbar reagieren. Deshalb muss die Frage der Verkehrssicherheit von Fahrrad und Kind im Vorfeld geklärt sein.

Voraussetzung für die sichere Teilnahme von Fahrradfahrern am Straßenverkehr ist natürlich die richtige „Hardware". Laut Deutscher Verkehrswacht sollte ein sicheres Kinderfahrrad über folgende Teile verfügen: einen dynamobetriebenen Frontstrahler mit weißem Licht zum Sehen und Gesehenwerden, einen weißen Frontrückstrahler, eine Klingel, zwei von einander unabhängige Bremsen, je zwei gelbe Speichenrückstrahler an Vorder- und Hinterrad oder entsprechende Leuchtstreifen, je zwei Rückstrahler an den Pedalen, einen roten Rückstrahler, eine rote dynamobetriebene Rückleuchte und einen roten Großflächenrückstrahler. Es muss auch die richtige Größe haben.

Neben dem Fahrrad ist das wichtigste Utensil der Helm. Ohne den sollten sich Kinder nicht aufs Fahrrad setzen, auch nicht bei kurzen Strecken. Denn Stürze mit Kopfverletzungen können immer passieren und gehen mitunter besonders böse aus. Natürlich sollte der Helm gut passen, eine dicke Innen- und eine harte Außenschale haben, über einen breiten Kinnriemen (18 mm) verfügen, Lüftungsschlitze aufweisen und ein CE-Zeichen tragen. Ansonsten kann er selbstverständlich „cool" aussehen. Es ist zu beachten, dass ein Helm nach einem Sturz oder Unfall ersetzt werden muss, auch wenn man mögliche Schäden nicht sieht.

Stimmen die Voraussetzungen, geht es an die größte Aufgabe: die Ausbildung des Kindes zum sicheren Verkehrteilnehmer. Das Wichtigste gleich vorweg: Vor der vierten Klasse sollte man einem Kind die Fahrradfahrt in die Schule nicht erlauben – und auch dann erst, wenn es einen Fahrradführerschein erworben hat. Davor heißt es üben, üben, üben; z.B.

- Kurven oder Slalom fahren schult die Beherrschung des Fahrrads.
- Handzeichen geben oder zur Seite sehen und dabei das Gleichgewicht halten.
- Bremsen lernen, um auf unvorhersehbare Situationen zu reagieren.
- Wege, die oft gefahren werden sollen, gemeinsam einüben.
- Den sichersten Weg mit dem Fahrrad zur Schule (ist nicht immer der schnellste!) finden und einüben.
- Fahrradausflüge unternehmen.

Zu beachten ist: Bis zu ihrem neunten Geburtstag müssen Kinder auf den Gehwegen fahren, bis zu ihrem zehnten Lebensjahr dürfen sie es – allerdings dürfen sie dann auch den Radweg oder die Straße nutzen.

→ Wissenswertes über Kinder und Fahrrad fahren erfährt man bei der Bundesanstalt für Straßenwesen: www.bast.de und bei der Deutschen Verkehrswacht e.V.: www.dvw-ev.de

Faulheit Der Begriff Faulheit bezeichnet das, was den Menschen von sich aus davon abhält, zu arbeiten oder zu lernen etc., wenn keine anderen Erklärungen greifen. Im schulischen Bereich ist Faulheit häufig die von Lehrern und Eltern erkannte Ursache für

F

schlechte Leistungen eines Schülers. Faulheit kann physische wie auch psychische Ursachen haben: So können auf der physischen Ebene Wahrnehmungsstörungen wie z.B. motorische Störungen, Schmerzen, Seh- und Hörschwächen die Handlungsaktivierung beeinträchtigen (s. Kapitel 12). Auf der psychischen Ebene können Antriebslosigkeit, Apathie und eine geringe Motivation als Faulheit interpretiert werden. Vor allem letztere Ursache ist für den schulischen Bereich von Bedeutung (s. Kapitel 7). Auch in der Umwelt gibt es Ursachen wie z.B. Mobbing (s. Kapitel 10).

Feedback (engl.: Rückmeldung) Allgemein ist im zwischenmenschlichen Bereich jede Art von Rückmeldung gemeint, die zeigt, ob eine andere Person ein bestimmtes Verhalten oder eine verbale Äußerung verstanden und darauf mit Worten, Gestik oder Mimik reagiert hat. In Situationen, in denen es um Arbeit oder Leistung geht, ist die Rückmeldung als ein Abgleich von Ist- und Sollzustand bei der Zielerreichung der gestellten Aufgabe zu bezeichnen. So kann man z.B. nach einem Vortrag positives oder negatives Feedback bekommen oder der Lehrer führt mit dem Schüler ein Feedbackgespräch über die letzte Klassenarbeit.

Ferien In den Ferien haben Kinder und Jugendliche Zeit, sich von den Anstrengungen der Schule zu erholen. Die Ferienzeiten sind je nach Bundesland unterschiedlich geregelt. Sie finden aber überall im Winter, im Frühling zu Ostern und Pfingsten, im Sommer und im Herbst statt. Abwechslung und Spannung durch Reisen mit der Familie, Ausflüge, Besichtigungen oder Treffen mit Freunden machen Spaß und sind gut für die körperliche und geistige Entwicklung der Kinder. Viele Städte bieten in den Schulferien kostengünstige Ferienprogramme für Schüler an. Lernen für die Schule spielt in den Ferien nur eine Nebenrolle, aber um den Schulstoff nicht zu vergessen, sind kurze Wiederholungen vor dem Ferien-Ende sinnvoll. → Schulferientermine bundesweit: www.kmk.org/service/ferien/ferien.htm

Fernsehen Fernsehen gehört zum Lebensalltag der Familien so selbstverständlich wie essen und schlafen. Erwachsene sitzen fast vier Stunden, Kinder zwischen 90 bis 120 Minuten täglich vor dem TV. So gut wie alle Kinder zwischen sechs und 13 Jahren schauen Fernsehen, davon 83 % täglich oder fast täglich. Ein eigenes Gerät im ↗ Kinderzimmer erhöht den inhaltlich und zeitlich unkontrollierten Konsum noch um das Dreifache. Ein Trend, vor dem Pädagogen und Gewaltforscher ausdrücklich warnen: kein Fernsehgerät ins Kinderzimmer! (s. Kapitel 1)
Forschungsergebnisse belegen: Ein Übermaß an Medienkonsum macht Kinder dick, dumm, krank, traurig und gewalttätig. Es muss davon ausgegangen werden, dass Kinder durch zu hohen Fernsehkonsum in ihrer Entwicklung beeinträchtigt werden: Je früher, je länger, je regelmäßiger sie schauen und je gewalttätiger die Filme sind, desto negativer sind die Auswirkungen.

Empfehlungen zum Fernsehkonsum:

- Kinder bis 2 Jahre: Grundsätzlich nicht, Fernsehen überfordert sie und weckt Ängste.
- Kinder bis 3 Jahre: Hier gehen die Meinungen der Fachleute schon etwas auseinander. Einige sind eindeutig der Meinung: gar nicht. Andere: nicht regelmäßig, höchstens gelegentlich bis Maximum 15 Minuten.
- Kinder von 4 bis 5 Jahren : nicht mehr als 30 Minuten.
- Kinder von 6 bis 8 Jahren: nicht länger als max. 45 Minuten.
- Kinder von 9 bis 11 Jahren: maximal eine Stunde fernsehen.

Achtung: Die empfohlenen Zeiten beinhalten die vor dem Computer oder anderen Bildschirmmedien verbrachte Zeit.

Förderangebot Unter dem Förderangebot einer Schule ist zunächst alles einzuordnen, was über den regulären Unterricht hinausgeht und mit dem Ziel angeboten wird, die Schwierigkeiten und/oder die Stärken eines Kindes möglichst individuell zu fördern. An Teilleistungsschwierigkeiten kann z.B. in LRS-Kursen, also speziellen Kursen für Kinder mit Lese-Rechtschreibschwierigkeiten, gezielt gearbeitet werden (s. Kapitel 12). Bei der Förderung der Stärken wird generell zwischen Akzeleration, also Maßnahmen zum beschleunigten Lernen und Enrichment, also Maßnahmen zum vertieften (angereicherten) Lernen unterschieden.
Beschleunigtes Lernen meint, dass der Schüler den vorgesehenen Stoff schneller lernt, sich seine Schulzeit dadurch (meistens) insgesamt verkürzt. Beispiele dafür sind vorzeitige Einschulung, Überspringen von Klassen, Teilunterricht in höheren Klassen und D-Zug-Klassen.
Vertieftes Lernen bedeutet, dass der Schüler „mehr" lernt und eventuell tiefer ins Detail geht als im Curriculum vorgesehen. Beispiele dafür sind ↗ Bilingualer Unterricht, zusätzliche Leistungskurse, Plus-Kurse, Arbeitsgemeinschaften, Schülerwettbewerbe, Austauschprogramme etc. Es gibt auch Mischformen, das heißt, die Maßnahmen sind sowohl dem beschleunigten wie auch dem angereicherten Lernen zuzuordnen. Hierzu gehören z.B. ↗ Montessori-Schulen, das Drehtür-Modell nach Renzulli, Intensivkurse, Spezialklassen und auch Spezialschulen (s. Kapitel 9).

Förderklasse Eher bekannt als Diagnose-Förderklasse (DFK). In die DFK werden schulpflichtige, aber in ihrer Entwicklung stark verzögerte Kinder aufgenommen. In diesen zahlenmäßig kleinen Klassen lernen die Kinder, die hauptsächlich aufgrund von Teilleistungsschwächen in den Bereichen Konzentration, Wahrnehmung, Gedächtnis, Denken, Sprache, Motorik etc. in der regulären Grundschulklasse überfordert wären. Ziel einer Beschulung in der DFK ist, Entwicklungsrückstände zu mindern/zu beseitigen. In der DFK werden allgemein- und sonderpädagogische Förderung kombiniert; durch Diagnostik und entsprechende Individualisierung im Unterricht steht das Kind mit seinen Stärken und Schwächen im Mittelpunkt. Im Gegensatz zu einer frühen Aussonderung wird dem Kind die Chance zum Erreichen der Ziele der Grundschule in größerem Maße gegeben. Voraussetzung für den Besuch der DFK sind das Einverständnis der Eltern sowie die Feststellung des Förderbedarfs (s. Kapitel 12).
Diagnostik im Unterricht und entsprechende Individualisierung des Unterrichts, um jedes Kind mit seinen Stärken und Schwächen optimal zu fördern, werden zunehmend auch für die Regelschulen gefordert. Förderklassen hätten dann nicht allein die Funktion, Defizite aufzuarbeiten, sondern auch die gezielte Förderung bzw. (Heraus-)Forderung bestimmter Stärken (s. Kapitel 3 und 4).

Förderverein Fördervereine sind aus dem Schulleben und aus dessen Finanzplanung kaum noch fortzudenken. Sie sind die aktiven Spendensammler der Schule. Die Mitgliedschaft in einem Förderverein ist freiwillig und mit der Zahlung eines Mitgliedsbeitrages verknüpft. Über diese Beiträge finanzieren die Vereine wichtige zusätzliche Ausstattungen von Schulen oder sorgen gar in Übermittagsangeboten für eine verlässliche Kinderbetreuung über den Unterricht hinaus. In die Öffentlichkeit rücken sie in der

Regel, wenn sie Schulfeste oder andere Veranstaltungen ausrichten, die neben der Geselligkeit auch der Einwerbung von Spenden dienen. Fördervereine unterliegen dem deutschen Vereinsrecht. Vor der Übernahme eines Amtes oder der Gründung eines Vereins sollte man sich auf jeden Fall beraten lassen, insbesondere dann, wenn der Verein auch als Arbeitgeber auftritt.

Französisch In Baden-Württemberg, Rheinland-Pfalz und im Saarland lernen Kinder als erste Fremdsprache Französisch ab der ersten Klasse. Dies trifft nicht auf alle Grundschulen zu, sondern im Wesentlichen auf grenznahe Regionen. Die Vorteile liegen hier klar auf der Hand. Die Kinder erlernen eine Sprache, mit der sie direkt etwas anfangen können. Außerdem stellt sich natürlich die Frage der Schulpartnerschaften und Ausflüge in die Sprachregion anders als für die „Inländer". Der Verzicht auf Englisch fällt da weniger ins Gewicht, denn die Kinder lernen die Prinzipien des Fremdsprachenerwerbs, die ihnen auch den Zugang zur zweiten Fremdsprache erleichtern werden; ➜ Informationen: www.kultusministerium.baden-wuerttemberg.de

Freiarbeit Kinder sind verschieden, auch beim Lernen. Ein zeit- und kindgemäßer Unterricht berücksichtigt diese Tatsache durch Formen innerer Differenzierung: Der Klassenverband bleibt erhalten, die Kinder arbeiten individuell. In Phasen der Freiarbeit (oder Freien Arbeit) können Schüler/-innen in einem vereinbarten Zeitrahmen Art und Inhalt von Tätigkeiten selbst bestimmen. Lern- und Spielmaterial steht dazu in der Klasse zur Verfügung, aber auch Bücher, Mal- und Bastelmaterialien und selbstverständlich alles, was Kinder an interessanten Dingen mitbringen. Die Kinder haben immer wieder die Aufgabe, am Ende der Freiarbeit zu zeigen, zu berichten oder vorzumachen, was sie gearbeitet haben.

Freie Alternativschulen Freie Alternativschulen gehören zu den ↗ Privatschulen. Sie sind in jedem Bildungsbereich möglich, von der Grundschule bis zur Erwachsenenbildung und verstehen sich generell als Alternative zum staatlichen System. In der Regel geht ihre Gründung auf die Initiative von Eltern zurück, die auch die Verwaltung der Schule übernehmen.

Im Zentrum des pädagogischen Selbstverständnisses steht die freie Entfaltung der kindlichen Persönlichkeit. Unterricht und Erziehung sind demokratisch organisiert, das bedeutet, Kinder werden an der Gestaltung der Lernprozesse beteiligt. Die Erfahrungen Freier Alternativschulen fließen oft auch in die Weiterentwicklung des allgemeinen Schulsystems ein. ➜ Informationen: www.freie-alternativschulen.de

Freinet, Célestin (1896–1966) „Den Kindern das Wort geben", lautete Freinets pädagogisches Motto. Er hält Kinder für kompetent genug, ihre eigenen Lernwege zu finden. Lernen heißt, Erfahrungen bei der Arbeit mit anderen zu machen, beim Probieren, Erkunden, Experimentieren – praktisch, kreativ und ganzheitlich mit allen Sinnen. Die Kinder lernen, indem sie etwas tun: „natürliche Methode". Sie sollen sich in der Schule kritisch mit ihrer Lebenswirklichkeit auseinandersetzen, ihre eigenen Fragen zum Ausgangspunkt ihres Lernens machen, dabei Verantwortung und Initiative ergreifen, Zusammenarbeit lernen und so ihre Persönlichkeit entfalten.

Bei Célestin Freinet steht die aktive Natur des Lernens im Mittelpunkt. Die angestrebte Aufhebung der Trennung von Kopfarbeit und Handarbeit drückt sich in der Einrichtung des Klassenraumes aus: Es gibt mehrere

Arbeitsecken („Ateliers“) mit zahlreichem Handwerkzeug und Material, aber auch mit Büchern, Heften und Lernmaterialien.
Zentral ist die Schuldruckerei, mit der die Kinder ihre selbst verfassten Texte veröffentlichen können. Sie dient sowohl dem persönlichen Ausdruck als auch der Kommunikation, indem sie Erfahrungen auch für andere zugänglich macht. Eine Schuldruckerei lässt die Kinder Sprache und Schrift in besonderem Maße aktiv handelnd „begreifen“ und lernen.
Arbeit ist für Freinet die „Substanz der Didaktik“. In „freien Texten“ schreiben die Kinder, „was sie zu sagen haben“, mit Klassenzeitungen und Korrespondenz mit anderen Klassen stellen sie „öffentliche“ Bezüge her und erweitern ihre eigene Erfahrungswelt. Schreiben und Geschriebenes bekommen einen unmittelbaren Sinn.
Schülergruppen und einzelne Kinder arbeiten parallel, drucken, malen und gestalten in den „Ateliers“, lösen Aufgaben aus der Rechtschreib- oder Mathematikkartei, schreiben Texte oder erarbeiten Vorträge zu selbst gewählten Themen.
Das alles geschieht nach selbst erstellten individuellen und gemeinsamen Arbeitsplänen. Gemeinsame Vorhaben und Probleme beim Zusammenarbeiten und -leben werden im ↗ Klassenrat besprochen.
Die selbst verantwortete Arbeitsplanung, die selbsttätige praktische Arbeit als Kern des Unterrichts, die sinnvolle und persönliche Ergebnisse hervorbringt, sind die wesentlichen Kernelemente der Freinet-Pädagogik, Informationen finden sich im Internet, siehe besonders: → www.freinet-kooperative.de.

Freizeit Freizeit ist die frei zur Verfügung stehende Zeit des Menschen, vor allem im Vergleich zur Arbeits- oder Schulzeit. Freizeit dient der Entspannung und den persönlichen Interessen. Die meisten Menschen widmen ihre Freizeit ihrer Familie, ihren Freunden und ihren Hobbys wie z.B. Spielen, Sport, Lesen, Musik, Kunst oder anderen Interessensgebieten (s. Kapitel 2 und 9).
Heutzutage wird bezüglich der Freizeitgestaltung von Kindern häufig befürchtet, dass sie zu sehr verplant und häufig zu fremdbestimmt sei, d.h., dass nicht immer die Interessen und Bedürfnisse des Kindes im Vordergrund stehen. Andererseits ist bei dem heutigen Angebot hinsichtlich Medien, ↗ Computer etc. ein gewisser steuernder Einfluss von außen nötig. Nicht selten hört man von Kindern, die ihre gesamte Freizeit vor dem Computer verbringen. Die negativen Folgen sind bekannt: fehlende soziale Kontakte und das Risiko gesundheitlicher (Spät-)Folgen (s. Kapitel 1).

Freundschaft Im Grundschulalter ändert sich die Qualität der Freundschaften: Spielkameraden werden zu Verbündeten. Mädchen gehen oft in ihrer Rolle als beste Freundin auf, hüten Geheimnisse und bilden eine Bastion gegen den Rest der Welt. Auch Jungen können innig befreundet sein, sind jedoch selten so aufeinander fixiert, gemeinsame Interessen bilden das verbindende Element. Freundschaften sind wichtig, um sozialen Umgang zu üben: Ehrlichkeit, Mitgefühl, Vertrauen, Hilfsbereitschaft, Zuverlässigkeit wachsen und bilden die Grundlage der Freundschaft. Um später stabile Bindungen eingehen zu können, müssen Kinder die Erfahrung machen, dass es sich lohnt, für einen Freund etwas zu opfern, die Freundschaft auch über Schwierigkeiten hinweg aufrechtzuerhalten, sich wieder zu versöhnen, einander entgegenzukommen. Die Bedeutung der Eltern als Verbündete und Vertraute nimmt ab: ein wichtiger Entwicklungsschritt auf dem Weg in die Selbstständigkeit!

G

G

Ganztagsschule Erfahrungen in anderen Ländern, aber auch in vielen deutschen Schulen beweisen, dass eine Ganztagsschule Kindern mehr Möglichkeiten bieten kann als eine Halbtagsschule. Mehr Zeit ermöglicht eine bessere Rhythmisierung des Schultages, zusätzliche Lern- und Förderangebote sowie sinnvolle Freizeitaktivitäten. Gegenwärtig werden in Deutschland zwei Grundformen von Ganztagsschulen diskutiert und praktiziert: die „gebundene" und die „offene Ganztagsschule".
Schüler/-innen der gebundenen Ganztagsschule sind verpflichtet, sowohl vormittags als auch nachmittags am Unterricht und den Angeboten der Schule teilzunehmen. Demgegenüber bietet die offene Ganztagsschule vormittags verbindlichen Unterricht an, während die Nachmittagsangebote eine geringere Verbindlichkeit haben: → www.ganztagsschulen.org / www.ganztaegig-lernen.org

Geburtstag Für Grundschulkinder sind Geburtstage etwas ganz Besonderes. Sie erleben sehr bewusst, dass sie im Mittelpunkt stehen und freuen sich riesig über ihre Geschenke. Kindergeburtstage zu organisieren ist gar nicht so einfach, denn schnell kann das Fest zu einer anstrengenden Veranstaltung ausarten. Eine Begrenzung der Gästeliste ist sinnvoll und sollte an die zur Verfügung stehenden Räumlichkeiten angepasst werden. Hier ist Arbeitsteilung wichtig, einer kümmert sich um Spiel und Spaß, der andere um die Verpflegung. Eine ausgewogene Verteilung der freien und der angeleiteten Spielzeiten garantiert, dass keine Langeweile aber auch keine Übermüdungserscheinungen auftreten. Wer wenig Platz hat: Zoos, Museen, Sportzentren und Schwimmbäder bieten organisierte Geburtstagspartys für Kinder an.

Gefühle (EQ) Emotionale Intelligenz (EQ) ist ein Sammelbegriff für Persönlichkeitseigenschaften, die den Umgang mit eigenen und fremden Gefühlen betreffen. Nicht das Vorhandensein, sondern der Umgang mit Gefühlen macht die emotionale Intelligenz aus.
Nach Howard Gardner schließt der EQ eine Lücke, die in der klassischen Intelligenzforschung übersehen wurde (s. Kapitel 9).
› *Emotionale Intelligenz.* v. Daniel Goleman. Hanser, München 1996

Gelassenheit Gelassenheit müssen Kinder ebenso wie Eltern beherrschen: Allzu gefühlsbetonte, intensive und zuwenig überlegte Reaktionen können mehr schaden als nützen. Andererseits darf nicht das Gefühl entstehen, gleichgültig zu sein. Auch wenn es immer wieder zu Reibungen kommt, Kinder und angehende Teenager brauchen klare Aussagen der Eltern, die Orientierung und Sicherheit vermitteln. Für Eltern und Kind ist Gelassenheit eine Unterstützung: Das Kind tut sich leichter, wenn es Vertrauen in sein Können entwickelt, aber auch den Eltern vertraut. Selbstbewusste Eltern können gegenüber ihren Kindern gelassener und souveräner auftreten. Pubertierende verlangen von Erwachsenen Anerkennung für ihr Streben nach mehr Selbstständigkeit und Eigenverantwortung und beides ist häufig nicht ausgewogen. Auch das verlangt Gelassenheit und Geduld von den Eltern: → www.elternimnetz.de / www.starke-eltern.de

Gemeinschaftsschulen Ab 2006 hat Schleswig-Holstein die Gemeinschaftsschule verankert, ab 2008 soll es sie auch in Berlin geben. Schüler/-innen bleiben von der 1. bis zur 10. Klasse zusammen. Das längere gemeinsame Lernen wird als Voraussetzung für optimale Bildungschancen betrachtet. Es bedeutet für die Schulen viel mehr Gestaltungsfreiheit, aber auch mehr Verantwortung. Der Umgang mit leistungsgemischten Lerngruppen erfordert eine differenziertere Vermittlung des Stoffs. Letztendlich profitieren davon sowohl stärkere als auch schwächere Schüler/-innen.

Gesamtschule Gesamtschulen fassen die Bildungsgänge der Sekundarstufe I zu einer pädagogischen, organisatorischen und räumlichen Einheit zusammen. Schüler/-innen können sämtliche Abschlüsse der Sekundarstufe I an der Gesamtschule erwerben.
Gesamtschulen können schulformbezogen (Additive oder Kooperative Gesamtschule) oder schulformübergreifend (Integrierte Gesamtschule) organisiert sein. Oft umfassen sie eine gymnasiale Oberstufe (Sekundarstufe II), die zum Abitur führt. In der Integrierten Gesamtschule werden die Bildungsgänge der Jahrgangsstufen 5 bis 10 zusammengeführt. Ihre Unterrichtsorganisation ermöglicht den Schüler/-innen eine individuelle Schwerpunktbildung entsprechend der persönlichen Leistungsfähigkeit und den eigenen Neigungen durch Unterricht in gemeinsamen Kerngruppen und in Kursen. Die Kurse können nach Anspruchshöhe, Begabung und Neigung differenziert sein.
Die Fachleistungsdifferenzierung beginnt in der ersten Fremdsprache und in Mathematik in der Jahrgangsstufe 7, im Fach Deutsch und im Lernbereich Naturwissenschaften in der Jahrgangsstufe 9. Die Differenzierung nach Leistung erfolgt auf zwei (G, E – Grund- und Erweiterungskurs) oder drei (A, B, C) Anspruchsebenen.
Im Kernunterricht lernen Schüler/-innen mit unterschiedlichen Begabungen, Lernvoraussetzungen, Neigungen und Interessen gemeinsam. Durch dieses gemeinsame Lernen sollen soziale Lernprozesse und durch innere Differenzierung die individuellen Fähigkeiten entwickelt werden.

- In der **Integrierten Gesamtschule** rücken die Schüler/-innen ohne Versetzung in die nächste Jahrgangsstufe auf. Sie können aber auch – wie in den anderen Schulformen – eine Jahrgangsstufe überspringen oder freiwillig wiederholen.
- In der **Additiven oder Kooperativen Gesamtschule** sind ↗ Hauptschule, ↗ Realschule und ↗ Gymnasium organisatorisch in einer Schule verbunden. Für die Schulzweige der Additiven oder Kooperativen Gesamtschule gelten die Bestimmungen für die Versetzungen und Abschlüsse wie für Hauptschule, Realschule und Gymnasium.

Die ↗ Schulformen werden als aufeinander bezogene Schulzweige geführt, wobei die Kooperation und die Durchlässigkeit der Bildungsgänge gewährleistet werden sollen. Bei entsprechender Leistung können Schüler/-innen teilweise am Unterricht anderer Schulzweige teilnehmen. Die **Durchlässigkeit** zwischen den Bildungsgängen wird durch die Unterrichts- und Erziehungsarbeit in den Schulzweigen, im schulformübergreifenden Unterricht und bei der Gestaltung des Schullebens gefördert. Angewandte Leistungsstandards berücksichtigen die Zugehörigkeit zu einem bestimmten Bildungsgang.
Die Verbreitung der Gesamtschulen und die Art ihrer inneren Ausgestaltung ist in den einzelnen Bundesländern höchst unterschiedlich, je nach politischer Orientierung der Landesregierungen: In Sachsen z.B. gibt es gar keine, in Bayern eine, im Stadtstaat Hamburg 38, in Nordrhein-Westfalen 215 Gesamtschulen. → Näheres zu den länderspezifischen Regelungen auf den Bildungsservern der Bundesländer und www.ggg-bund.de

Geschäftsfähigkeit Vom siebten bis zum 18. Lebensjahr gelten Kinder als be-

G

schränkt geschäftsfähig. Das bedeutet, dass für Geschäfte im Rahmen des Taschengeldbudgets die Zustimmung von Erwachsenen nicht erforderlich ist. So können Kinder lernen, mit Geld umzugehen.
Anders verhält sich das, wenn das Kind beim Kauf seine finanziellen Möglichkeiten überschreitet, z.B. einen Computer erwirbt. Dann haben die Eltern das Recht, den Kauf entweder rückgängig zu machen oder ihn nachträglich zu erlauben. Bestimmte Dinge können Kinder ohne Zustimmung der Eltern trotzdem erst ab einem gewissen Alter erwerben, z.B. Tiere ab 14, warmblütige Tiere gar erst ab 16 Jahren ebenso wie Prepaid-Handys, und nur im Rahmen des Taschengeldes.

Gewalt Kinder müssen einen angemessenen Umgang mit Gewalt erlernen. Jungen raufen, versuchen sich im Drohen, Wegnehmen und Zerstören. Zwar treten und schubsen Mädchen im Grundschulalter auch, meist wählen sie aber eher Formen von Gewalt, die auf den ersten Blick weniger offensichtlich sind: Nichtbeachten, Gerüchte verbreiten, üble Nachrede usw. Der Umgang mit Gewalt wird nur in wenigen Fernsehsendungen konstruktiv bearbeitet. Daher ist es umso wichtiger, dass Eltern, Geschwister und Lehrkräfte sich vorbildlich verhalten: Absolut gewaltfreies Verhalten ist nicht immer möglich, körperliche Gegenwehr manchmal notwendig. Ein gewisses Maß an kontrollierter Gegenwehr ist in manchen Situationen nötig, um sich durchzusetzen und nicht in die Dauerrolle des Opfers und Außenseiters zu geraten. Kräftemessen ist ein normales Verhalten. Sehr wichtig ist es jedoch zu lernen, eigene aggressive Impulse auf sozial angemessene Weise abzureagieren, statt anderen Gewalt anzutun (s. Kapitel 10).

Gewalt gegen sich selbst Selbstverletzendes Verhalten kann sich in Form von Schnittverletzungen, Verbrennungen, Sich-Schlagen, Aufkratzen verschorfter Wunden, Haareausreißen, schwer ausgeprägtem Nagelbettreißen oder Nägelkauen usw. äußern. Traumatische Erlebnisse oder andere schwere psychische Probleme liegen oft zugrunde, aber auch Autismus, Stoffwechselstörungen und andere Erkrankungen können eine Rolle spielen. Da die Ursachen für selbstschädigendes Verhalten sehr unterschiedlich sind und Wege aus diesem Verhaltensmuster nur schwer allein aus eigener Kraft gelingen, sollte das Kind frühzeitig kinderpsychiatrisch untersucht werden, um einer chronischen Entwicklung vorzubeugen. → Ein Verzeichnis kinderpsychiatrischer Praxen und Ambulanzen findet man im Internet unter www.kinderpsychiater.org

Grundwortschatz Die Zusammenstellung des Grundwortschatzes bezieht sich auf die Rechtschreibung. Er hat zwei Aufgaben:
1. Sicherheit in der Rechtschreibung bei einer begrenzten Menge von Wörtern.
2. Erkennen von Regelungen und Übertragen auf andere Wörter. In den meisten Ländern sind die Grundwortschatz-Wörter nicht festgelegt. Sie werden aus den Schreibthemen des Unterrichts gewonnen.
Tipp für zu Hause: Wörter, die das Kind beim Schreiben verwendet und falsch schreibt, Wort für Wort auf Karteikärtchen schreiben. Die heikle Stelle farbig überschreiben. Darunter Wörter schreiben, die an dieser Stelle gleich geschrieben werden. Wort diktieren, Schreibweise kontrollieren. Wenn richtig: Sternchen auf die Karte. Im Laufe der nächsten Wochen Wiederholung. Bei fünf Sternchen Karte aussortieren (s. Kapitel 7).

Gymnasium Das Gymnasium vermittelt eine vertiefte allgemeine Bildung, die Schüler/-innen dazu befähigen soll, nach dem Abitur – dem Abschluss der Sekundar-

H

stufe II (Gymnasiale Oberstufe) – ihren Bildungsweg an einer Hochschule, aber auch in berufsqualifizierenden Bildungsgängen fortzusetzen. Schüler/-innen, die ein Gymnasium besuchen wollen, müssen – so heißt es immer wieder in entsprechenden Anforderungsprofilen – geistig besonders beweglich sein, gern und schnell, zielstrebig und differenziert lernen sowie über ein gutes Gedächtnis verfügen. Sie müssen lernen, selbstständig zu arbeiten und für die eigenen Leistungen Verantwortung zu übernehmen. Von Schüler/-innen des Gymnasiums wird die Bereitschaft erwartet, sich ausdauernd und unter verschiedenen Perspektiven mit Denk- und Gestaltungsaufgaben auseinanderzusetzen und dabei zunehmend die Fähigkeit zur Abstraktion, zu eigenständiger Problemlösung und zu methodischen Vorgehensweisen zu entwickeln.

Die Lernsituation an den Gymnasien erscheint Eltern attraktiv: Soziale Probleme treten weniger deutlich zutage, offene Lernverweigerungen sind seltener. Methodisch ist der Frontalunterricht nach wie vor vorherrschend, daneben treten aber auch schülerorientierte Verfahren, z.B. Gruppenarbeit, Schülerreferate, Arbeit in Projekten.

Eine zweite Fremdsprache kommt bislang ab der siebten, zukünftig zunehmend ab der sechsten Klasse hinzu, eine gewünschte dritte Fremdsprache (bislang) ab Klasse 9.

Nicht versetzte Schülerinnen und Schüler, die in der Erprobungsstufe (Klassen 5 und 6) gravierende Lernprobleme bekommen, müssen zur Real- oder Hauptschule wechseln.

Den Abschluss des Gymnasiums bildet das Abitur (die allgemeine Hochschulreife), das zum Studium berechtigt.

Im Gymnasium können auch alle mittleren Schulabschlüsse erworben werden. Mit der Versetzung in die Jahrgangsstufe 10 oder 11 (Unterschiede in den Länderregelungen) erwerben die Schüler/-innen den Sekundarabschluss I, die „Fachoberschulreife“. Voraussetzung dafür sind mindestens ausreichende Leistungen in allen Fächern. Wer das Gymnasium mit diesem Abschluss verlässt, kann in einen vollzeitschulischen beruflichen Bildungsgang der Sekundarstufe II (Berufskolleg) oder in eine Berufsausbildung eintreten. Mit der Abiturprüfung wird die allgemeine Hochschulreife erworben, die nicht nur zu einem Studium an einer Hochschule berechtigt, sondern zugleich den Weg in eine qualifizierte berufliche Ausbildung außerhalb der Hochschule eröffnet.

Die einzelnen Gymnasien gestalten bestimmte Fächer und Bereiche schwerpunktmäßig aus und kommen so zu besonderen Schulprofilen, z.B. naturwissenschaftliche oder sprachliche Orientierungen, die Betonung des musischen oder des sozialwissenschaftlichen Bereichs oder ↗ „bilinguale“ Bildungsgänge, in denen der Unterricht in bestimmten Fächern in einer Fremdsprache erteilt wird.

In allen Bundesländern gibt es Bestrebungen, die gymnasiale Schulzeit auf acht Jahre zu verkürzen. Die Umstellung auf das achtjährige Gymnasium soll das Ergebnis einer umfassenden Reform des gymnasialen Bildungsgangs sein, die zugleich das pädagogische Konzept des Gymnasiums weiterentwickelt.
→ Näheres zu den länderspezifischen Regelungen: www.bildungsserver.de

H

Haftpflicht Kinder ab dem siebten Geburtstag haften für Schäden, die sie verursachen – vorausgesetzt, sie verfügen über die nötige Reife und Einsichtsfähigkeit. Nur Kinder, die jünger sind als sieben Jahre, haften

H

laut Gesetz nicht. Hier tritt die Privathaftpflicht der Eltern nur dann ein, wenn diese ihre ↗ Aufsichtspflicht verletzt haben. Ansonsten geht der Geschädigte leer aus.
Angesichts der geringen Beiträge und des großen Schadensrisikos lohnt sich der Abschluss einer Familien-Haftpflichtversicherung. Sie schließt meist direkte Familienmitglieder sowie Stief- und Adoptivkinder mit ein. Vor dem Abschluss sollten Vergleichsangebote eingeholt werden, denn die Preisunterschiede bei ähnlichen Leistungen sind teilweise recht groß.

Handy Handys in Kinderhand sind einerseits praktisch, weil Eltern und Kinder schnell Kontakt aufnehmen können. Zum anderen entstehen hohe Kosten, die für Kinder weder verständlich noch selbstständig aufzubringen sind.
Dazu kommt: Handys senden so genannte gepulste Strahlung aus (auch im Standby-Betrieb), der gesundheitsschädliche Wirkungen nachgesagt wird. Zwar halten die Hersteller auch bei Kinderhandys die diesbezüglichen Grenzwerte ein, allerdings gibt es kaum Untersuchungen zur Wirkung der Strahlung auf Kinder. Wenn Familien nicht auf Handys verzichten wollen, empfiehlt sich ein Kinderhandy mit eingeschränkten Möglichkeiten als Prepaid-Handy. Das Handy sollte niemals direkt am Körper getragen werden.

Hauptschule Die Hauptschule ist in den 60er-Jahren des vorigen Jahrhunderts aus der Oberstufe der Volksschule hervorgegangen. Sie ist eine „allgemeinbildende weiterführende Schule" im gegliederten Schulsystem. Die Hauptschule vermittelt ihren Schüler/-innen eine grundlegende allgemeine ↗ Bildung und wird mit dem Hauptschulabschluss abgeschlossen, je nach Bundesland am Ende der Klasse 9 oder 10.
Die Hauptschule ist eine Regelschule, sie muss also von den Schulträgern verpflichtend angeboten werden. Gleichzeitig ist die Hauptschule Pflichtschule, weil alle schulpflichtigen Schüler/-innen, die keine andere Vollzeitschule besuchen, zum Besuch der Hauptschule verpflichtet sind.
In manchen Bundesländern (z.B. in Thüringen, Sachsen oder im Saarland) ist die Hauptschule als eigenständige ↗ Schulform abgeschafft worden. Jedes Bundesland besitzt allerdings mindestens eine Schulart, an der ein Hauptschulabschluss erworben werden kann.
Die Hauptschule war ursprünglich dazu gedacht, Schüler/-innen zu handwerklichen Berufen zu befähigen, auch heute noch sieht sie die Berufsvorbereitung als Hauptaufgabe. Der Unterricht ist stark praxisbezogen und handlungsorientiert, ohne auf wissenschaftliche Grundlagen zu verzichten. In den letzten Jahrzehnten ist die Zahl der Schüler/-innen, die eine Hauptschule besuchen, stark zurückgegangen. Daher wird die Hauptschule oft von Jugendlichen besucht, die Lernschwierigkeiten und Probleme im sozialen Verhalten haben. In städtischen Ballungszentren mit hohem Ausländeranteil ist der Anteil von Schüler/-innen nichtdeutscher Muttersprache in den Hauptschulen weit höher als in anderen Schulformen. Die Hauptschule nimmt auch Realschüler und Gymnasiasten auf, die ihre bisherige Schule verlassen müssen.
Hauptschulen haben eine breite Palette von Möglichkeiten entwickelt, Kindern und Jugendlichen mit Lern- und Verhaltensproblemen wirksam zu helfen: Der Klassenlehrer vertritt meist nicht nur ein oder zwei Fächer, sondern unterrichtet einen größeren Anteil der Wochenstunden in seiner Klasse. Die Schüler/-innen haben dadurch eine feste Bezugsperson, die sie über Jahre begleitet.

H

Das Fächerangebot wird vielen Kindern besser gerecht. Technik, Wirtschaftslehre oder Hauswirtschaft finden sich an allen Hauptschulen als Pflichtfächer.
Zur Berufsorientierung werden Schule und Arbeitswelt früh miteinander verzahnt. Dazu gehören Betriebspraktika, die Kooperation der Schule mit Betrieben, Berufsberatung und Arbeitsverwaltung. Für Kinder mit Defiziten in den Grundfertigkeiten gibt es Förderunterricht. Ab Klasse 7 findet in einzelnen Fächern eine Leistungsdifferenzierung in Grund- und Erweiterungskurse statt, um möglichst viele Schüler/-innen gemäß ihren Begabungen und Fertigkeiten zu fördern.
Die Hauptschule ist keineswegs eine „Sackgasse". Schüler/-innen können alle Abschlüsse der Sekundarstufe I erwerben, neben dem eigentlichen Hauptschulabschluss kann bei qualifizierten Leistungen auch der Übergang in die Gymnasiale Oberstufe erreicht werden. → Näheres zu länderspezifischen Regelungen auf den Bildungsservern der Bundesländer: www.ak-hauptschule.de

Hörvermögen Hören kann durch Ohrschmalz oder eine Innenohrentzündung beeinträchtigt sein, beides behandelt der Kinderarzt. Auch angeborene Schwerhörigkeit, Schädigung des Gehörs durch ein Knalltrauma (Silvester), laute Musik (Livekonzert, Walkman!) oder eine Krankheit kann vorliegen und muss durch einen Hals-Nasen-Ohrenarzt untersucht werden. Die Unterscheidung verschiedener Laute kann trotz gesunder Ohren beeinträchtigt sein. Eventuell liegt dann eine Verarbeitungsstörung für akustische Signale im Gehirn vor, die z.B. dazu führen kann, dass Gehörtes unvollständig behalten wird oder Probleme beim Lesen oder in der Rechtschreibung entstehen. Diese „zentrale auditive Wahrnehmungsstörung" kann ein Pädaudiologe diagnostizieren (s. Kapitel 12). Aufgrund gestörter Aufmerksamkeit kann der Eindruck entstehen, dass das Kind nicht richtig hört. Dann muss der Kinderarzt oder Kinderpsychiater untersuchen, ob ein ↗ AD(H)S oder eine Erkrankung vorliegt. Aber Achtung: Manchmal „hören" Kinder nicht, weil sie etwas nicht hören wollen!

Hospitation In vielen Ländern haben die Eltern das Recht, dem Unterricht probeweise beizuwohnen, um sich ein Bild vom Geschehen in der Klasse ihres Kindes zu machen. Das scheint für engagierte Eltern selbstverständlich, ist in der Praxis aber mitunter schwierig. Viele Eltern befürchten, mit einem solchen Ansinnen den Widerstand der Schule mit entsprechenden Nachteilen für das Kind zu schüren. Dagegen stehen die positiven Erfahrungen von Eltern, die den Mut aufgebracht haben. Sie berichten davon, dass sie der Schulsituation des eigenen Kindes nähergekommen sind. Außerdem verstehen sie auch die Situation des Lehrers besser und können so zu einer guten Entwicklung des Klassenklimas beitragen.

Humanistisches Gymnasium Zentrales Merkmal eines Humanistischen (altsprachlichen) Gymnasiums ist das Erlernen alter Sprachen wie Latein und/oder Griechisch – schon ab der fünften Klasse. Damit verbunden ist auch die Auseinandersetzung mit den Grundlagen abendländischen Denkens – auch wenn selbstverständlich moderne Unterrichtsinhalte nicht fehlen.
Gründe, auch heute noch die Klassiker zu lernen, mag es etliche geben – und mindestens genau so viele dagegen. Tatsache ist, dass humanistische Gymnasien in ihrer reinen Form selten sind. Meist findet man Mischformen mit neusprachlichen Gymnasien, in denen allein der Stellenwert des Lateinunterrichtes an die Wurzeln erinnert (s. Kapitel 14).

H

Humor Humor versteckt sich im Erziehungsalltag zu oft zwischen den Windelbergen und ungeschlafenen Nächten, zwischen all den Sorgen und Ängsten, die man um die Kinder und die Familie in sich trägt. Oder er verschwindet hinter den eigenen oft zu hohen Ansprüchen an das Kind oder an sich selbst. Erlebter Mangel macht nicht lustig! Zeitdruck, Stress und schlechtes Gewissen sind die Feinde des Humors, Sarkasmus und Ironie garantiert keine Alternativen.

Eltern müssen keine 150-prozentigen Vorbilder sein. Es gibt Tage, da sind wir bei 50, manchmal bei 30 und manchmal bei Minus 10: alles menschlich und durchaus „elterlich". Wenn wir echt und aufrichtig sind, sind wir für unsere Kinder immer „Könige", auch mit unseren schwachen und verzweifelten Momenten. Für Kinder ist es wichtig – ja, geradezu tröstlich – zu erleben, dass Eltern auch nicht immer alles im Griff haben, sondern sich manchmal anstrengen müssen, um wieder ins Lot zu kommen.

Aber was kann man da tun, wenn man als Vorbild jämmerlich versagt und seine Maßstäbe selbst nicht einhält, oder wenn Kinder und der Partner oder die Partnerin nun gar nicht das machen und werden wollen, was wir so gern hätten? Goldene Regel: Den bewährten Spruch englischer Eltern zitieren „Don't do as I do. Do as I say!" (= Mach nicht das, was ich tue, sondern das, was ich sage!). Wenn auch das nicht fruchtet, dann mögen einem folgende oder ähnliche mehr oder minder einfältig anmutende Mottos als Hilfskrücken dienen:

- „Shit happens!" (= Mist passiert)
- „Aus den Fehlern wird man klug, drum ist einer nicht genug!"
- „Wenn du es eilig hast, mach ein Umweg!"

... und wenn alles nicht hilft:

- „Hoffe, dass das schnell vorbei ist!"

Damit Humor Blüten treiben kann, sind gemeinsame Zeiten des Gar-nichts-Tuns, des Spielens und des Feierns miteinander sehr wertvoll. Vor allem aber brauchen Eltern die Fähigkeit, mit den eigenen Macken gnädig zu sein, und den Mut, sich selbst zu loben, wenn es schon kein anderer tut. Über die Großzügigkeit von Eltern, „die Fünfe mal gerade sein zu lassen", freuen sich Kinder ungeheuer. Aber neben allen diesen Dingen brauchen Eltern Kraft. Die Energie gewinnen sie, indem in dem sie sich „lüften", frischen Wind und neue Stärke in ihr Leben holen. Bei dem manchmal anspruchsvollen Geschäft der Erziehung, neben dem Ernst des Lebens, da muss auch die Leichtigkeit des Seins Feste feiern dürfen.

Hyperaktivität Überaktivität in der Bewegung, z.B. Herumzappeln in Situationen, wo Stillsitzen erwartet wird, zum Teil auch vermehrtes Sprechen und Distanzlosigkeit. Hyperaktivität kann viele Ursachen haben (z.B. Schilddrüsenüberfunktion). Meist tritt sie jedoch im Rahmen eines Hyperkinetischen Syndroms (HKS) bzw. einer Aufmerksamkeitsdefizit-Hyperaktivitätsstörung (ADHS) auf: Außer der Hyperaktivität sind noch Aufmerksamkeitsstörung und Impulsivität (sich von spontan auftretenden Bedürfnissen/Gedanken leiten lassen ohne ausreichende Rücksicht auf Konsequenzen) vorhanden. Die Aufmerksamkeitsstörung zeigt sich durch Ablenkbarkeit, Vergesslichkeit, Mühe mit der Daueraufmerksamkeit, Schwierigkeit zuzuhören, Organisationsschwierigkeiten, häufiges Verlieren und Verlegen. Es fällt den Kindern schwer, abzuwarten und sich an Regeln zu halten. Sie sind schnell frustriert und haben wenig Gespür für Gefahren. Es fällt ihnen schwer, sich vorsichtig, überlegt und rücksichtsvoll zu verhalten. Viele der Kinder haben außerdem weitere

Verhaltensstörungen oder eine zusätzliche Lernschwäche.

Kinder mit ADHS haben nicht nur Defizite, sondern auch Stärken: Sie sind oftmals energisch, engagiert, flexibel, lebhaft, leicht zu begeistern, offen für neue Eindrücke, sensibel, spontan, nicht nachtragend. Als Hauptursache von ADHS wird eine genetisch bedingte neurobiologische Funktionsstörung angenommen. Andererseits gibt es bis heute kein biologisches Verfahren, mit dem sich ADHS beim einzelnen Patienten zweifelsfrei feststellen lässt. Zudem weisen neuere Studien darauf hin, dass sich psychosoziale Erlebnisse und Gehirnstoffwechsel gegenseitig beeinflussen. ADHS tritt familiär gehäuft auf. Ab welchem Ausmaß eine Verhaltensauffälligkeit als behandlungsbedürftig angesehen wird, ist vom gesellschaftlichen, familiären und schulischen Kontext abhängig. Etwa drei Viertel der Kinder haben auch noch als Erwachsene Aufmerksamkeitsstörungen, während sich die Bewegungsunruhe oft bessert.

Die Diagnose kann nur ein Arzt stellen, der in der Diagnostik von ADHS erfahren ist, oder ein Psychologe in Zusammenarbeit mit einem Arzt (der körperliche Ursachen untersucht). Wichtig sind persönliche und familiäre Lebensgeschichte, Beobachtung des Kindes und Fragebogen. Zum Ausschluss anderer oder zusätzlicher Störungen müssen körperliche Untersuchungen, testpsychologische Untersuchungen und Blutuntersuchungen durchgeführt werden. Unauffällige Konzentrationstests können ADHS nicht ausschließen, da sie üblicherweise in einer Einzelsituation durchgeführt werden, während die meisten Kinder mit ADHS vor allem in größeren Gruppen Konzentrationsprobleme haben. Besonders wichtig sind daher die Schilderungen der Lehrkräfte. Die Diagnose darf nur gestellt werden, wenn übliche erzieherische Maßnahmen nicht dauerhaft ausreichend erfolgreich sind. Die Stärke der Symptome hängt von der Situation ab:

- Die größten Probleme bestehen in größeren Gruppen während Anforderungssituationen im Leistungsbereich, also in der Schulklasse, wenn sie zuhören oder selbstständig arbeiten müssen,
- je länger die Anforderungssituationen andauern, desto schwieriger wird es,
- in Einzelsituationen und bei Aktivitäten, die das Kind beherrscht, gibt es oft weniger Probleme (z. B. mit Legosteinen bauen, Computerspiele),
- in neuen Situationen verhalten sich die Kinder oft zunächst unauffällig,
- sind die Aufgaben uninteressant, zu leicht oder zu schwer, steigt die Gefahr der Ablenkbarkeit,
- wenn Erwachsene streng und konsequent sind, „die Zügel kurz halten“, in der Nähe sind, gibt es oft weniger Schwierigkeiten.

Behandlung

- Aufklärung und Beratung der Eltern, des Kindes und der Schule,
- Elterntraining und Interventionen in der Familie zur Verminderung der Symptomatik in der Familie.
- Interventionen in der Schule zur Verminderung der Symptomatik in der Schule.
- Verhaltenstherapie zur Minderung von impulsiven und unorganisierten Aufgabenlösungen (Selbstinstruktionstraining) und Anleitung des Kindes zur Modifikation des Problemverhaltens (Selbstmanagement).
- Medikation (↗ Ritalin®) zur Verbesserung von Aufmerksamkeit, Hyperaktivität und Impulsivität in Schule und Freizeit.

Die Wirksamkeit von Diäten, die auf Vollwerternährung, Weglassen von Konservierungsmitteln und Farbstoffen basieren (sog. Feingold-Diät) oder auf Phosphatarmut, ist

I

nicht belegt, auch wenn es immer wieder Eltern gibt, die damit positive Erfahrungen machen. Oft sind die Verbesserungen nur sehr gering, sodass der Nutzen der Diät zweifelhaft ist. Die sogenannte „oligoantigene" Diät ist bei einem Teil der Kinder mit ADHS wirksam, bedeutet jedoch eine sehr eingeschränkte Auswahl von Nahrungsmitteln und ist im Alltag kaum umsetzbar.

Umgangsregeln: Für Kinder mit ADHS ist ein konsequent-direktiver Erziehungsstil wichtig. Sie benötigen ein hohes Maß an Außensteuerung, wobei weniger auf Negatives als auf gutes Gelingen hingewiesen werden sollte, um die Anstrengungsbereitschaft zu erhalten. Selbstkontrolle sollte nicht zu früh erwartet werden, strukturierte Abläufe, engmaschige Kontrollen und Beaufsichtigung, häufige Rückmeldung und sofortige Konsequenzen sind erforderlich. Anweisungen sollten knapp und einfach sein, beim Sprechen mit dem Kind sollte der Blickkontakt überprüft werden, Körperkontakt ist dabei oftmals sinnvoll. Material, das von mehreren Sinnen aufgenommen werden kann, bleibt besser im Gedächtnis. Absolutes Stillsitzen sollte nicht verlangt werden: Zwischendurch sollten Aufgaben gegeben werden, bei denen Bewegung erlaubt ist, z.B. Bastelmaterial einsammeln oder austeilen, Botengänge, Papier in den Papierkorb bringen usw. Eine medikamentöse Therapie kann zusätzlich nötig sein. ↗ Ritalin®. → www.kinderpsychiater.org (dort weitere Links)

› *Das A. D. S.- Buch. Aufmerksamkeits-Defizit-Syndrom. Neue Konzentrations-Hilfen für Zappelphilippe und Träumer.* v. Elisabeth Aust-Claus u. Petra-Marina Hammer. Oberstebrink, Ratingen 2005

Das hyperaktive Kind und seine Probleme. v. Cordula Neuhaus. Urania, Berlin 2002

Zappelphilipp, Hampelliese. Schulerfolg für unruhige Kinder. v. Magarete Imhof. Cornelsen Scriptor, Berlin 2003

I

IGLU Schul- und Bildungsforscher haben in der „Internationalen Grundschul-Lese-Untersuchung" die Lesefähigkeiten und das Leseverständnis von Viertklässlern untersucht und verglichen. Die Fähigkeiten der deutschen Grundschüler liegen nach dieser 2003 veröffentlichten Studie im internationalen Vergleich im vorderen Mittelfeld. Im deutschen Schulsystem liegen die schwerwiegendsten Probleme offenkundig zwischen der vierten Klasse (von IGLU untersucht) und der achten Klasse (von PISA untersucht). Als mögliche Ursachen wurden vor allem der dazwischenliegende Schulwechsel und die Aufteilung der Kinder in das dreigliedrige Schulsystem diskutiert.

Damit ist die Grundschule ein Lernmodell für die weiterführenden Schulen und nicht umgekehrt. Allerdings: Auch in der Grundschule ist nicht alles zum Besten gestellt. Etwa ein Drittel der Kinder sind am Ende der Klasse 4 dringend auf weitere Förderung angewiesen. → www.ifs.uni-dortmund.de/htp://isc.bc.edu/pirls2006/brochure.html

Internat Hinter dem Wort Internat verbirgt sich eine Vielzahl pädagogischer Ansätze und weltanschaulicher Konzepte – von strenger kirchlicher Wertorientierung über ↗ Reformpädagogik bis hin zu Internaten für Hochbegabte oder Sportinternaten. Grund für die Vielfalt sind die unterschiedlichen Trägerschaften (siehe auch ↗ Privatschule). Allen gemeinsam ist, dass die Schüler/-innen Tag und Nacht in ihnen verbringen. Allerdings gibt es auch Internate, die sich für Tagesschüler geöffnet haben.

Die deutschen Internate sind derzeit dabei, sich vom Image der Sonderschule für wohlstandsverwöhnte Kinder zu lösen. Aus gutem Grund, denn Internate sind teuer. Je nach Organisation liegen die Elternbeiträge zwischen monatlich 160 € bei öffentlichen Internaten und 2300 € bei Reforminternaten.
Bei diesen Kosten ist es angesichts sinkender Schülerzahlen nicht leicht, die Klassen zu füllen. So reisen so genannte Internatsberater durchs Land, die Provisionen für erfolgreiche Vermittlungen erhalten. Schon allein deshalb sollten sich Eltern und Kinder, die einen Internatsbesuch erwägen, viel Zeit für die Auswahl nehmen und auf unabhängige Beratung zurückgreifen. Wichtig: Das Kind muss mit dem Internatsbesuch einverstanden sein.
Informationen zu Internaten erhält man bei den Kultusministerien der Länder und den Trägerorganisationen: z.B. katholische Internate → www.vkit.de, evangelische Internate + www.evangelische-internate.de; Reforminternate → www.leh-internate.de; Bundesverband deutscher Privatschulen → www.vdp-internate.de, christliches Jugenddorfwerk → www.cjd.de.

Internet Computer und Internet halten seit einigen Jahren Einzug in Schulen und Unterricht. Das Internet wird dabei als Ergänzung zu den herkömmlichen Schulbüchern angesehen, durch das sich vielfältige und aktuelle Informationen in den Unterricht holen lassen. Das Internet ist aber auch ein Kommunikationsmedium. Per E-Mail können schnell Nachrichten, Informationen sowie Text- und Bilddateien ausgetauscht werden. Durch die Offenheit des Mediums gibt es auch Angebote im Internet, die nicht für Kinder geeignet sind. Daher ist es sinnvoll, Grundschulkinder gezielt auf ausgesuchte Seiten zu schicken, die ihnen die gewünschten Informationen für ihre Arbeit liefern, ohne dass sie mit zweifelhaften Inhalten konfrontiert werden können. Eine hervorragende Beurteilungshilfe ist die Broschüre „Chatten ohne Risiko. Zwischen fettem Grinsen und Cybersex", zu beziehen als Download unter → www.jugendschutz.net. Auch hilfreich → www.internet-abc.de
› *Der Familien-PC. Spaß beim Lernen mit dem Computer für 5- bis 10-Jährige.* v. Stefan Aufenanger. Cornelsen Scriptor, Berlin 2004

IQ (Intelligenzquotient) Der IQ ist eine Maßzahl, die das allgemeine intellektuelle Leistungsvermögen (Intelligenz) angibt. Der Begriff Intelligenzquotient wurde 1912 von William Stern geprägt und ließ sich berechnen, indem das „Intelligenzalter" (IA) durch das Lebensalter (LA) dividiert und dieser Wert dann mit 100 multipliziert wird. Die Formel $IQ = IA : LA \cdot 100$ findet u.a. auch heute noch Anwendung. Um die Messwerte vergleichbar zu machen, wurde durch Vereinbarung der IQ auf die Gauß'sche Normalverteilung abgebildet bzw. normiert, wobei der Mittelwert der Verteilung den Zahlenwert 100 erhält und eine Standardabweichung in der Regel 15 IQ-Punkten entspricht. Der Wert 100 darf dabei nicht mit einer Prozentangabe verwechselt werden. Von Hochbegabung spricht man bei einem Wert oberhalb der zweifachen Standardabweichung, bei dieser Skalierung also bei Werten über 130 (s. Kapitel 9).

J

Jahrgangsübergreifende Klassen Die herkömmliche Einteilung der Kinder in Jahrgangsklassen geht von der falschen Voraussetzung aus, dass Kinder gleichen Alters sich auch auf dem gleichen Entwicklungsniveau befinden und „gleich" unterrichtet werden

J

können. Die Konsequenz ist das Sitzenbleiben. Peter Petersens Schulreformkonzept sollte diesen pädagogischen Anachronismus abschaffen: Ohne Jahrgangsklassen gäbe es auch kein Sitzenbleiben mehr.
Besonders aktuell sind jahrgangsübergreifende Klassen bei der Neugestaltung der Schuleingangsphase. Es werden jahrgangsübergreifende Klassen eingerichtet, in denen die Kenntnisse und Fertigkeiten der Klassen 1 und 2 vermittelt werden. Die Kinder können in diesen Lerngruppen mindestens ein Jahr, höchstens drei Jahre verbleiben. Sie lernen weitgehend individuell, bleiben aber trotzdem in einem Klassenverband. Kinder unterschiedlichen Alters und Entwicklungsstandes lernen miteinander, arbeiten selbstständig in Kenntnis ihrer Stärken und Schwächen und erhalten nötigenfalls Hilfe von denen, die helfen können (s. Kapitel 2, 3 und 4).
→ www.learn-line.nrw.de/angebote/schuleingang/schulbeispiele/01.html

Jugendamt Jugendämter haben sich vielerorts zu regelrechten Servicestellen für Familien gemausert. Hier kann man erfahren, wo und in welcher Form Betreuung oder Ferienprogramme für Schulkinder angeboten werden, man kann sich in Erziehungsfragen beraten und unterstützen lassen und man erhält einen guten Überblick über die Situation von Kindern vor Ort.
Daneben erfüllen Jugendämter ihre „klassischen" Funktionen. Sie haben die Aufsicht über Kindertagesstätten und Horte, entscheiden über Stützungsmaßnahmen für sozial schwache Familien, kümmern sich um den Jugendschutz und so fort. In manchen Städten sind Jugendämter darüber hinaus für den schulpsychologischen Dienst zuständig.
→ www.schulpsychologie.de

Jugendhilfe Leistungen der Jugendhilfe sind im Sozialgesetzbuch VIII – Kinder- und Jugendhilfegesetz (KJHG) beschrieben und umfassen Leistungen zugunsten junger Menschen und Familien. Sie werden vom Jugendamt (öffentliche Jugendhilfe) und anderen Trägern (freie Jugendhilfe) erbracht. Jeder junge Mensch hat ein Recht auf Förderung seiner Entwicklung und auf Erziehung zu einer eigenverantwortlichen und gemeinschaftsfähigen Persönlichkeit. Pflege und Erziehung der Kinder sind das natürliche Recht der Eltern und die zuvörderst ihnen obliegende Pflicht. Über ihre Betätigung wacht die staatliche Gemeinschaft. Jugendhilfe soll junge Menschen in ihrer individuellen und sozialen Entwicklung fördern und dazu beitragen, Benachteiligungen zu vermeiden oder abzubauen. Sie soll Eltern und andere Erziehungsberechtigte bei der Erziehung beraten und unterstützen, Kinder und Jugendliche vor Gefahren schützen und dazu beitragen, positive Lebensbedingungen für junge Menschen und ihre Familien sowie eine kinder- und familienfreundliche Umwelt zu erhalten oder zu schaffen. Das Jugendamt ist Ansprechpartner für Kinder, Jugendliche und Eltern. Aber auch für alle anderen, die sich Sorgen um ein Kind machen und helfen wollen, wie z.B. Nachbarn oder Lehrer/-innen.
Schutz und Rechte für Kinder: Bei allen Maßnahmen des Jugendamts hat das Wohl des Kindes Vorrang. Beispiele für Situationen, in denen sich auch Kinder an das Jugendamt wenden können:

- Meine Eltern kümmern sich nicht um mich. Redet mit meinen Eltern!
- Ich werde geschlagen. Ich werde misshandelt. Ich will Schutz!
- Ich will nicht wegschauen. Das Jugendamt soll etwas für Kinder in Not tun!

Kinder können auch vom Jugendamt in Schutz genommen werden vor Müttern oder

Vätern, die ihr Kind bedrohen oder sich in anderer Weise zum Schaden des Kindes verhalten („Inobhutnahme"). Wichtig für alle Familien – die **Nummer gegen Kummer**: für Kinder 0800 / 111 0 333 und für Eltern 0800 / 111 0 550.

Kinderbetreuung: Denkbar sind viele Fälle - Berufstätige suchen eine Tagesbetreuung für ihre Kinder. Wie findet man die? Eine Mutter muss ins Krankenhaus. Wer versorgt ihre Kinder? Das Jugendamt vermittelt **Tagespflegestellen** und übernimmt zum Teil die Finanzierung, fachliche Beratung, Begleitung und weitere Qualifizierung sowie die Gewährung einer laufenden Geldleistung. Erziehungsberechtigte und Tagespflegepersonen haben Anspruch auf Beratung in allen Fragen der Kindertagespflege. Für Ausfallzeiten einer Tagespflegeperson ist rechtzeitig eine andere Betreuungsmöglichkeit für das Kind sicherzustellen (§ 23 KJHG).

Betreuung von Kindern in Notsituationen: Fällt ein Elternteil aus gesundheitlichen oder anderen zwingenden Gründen aus, kann das andere Elternteil bei der Betreuung der Kinder unterstützt werden, wenn es wegen berufsbedingter Abwesenheit oder aus anderen zwingenden Gründen nicht in der Lage ist, die Aufgabe wahrzunehmen und die vorhandenen Angebote in Kindertageseinrichtungen und Tagespflege nicht ausreichen.

Erziehungsberatung: Unterstützung z.B. bei Erziehungsfragen, Scheidungsproblemen, Gewalt in der Familie oder Suchtproblemen.

Beispiele für Fragen zur Erziehung:

- Sie haben ein Kind bekommen. Sie möchten alles richtig machen.
- Ihr Kind geht nicht zur Schule. Sie wollen das ändern.
- Ihr Kind stiehlt. Sie brauchen Beratung.
- Sie erziehen allein. Sie wünschen sich Unterstützung.

Weitere Beispiele für Fragen:

- Sie sind nicht verheiratet und haben ein Kind zusammen. Sie möchten die gemeinsame Sorge für Ihr Kind.
- Sie trennen sich. Sie wollen eine gute Lösung für Ihre Kinder finden.
- Der Vater Ihres Kindes lebt nicht mehr im gemeinsamen Haushalt. Ihr Kind möchte ihn treffen.

Das Jugendamt übernimmt sowohl Beratungs- als auch Aufsichts- oder Kontrollaufgaben. Die Erziehungsberatungsstelle ist dagegen nur für Beratung zuständig und unterliegt auch dem Jugendamt gegenüber der Schweigepflicht. Neben Erziehungsberatung können soziale Gruppenarbeit, Erziehungsbeistandschaft, sozialpädagogische Familienhilfe, Erziehung in einer Tagesgruppe, Vollzeitpflege, Heimerziehung oder intensive sozialpädagogische Einzelbetreuung in Betracht kommen.

Eingliederungshilfen: Kinder oder Jugendliche haben Anspruch auf Eingliederungshilfe, wenn ihre seelische Gesundheit mit hoher Wahrscheinlichkeit länger als sechs Monate von dem für ihr Lebensalter typischen Zustand abweicht, und daher ihre Teilhabe am Leben in der Gesellschaft beeinträchtigt ist oder eine solche Beeinträchtigung zu erwarten ist. In diesem Falle können auch therapeutische Maßnahmen, die nicht von der Krankenkasse bezahlt werden, finanziert werden (z.B. bei Autismus). Kommt ein Kind mit seelischer Behinderung bzw. drohender seelischer Behinderung in der Schule trotz angemessener intellektueller Fähigkeiten nicht zurecht, kann auch der Einsatz eines Integrationshelfers im Unterricht sinnvoll sein. Darüber hinaus besteht die Möglichkeit stationärer Maßnahmen.

Weitere Aufgaben des Jugendamts sind Adoptionsvermittlung, Vermittlung und Betreu-

ung von Pflegeeltern, Jugendgerichtshilfe und die Mitwirkung bei Verfahren vor dem Vormundschafts- und Familiengericht. Das Jugendamt unterstützt das Gericht bei allen Maßnahmen, die die Sorge von Kindern betreffen. So muss etwa vor Scheidungen von Ehepaaren mit Kindern das Jugendamt immer vom Gericht angehört werden. Dies trifft auch auf vormundschaftsgerichtliche Maßnahmen zu, wenn z.B. Eltern die Personensorge entzogen werden soll. Aufgabe des Jugendamtes ist es, das Gericht über Angebote und erbrachte Leistungen zu unterrichten, erzieherische und soziale Gesichtspunkte zur Entwicklung der Kinder zu vermitteln und auf weitere Hilfemöglichkeiten hinzuweisen. Das Jugendamt unterrichtet das Gericht auch über drohende Gefährdung des Kindeswohls.
➜ Sozialgesetzbuch – Achtes Buch (VIII) – Kinder- und Jugendhilfe (KJHG): bundesrecht.juris.de/bundesrecht/sgb_8 / Sozialgesetzbuch (SGB) Zwölftes Buch (XII) – Sozialhilfe (Nachfolger des BSHG): bundesrecht.juris.de/bundesrecht/sgb_12

Jugendschutz Der Jugendschutz dient dem Schutz der Kinder z.B. im Zusammenhang mit der Nutzung von Medien, beim Konsum von Drogen wie Nikotin oder Alkohol, beim Besuch von Gaststätten und Veranstaltungen im öffentlichen Raum. Abhängig vom Alter des Kindes und dem Zweck der Veranstaltung ist geregelt, wie lange und unter welchen Bedingungen Kinder teilnehmen dürfen. Die jeweiligen Veranstalter müssen auf die Einhaltung des Jugendschutzes achten.

Begleiten Eltern ihre Kinder, werden die Einschränkungen teilweise aufgehoben. Seit kurzem können Eltern ersatzweise mündlich oder schriftlich eine „erziehungsberechtigte Person“ benennen z.B. die befreundete Mutter, die das Kind zum Kinobesuch einlädt. ➜ www.jugendschutz.de

K

Kinderbücher Wenn ➚ Leseförderung heißt, Kinder nach eigenen Interessen lesen zu lassen, dann gehört ein breites und vielfältiges Angebot an Kinderbüchern zur Gestaltung der „Lesekultur“ in jede Schulklasse. Lesesozialisation findet aber auch im Elternhaus statt. Vorlesen ist wichtig! Kinder lassen sich normalerweise gern Geschichten vorlesen oder Bilderbücher zeigen. Und das Vorlesen muss keineswegs am ersten Schultag aufhören. Grundschulkinder sollten sich Bücher in Bibliotheken oder Buchhandlungen selbst aussuchen können, und sie sollten Bücher geschenkt bekommen. Für Eltern oft ein Problem, da die Flut der Neuerscheinungen riesig ist. Bei Elternabenden kann daher immer wieder der Punkt „Leseförderung“ auf die Tagesordnung gesetzt werden, dabei können stets einige neue, ausgewählte Kinderbücher vorgestellt werden. ➜ www.learn-line.nrw.de (Links: Angebote, Lesekinder, Lesealphabet) / www.leseerziehung.de (Links: Elterntipps) / www.stiftunglesen.de

Kinderrechte Historisch gesehen ist die rechtliche Position der Kinder heute besser denn je. Am 20.11.1989 wurde von der Generalversammlung der Vereinigten Nationen die UN-Kinderrechtskonvention (KRK) verabschiedet. Sie ist 1992 in Deutschland in Kraft getreten. Diese Konvention beinhaltet 54 Artikel zu Identitäts-, Schutz- und Beteiligungsrechten von Kindern. Die Konvention hat die Position des Kindes grundlegend verändert, und zwar von einem Rechtsobjekt zum Rechtssubjekt, d.h. Kinder sind im Besitz ihrer eigenen Rechte.

K

Über 190 Länder haben die Konvention bisher unterschrieben. Sie haben sich damit verpflichtet, Kinder im Geiste der Konvention zu behandeln und diese Rechte in ihre jeweiligen Landesgesetzgebungen zu übertragen. So wurde z.B. der §19 KRK: Schutz vor ↗ Misshandlung und schlechter Behandlung in Deutschland weiterentwickelt und als Recht der Kinder auf gewaltfreie Erziehung in das Bürgerliche Gesetzbuch §1631 Abs.2 BGB formuliert. Dort ist es seit November 2000 verankert: „Kinder haben ein Recht auf gewaltfreie Erziehung. Körperliche Bestrafungen, seelische Verletzungen und andere entwürdigende Maßnahmen sind unzulässig." Damit sind Klapse auf den Hintern, Ohrfeigen, ständiges Klein- und Dummmachen, Bespucken und Beschämen als Erziehungsmethoden verbannt.

Weitere wichtige Kinderrechte in der UN-Konvention sind der Schutz der Privatsphäre, das Recht auf freie Meinungsäußerung und das Recht der Kinder, bei Angelegenheiten, die sie betreffen, angehört zu werden. Auch das Recht des Kindes auf Beziehung zu beiden Eltern im Falle einer Trennung und auf unmittelbare Kontakte zu beiden Elternteilen ist in der Konvention verankert.

Ziel solcher rechtlichen Bestimmungen ist nicht die strafrechtliche Verfolgung der Eltern. Diese gesetzliche Festschreibung soll vielmehr klar verdeutlichen, dass Eltern oder andere nicht das Recht haben, Kinder beliebig zu behandeln, nur weil sie Erwachsene sind. Ein weiteres Ziel der Konvention ist, die Position und rechtliche Stellung der Kinder zu stärken und das Bewusstsein in der Öffentlichkeit für die Bedürfnisse der Kinder zu wecken.

Weitere wichtige Gesetzeswerke für Kinderrechte und für den Kinderschutz sind das Kinder- und Jugendhilfegesetz (KJHG) als VIII Kapitel des Sozialgesetzbuches (SGB). Diese reguliert das Recht auf Erziehung, Elternverantwortung sowie die Aufgaben der öffentlichen und freien Jugendhilfe. Weitere Themen sind Förderung der Kinder in Tageseinrichtungen, Pflegschaften, Hilfen zur Erziehung, Jugendsozialarbeit und vieles mehr. Das Jugendschutzgesetz regelt den Schutz der Kinder und Jugendlichen in der Öffentlichkeit. Ob Alkoholausschank, Verkauf von Tabakwaren, Abgabe von Filmen oder Computerspielen oder der Disco-Besuch: im Jugendschutzgesetz findet man die entsprechenden Bestimmungen (s. Kapitel 1).

→ www.kinderrechte.de

Kinderschutzbund Der Deutsche Kinderschutzbund (DKSB) wurde 1953 gegründet. Er ist parteipolitisch und konfessionell ungebunden und als Träger der freien Jugendhilfe anerkannt. Derzeitig engagieren sich 50 000 Einzelmitglieder im Kinderschutzbund und bilden damit die Basis des größten Kinderschutzverbandes in Deutschland.

Der Kinderschutzbund besteht aus dem Bundesverband, 16 Landesverbänden und 420 Ortsverbänden. Über 10 000 Ehrenamtliche und über 3 000 Hauptamtliche engagieren sich verantwortungsbewusst in der Kinderschutzarbeit vor Ort. Der Bundesverband, wie auch alle Orts- und Landesverbände, sind als gemeinnützige Vereine anerkannt. Sie finanzieren ihre Aktivitäten ausschließlich durch Mitgliedsbeiträge, Spenden, Bußgelder und öffentliche Zuschüsse, auch einige Unternehmen unterstützen Projekte des Kinderschutzbundes.

Der Kinderschutzbund setzt sich für die Rechte, für den Schutz und die Interessen aller Kinder und Jugendlichen im Sinne der UN-Kinderrechtskonvention ein. Er fordert die Verbesserung der materiellen Lebensbedingungen für Kinder und ihre Familien, gu-

K

te Bildungs- und Freizeiteinrichtungen, eine kinderfreundliche und gesunde Umwelt. Darüber hinaus unterstützt der Kinderschutzbund Eltern in ihrer Erziehungskompetenz u.a. mit dem Elternkurs „Starke Eltern – Starke Kinder®", der auf Vorbeugung statt auf Intervention setzt.

Zu der Angebotspalette der Ortsverbände, die ihre Arbeit selbstständig nach den Gegebenheiten vor Ort organisieren, können u.a. Beratungsstellen wie auch Kinderschutz-Zentren, Eltern-Cafés, Hausaufgabenbetreuung, Spielplätze oder andere Betreuungsangebote gehören.

Auch die **Nummern gegen Kummer**, die kostenlosen, bundesweit einheitlichen, telefonischen, anonymen Beratungsangebote für Kinder: das Kinder- und Jugendtelefon, 0800–111 0 333 und für Eltern: das Elterntelefon, 0800–111 0550 gehören häufig zu den Angeboten unter dem DKSB-Dach. → www.kinderschutzbund.de

Kinder-Uni Die Idee, eine Universität für Kinder einzurichten, stammt ursprünglich von der Eberhard-Karls-Universität Tübingen und wurde durch die Journalisten U. Steuernagel und U. Janßen vom Schwäbischen Tagblatt angeregt. Im Sommersemester 2002 fand sie zum ersten Mal statt und das Konzept wurde mittlerweile von vielen anderen Universitäten übernommen. Die Kinder-Uni besteht aus einer Serie von Vorlesungen von Professor/-innen für Kinder im Alter von 8 bis 12 Jahren. In jedem Vortrag wird eine für Kinder interessante „Warum-Frage" in verständlicher Weise beantwortet. Ziel der Vorlesungen ist vor allem die Wissensvermittlung an die Jüngsten unseres Bildungssystems, aber auch, das Lehrpersonal der Uni anders zu fordern und der Öffentlichkeit Einblick in den Universitätsbetrieb zu ermöglichen. Konzepte, Organisation und thematische Schwerpunkte werden von den einzelnen Universitäten eigenständig gesetzt und sind daher mittlerweile sehr unterschiedlich. → www.die-kinder-uni.de

Kinderzimmer Die meisten Kinderzimmer sind vergleichsweise klein, obwohl Grundschulkinder noch viel Platz brauchen – zum Spielen, Toben, Treffen mit Freunden. Zudem bergen die Zimmer dann noch eine Menge „Funktionales" wie Bett, Kleiderschrank, Regale für Spielzeug und ab der Grundschule den Arbeitsplatz: manchmal des Guten zu viel. Da hilft nur eines: Platz schaffen. Könnte der Kleiderschrank z.B. auch im größeren Schlafzimmer der Eltern oder im Flur stehen? Zumindest in den ersten Grundschuljahren macht der Arbeitsplatz in der Nähe der Eltern Sinn, denn dort erledigen viele Kinder ihre Aufgaben ohnehin am liebsten – mitunter auch am Küchentisch. Spätestens wenn die Hausaufgaben zunehmen, brauchen Kinder einen eigenen Arbeitsplatz. Der sollte zur Körpergröße passen und viele Jahre lang mitwachsen können – und vor allem kein Sparmodell sein. Schließlich wird das Kind viele Stunden an diesem Platz verbringen – Zeit, in der es eine gute Haltung und ausreichend Platz haben sollte.

Einige Faustregeln für die Einrichtung eines kindgerechten Arbeitsplatzes sollten eingehalten werden:

- Schreibtisch und Stuhl sollten grundsätzlich höhenverstellbar sein. Die jeweilige Höhe richtet sich ausschließlich nach der Größe des Kindes. Angenehm ist es, wenn die Schreibfläche des Schreibtisches geneigt werden kann.
- Kinderstühle sind keine verkleinerten Erwachsenenstühle. Sie sollten deshalb nicht nur in der Höhe, sondern auch in der Sitztiefe verstellbar sein (Abstand zwischen Vorderkante Sitzfläche und Oberschenkel daumen-

K

breit bei aufrechtem Sitz). So stellt man sicher, dass die Rückenlehne auch ihren Zweck erfüllt. Diese sollte den Beckenrand unterstützen, also ebenfalls höhenverstellbar sein und eine entsprechende Polsterung haben.

- Richtig sitzt ein Kind, wenn Knie-, Hüft- und Ellbogengelenke einen rechten Winkel bilden und beide Füße bequem auf dem Boden stehen. Zwischen Knien und Schreibtischplatte sollte außerdem Spielraum sein.
- Da Kinder oft schnell wachsen, sollten die Einstellungen von Schreibtisch und Stuhl regelmäßig kritisch überprüft werden.

Gute Kinderzimmer sind Kinderzimmer, die mitwachsen. Je vielfältiger und beweglicher die Möblierung, umso eher kann sie auch dann noch genutzt werden, wenn die Kinder größer sind. Stapelbare Kisten und umbaufähige Möbel erfüllen diesen Zweck oft besser als teure, aber starre Schrankwände. Kindermöbel müssen außerdem viel aushalten, denn Kinder nutzen sie meist kreativ und keinesfalls so diszipliniert wie Erwachsene. Deshalb empfiehlt es sich, schon beim Kauf auf Qualität zu achten. Möbel, die schon bei den ersten Rüttelversuchen im Geschäft wackeln, haben im Kinderzimmer nichts zu suchen. › *KinderRäume – Wohnen mit Kindern.* v. Jutta Velte/Ilse M. Berzis. Verbraucherzentrale Nordrhein-Westfalen. → www.vz-nrw.de

Klassenarbeit Schriftliche Leistungsnachweise in der Schule umfassen Klassenarbeiten und andere Lernkontrollen, die als Bestandteil der Leistungsbeurteilung in die Zeugnisse eingehen. In den meisten Bundesländern heißen die schriftlichen Leistungsnachweise, die in den Kernfächern mehrmals pro Halbjahr geschrieben werden, Klassenarbeiten. In Bayern heißen sie Schulaufgabe. Klassenarbeiten werden mit einer Zensur bewertet, üblich sind zusätzlich Aussagen über die Qualität der Arbeit, hilfreich Bemerkungen zu ganz konkreten Möglichkeiten, mögliche Defizite aufarbeiten zu können. Über Anzahl, Dauer und Gestaltung von Klassenarbeiten gibt es in den einzelnen Bundesländern unterschiedliche Regelungen. → www.bildungsserver.de

Klassenclown Wenn ein Kind im Unterricht oder in den Schulpausen häufig Blödsinn macht, ist dies für Mitschüler eine willkommene Unterhaltung. Vielleicht wird der Clown auch dafür bewundert, dass er sich was traut und viele verrückte Einfälle hat. Nicht selten wird er sogar von Schulkameraden zur Fortsetzung seines Verhaltens angestachelt. Früher oder später ist es des Guten aber zu viel und die ständigen „Späße" werden als störend empfunden. Lässt sich ein solcherart problematisches Verhalten eines Kindes nicht ausreichend durch erzieherische Maßnahmen von Eltern und Lehrer/-innen beeinflussen, ist eine Untersuchung durch den schulpsychologischen Dienst oder einen Kinderpsychiater sinnvoll. Auffallendes Verhalten kann unterschiedliche Ursachen haben: z.B. ein schlechtes ↗ Klassenklima, ↗ Hyperaktivität, mangelndes Selbstwertgefühl, schulische Überforderung (z.B. ↗ Teilleistungsschwächen oder Lernbehinderung) oder Unterforderung (↗ Hochbegabung). → ADHS: www.kinderpsychiater.org/linksads.htm / Hochbegabung: www.dghk.de

Klassenfahrten Die Rahmenbedingungen für Klassenfahrten lassen sich in den Schulgesetzen und Verordnungen der Länder nachlesen. Wie solche Fahrten vor Ort ausgestaltet werden und welche Kosten sie mit sich bringen, liegt in der Regel im Verantwortungsbereich der Schule.

Keine Frage, Klassenfahrten haben eine Menge für sich. Allerdings sollten die Bedingungen der Familien von Anfang an berücksichtigt werden, auch und besonders die finanziellen. Denn es besteht in der Regel kein Anlass, möglichst weit und teuer zu verreisen. Hier sollten Eltern sich nicht dem Gruppendruck beugen und auf ↗ Elternabenden und ↗ Schulkonferenzen auf einem familienfreundlichen Umgang mit Klassenfahrten bestehen. Die meisten Schulen haben Regelungen für finanziell schwächere Familien vorgesehen, eine Nachfrage bei der Schulleitung lohnt sich.

Klassenklima Ein schlechtes Klassenklima erschwert das Lernen in einer Klasse: Herrscht dort eine vertrauensvolle konzentrierte Lernatmosphäre oder macht Mobbing das Schulleben zum Horror? Eltern finden oft erst spät heraus, ob das ↗ Klassenklima stimmt. Viele Kinder, mitunter auch Lehrkräfte, betrachten das Klassenklima als „Privatangelegenheit" und vermeiden es, Probleme anzusprechen. Dabei kann ein schlechtes Klassenklima Stress verursachen. Unruhe im Unterricht, Streitigkeiten der Klassenkameraden, fehlende Motivation der Unterrichtenden und eine als ungerecht erlebte Zensurengebung schlagen sich unmittelbar auf das soziale Miteinander nieder. Kinder müssen ungünstige Situationen nicht nur aushalten, sondern auch bewältigen. Je nach Persönlichkeit und Kraft des Kindes fällt das schwer. Manche reagieren auf ein ungünstiges Klassenklima mit Störungen, wie z.B. Übelkeit, Unlustgefühlen, Schulverweigerung oder auffälligem Verhalten.
Bevor Eltern bei Schulschwierigkeiten ihr Kind allein verantwortlich machen, sollten sie sich über die Vorgänge in der Klasse bei aller gebotenen Zurückhaltung auf dem Laufenden halten. Sei es durch ↗ Hospitationen, spontane Pausenbesuche, Gespräche mit den Lehrenden und den Austausch mit anderen Familien. Im Zweifel sollten sich Eltern nicht scheuen, das Klassenklima auf ↗ Elternabenden zu thematisieren. Denn ein gutes Klassenklima fördert das Lernen.

Klassenkonferenz Verhält ein Kind sich in der Schule besonders schlecht, indem es z.B. handgreiflich Konflikte mit anderen austrägt, so hat die Schule oder der Klassenlehrer die Möglichkeit, eine Klassenkonferenz einzuberufen. An ihr nehmen in der Regel die unterrichtenden Lehrkräfte, ein Vertreter der Elternpflegschaft, das Kind und dessen Eltern teil.
Eine Klassenkonferenz kann einen Eintrag in die Schulakte oder einen Tadel nach sich ziehen. Sinn und Zweck sollte aber sein, gemeinsam ein Konzept zur Verbesserung der Situation zu erarbeiten. Die Strafe sollte nicht im Vordergrund stehen. Eltern sind gut beraten, wenn sie ihrem Kind helfen, die Situation zu überstehen und sein Verhalten positiv zu ändern. Die jeweiligen rechtlichen Regelungen zu Klassenkonferenzen findet man in den Schulgesetzen der Länder. → www.bildungsserver.de

Klassenlehrer Für jede Klasse wird eine Lehrerin oder ein Lehrer mit der Klassenleitung beauftragt. Der Klassenlehrer ist für die Erziehungsarbeit in der Klasse verantwortlich. Er informiert Eltern und Schüler über wichtige Angelegenheiten der Schule. Der Klassenlehrer überwacht den Schulbesuch der Schüler/-innen. Er berät die Erziehungsberechtigten in schulischen Fragen und führt mit ihnen Gespräche über das Arbeits- und Sozialverhalten und die Lernentwicklung ihres Kindes.
Aufgabe des Klassenlehrers ist es zudem, in den Mitwirkungsgremien der Eltern (s. Kapitel 11) beratend mitzuwirken und die Eltern regelmäßig über die Entwicklung der Klasse zu informieren.

Klassenpflegschaft Die „Klassenpflegschaft" wird in einigen Bundesländern die Gesamtheit der stimmberechtigten Erziehungsberechtigten der Kinder einer Klasse genannt. Sie ist sozusagen die „Basisgruppe" für die Elternmitwirkung an einer Schule und hat entsprechende Rechte und Pflichten. Zu den Rechten gehören ein Informations- und Anhörungsrecht, bezogen auf die Belange der Klasse. Außerdem können sie in einigen Punkten des Schullebens, z.B. bei den Kosten und den Zielen einer ↗ Klassenfahrt mitbestimmen. Klassenpflegschaften wählen einen Vorsitzenden für einen bestimmten Zeitraum, der sie auf der Schulebene vertritt und zu regelmäßigen Elternabenden einlädt. Näheres ist in den Schulgesetzen der Länder festgelegt. → Eine gute Übersicht über die Schulgesetze: www.bildungsserver.de.

Klassenrat Die Idee des Klassenrats stammt aus der ↗ Freinet-Pädagogik. Im Klassenrat und durch ihn findet eine praktische Einübung in demokratisches Leben statt. Er ist eine möglichst regelmäßige Gesprächsrunde einer Schulklasse, dabei keineswegs ein unverbindlicher Erzählkreis, sondern die oberste Entscheidungsinstanz der Klasse. Die Erfahrung, dass die Kinder ihre Angelegenheiten selbst in die Hand nehmen können, fördert das soziale Miteinander in einer Klasse. Die Gesprächsleitung liegt bei den Kindern selbst. Die Lehrkraft stellt notwendige Materialien, ermutigt und achtet darauf, dass die Regeln eingehalten werden. Später kann der Lehrer ein Teilnehmer sein wie die Schüler auch – mit gleichen Rechten und Pflichten. → www.ggs-bergfidel.de / freinet.paed.com

Kleidung Ein Schultag ist keine Modenschau. Im Gegenteil: In den Pausen darf getobt werden und viele Grundschulen unternehmen etwas mit den Kindern. Deshalb sollte die Kleidung der Kinder strapazierfähig, zweckmäßig und der jeweiligen Witterung angepasst sein.
Grundschulen haben sich die Förderung eines verantwortungsvollen Sozialverhaltens der Kinder mit gutem Erfolg auf die Fahnen geschrieben. Im Zentrum stehen die individuellen Gaben der Kinder sowie ihr Verhalten untereinander. Zu den schulischen Inhalten gehört darüber hinaus ein verantwortungsvoller kritischer Umgang mit Konsum. In einigen Schulen wurde mit Einverständnis aller Beteiligten einheitliche Schulkleidung eingeführt.

Konfessionelle Schulen Die Tradition der Klosterschule wirkt bis heute nach, konfessionelle Schulen sind aus der bundesdeutschen Schullandschaft nicht wegzudenken. In den letzten Jahren gibt es gar einen regelrechten Ansturm. Trotz der insgesamt sinkenden Schülerzahlen steigen die Anmeldungen an konfessionellen Schulen, sodass mitunter sogar Kinder abgewiesen werden müssen.
Dahinter mag der Wunsch vieler Eltern nach Wertorientierung in der Erziehung stecken, aber auch – das soll nicht verschwiegen werden – der oft geringe Anteil von Schülern mit Migrationshintergrund. Das liegt daran, dass konfessionelle Schulen wie andere private Schulen auch so genannte Angebotsschulen sind. In der Konsequenz bedeutet das, dass sie Aufnahmebedingungen formulieren können und bei Grundschulen nicht an Schulbezirksgrenzen (in manchen Ländern üblich) gebunden sind.
Konfessionelle Schulen sind in Deutschland ungleichmäßig verteilt. Vergleichsweise viele gibt es z.B. in Bayern, Nordrhein-Westfalen und Hamburg, besonders selten sind sie in Schleswig-Holstein und Sachsen-Anhalt. Auch die Organisation der Trägerschaft, die Finanzierung der Schule und die Aufnah-

K

mekriterien sind von Bundesland zu Bundesland, mitunter von Schule zu Schule sehr unterschiedlich. Gemeinsam ist allen die Orientierung auf christliche Werte, die sich in der Regel im ↗ Religionsunterricht widerspiegelt. Hier ein kurzer Überblick:

Geschlechtertrennung – einige konfessionelle Schulen arbeiten als reine Mädchen- oder Jungenschulen.

Aufnahmekriterien – in manchen Schulen müssen die Kinder einer bestimmten Konfession angehören, in anderen christlich getauft sein und in wieder anderen genügt die Bereitschaft der Eltern, ihr Kind am verpflichtenden Religionsunterricht teilnehmen zu lassen – unabhängig von der jeweiligen Religionszugehörigkeit.

Finanzierung – Der Status von konfessionellen Schulen ist in den Bundesländern unterschiedlich geregelt – auch was die staatliche Finanzierung angeht. Das schlägt sich auch auf mögliches Schulgeld nieder. Allerdings erheben die meisten konfessionellen Schulen kein Schulgeld. Wenn doch, hält sich das meist im überschaubaren Rahmen (unter 100 Euro). Sozial schwächere Familien erhalten in der Regel einen Nachlass. Nicht selten stehen auch Stiftungsmittel bereit.

Wertorientierung – Konfessionelle Schulen verfolgen ein ganzheitliches Konzept, weitgehend ähnlich dem der öffentlichen Grundschulen. Im Mittelpunkt steht selbstverständlich die gelebte Religion und damit auch die Förderung sozialer Verantwortung sowohl im Umgang der Schüler/-innen untereinander als auch im Lehrer-Schüler-Verhältnis. Zudem wird fast immer soziales Engagement erwartet. → Informationen über die konfessionelle Schule vor Ort erhält man beim zuständigen Schulamt oder unter www.katholisch.de sowie auch www.evangelische-schulen-in-deutschland.de

Konkurrenz „Die Wettbewerbsfähigkeit eines Landes beginnt nicht in der Fabrikhalle oder im Forschungslabor. Sie beginnt im Klassenzimmer", meinte der Autoindustrielle Henry Ford. Dabei kann Konkurrenz sowohl eine positive als auch negative Bedeutung haben: Wenn z.B. Kinder im Spiel wetteifern, ihre Sandburg mit immer höheren Türmen zu versehen, freuen sich die Eltern. Sucht ein Geschwisterkind dem anderen einen Erfolg in der Schule durch gehässige Bemerkungen zu verderben, wird das Problematische dieser Konkurrenzsituation deutlich. Wenn ein Kind im Wettstreit gut abschneidet, wird sein Selbstbewusstsein gestärkt, und auch an Misserfolgen kann es wachsen, wenn es daraus etwas lernt und beim nächsten Mal erfolgreicher ist. Es kann sich aber auch Überheblichkeit entwickeln, weshalb Erich Kästner in seiner bekannten „Ansprache zum Schulbeginn" zur Vorbeugung folgende Sichtweise empfiehlt: „Niemand ist so gescheit oder so stark, dass es nicht noch Gescheitere und Stärkere als ihn gäbe."

Konkurrenz gibt es aber nicht nur unter Mitschüler/-innen und Geschwistern: Großeltern und Lehrer konkurrieren mit den Eltern in ihrem erzieherischen Verständnis. Stiefväter konkurrieren mit leiblichen Vätern im Vatersein für das Kind, aber auch mit dem Kind hinsichtlich Liebe von der Mutter. Freunde, Medien, Schule und Eltern konkurrieren um Heranwachsende hinsichtlich der Vermittlung von Werten und Normen. → zur Konkurrenz unter Geschwistern: www.zeit-fragen.ch (Link: Archiv) / Großeltern als Konkurrenz: www.mdr.de (Link: hier-ab-vier)

Kopfnoten Für das Lernen sind nicht nur Fachleistungen wichtig, sondern auch überfachliche Fähigkeiten und Haltungen, z.B. Fleiß, Mitarbeit, Zusammenarbeit mit

anderen Kindern. Sie beeinflussen wesentlich das fachliche Lernen und sind überhaupt wichtige Tugenden im Leben. Ihre Bewertung findet sich in vielen ↗ Zeugnissen, im oberen Teil, im „Kopf" des Formulars. Zumeist wird das Arbeits- und Sozialverhalten durch einen Text beschrieben. In letzter Zeit gibt es in einigen Bundesländern die Tendenz, sie zu benoten. Ob diese Tugenden aber mit ↗ Noten zu erfassen sind, ist strittig.
Nicht zufriedenstellende Bewertungen sollten mit der Lehrkraft besprochen werden. Wie zeigt sich das Verhalten konkret? Was kann die Schule, was können die Eltern tun?

Kunsterziehung Wer glaubt, Kunsterziehung habe in der Schule nichts zu suchen, irrt gewaltig. Kinder malen, musizieren, gestalten, bauen und entwerfen gerne. Damit haben sie völlig Recht. Denn aus der Forschung weiß man, dass derlei Aktivitäten und Kreativität die Intelligenz von Kindern schulen (s. Kapitel 9). Darüber hinaus werden das räumliche Denkvermögen sowie die Koordinations- und die Konzentrationsfähigkeit angeregt.
Kunst ist also ein „hartes" Fach. Das belegen die vielen Projektbeispiele aus Grundschulen, in denen Kinder ihre Werke oder ihre Erkenntnisse über Kunst und Künstler ins Internet stellen und so fast spielerisch Kunst und Technik miteinander vereinbaren. → Einblick in die Vielfalt der Kunsterziehung gibt www.kunsterziehung.de. Für Kinder: www.zzzebra.de

L

Langeweile Langeweile ist ein Gefühl der Lustlosigkeit, des mangelnden Antriebs oder des Desinteresses. Langeweile entsteht häufig durch sich wiederholende Ereignisse, aus denen man keine neuen Empfindungen mehr gewinnen kann. Kinder können Langeweile empfinden, wenn sie „nicht wissen, was sie machen sollen" und sie keine Angebote zur Beschäftigung bekommen.
Die meisten Menschen empfinden Langeweile als unerträglich; sie kann aber auch zu konstruktivem Nachdenken anregen und dazu anregen, seine Zeit sinnvoll zu gestalten. Kinder und Jugendliche, die einen gesunden Spieltrieb haben, versuchen Langeweile mit den verschiedensten spontan entstehenden Spielen und Tätigkeiten zu beenden. Die kreativsten Ideen sind in Momenten der Langeweile entstanden.
Langeweile im Schulunterricht kann sowohl durch Unter- als auch durch Überforderung entstehen (s. Kapitel 9).

Legasthenie Die Lese-Rechtschreibstörung ist von der Weltgesundheitsorganisation (WHO) als umschriebene Entwicklungsstörung schulischer Fertigkeiten mit der Ziffer F81.0 weltweit definiert. Sie stellt eine wesentliche Beeinträchtigung des Lesens und Rechtschreibens dar. Lesefertigkeiten und Rechtschreibkompetenz entwickeln sich bereits im frühen Grundschulalter. Intelligenzminderung, mangelnde Übung, unangemessene Beschulung, neurologische Erkrankungen oder Sinnesbehinderungen müssen als Ursache ausgeschlossen sein. Die Leistungen im Lesen und Rechtschreiben unterscheiden sich wesentlich von den anderen allgemeinen Leistungsfähigkeiten des Kindes. Die Lese-Rechtschreibleistung ist deutlich niedriger, als es der übrigen Altersgruppe und dem eigenen Intelligenzquotienten des Kindes entspricht. Davon abzugrenzen sind Lese-Rechtschreibschwächen allgemeiner Art (s. Kapitel 12).

Lehrplan In den Lehrplänen (auch: Bildungsplänen) werden die Ziele, Lerninhalte

und Methoden der Schulfächer sowie neuerdings auch die Kompetenzen der Schüler/-innen ausgeführt. Häufig wird dabei unterschieden, was verbindliche Vorgabe und was nur Anregung und Beispiel ist. Lehrpläne werden von Fachkommissionen (aus Schulpraxis, Schulaufsicht und Wissenschaft) erarbeitet und vom jeweiligen Schulministerium genehmigt. In der Regel sind Lehrpläne so offen formuliert, dass Lehrende und Lernende innerhalb des vorgegebenen Rahmens eigene Vorstellungen einbringen können. Seit dem Schuljahr 2005/2006 sind die bundesweiten ↗ Bildungsstandards zu Deutsch und Mathematik für Klasse 4 in Kraft getreten. Sie sollen in die Lehrpläne eingearbeitet werden. Für die Lehrkräfte sind die Lehrpläne verbindliche Grundlage für die Gestaltung ihres Unterrichts in den einzelnen Fächern. In die geltenden Lehrpläne für die Grundschule kann man an jeder Grundschule einsehen. Die Schule kann auch Auskunft geben, wie und wo die Lehrpläne zu beziehen sind.
→ www.bildungsserver.de (weiter: Schule, Lehrpläne)

Leistungsbeurteilung Zentrale Aufgabe der Leistungsbeurteilung ist: der Lehrkraft, dem Kind und den Eltern eine Rückmeldung darüber zu geben, wie sich das Kind in seinen Leistungen entwickelt hat und welchen Leistungsstand es erreicht.

In den Klassen 1 und 2 wird die Leistungsbeurteilung zumeist als verbale Beurteilung vorgenommen (kommentierender Text, Berichtszeugnis).

In den Klassen 3 und 4 werden Zensuren erteilt. Sie können durch verbale Beurteilungen ergänzt werden, z.B. bei Klassenarbeiten, auf dem Zeugnis unter der Rubrik: Arbeits- und Sozialverhalten oder Bemerkungen. In einigen Bundesländern werden schon in Klasse 2 Noten vergeben.

Der Beurteilungsmaßstab ändert sich während der Grundschulzeit. In den ersten Klassen gilt vorwiegend der **individuelle Maßstab**: Die gegenwärtige Leistung des Kindes wird an der Leistung gemessen, die dieses Kind erbracht hatte. Sein individueller Lernzuwachs ist hier das entscheidende Merkmal. Der **anforderungsbezogene Maßstab** tritt allmählich hinzu: Die Leistung des Kindes wird an den Lernzielen, also an äußeren Anforderungen gemessen. Solange der individuelle Maßstab gilt, sind Zensuren als Rückmeldung nicht geeignet.

Spätestens ab Klasse 3 treten Zensuren an die Stelle der verbalen Beurteilung. Hierfür gilt ausschließlich der anforderungsbezogene Maßstab. Er ist seit 1968 durch eine KMK-Vereinbarung bei der Notenvergabe verbindlich: Die ↗ Noten drücken aus, auf welchem Niveau das Kind die Anforderungen erreicht hat.

Nicht zulässig, weder pädagogisch noch schulrechtlich, ist der soziale Vergleichsmaßstab.

Danach werden die Leistungsergebnisse der Kinder in eine Rangfolge gebracht und dann den sechs Noten zugeordnet. Man spricht hier von einem ↗ Notenspiegel.

Grundlagen der Leistungsbeurteilung sind

- Beobachtungen der Lehrkraft während des Unterrichts,
- Arbeitsergebnisse der Kinder,
- Klassenarbeiten, die mit Beginn der Notengebung einsetzen.

In der Zeugnisnote müssen diese verschiedenen Grundlagen berücksichtigt werden.

Für die Leistungsbeurteilung hat jede Lehrkraft einen Ermessensspielraum. Sie darf nur nicht gegen allgemeingültige Grundsätze verstoßen: sich nicht an Anforderungen orientieren, gleiche Leistungen verschieden zensieren, wichtige Leistungen bei der Beurteilung nicht berücksichtigen. Ist das der Fall, kann Beschwerde eingelegt werden – zunächst bei der Lehrkraft, bringt das nicht weiter, bei der Schulleitung. Gegebenenfalls sollten Eltern sich die Anforderungen, die der Beurteilung zu Grunde liegen, nennen und erläutern lassen. › *Noten – kein Grund zur Panik.* v. Monika Rebitzki. Cornelsen Scriptor 2003

Lernkultur Die Verbindung der Begriffe „Lernen" und „Kultur" in diesem Begriff weist darauf hin, dass überkommene Formen schulischen Lernens nicht mehr zeitgemäß sind, eine „neue Lernkultur" notwendig ist. In einer Wissensgesellschaft aufzuwachsen und zu leben bedeutet nicht mehr nur, Wissen anzusammeln oder auswendig zu lernen, sondern es intelligent zu nutzen. Der aktuelle Lernbegriff definiert Lernen als aktiven und konstruktiven Prozess: Niemand kann einem Lernenden das eigenständige Konstruieren von Wissen abnehmen. Für erfolgreiches Lernen ist es unverzichtbar, Anforderungen und Ziele des Lernens zu kennen sowie Verantwortung für das eigene Lernen zu übernehmen. Das schulische Lernen der Zukunft muss mehr auf die Kompetenzen der Schülerinnen und Schüler, auf ihre bleibende Motivation zum Lernen, Umlernen und Weiterlernen ausgerichtet sein als auf abfragbare Wissensstände.

Lernmittelfreiheit „Lernmittel in öffentlichen Schulen sind unentgeltlich ...", dieser Grundsatz wurde bereits 1848 aus dem Anliegen heraus formuliert, dass Bildung keine Frage des elterlichen Geldbeutels sein darf. Lange gepflegt, fällt die Lernmittelfreiheit derzeit den Sparbemühungen der Landesregierungen zum Opfer. Die Systeme sind unterschiedlich. In Bayern wird z.B. ein Büchergeld verlangt, in anderen Ländern wird ein festgesetzter oder anteiliger Betrag von allen Eltern erwartet. In wieder anderen müssen die Bücher generell privat bezahlt werden, wobei bedürftige Familien das Geld zurückerstattet bekommen. Mitunter können die benötigten Bücher in der Schule ausgeliehen werden. In der Regel erfahren Eltern bei der Anmeldung des Kindes, wie in ihrem Land verfahren wird.

Lernsoftware Lernen, Arbeiten und Umgehen mit ↗ Computer und Internet gelten als Kulturtechnik im Kommunikations- und Informationszeitalter. Längst hat der PC sich als sinnvolles Medium in Schule und Familie etabliert. Kinder, ihre Eltern und Lehrer erwerben mit einem Computer-Führerschein ihre Medienkompetenz. Doch angesichts einer riesigen Fülle von Programmen entstehen oft Hilflosigkeit und Orientierungslosigkeit. Welche Programme sind zum Lernen empfehlenswert? Grundsätzlich lassen sich hier drei Programmtypen unterscheiden:

- ↗ Lernsoftware im engeren Sinne (übende Programme),
- Edutainment-Programme (spielerisch aufgebaute Programme),
- Büro-Programme (Klassische PC-Anwendungen).

Unter Lernsoftware verstehen wir Programme, bei denen das Üben etwa von Rechtschreibung, Vokabeln oder mathematische Aufgaben im Vordergrund steht. Auf der einen Seite gibt es auf die Lehrbücher abgestimmte begleitende Programme etwa zu den Fremdsprachen, mit denen sich Vokabeln oder Grammatik für die Vorbereitung eines Tests gezielt auffrischen lassen. Darüber hinaus gibt es eine Fülle lehrbuchunabhängiger Programme, oft auch von kleinen Verlagen. Viele Programme, die sich in der Schule bewährt haben, stehen auch für den Einsatz zu Hause zur Verfügung.

L

Gute Lernprogramme:

- unterteilen den Lernstoff in überschaubare Päckchen,
- geben Hilfen zur Anschauung und zum Verständnis,
- nutzen große Schriften/Zahlen sowie klare Symbole,
- nutzen mehrere Kanäle zum Lernen,
- geben unmittelbar Rückmeldung,
- unterscheiden Fehlerqualitäten,
- passen den Schwierigkeitsgrad dem Lernfortschritt an,
- ermöglichen eigene Erweiterung/Abänderung von Aufgaben,
- fördern selbstständiges Arbeiten,
- verfügen über Arbeitszeugnis-/Protokollausdruck,
- halten Erfolge in einer Lernstatistik fest,
- motivieren und spornen an.

Edutainment-Programme (Wortschöpfung aus engl. education und entertainment) vermitteln Wissen eher spielerisch und meist fächerübergreifend. Die Aufgaben sind oft in den Kontext einer interaktiven Geschichte eingebunden, sodass Spiel und Spaß mit Lernen zusammengehen. Sie eignen sich weniger für gezieltes Üben oder Auffrischen, vielmehr kommen sie kindlichen Spiel- und Explorationsbedürfnissen entgegen. → www.cornelsen.de / www.tivola.de / www.terzio.de / www.oetinger.de

Aus der Gruppe klassischer PC-Anwendungen empfiehlt sich im Grundschulalter auf jeden Fall eine Textverarbeitung mit der Möglichkeit, eigene Texte zu schreiben und zu gestalten oder auch die Hilfe einer Rechtschreibkontrolle kennen zu lernen. Erste Tippversuche lassen sich mit einem Tastaturtrainer, der auch schon für das Grundschulalter verfügbar ist, nachhaltig verbessern. Ein Druckstudio ermöglicht in Verbindung mit einer Bildbearbeitung die Herstellung eigener ansprechender Druckerzeugnisse. Auf keinen Fall sollte ein multimediales Lexikon zum Nachschlagen fehlen. Schließlich sollte auch bei den Eingabegeräten Tastatur und Maus auf robuste und kindgerechte Ausführung Wert gelegt werden. Wenn hier auch ein Zugang zum Internet eingeschlossen ist, sollten Kinder auf die damit verbundenen Risiken hingewiesen werden. Es gibt sehr ansprechende Suchmaschinen speziell für Kinder, z.B. → www.blinde-kuh.de / www.kidsville.de / www.kindernetz.de

Von vielen Verlagen gibt es Demoversionen der Programme, die einen ersten Eindruck vermitteln. Darüber hinaus vergeben eine Reihe von Verbänden und Institutionen Gütesiegel für Software, die entscheidungshelfend sind. → Comenius-Siegel der Gesellschaft für Pädagogik und Information e.V.: (GPI) www.gpi-online.de / Bildungssoftwareatlas: www.bs-atlas.de / Kinder-Software-Ratgeber: www.feibel.de

Lernstandstest Neben den testähnlichen Arbeiten, die Lehrkräfte für ihre Klasse selber erstellen, werden Schulleistungstests durchgeführt. Sie firmieren unter den Begriffen Vergleichsarbeiten oder Orientierungsarbeiten. In Deutsch und Mathematik werden die Schülerleistungen in Klasse 3 regelmäßig extern überprüft.

Die Lernstandstests werden überaus aufwändig konstruiert und ausgewertet, denn sie müssen den harten Kriterien für Tests standhalten: Sie müssen objektiv sein (also unabhängig sein von der jeweiligen Lehrkraft, die den Test durchführt), sie müssen zuverlässig sein (also auch bei Wiederholung zum selben Ergebnis führen) und sie müssen gültig sein (also genau das messen, was gemessen werden soll). Die Ergebnisse sollen helfen, die Qualität der Schulen zu fördern; s. auch ↗ VERA.

L

Lerntherapie Wenn es mit dem Lesen-, Schreiben- oder Rechnen-Lernen nicht klappt, wenn Schule Kinder verzweifeln lässt, wenn Lehrer keinen Rat mehr wissen und Eltern am Ende ihrer Kräfte sind, wenn also Lern- und Leistungsstörungen sich in einer negativen Lernstruktur mit pädagogischen, sozialen und innerpsychischen Blockaden verfestigt haben, dann kann eine Integrative Lerntherapie weiterhelfen. Bei einer chronischen Lernstörung mit massiven Auswirkungen auf die Persönlichkeit des Kindes können die Kosten durch die Jugendhilfe übernommen werden (s. Kapitel 12).

Integrative Lerntherapie: ist weder Nachhilfe noch Psychotherapie, sondern eine professionelle pädagogisch-psychologische Hilfestellung. Sie zeichnet sich aus durch den flexiblen Einsatz verschiedener Lernmethoden in einer ermutigenden Beziehung zwischen Therapeut und Schüler. Zunächst werden Lernstruktur (Wie lernt das Kind?) und Lernvoraussetzungen (Was kann das Kind bereits?) analysiert. Lerntherapeuten suchen nach den persönlichen Stärken des Schülers und überlegen gemeinsam mit ihm, ob sie sich noch weiter ausbauen lassen und wie sie helfen können, die Schwächen zu kompensieren. Eine gute Lerntherapie erkennt man daran, dass der Schüler wieder selbstständig, motiviert und mit Erfolg lernt und Eltern und Lehrer ihm dies auch wieder zutrauen.

Professionelle Lerntherapie hilft den entmutigten Kindern, wieder ein positives Selbstwertgefühl aufzubauen und an sich glauben zu können. Dies gelingt am ehesten auf der Basis einer tragfähigen therapeutischen Beziehung, die in der Lerntherapie ähnlich bedeutsam ist wie in der Psychotherapie. Herausragendes Merkmal für die Effektivität lerntherapeutischen Handelns ist das Ansetzen an den Stärken des Kindes oder Jugendlichen. Diese Ressourcenorientierung schafft über ein Zutrauen in die eigene Leistungsfähigkeit die Basis für Motivation zur Arbeit am Symptom (Lese-Rechtschreib-Schwäche, Rechenschwäche, Aufmerksamkeitsprobleme). Diese Haltung fördert eine positive Lernstruktur, stärkt das Selbstwertgefühl und steht damit in deutlichem Kontrast zu den bisherigen Defizit-Erlebnissen: „Bin ich dumm!“ Dieses Prinzip zieht sich wie ein roter Faden vom Erstkontakt über die Diagnostik hin zu Beratung und Behandlung. Integrative Lerntherapeuten beziehen selbstverständlich immer auch Eltern oder die Familie mit in die Behandlung ein und stellen auch den Kontakt zur Schule her.

Lerntherapie ist als Teil der Jugendhilfe eine so genannte nachrangige Maßnahme, die dann zum Tragen kommt, wenn

- schulische Maßnahmen (also in der Regel schulischer Förderunterricht) allein nicht (mehr) ausreichen oder nicht realisierbar sind, um das Lerndefizit auszugleichen und
- als Folge der Lernstörung eine so genannte „wesentliche seelische Behinderung“ droht oder nachgewiesen werden kann. Damit sind seelische und verhaltensbezogene Probleme gemeint, die als Folge des Lerndefizits bewertet werden.

Der Begriff Lerntherapie ist noch nicht geschützt; daher kann auch jedes Nachhilfeinstitut diesen Begriff verwenden. Eltern sollten also vorsichtig sein und die Angebote genau prüfen. Hier kann der Fachverband für integrative Lerntherapie e.V. mit einem aktuellen Therapeutenverzeichnis mit den jeweiligen Schwerpunkten der Praxen und Institute weiterhelfen: → www.lerntherapie-fil.de

Die Praxis erfolgreicher Lerntherapie zeichnet sich aus durch Methodenintegration, Flexibilität und Spaß an sinnvollen Lerninhalten in einer ermutigenden Beziehung.

L

Die tragende Philosophie ist, mit den vorhandenen Stärken die bestehenden Schwächen zu überwinden. Selbstwertgefühl und Lernmotivation sind die entscheidenden Größen, von denen letztlich alles abhängt.

Leseeltern Leseeltern kommen in Absprache mit der Klassenlehrerin regelmäßig zu einer Lesestunde in die Schule. Jedes Elternteil zieht sich mit einer kleinen Gruppe in einen Raum oder eine ruhige Ecke zum Vorlesen aus mitgebrachten oder in der Klasse vorhandenen Büchern zurück. Schwächeren Kindern helfen die Eltern beim Selbstlesen, fortgeschrittene Leser/-innen lesen vor, gelesene Bücher oder einzelne Texte werden in einen Leseausweis eingetragen und von den Eltern abgezeichnet. Dieses Lesen in kleinen Gruppen bereitet den Kindern viel Freude. Sie werden angeregt, sich für Bücher zu interessieren. Gerade Kinder, deren häuslicher Hintergrund nicht lesefördernd ist, nutzen diese Stunden mit zunehmender Begeisterung.

Leseförderung Leseförderung soll es Kindern erleichtern, mit der „Welt der Bücher" in Kontakt zu kommen und sich darin orientieren zu können. Leseförderung beginnt mit dem guten Vorbild der Eltern, die viel und gerne lesen. Das Vorlesen spielt eine zentrale Rolle auf dem Weg, Leserin und Leser zu werden. Wichtig für die Lust am Lesen ist auch, dass das Kind über altersgemäße Jugendliteratur verfügt. Leseförderung ist eine wesentliche Aufgabe der Grundschule. Das Lesen als Kulturtechnik eröffnet auch heute im Zeitalter von Fernsehen, DVD, Video und Internet den Zugang zur Welt. Institutionen wie Schulbibliotheken, öffentliche Bibliotheken, Buchhandlungen, die „Stiftung Lesen" u.a. fühlen sich der Leseförderung verpflichtet : ➜ www.stiftunglesen.de / www.lesen-in-deutschland.de

Logopädie Dieser Begriff bezeichnet „Sprachheilkunde" im weitesten Sinne, das Berufsbild zählt zu den nichtärztlichen Heilberufen. Sprache besteht aus Worten, die über das Gehör aufgenommen, zusammengefügt und verarbeitet werden müssen. Funktioniert in diesem vielschichtigen Zusammenwirken verschiedener körperlicher und psychischer Voraussetzungen etwas nicht, können Laute verwechselt, Sätze falsch gebildet oder gar die gesamte Sprech- oder Sprachentwicklung gefährdet sein. Worte müssen geformt werden, daran sind 120 Muskelgruppen beteiligt. Treten hier Störungen auf, hört man dies, z.B. als Lispeln oder Stottern. Logopäden beraten in allen Fragen der Sprachentwicklung und bieten Therapie in Fällen an, in denen Kinder (aber auch Erwachsene) Unterstützung benötigen. Im Regelfall werden Therapien von Kinder- oder Hals-Nasen-Ohrenärzten verordnet, wenn diese eine Entwicklungsunregelmäßigkeit feststellen. Informationen: ➜ www.dbl-ev.de / www. logopaedie.de

Lügen Jedes Kind lügt manchmal, das ist ganz normal. Die Gründe dafür sind unterschiedlich. Manche lügen aus Angst vor Strafe oder möchten ihre Freunde und Geschwister damit schützen. Andere lügen, um Grenzen auszuprobieren, um zu testen, ob sie erwischt werden und kleine Kinder lügen oft aus Prahlerei. Die Phase des Lügens kann schnell vorbeigehen oder auch eine ganze Weile andauern. Es ist wichtig, ehrliches Verhalten zu belohnen und bei Lügen zu verdeutlichen, dass das Kind damit nicht weiterkommt. Dabei ist aber Vorsicht geboten, denn Höflichkeitslügen und Notlügen bei Erwachsenen sind an der Tagesordnung. Bekommt ein Kind mit, dass seine Eltern ebenfalls lügen, ist es schwer davon zu überzeugen, dieses Verhalten abzustellen.

M

Märchen Märchen gehören zum kulturellen Bestand. Sie wurden über Jahrhunderte hinweg mündlich am abendlichen Feuer erzählt. Mit der Veröffentlichung der „Kinder- und Hausmärchen" der Brüder Grimm (zuerst 1812) wurden sie zu Buchmärchen und zu Märchen für Kinder. Neben diesen Volksmärchen entstanden neu geschriebene Märchen: die Kunstmärchen. Hans-Christian Andersen ist ihr bedeutendster Dichter. Es gibt immer wieder Zweifel am pädagogischen Wert der Märchen, insbesondere wegen der Grausamkeiten. Sie werden in Märchen aber nie anschaulich (anders als in vielen Comics und Filmen). Märchen faszinieren Kinder auch im Grundschulalter, insbesondere, wenn sie erzählt oder vorgelesen werden,.

In jedem Elternhaus sollte wenigstens eine große Märchenausgabe stehen, in einer der herrlich illustrierten Ausgaben, die in jeder Buchhandlung anzusehen sind.

Mensa In den nächsten zehn Jahren werden bis zu 10 000 Schulen eine Ganztagsbetreuung anbieten, eine wichtige Chance, Schule vom Lernort zum Lebensort zu wandeln, der gesunde Ernährung im Schulalltag anbietet. Die etwa 10 000 Kantinen für Erwachsene in Deutschland servieren statt zerkochter, lauwarmer, fetttriefender Massenkost zunehmend gesunde Frische. Nicht zuletzt unter dem Druck der Konkurrenz von Fastfood- und Billigrestaurants. Das ist auch für eine Schulmensa oder -cafeteria wünschenswert. Zudem ist auf gemütliches Ambiente ebenso zu achten wie auf gesundheitliche Mindeststandards. Suchmaschinen geben unter dem Stichwort „Bremer Checkliste" vielfältige Hinweise zum Thema. Bücher, Ordner, Fortbildungen bieten die Verbraucherzentralen an ebenso wie die Deutsche Gesellschaft für Ernährung: → www.dge.de

Missbrauch Unter Missbrauch versteht man das Benutzen einer Sache oder Person auf eine Art, die falsch und schädlich ist. So birgt Alkohol- oder Nikotinmissbrauch im Grundschalter ein hohes Risiko, suchtkrank zu werden. Wenn Eltern ihre Partnerkonflikte oder auch Probleme am Arbeitsplatz mit ihren Kindern besprechen statt mit Erwachsenen, stellt dies auch einen Missbrauch dar: Die Kinder geraten in eine Rolle, die sie belastet und emotional überfordert.

Sexueller Kindesmissbrauch bezeichnet sexuelle Handlungen mit, an oder vor Kindern durch eine wesentlich ältere Person. Dazu zählen sexuelle Handlungen mit Körperkontakt, Zeigen oder Herstellen pornografischer Fotos und Filme sowie Exhibitionismus. Sie sind missbräuchlich, da sie das Selbstbestimmungsrecht des Kindes verletzen und es einem erheblichen Risiko aussetzen (z.B. nachhaltige Störungen der psychosexuellen Entwicklung, Traumatisierungen, weitere psychische Störungen). Im Unterschied zu Sexualdelikten unter Erwachsenen spielt Einwilligung keine Rolle für die Beurteilung der Missbräuchlichkeit, da Kindern dazu die geistige Reife fehlt. Auch kommt es vor, dass Kinder behaupten, dass sie „es" auch gewollt hätten. Sie versuchen damit, ihre Machtlosigkeit und das Verhalten des Täters umzudeuten. Um sich bei innerfamiliärem Missbrauch das Vertrauen in die Eltern zu bewahren, wird eine Erklärung gefunden, die die Eltern von jeder Schuld freispricht. Der Täter trägt jedoch allein die Schuld, nicht ein „verführerisch wirkendes Kind".

Kein sexueller Missbrauch liegt vor bei gleichrangigen Beziehungen unter Kindern und Jugendlichen mit beidseitigem Einverständnis.

M

Ein Verhalten kann je nach Kontext sexueller Missbrauch sein oder nicht: Wenn z.B. ein Vater immer schon mit seiner Tochter gebadet hat und sie Spaß daran hat, ist es kein sexueller Missbrauch, wenn er auch dann noch mit ihr badet, wenn sie zehn Jahre alt ist. Zeigt die Tochter aber, dass sie es nun nicht mehr möchte, und tut er es dennoch, ist die Grenze überschritten. Haben Vater und Tochter lange nicht mehr zusammen gebadet oder sich nackt gesehen, erlebt es das Kind sicher als sexuellen Übergriff, wenn der Vater plötzlich mit dem Baden anfängt.

Sexueller Missbrauch beginnt meist im Kindergarten- und Grundschulalter. Die Dunkelziffer ist groß, weil die Opfer oft gefühlsmäßig mit dem Täter verbunden sind und die Täter ein Schweigegebot auferlegen. Innerfamiliärer Missbrauch wird viel seltener angezeigt und, wenn überhaupt, oft erst nach jahrelangem Bestehen. Studien belegen, dass in Deutschland viele Kinder Opfer sexueller Gewalt werden. Ein Viertel der Täter sind Fremde, ein Viertel Familienmitglieder (Väter, Onkel, Brüder, Mütter, Tanten, Großväter) und etwa die Hälfte vertraute Personen außerhalb der Familie (Nachbarn, Sporttrainer, Pfarrer, Lehrer, Erzieher). Mädchen sind häufiger betroffen, jedoch ist mindestens jedes zehnte Opfer in Deutschland ein Junge. Das Durchschnittsalter der Jungen liegt bei zehn bis zwölf Jahren. Ein Fünftel der Täter sind Frauen. Pädophile Täter bevorzugen meist Jungen in der Vorpubertät.

Folgen: Nicht jeder sexuelle Missbrauch führt zu schweren Störungen: Es gibt Kinder, deren Psyche fähig ist, zumindest weniger intensiven sexuellen Missbrauch ohne bedeutende Beeinträchtigungen zu verarbeiten. Nicht bei allen Kindern sind in direkter Folge Verhaltensauffälligkeiten festzustellen. Bei einigen Kindern zeigen sich die Schädigungen erst nach Jahren. Die Schädigungen sind umso größer, je enger die Beziehung zwischen Kind und Täter ist, je mehr Zwang und Gewalt der Täter anwendet, je massiver die sexuellen Übergriffe sind, je häufiger und länger der Missbrauch stattfindet und je jünger das Kind zu Beginn des Missbrauchs ist. Taten durch Bezugspersonen führen in der Regel zu schwereren Folgen als solche durch Fremdtäter, selbst wenn ausgeprägte Gewalt ausgeübt wurde.

Die elterlichen Reaktionen haben ebenfalls einen bedeutenden Einfluss auf die Verarbeitung des Missbrauchs: Je verständnisvoller und einfühlsamer die Eltern reagieren, desto eher werden die Folgen gemindert.

Die Opfer haben meist massive Schuldgefühle und sind verunsichert hinsichtlich ihrer geschlechtlichen und sexuellen Identität.

Notwendige Untersuchungen: Bei Verdacht auf sexuellen Missbrauch ist eine kinderpsychiatrische Untersuchung nötig. Befragungen zum Tathergang sind schwierig wegen später eventuell notwendiger Äußerungen zur Glaubhaftigkeit bei Gericht. Das Kind soll möglichst frei berichten, d.h. auf offene Fragen. Suggestive Fragen müssen unterbleiben.

Eine gynäkologische Untersuchung ist rasch geboten, wenn Spermaspuren gesichert oder Verletzungen an untypischen Stellen (Gesäß, Genitale, Innenflächen der Oberschenkel) bzw. sexuell übertragene Infektionen dokumentiert werden können.

Maßnahmen: Schuldvorwürfe sollten zunächst unterbleiben. Wichtiger sind Schutz und Sicherheit des Kindes. Dem Kind dürfen keine falschen Versprechungen gemacht werden: Wenn ein Kind dem Zuhörer ein Geheimnis anvertraut und er Verschwiegenheit zusichert, wird er ohnmächtiger Mitwisser im Misshandlungssystem.

Vielen Kindern wurde von den Tätern Heimunterbringung angedroht. Diese Ängste müssen ggf. entkräftet werden. Interessen von Strafverfolgungsbehörden nach hoher Detailaufklärung müssen ggf. zurückstehen, wenn sie dem Kind nicht zugemutet werden können.
Es gibt keine Anzeigepflicht für sexuellen Missbrauch. Sobald aber Polizei oder Staatsanwaltschaft davon erfahren, muss ermittelt werden. Insofern bedeutet das Einschalten der Polizei eine weitgehende Entscheidung.
Tiefgehende Traumata müssen nicht immer intensiv durchgearbeitet werden, da dies die Betroffenen überlasten kann. Über Untersuchung und Behandlung von Vernachlässigung, Misshandlung, sexuellem Missbrauch: → www.uni-duesseldorf.de/AWMF/II/028-034.htm / Zentrale Informationsstelle zur Prävention von sexueller Gewalt: www.zissg.de / Hilfe bei Kindesmisshandlung und sexuellem Missbrauch: www.familienhandbuch.de

Montessori, Maria (1870–1952) Tragende Idee der Montessori-Pädagogik ist die tiefe Achtung vor der Persönlichkeit des Kindes. Das Kind hat ein inneres Bedürfnis nach geistiger und körperlicher Arbeit und von Anfang an ist es mit einer aktiven geistigen Kraft ausgestattet. Ihre Erkenntnisse über die Selbstbildungskräfte des Kindes gewann Maria Montessori zunächst beim Umgang mit geistig behinderten Kindern, sie übertrug ihre Erfahrungen mit Sinnes- und anderen Lernmaterialien bald auch auf alle Kinder im Vor- und Grundschulalter.
Damit sich das Kind mit seinen Möglichkeiten optimal entfalten kann, muss es losgelassen werden, braucht es Freiheit, sich gemäß seinen Fähigkeiten entwickeln zu können. „Hilf mir, es selbst zu tun" ist daher ein oft zitierter Kernsatz der Montessori-Pädagogik.
In der Arbeit und im handelnden Umgang mit den Dingen bildet sich die Persönlichkeit des Kindes. Nur wenn man das Kind dabei frei gewähren lässt, kann es sich entsprechend seinen individuell ausgeprägten „sensiblen Phasen" (Phasen der Entwicklung, in denen die Kinder für bestimmte Fragen besonders offen und aufnahmefähig sind) die Arbeit wählen, die seinem Entwicklungsstand entspricht.
Unterstützt wird das Lernen in der ↗ Freiarbeit durch eine „vorbereitete Lernumgebung": Ein Angebot an didaktischen Materialien, die jeweils ein bestimmtes Problem isoliert erfahrbar machen und eine Möglichkeit zur Selbstkontrolle bieten. Neben Funktionalität, sachlogischem Aufbau, handelnden Lernmöglichkeiten und Selbstkontrolle sind bei den Montessori-Materialien auch ästhetische Aspekte, also eine ansprechende Gestaltung von großer Bedeutung. Wenn die „sensible Phase", vorbereitete Umgebung und Material zusammenpassen, kommt es zur „Polarisation der Aufmerksamkeit", das Kind versenkt sich in einen bestimmten Lerngegenstand. Die Lehrerin beobachtet sehr genau die Lernfortschritte der einzelnen Kinder, führt neue Materialien ein, macht Angebote, bereitet die Lernumgebung vor und hilft dem Kind, „es selbst zu tun". Im gemeinsamen Arbeiten findet ein natürliches soziales Lernen statt. Maria Montessori legt den Schwerpunkt ihres Konzeptes aber eindeutig auf die individuelle Bildung als Voraussetzung für das Leben der Gemeinschaft. → www.montessori-deutschland.de

Motopädie Motopädie (Bewegungserziehung) verknüpft psychologische, sport- und erziehungswissenschaftliche mit medizinischen Erkenntnissen und Methoden. Zentraler Ansatz ist der enge Zusammenhang zwischen Körper (Bewegung) und Psyche,

M

international anerkannt als Wissenschaftsdisziplin „Psychomotorik". Motopädie ist sinnvoll, wenn Kinder

- sich nicht auf ihre Muskelspannung verlassen können,
- sich unfähig fühlen, rhythmisch zu springen oder einen Ball angemessen zu werfen und zu fangen,
- ihre Balance nicht finden und sich unsicher fühlen,
- ungern malen und zeichnen, weil sie den Stift nicht entsprechend führen können,
- orientierungslos sind und sich in Bezug auf ihren eigenen Körper und ihre Umwelt nur schwer zurechtfinden,
- ihre Sinnesempfindungen nicht richtig einschätzen und nutzen können,
- Angst haben, sich an bestimmte Bewegungssituationen heranzutrauen,
- Kontakte vermeiden, Regeln nicht akzeptieren können,
- nicht zur Ruhe kommen und ihre Impulse nicht „im Griff" haben.

Ob eine motopädische Therapie sinnvoll ist, kann vor allem der Kinderarzt entscheiden.
→ www.motopaedie-verband.de

Mündliche Mitarbeit Die Regelungen in allen Bundesländern schreiben vor, dass neben schriftlichen und praktischen auch die „mündlichen Leistungen" zur Leistungsbeurteilung herangezogen werden müssen. Mündliche Mitarbeit ist daher mehr als häufiges Melden. Mündliche Mitarbeit kann die Wiedergabe erlernten Wissens sein, aber auch problemlösendes Denken, d.h., die Anwendung des Gelernten in anderen Zusammenhängen (sog. Transfer). Die Beurteilung der Schülerleistungen in der mündlichen Mitarbeit kann auf Beobachtungen beruhen, die über einen längeren Zeitraum erfolgen, sie kann sich auch auf Leistungen beziehen, die unmittelbar im Unterricht erbracht werden. Dazu gehören das Formulieren von Problemen, das Planen von Experimenten, das Beschreiben von Beobachtungen und Schülerreferate.

Museum Längst sind die Museen aus der Mottenkiste geschlüpft und machen attraktive pädagogische Angebote – für Familien und für Schulen. Führungen für Kinder gehören in vielen Häusern zum Standardprogramm ebenso wie Anregungen zum Mitmachen. Damit ergänzen die Museen das Spektrum außerschulischer Bildungsangebote.
Die meisten Grundschulen haben es sich mittlerweile zur Gewohnheit gemacht, auf die Angebote der Museen zurückzugreifen. Für die Kinder hat das viele Vorteile: Sie entdecken die Möglichkeiten vor Ort, sie lernen, über den Tellerrand der eigenen Schule und des Elternhauses zu blicken, und sie nehmen viele neue Erkenntnisse mit. Eltern können dies durch eigene Ausflüge zu den Museen in der Nähe weiterentwickeln.
Auskünfte über die Angebote und Aktionen von Museen kann man der örtlichen Presse, den Publikationen der Museen oder auch deren Homepages entnehmen.

Musik Musik wird oft als reine Kunst angesehen; sie ist aber nicht nur Selbstzweck und Kulturgut, sondern auch ihre gezielte Nutzung ist weit verbreitet (z.B. Werbung, Animation, Musiktherapie etc.). Sowohl Musikindustrie als auch Musiktechnologie haben zunehmend Einfluss auf das Musikangebot: So sind in der aktuellen Jugendmusikkultur neue elektronische Musikinstrumente mit eigenem Klangcharakter stark vertreten. Nach wie vor hat das Erlernen eines Musikinstrumentes für viele Kinder einen hohen Stellenwert. Die Auseinandersetzung mit Instrument und Musik schult Ausdauer, Fleiß, Durchhaltevermögen, Koordination und Konzentration.

Musikschule Viele Kinder wünschen sich, ein Instrument zu spielen. In der Grundschule findet noch kein systematischer Musikunterricht statt. Musikschulen, die in jeder Stadt und inzwischen auch in vielen kleinen Gemeinden zu finden sind, bieten musikalische Früherziehung an, die Grundlagen für das Verständnis von Musik legt und langsam an die Wahl eines Instrumentes heranführt. Ob Gitarre, Klavier, Geige oder Flöte, meist ist für jeden Geschmack etwas dabei. Musikschulen gibt es als öffentliche Bildungseinrichtungen, sie werden aber auch von freien Trägern, Vereinen oder von Privatpersonen angeboten und erhalten teilweise Zuschüsse. Der Musikunterricht findet einmal in der Woche als Einzelunterricht oder in einer kleinen Gruppe statt. Alle Musikschulen veranstalten Konzerte, bei denen die Kinder ihr Können zeigen und in einer Gruppe gemeinsam musizieren können. → Adressen von Musikschulen: www.musikschulen.de

Mutter Eine enge, vertrauensvolle Beziehung zu mindestens einer Person, meist der Mutter, ist besonders in der frühen Kindheit wichtig. Wenn ein Kind sich auf seine Bezugspersonen verlassen kann, wird es sich selbst und zunehmend auch anderen Vertrauen entgegenbringen können. Eine verlässliche Bindung zu den Eltern unterstützt die Bereitschaft, bei emotionaler Belastung andere Menschen um Hilfe zu bitten oder diese selbst zu gewähren. Die Beziehung zu den Eltern beeinflusst auch die Fähigkeit des Kindes und späteren Erwachsenen, ↗ Freundschaften aufzubauen.

Die im Säuglings- und Kleinkindalter vorhandene enge Bindung ist mit starker Abhängigkeit verknüpft. Mit dem Besuch des Kindergartens ist eine erste Loslösung verbunden, mit dem Eintritt in die Schule kommt aber eine neue Qualität hinzu: Das Kind orientiert sich nun vermehrt auch am ↗ Klassenlehrer und an den Klassenkameraden, die Eltern sind nicht mehr in jeder Hinsicht Experten, Verbündete und Vertraute ersten Ranges. Dies zuzulassen ist wichtig, damit Kinder sich zu selbstständigen und eigenverantwortlichen Mitgliedern der Gesellschaft entwickeln können.

Muttersprachlicher Unterricht Kinder mit anderen Muttersprachen als Deutsch sollen in fast allen Bundesländern an einem so genannten muttersprachlichen Unterricht teilnehmen. Zusätzlich zu dem „normalen" Schulunterricht erweitern und verbessern sie dort die Kenntnisse in ihrer Muttersprache und erfahren Wissenswertes über Kultur, Geschichte und Geografie des Herkunftslandes. Für die Kinder ist der Unterricht wichtig, weil er die kulturelle Identität ihrer Familie in den Mittelpunkt stellt. Darüber hinaus geht die Forschung davon aus, dass Kinder umso besser eine andere Sprache lernen können, je sicherer sie ihre Muttersprache beherrschen. Inhalte, Organisation und Stundenbudgets für den Muttersprachlichen Unterricht sind in den Ländern und von Ort zu Ort unterschiedlich. Näheres erfahren Eltern beim zuständigen Schulamt oder bei der Schule selbst. → www.bildungsserver.de

N

Nachhilfe Nachhilfe reagiert auf Schulprobleme. Im Grundschulalter sollte Nachhilfe eigentlich noch nicht erforderlich sein oder ggf. mit der Klassenlehrerin abgestimmt werden. Notwendig kann sie werden, um zu benennende Lücken zu schließen, z.B. infolge eines längeren Unterrichtsversäumnisses wegen Krankheit. Nachhilfe kann auch als Schwäche des Unterrichts gesehen werden.

N

Die einfachste Form der Unterstützung ist die Nachhilfe durch Eltern oder ältere Geschwister. Doch häufig belasten Zeitmangel und Ungeduld oder Vorwürfe im Zusammenhang mit dem häuslichen Nachlernen die familiären Beziehungen sehr. Nachhilfe durch Außenstehende ist dann sinnvoll. Fast die Hälfte aller Schüler/-innen erhalten während ihrer Schulzeit irgendwann Nachhilfe durch private Lehrer oder ein Nachhilfeinstitut. Untersuchungen folgend wird solche Nachhilfe von den Kindern selbst als positiv erfahren. Im Durchschnitt verbessern sich die Zensuren innerhalb eines guten halben Jahres um eine Notenstufe. Die persönliche Zuwendung und die zunehmende Sicherheit machen das Geheimnis dieses Erfolgs aus. ➜ Nützliche Informationen über Nachhilfeangebote, Preise etc.: www.abi-ev.de › *Nachhilfe? Wo sie hilft. Was zu beachten ist.* v. Walter Kowalczyk/Klaus Ottich. Cornelsen Scriptor, Berlin 2002

Natur „Natur“ heißt in westlichen Kulturkreisen im Allgemeinen das, was nicht vom Menschen geschaffen wurde. Natur ist in diesem Sinne als Gegenteil von Kultur zu sehen. Heute ist es nicht mehr selbstverständlich, dass Kinder in die Natur, in den Umgang mit Tieren und Pflanzen hineinwachsen. Ökologische Probleme bestimmen die gesellschaftlichen Diskussionen um die Natur, Kinder werden zu Umweltbewusstsein erzogen. Doch das Natur-Erleben, der unmittelbare Umgang mit ihr ist für eine gesunde physische wie psychische Entwicklung unverzichtbar. Vor allem in urbanen Ballungsgebieten besteht die Gefahr, dass Kinder Natur nur noch aus Büchern und anderen Medien kennen lernen, also nicht mehr wahrnehmen und begreifen. Wo Natur nicht „verfügbar“ ist, sollte Naturerleben im Interesse einer ganzheitlichen Persönlichkeitsentwicklung eines Kindes organisiert werden. Umweltschutzorganisationen bieten z.B. Kindergruppen an, Familienbildungsstätten oder andere Einrichtungen der Jugendhilfe bieten Kurse auch schon für kleinere Kinder an. ➜ www.bund.net / www.greenpeace.de / www.nabu.de

Neugier Neugier(de) bezeichnet das Streben des Menschen nach dem Unbekannten: nach neuen Personen, Erkenntnissen, Zusammenhängen, Sachen, Erlebnissen, Wissen etc. In der pädagogischen Psychologie wird im Zusammenhang mit Neugier häufig Berlyne (1974) zitiert. Ein Ergebnis seiner (tier-)experimentellen Studien bezog sich auf die Bedingungen in einer Situation, die Neugier auslösen: Neuartigkeit, Komplexität, Ungewissheit und Konflikt.
In der Schule haben „gute“ Lehrer/-innen die Fähigkeit, bei ihren Schülern Neugierde zu wecken. Die Wege zu neuer Erkenntnis sollen die Schüler/-innen dann selbstbestimmt finden; die Rolle des Lehrers verändert sich. Er wird mehr und mehr zum Mentor und Begleiter selbstgesteuerten Lernens. So macht Lernen mehr Spaß, das neu erworbene Wissen wird besser verankert und auch für die Lehrer ist die Rolle des Mentors letztlich weniger anstrengend. Insofern ist Neugier ein ganz zentrales Moment allen Lernens. Wer nicht neugierig ist, lernt wenig.

Noten Noten (auch: Zensuren) werden danach vergeben, inwieweit die Kinder die von der Lehrkraft gesteckten Ziele erreicht haben. Entspricht die Leistung den Anforderungen
... in besonderem Maße? Dann ist die Leistung **sehr gut.**
... voll? Dann ist sie **gut**.
... im Allgemeinen (also mit einigen Abstrichen, aber noch zufriedenstellend)?
Dann ist sie **befriedigend.**

Weist die Leistung zwar Mängel auf, ist aber noch so eben akzeptabel? Dann ist sie **ausreichend.**
Entspricht sie nicht mehr den Anforderungen, aber die Rückstände könnten doch in absehbarer Zeit aufgeholt werden?
Dann ist sie **mangelhaft.**
Entspricht sie nicht den Anforderungen und sind die Rückstände in absehbarer Zeit auch nicht aufzuholen? Dann ist sie **ungenügend.**
Diese Notendefinition wurde von der Kultusministerkonferenz 1968 vereinbart und sie gilt nach wie vor. Aus der Note ist nicht ablesbar, welche Anforderungen gemeint sind und wie bei schlechten Leistungen die Schwächen behoben werden können. Wenn Eltern dies erfahren wollen, müssen sie die Lehrkraft bitten, ihre jeweiligen Anforderungen konkret zu nennen.

Notenspiegel Es kann sein, dass sich unter den Arbeiten ein Notenspiegel befindet, aus dem zu ersehen ist, wie viele Kinder in der Klasse eine bestimmte ↗ Note haben. Daraus kann man ablesen, ob viele Kinder in der Klasse erfolgreich gelernt haben. Doch kann der Notenspiegel auch zu falschen Schlüssen verführen: Sehen Eltern, dass nur wenige Kinder in der Klasse bessere Noten haben, ziehen sie den Schluss, dass ihr Kind gut gelernt hat. Entscheidend für den Lernerfolg eines Kindes ist dies aber nicht. Ein leistungsstarker Schüler z.B. würde in einer besonders leistungsstarken Klasse schlecht abschneiden, in einer leistungsschwachen Klasse wäre er Primus, obwohl seine Leistung in beiden Fällen dieselbe ist.
Die entscheidende Rückmeldung über den Lernerfolg ist, in welchem Ausmaß das Kind die gestellten Anforderungen bewältigt hat (s. Kapitel 3).

O

Ordnung Ordnung halten ist nicht angeboren und unaufgeräumte ↗ Kinderzimmer, Schulranzen, Badezimmer und Schreibtische zählen zu den beliebtesten Reizthemen im Familienalltag. Über den Umfang von Ordnung in einem Haushalt kann man streiten, letztlich ist ein gewisses Maß aber immer sinnvoll, damit Dinge wiedergefunden werden und der (Schul-)Alltag nicht im Chaos versinkt. Wie das geht, lernen Kinder von ihren Eltern. In kleinen Schritten, begleitet von Lob und vor allem Anerkennung, gelingt die Ordnungserziehung auf Dauer gut. Ordnungssysteme, z.B. farbige Ablagen für die verschiedenen Schulfächer oder Spielzeugkisten für Legosteine, Spielkarten und Farbstifte, helfen dabei, die Übersicht zu behalten. Tipp: Ein Tuch ausbreiten, bevor die Spielsteine darauf ausgekippt werden. Am Spielende einfach Tuch hochnehmen und Spielsteine in die Kiste rutschen lassen.

Orientierungsstufe Ursprünglich bezeichnete „Orientierungsstufe" eine Schulform, in der alle Schüler gemeinsam unterrichtet werden, im Gegensatz zu einem bereits ab Klasse 5 gegliederten Schulwesen. Aufgabe der Orientierungsstufe war es, die Schüler in der fünften und sechsten Klasse intensiv in ihrem Lernverhalten zu beobachten, um sie nach der sechsten Klasse an die für sie geeignete weiterführende Schule zu verweisen. Seit einigen Jahren wird die Bezeichnung „Orientierungsstufe" (auch: Erprobungsstufe) in einigen Bundesländern auch für die Klassen 5 und 6 innerhalb des gegliederten Schulwesens verwendet. Der Begriff soll auf die Durchlässigkeit verweisen, d.h., der Schüler kann unter bestimmten Bedingungen nach Klasse 5 oder 6 die Schulform wechseln.

P

Patchworkfamilie Unter Patchwork- oder Stieffamilien versteht man Familien, in denen zu den leiblichen Elternteilen mindestens ein soziales Elternteil dazukommt (oder ein verstorbenes sozusagen ersetzt). Das ist aber auch das Ende der Gemeinsamkeit, denn unter diesem Stichwort sind viele zum Teil äußerst unterschiedliche Familienformen gefasst. Sie sind äußerst komplexe Konstruktionen familiären Zusammenlebens in unterschiedlichen Bezügen und teilweise verschiedenen Haushalten. Jede Patchworkfamilie ist anders und einzigartig.

Es ist nicht so, dass die Forschung sich nicht mit dem Phänomen der Stieffamilie auseinandergesetzt hätte. Im Gegenteil: Nahm man doch Mitte der 1980er-Jahre an, dass in Zukunft jedes zweite Kind bis zu seinem 18. Lebensjahr gute Chancen hat, Mitglied einer Stieffamilie zu werden. So ist es nicht gekommen, 1999 lebten etwa sechs Prozent der Kinder in Familien mit einem leiblichen und einem Stiefelternteil zusammen. Und noch etwas hat man erforscht: Die meisten Kinder verkraften die Erweiterung der Familie ganz gut, aber insbesondere Jungen zeigen mitunter mehr Verhaltensauffälligkeiten als ihre Altersgenossen aus Kernfamilien.

Positives gibt es allerdings auch zu vermerken. Gelingt mit der Zeit die Integration, so gewinnen Kinder in Patchworkfamilien Bezugspersonen hinzu. Immerhin gaben in einer Studie viele Kinder an, dass der Stiefvater als Vertrauensperson eine wichtige Rolle in ihrem Leben spiele. Und die Bedeutung eines zusätzlichen Großelternpaares sollte nicht unterschätzt werden – soweit es denn mit der Rolle einverstanden ist.

Die besondere Schwierigkeit, die Patchworkfamilien zu bewältigen haben, liegt darin, Klarheit zu erarbeiten in der Verteilung der Rollen und der Erziehungsstile. Soziale Elternteile fühlen sich oft unsicher in ihrem Verhältnis zum Kind, während insbesondere externe leibliche Elternteile – so sie ihre Aufgabe ernst nehmen – ebenfalls versuchen, ihre Aufgabe besonders gut zu erfüllen. Erschwerend kommt dazu, dass Kinder ihre eigenen Vorstellungen von Zugehörigkeit und Elternschaft entwickeln. Es kann also dazu kommen, dass es die Sicht der Erwachsenen auf die Familienbezüge nicht teilt.

Stieffamilien sind besonders dynamische Familien. Eltern, soziale und leibliche, und Kinder müssen sich immer wieder auf neue Konstellationen und Veränderungen einstellen – in den Alltagsfamilien und in den Wochenendfamilien gleichermaßen. Auf das Kind bezogen erfordert das von den Erwachsenen viel Einfühlungsvermögen, Kommunikationsbereitschaft und einen positiven Umgang mit Konflikten. Wer sich davon zu stark gefordert fühlt, kann sich beim ↗ schulpsychologischen Dienst, bei Familien- oder Erziehungsberatungsstellen oder in Selbsthilfegruppen Rat und Unterstützung suchen. Oft können die unterrichtenden Lehrer/-innen solche Anlaufstellen vor Ort benennen. Hilfreiche Tipps und Links von der Bundesarbeitsgemeinschaft Selbsthilfegruppen finden sich unter → www.stieffamilien.de

Pause Kinder bewegen sich gerne. Das dient dem Stressabbau, stärkt den Körper und steigert die Konzentrationsfähigkeit. Stillsitzen dagegen ist Mühe – und zwar mit oder ohne Lernen. Schon allein deshalb erleben Kinder insbesondere die große Pause als Befreiung. Entsprechend wild geht es da manchmal auf dem Schulhof zu. Es obliegt selbstverständlich der Aufsichtspflicht der Lehrerkräfte, dass alles im geordneten Rahmen verläuft. Ein Weiteres hat an vielen Grundschulen mittlerweile Einzug gehalten: Das Modell „bewegte Schule". Ausgehend von der Erkenntnis, dass viele Kinder mittlerweile unter Bewegungsmangel leiden, machen etliche Schulen in den Pausen Bewegungsangebote. Sie sollen den Kindern helfen, ihre Kräfte besser und koordinierter einzusetzen.

Petersen, Peter (1884–1952) Ziel der Erziehung ist die Entfaltung der Persönlichkeit und das Hineinwachsen in die kulturellen Traditionen der Gesellschaft. Das Kind entwickelt sich und lernt in der Begegnung mit anderen Menschen, in der Gemeinschaft. Die Gemeinschaft ist daher für Petersen von zentraler Bedeutung. In seiner „Lebensgemeinschaftsschule" sollen Schüler/-innen, Lehrer/-innen und Eltern ein reges Schulleben gestalten. Petersens Schulkonzept entstand an der Universität Jena, an der er einen Lehrstuhl für Erziehungswissenschaft übernommen hatte, daher wird es bis heute als „Jena-Plan" bezeichnet. Die Kerngedanken der Jenaplan-Pädagogik sind das selbsttätige Arbeiten der Kinder („freie Arbeit"), das gemeinschaftliche Zusammenarbeiten und -leben und die Mitverantwortung der Schüler/-innen und der Eltern für das Schulleben.
Die grundlegenden Arbeitsformen sind das Gespräch (vollzieht sich meist in Kreisform), das Spiel (fördert die Entwicklung jüngerer Kinder, die dabei Regeln des sozialen Verhaltens lernen und die Aufmerksamkeit), die Arbeit (fächerübergreifender Kernunterricht, Freie Arbeit und Kursunterricht in den Fächern) und die Feier (z.B. zu Beginn und zum Ende einer Woche, gemeinsame Programmgestaltung, Vorstellung von Unterrichtsergebnissen).
Eine pädagogische Gestaltung des Schulalltags soll erreicht werden durch:

- Stammgruppen statt Jahrgangsklassen;
- Wochenarbeitspläne statt des üblichen 45-Minuten-Rasters (Petersen: „Fetzenstundenplan");
- im Mittelpunkt ein täglicher Gruppenunterricht von etwa zwei Stunden Dauer;
- selbstständiges Lernen unter gegenseitiger Hilfe;
- fächerübergreifendes Arbeiten in Projekten;
- zur Sicherung der grundlegenden Kenntnisse und Fertigkeiten lehrgangsmäßig organisierte Kurse;
- statt Zensuren ein Arbeits- und Leistungsbericht, wobei Selbstkontrolle anhand der Arbeitsergebnisse und Bewertung durch die Lerngruppe angestrebt werden.

Der Lehrer oder die Lehrerin hilft und leitet an, aber nur wo es nötig ist. Er/sie hat das Schulleben so „vorzuordnen", dass selbstständiges Problemlösen, Handeln und soziales Lernen für die Kinder möglich werden. Dafür ist der Klassenraum (die „Schulwohnstube") mit zahlreichen Materialien ausgestattet
(Bücher, Werkzeuge, Lernspiele usw., auch Pflanzen und Tiere). → www.jenaplan.de

PISA PISA (Programme für International Student Assessment) ist eine internationale Schulleistungsstudie, an der sich über 30 Staaten beteiligen. Untersucht werden in den Jahren 2000, 2003, 2006 die Kompetenzen 15-jähriger Schüler/-innen in den Bereichen Leseverständnis, Mathematik und Naturwissenschaft. Die erste Studie aus dem Jahr 2000 führte u.a. zu folgenden Feststellungen:

- Die Schüler/-innen in Deutschland liegen in ihren Leistungen weit unter dem internationalen Durchschnitt.
- Die Leistungsspitze ist hierzulande besonders klein (10 Prozent).
- Die Gruppe der Schüler mit völlig unzureichenden Leistungen ist dagegen besonders hoch (23 Prozent).

P

■ Der Einfluss der sozialen Herkunft auf die Schulleistungen ist in Deutschland groß. Diese enttäuschenden Ergebnisse lösten in Deutschland eine breite Bildungsdebatte aus. → www.bildungsserver.de (Links: Bildungspolitik, Politische Schwerpunktthemen, Leistungsmessung, PISA)

Portfolio Im Zusammenhang mit Unterricht stammt der Begriff aus den USA. Zudem noch aus dem Finanzwesen: Aktien werden in so genannten Portfolios aufbewahrt. In der Schule bezeichnet Portfolio eine Dokumentation des Gelernten. Das Material wird von den Schüler/-innen in einem verabredeten Rahmen gesammelt. Ihr persönliches Portfolio dokumentiert ihren Fortschritt und ihre eigenen Lernwege in Bezug auf die grundlegenden Lernziele. Ein Portfolio ist die gezielte Sammlung von Schülerarbeiten, die die Geschichte der Anstrengung, Fortschritte und Leistungen einer Schülerin oder eines Schülers erzählt. Die Sammelmappe ist eine wichtige Grundlage für Gespräche über das Lernen (zwischen Kind, Lehrerin, Eltern) und kann herkömmliche Zeugnisse ersetzen oder ergänzen. → Weiterführendes: www.portfolio-schule.de / www.regenbogen-schule.de

Privatschulen Privatschulen sind alle Schulen, die keinen staatlichen Träger haben, aber vom Staat zu einem hohen Anteil (90%) finanziert werden. Träger sind kirchliche Organisationen, Vereine, Gesellschaften oder auch Privatpersonen. Gemeinsam ist diesen sehr unterschiedlichen Trägern der Wunsch, eine Alternative zum staatlichen Schulsystem zu bieten. Dies kann wie bei Kirchen, aber auch Waldorfschulen, weltanschauliche Gründe haben oder wie bei ↗ Montessori- oder Freien Alternativschulen pädagogisch motiviert sein. Einige Privatschulen haben angeschlossene ↗ Internate. Das Recht auf die Gründung einer Privatschule und ihren Bestand ist bereits im Grundgesetz garantiert. Das Problem stellt sich eher in der Anerkennung der Bildungsabschlüsse und der Erfüllung der Schulpflicht. Deshalb haben sich die meisten allgemein bildenden privaten Schulen um eine staatliche Anerkennung bemüht. Die Konsequenz ist, dass der Staat die Erfolge der schulischen Arbeit z.B. durch externe Prüfungen kontrolliert. Da Schulen generell Landessache sind, wird dies in den einzelnen Bundesländern unterschiedlich geregelt. Die Kultusministerien der Länder erteilen hier Auskunft. → Unter www.privatschulen.de stellt der Bundesverband deutscher Privatschulen Informationen bereit. Einen guten Überblick bekommt man auch über die Arbeitsgemeinschaft freier Schulen: www.afgfs.de

Probeunterricht In Bayern und NRW müssen Kinder, die als nicht geeignet für den Besuch einer Realschule oder eines Gymnasiums gelten, einen dreitägigen Probeunterricht bestehen, wenn sie dennoch eine dieser Schulformen besuchen wollen. Dieser findet nach entsprechender Anmeldung meist im Juni eines Jahres statt. An den ersten beiden Tagen werden schriftliche ↗ Prüfarbeiten in den Fächern Deutsch und Mathematik absolviert. Der dritte Tag ist mündlichen Prüfungen in denselben Fächern vorbehalten. Der Probeunterricht gilt als bestanden, wenn in einem Fach mindestens die ↗ Note „Befriedigend“ und in dem anderen mindestens die Note „Ausreichend“ erzielt wurde. Er berechtigt nur zum Übertritt im darauf folgenden Schuljahr: Weitere Länder erwägen Probeunterricht. → www.bildungsserver.de

Prüfarbeiten Der wesentliche Teil eines ↗ Probeunterrichts besteht aus Prüfarbeiten in den Fächern Deutsch und Mathematik. Es

werden zentrale Bereiche geprüft, die im vorausgegangenen Schuljahr im Unterricht behandelt wurden. Dabei orientieren sich die Fragestellungen an den Anforderungen der Schule, die zukünftig besucht werden soll. Es handelt sich also um ansspruchsvolle Aufgaben. Alle Prüfungsaufgaben werden zentral erstellt und somit den Schulen vorgegeben. Für die Durchführung, Kontrolle und Bewertung ist ein Aufnahmeausschuss zuständig, in dem Grundschullehrer und Lehrer der aufnehmenden Schule vertreten sind.
Prüfarbeiten sind umstritten. Die Bedingungen sind hart und außerordentlich künstlich. → Wer sich dennoch für eine Teilnahme entscheidet, dem sei die Site www.note1plus.de empfohlen, auf der typische Prüfaufgaben und einiges mehr zu finden sind.

Psychotherapie Psychotherapie (hier: Kinderpsychotherapie) bedeutet übersetzt „Heilung der Seele" bzw. Behandlung seelischer Probleme und Konflikte. Im übertragenen Sinne sind damit aber auch Verfahren gemeint, die „seelischer Natur" sind, also über Beziehung und Kommunikation wirksam werden, um Fühlen, Denken und Verhalten zu verstehen. Verschiedene Berufsgruppen und unterschiedliche Therapierichtungen sind zur Psychotherapie zugelassen. Der Begriff Psychotherapie und die Bezeichnung Psychotherapeut sind geschützt.
Kinder entwickeln und verändern sich viel schneller als Erwachsene; deshalb müssen die Methoden die speziellen Bedürfnisse und den jeweiligen Entwicklungsstand der Kinder berücksichtigen. In einer Kinderpsychotherapie werden immer auch die wesentlichen Bezugspersonen (Eltern und Familie) intensiv miteinbezogen und wenn nötig auch das weitere Umfeld (Schule und Freizeit) mit berücksichtigt. → Psychotherapie Informationsdienst: www.psychotherapiesuche.de / Deutsche Gesellschaft für Kinder- und Jugendpsychiatrie, Psychosomatik und Psychotherapie e. V.: www.dgkjp.de / Deutsche Gesellschaft für Verhaltenstherapie e. V.: www.dgvt.de/Psychotherapie-Information.de / www.schuleundgesundheit.de / Praxenverzeichnis: www.kinderpsychiater.org

R

Realschule Die Realschule (bis in die 60er-Jahre des vorigen Jahrhunderts Mittelschule genannt) ist eine weiterführende Schulform im gegliederten Schulsystem. Sie vermittelt ihren Schülerinnen und Schülern eine erweiterte allgemeine Bildung. Die Realschule beginnt mit der fünften (bzw. siebten Klasse z.B. in Berlin) und endet nach der zehnten Klasse mit einem mittleren Bildungsabschluss („Mittlere Reife"). Die Realschule soll die Schüler/-innen dazu befähigen, ihren Bildungsweg in berufs- und studienqualifizierenden Bildungsgängen fortzusetzen.
Im Unterschied zur Hauptschule wird in der Realschule Französisch als zweite Fremdsprache angeboten. Schülerinnen und Schüler, die Probleme mit der zweiten Fremdsprache haben, können – im Unterschied zum Gymnasium – einen anderen individuellen Schwerpunkt wählen.
In den Klassen 5 und 6 wird der Unterricht in der Regel im Klassenverband erteilt. Zum Ausgleich unterschiedlicher Lernvoraussetzungen kann in diesen Klassen zusätzlicher Förderunterricht eingerichtet werden. Beginnend mit der Klasse 7 tritt neben den Unterricht im Klassenverband der Wahlpflichtunterricht, der in Kursen erteilt wird.
Mit der Klasse 8 beginnt die eigentliche Schwerpunktsetzung im Wahlpflichtunterricht. Realschulen bieten unterschiedliche

R

Schwerpunkte an. Dazu gehört immer ein fremdsprachlicher Schwerpunkt mit Weiterführung der zweiten Fremdsprache bis zum Ende der Klasse 10. Das Angebot weiterer Schwerpunkte wird von den Möglichkeiten der einzelnen Realschule bestimmt. Möglich sind z.B.

- ein sog. naturwissenschaftlich-technischer Schwerpunkt mit Physik, Chemie, Biologie, Technik oder Informatik als Schwerpunktfach,
- ein sozialwissenschaftlicher Schwerpunkt mit Sozialwissenschaften als Schwerpunktfach,
- ein musisch-künstlerischer Schwerpunkt mit Musik oder Kunst als Schwerpunktfach.

Die Situation der Realschule ist in den einzelnen Bundesländern recht verschieden. Im Saarland wurde vor einigen Jahren die Realschule mit der Hauptschule zusammenlegt. Die neue Schulform ist nun die Erweiterte Realschule, in der die Schüler in den Klassen 5 und 6 gemeinsam, und ab der siebten Klasse in verschiedene Zweige aufgeteilt werden, die zum Hauptschulabschluss und zum „Mittleren Bildungsabschluss" führen.

Bremen fasste 2004 die Haupt- und Realschulen zur Sekundarschule zusammen. In der fünften und sechsten Klasse werden alle Schüler/-innen gemeinsam unterrichtet. Ab der siebten Klasse wird Mathematik und Englisch, ab der achten Klasse auch Deutsch leistungsdifferenziert in zwei unterschiedlichen Gruppen erteilt. Ab der neunten Klasse werden die Schüler/innen in abschlussbezogene Profilklassen eingestuft.

Brandenburg legte 2005 alle Realschulen und Gesamtschulen ohne gymnasiale Oberstufe zur Oberschule zusammen.

Auch die Realschule bietet sämtliche Abschlüsse der Sekundarstufe I an, vorrangig führt sie – bei erfolgreichem Abschluss der Klasse 10 – zum Sekundarabschluss I, ein qualifiziertes Abschlusszeugnis ermöglicht den Übergang in die Gymnasiale Oberstufe.

→ Näheres zu den länderspezifischen Regelungen auf den Bildungsservern der Bundesländer: www.bildungsserver.de

Rechtschreibung Das Erlernen des normgerechten Rechtschreibens ist ein langer Prozess, selbst professionelle Schreiber kommen nicht ohne Nachschlagewerk aus. In der Grundschule lernen die Kinder dazu wesentliche Grundlagen: einen begrenzten ↗ Grundwortschatz, grundlegende Regelungen mit großer Reichweite, die viele Wörter und ihre Schreibweisen betreffen, das Nachschlagen in einem ↗ Wörterbuch.

Der Lernweg in der Grundschule ist so zu kennzeichnen: vom lautorientierten Schreiben über das Entdecken von Regelungen hin zu mehr und mehr normgerechten Schreibweisen. Einen wichtigen Stellenwert haben dabei Lernmethoden: wie man Schreibweisen übt, wie man über Schreibweisen nachdenkt, wie man nachschlägt (s. Kapitel 4).

Reformpädagogik Aus einer breiten Kritik am Bildungssystem am Ende des 19. und Anfang des 20. Jahrhunderts heraus suchten Pädagogen nach Wegen, dem kopflastigen, rezeptiven und gänzlich vom Lehrer bestimmten Unterricht Formen von ganzheitlich-praktischem und individualisiertem Lernen mit mehr Eigenverantwortung und Lebensnähe entgegenzusetzen.

Besonders die pädagogischen Ideen von ↗ Petersen, ↗ Montessori und ↗ Freinet beeinflussten die Grundschulpädagogik. Elemente ihrer Konzepte fanden Eingang in die neueren Grundschulrichtlinien und -lehrpläne, das zeigen Begriffe wie ↗ Freiarbeit, offener Unterricht, Werkstattunterricht oder jahrgangsübergreifende

Klassen ebenso wie das Bemühen um „intelligente“ Formen der Leistungsbewertung.

Regression Als Regression bezeichnet man es, wenn ein Kind erneut ein Verhalten zeigt, das einer früheren Entwicklungsstufe entspricht. Dieses Phänomen tritt vor allem in oder nach besonders belastenden Situationen auf. Dieser Rückgriff auf unreifere Verhaltensmuster geschieht unbewusst und wird als Abwehrmechanismus verstanden: Der Rückzug zeigt an, dass die Seele überbelastet und schonungsbedürftig ist. Das Kind findet in diesem Augenblick keine „reifere“ Möglichkeit, mit dem Problem fertig zu werden. Regression kann sich z.B. dadurch äußern, dass ein Kind, das zuvor trocken war, wieder einnässt (s. Kapitel 6). Die Eltern sollten versuchen, mit dem Kind darüber zu sprechen, was es bedrückt, und gemeinsam an einer Lösung des belastenden Problems arbeiten. Manchmal sind nur Vermutungen möglich. Lässt sich die Belastung nicht identifizieren oder nicht vermindern, ist eine psychologische oder kinderpsychiatrische Untersuchung sinnvoll.

Religionsunterricht Der Religionsunterricht ist in den meisten Bundesländern ein ordentliches Lehrfach. Das ist im Artikel 7 des Grundgesetzes eindeutig festgelegt. Ebenfalls steht da in Absatz 2: „Die Eltern haben das Recht, über die Teilnahme am Religionsunterricht zu bestimmen.“ Der Religionsunterricht wird vom Staat und wegen der Bedeutung religiöser Bildung von den Kirchen verantwortet.

Das wäre einfach – gäbe es da nicht die Schulgesetze der Länder, die wohl das Grundgesetz berücksichtigen, aber dennoch eigene Regelungen entworfen haben. In Bremen wird beispielsweise Religion ohne Rücksicht auf die Bekenntnisse der Schüler als „Biblische Geschichte“ erteilt. In Berlin ist der Religionsunterricht Sache der Religionsgemeinschaften. Schüler nehmen nur daran teil, wenn die Eltern dies wünschen. Am weitesten geht das Land Brandenburg. Dort räumte die Landesregierung erst nach langen Verhandlungen das Recht ein, „Schülerinnen und Schüler in allen Schularten und Schulstufen in den Räumen der Schule in Übereinstimmung mit ihren Grundsätzen zu unterrichten“. Der föderale Flickenteppich hat außerdem zur Konsequenz, dass die Ausgestaltung des Religionsunterrichtes einschließlich des Einflusses der Kirche auf Inhalte des Unterrichts und Ausbildung des Lehrpersonals in den Ländern unterschiedlich ist.

Mit Ausnahme von Brandenburg ist Religion in allen Bundesländern ein ordentliches Lehrfach. Das bedeutet, die Leistungen der Schüler werden benotet, erscheinen im Zeugnis und sind versetzungsrelevant.

Die Eltern haben das Recht, über die Teilnahme des Kindes am Religionsunterricht zu entscheiden – zumindest bis zum zwölften Lebensjahr des Kindes. Zwischen dem zwölften und dem 14. Lebensjahr muss sich das Kind mit der Entscheidung einverstanden erklären und ab dem 14. Geburtstag entscheidet es allein (in Bayern und im Saarland erst ab dem vollendeten 18. Lebensjahr).

Fast zwangsläufig stellt sich die Frage, was mit den Kindern geschieht, die nicht am Religionsunterricht teilnehmen. Grundsätzlich treffen die Schulen hier Regelungen für den Aufenthalt der Kinder während der Religionsstunden.

Die Fragen eines alternativen Unterrichts, beispielsweise in Ethik, Lebenskunde oder Philosophie ist in den Ländern recht unterschiedlich gestaltet. Mitunter findet ein solcher Unterricht bereits in der Grundschule statt, meist jedoch erst auf den weiterführenden Schulen.

R

Religion wird von verschiedenen Religionsgemeinschaften erteilt. In einigen Ländern gibt es gar jüdischen oder islamischen Unterricht. Am häufigsten wird evangelische und katholische Religion erteilt. Die evangelische Kirche lässt die Teilnahme von Kindern der anderen Konfession in der Regel, die katholische in Ausnahmefällen zu. Beide Kirchen heißen konfessionslose Kinder willkommen.

Ritalin® Ritalin® ist ein Handelsname für Methylphenidat: ein Medikament, das vor allem zur Behandlung von Aufmerksamkeitsstörungen (↗ ADS, ↗ Hyperaktivität) verwendet wird. Auch bei Aggressivität, Schlafstörungen, bestimmten Epilepsieformen sowie anderen psychischen Erkrankungen wird es eingesetzt. Methylphenidat wird seit 1941 verschrieben und weltweit millionenfach eingenommen. Häufigste Nebenwirkung ist Appetitminderung. Schäden durch langfristige Einnahme sind bisher nicht beobachtet worden. Obwohl es dem Betäubungsmittelgesetz unterliegt, haben Langzeitstudien gezeigt, dass das Risiko einer Suchtentwicklung vermindert und nicht erhöht wird. Trotzdem gibt es auch vehemente Gegner einer medikamentösen Behandlung hyperaktiver Kinder. Eltern sollten sich umfassend informieren:. → www.adhs.ch

S

Scham Im Grundschulalter entwickeln sich zunehmend Schamgefühle, sich nackt gegenüber den Eltern und anderen Erwachsenen zu zeigen. Auch der Gang zur Toilette im Badezimmer, während sich dort noch ein Elternteil die Haare kämmt oder badet, ist nicht mehr selbstverständlich. Diese Entwicklung ist altersgemäß und sollte respektiert werden.

Scham kann aber auch in ganz anderen Zusammenhängen auftreten: wenn das Kind verliebt ist und dies nicht gern zugibt; wenn ihm etwas Unangenehmes passiert ist, das es gern verschweigen würde oder nicht weiß, wie es dies am besten mitteilt; wenn es glaubt, etwas wissen zu müssen, es aber nicht weiß und sich nicht traut zu fragen; wenn sich die Eltern in den Augen des Kindes gegenüber anderen Kindern oder Erwachsenen „uncool" verhalten. Auch mit diesen Schamgefühlen sollte behutsam umgegangen werden. Ein vertrauliches Gespräch „unter vier Augen", bei dem das Kind nicht zu sehr bedrängt wird, ist oft hilfreich.

Scheidung Die Trennung der Eltern bedeutet für Kinder eine schwere Krise. Auch wenn viele sich trotzdem normal entwickeln und nicht jedes Problem – ob in der Schule oder zu Hause, mit Gleichaltrigen oder Erwachsenen – eine Folge der Scheidung ist: Ehescheidung und Trennung von einem Elternteil erhöhen das Risiko einer problematischen Entwicklung. Befinden sich die Kinder während der Scheidung der Eltern im Grundschulalter, sind sie besonders anfällig für Loyalitätskonflikte. Meist wollen die Kinder die Scheidung ihrer Eltern nicht und wollen weder Mutter noch Vater verlieren. Sie möchten es beiden recht machen, was aber aufgrund des Konfliktes zwischen den Eltern und deren Suche nach Verbündeten kaum gelingt. Jugendliche, die im Grundschulalter waren, als sich ihre Eltern trennten, benötigen dreimal häufiger Psychotherapie als Jugendliche aus intakten Familien. Bei Kindern aus Scheidungsfamilien werden nach einer schwierigen Anpassungszeit von etwa zwei Jahren die Unterschiede zu Kindern aus vollständigen Familien immer geringer und es geht ihnen zum Teil besser als Kindern, die in konfliktbelasteten vollständigen Familien aufwachsen. Allerdings können Angststörungen als Folge von Scheidung auch um Jahre verzögert auftreten, sodass sich die Folgen einer Scheidung der Eltern von Grundschulkindern manchmal erst im Erwachsenenalter zeigen, z.B. bei der eigenen Ehe.

Nach der Scheidung müssen Beziehungen innerhalb und außerhalb der Familie neu gestaltet bzw. aufgebaut werden. Das Vertrauen in die Konstanz von Familienstrukturen wurde erschüttert und damit auch die Perspektive für zukünftige Bindungen. Kindern, deren Eltern es nicht gelingt, in angemessener Zeit nach der Scheidung ihre Konflikte zu beenden, geht es schlechter als Kindern, deren Eltern eine konfliktreiche Ehe führen, die nicht geschieden wird. Um die negativen Folgen der Scheidung für die Kinder möglichst gering zu halten, sollten Eltern folgende Punkte beherzigen:

Veränderungen erkennen: Spezifische Scheidungssymptome gibt es nicht. Wenn Kinder sich anders als gewöhnlich oder altersuntypisch verhalten, ist dies ein Alarmsignal.

Offen und fair miteinander reden: Eltern müssen offen und dem Alter entsprechend mit dem Kind über Probleme reden. Schuldvorwürfe gegenüber dem anderen Elternteil sollten vermieden werden, da dies Kinder dazu bringt, dagegenzuhalten oder Partei zu ergreifen, was die Belastung verstärkt oder zum Kontaktabbruch führen kann.

Kinder dürfen nicht zu Verbündeten gemacht werden: Kinder lieben beide Eltern. Sie bekommen Loyalitätskonflikte und Schuldgefühle, wenn Elternteile versuchen, sie auf ihre Seite zu ziehen. Die seelische Entwicklung kann dadurch schwer belastet werden.

Schuldgefühle verhindern: Kinder beziehen noch vieles, was um sie herum geschieht, fälschlicherweise auf die eigene Person. So kann es passieren, dass die Kinder das Gefühl haben, schuld an der Trennung oder am Fortbestehen des Streits zu sein, und glauben, sie könnten etwas unternehmen, um alles wieder gutzumachen. Da das nicht klappt, werden sie noch verzweifelter. Es ist daher sehr wichtig, den Kindern zu vermitteln, dass sie nicht die Schuld an den Eheproblemen tragen.

Festlegen eines Lebensmittelpunktes: Die Eltern müssen entscheiden, bei wem das Kind seinen Hauptwohnsitz haben soll: Häufige Wechsel sind eine große Belastung für die Kinder.

Kinder brauchen die emotionale Nähe ihrer Eltern: Die Entfremdung der Partner vergrößert sich, das Kind muss aber zu mindestens einem Elternteil emotionale Nähe behalten. Trotz aller Sorgen sollte genügend Zeit mit dem Kind verbracht werden. Vieles von dem Belastenden, was Kinder mitbekommen, kann durch Zuwendung zumindest teilweise ausgeglichen werden.

Beratung annehmen: Viele Eltern hoffen, dass die Zeit die seelischen Wunden des Kindes heilt, und merken wegen ihrer eigenen Sorgen und Hoffnungen unter Umständen nicht, wie es dem Kind wirklich geht. Rechtzeitige professionelle Hilfe verhindert die Chronifizierung unerkannter bzw. unbeachteter Störungen. → www.familienhandbuch.de

Schimpfwörter Dass Kinder Schimpfwörter aufschnappen, lässt sich nicht vermeiden. Ob, wie und wie oft sie sie verwenden, darauf haben Erwachsene jedoch Einfluss. Wenn Eltern selbst sich in beleidigender, herabschätzender Art über andere äußern, dürfen sie sich nicht wundern, wenn Kinder es ihnen gleichtun. Deshalb sollten Erwachsene es nicht zulassen, dass Kinder ihnen oder anderen Kindern gegenüber Schimpfwörter be-

S

nutzen, und sie sollten mit den Kindern besprechen, welche verletzende Wirkung die eben gehörten Ausdrücke bei demjenigen erzeugen, auf den sie gemünzt sind. Je nachdem, ob das gerade Gehörte sexuell obszön, über Religion lästernd, rassistisch oder herablassend war, kann dies auch zum Anlass genommen werden, über das entsprechende Thema ausführlicher miteinander zu reden und die damit verbundenen Normen und Werte zu vermitteln. Gleiches gilt, wenn körperliche oder geistige Mängel („Spasti") in beleidigender Weise verwendet werden. Denn oftmals benutzen Kinder Schimpfwörter, ohne sich der genauen Bedeutung des Wortes und der genauen Wirkung auf andere bewusst zu sein.

Schlaf Ein sechsjähriges Kind braucht etwa zehn Stunden Schlaf, ein zehnjähriges acht Stunden. Etwa fünf Prozent aller Menschen brauchen jedoch mehr Schlaf. Auch die Schlafqualität, die z.B. durch gehäuftes Aufwachen erheblich beeinträchtigt sein kann, spielt eine Rolle.
Während der Pubertät wird mehr Schlaf benötigt. Aufgrund schulischer und sozialer Aktivitäten steht aber weniger Schlafzeit zur Verfügung, sodass Pubertierende an Wochenenden mehr schlafen und erhöhte Tagesmüdigkeit zeigen.
Normale Phänomene: Während des abendlichen Einschlafens können Muskelzuckungen und vermehrt Bewegungen auftreten. Beim Übergang vom Wachzustand in den Schlafzustand oder in der Aufwachphase kann es zu akustischen oder optischen Trugwahrnehmungen kommen. Hin und wieder auftretende nächtliche Ängste sind im Grundschulalter nichts Ungewöhnliches.
Schlafhygiene (Bedingungen, um gut ein- und durchzuschlafen): Lärmbelästigung, zu hohe Raumtemperatur, Helligkeit, schlechte Belüftung oder ein unbequemes Bett können Ein- und Durchschlafen beeinträchtigen, ebenso Schmerzen oder psychische Belastungen. Fernsehkonsum, besonders abends vor dem Schlafengehen, kann Schlafstörungen hervorrufen. Schulkinder, die ein eigenes Fernsehgerät in ihrem Schlafzimmer haben, haben öfter Schlafprobleme. Zum Teil bemerken Eltern die Schlafdefizite nicht, die Auswirkungen treten in der Schule zutage.
Einschlafstörungen können auch mit familiären Problemen zu tun haben. Schließlich kann es zu Einschlafproblemen kommen, wenn Kinder nicht auf ihre Eltern hören oder wenn es den Eltern schwerfällt, Grenzen zu setzen. Wird zur Einschlafzeit nicht genug darauf geachtet, dass das Kind auch ausreichend auf das Einschlafen eingestimmt wird, und wird das Einschlafen nicht kontrolliert, kann dies ebenfalls zu Einschlafproblemen oder Schlafdefiziten führen.
Das Kind kann leichter einschlafen, wenn es dann zu Bett gebracht wird, wenn es müde ist (eventuell davor, aber nicht danach), nichts Aufregendes vor dem Einschlafen vollbringt, und der Schlafplatz nicht mit anderen Dingen wie Spielen oder Bestrafung verbunden wird. Feste, angenehme Einschlafrituale, regelmäßige Zeiten zum Schlafengehen und Nichteingehen auf Trink- oder Essenswünsche des Kindes, die nur der Verzögerung des Schlafens dienen, unterstützen ebenfalls einen gesunden Schlaf. Dazu ist es allerdings erforderlich, Hunger und Durst ebenso zu vermeiden wie größere Mahlzeiten oder Flüssigkeitszufuhr zur Einschlafzeit. Auch große Mengen anregender Getränke (wie z.B. Coca Cola) über den Tag oder vor dem Schlafen sind zu vermeiden.
Schlafstörungen treten relativ häufig bei Kindern auf, verschwinden aber meist wieder nach kurzer Zeit. Als behandlungsbedürftig

gelten Schlafprobleme, die länger als ein halbes Jahr andauern und häufiger als zwei- bis dreimal pro Woche auftreten.

Schlafmangel (Insomnie): Zu wenig erholsamer Schlaf durch ungenügende Dauer und/oder Qualität des Schlafs. Sie kann auftreten durch unregelmäßige Einschlafzeiten, Verlust bzw. Fehlen von Einschlafritualen. Auch durch psychische Belastungen (z.B. Angst, akuter Stress, chronische Konfliktsituationen) oder störende Umweltfaktoren (z.B. Lärm, Temperatur, unkomfortables Bett, unruhige Geschwister im gleichen Raum) kann der Schlaf beeinträchtigt sein. Maßnahmen: Vermeidung störender Faktoren, regelmäßige Durchführung angenehmer Bettgehrituale, ggf. Therapie psychischer Störungen wie Angst oder Hyperaktivität.

Störung des Schlaf-Wach-Rhythmus: Zu wenig Schlaf nachts, der tagsüber nachgeholt wird. Maßnahme: allmähliche Verlagerung der Schlafphasen bis zum Erreichen der adäquaten Schlafzeit mit Verzögerung oder mit Vorverlagerung.

Schlafwandeln: Umhergehen während des Tiefschlafs, meist im ersten Drittel der Nacht. Das Kind hat einen starren Gesichtsausdruck und ist nur schwer zu wecken. Beim Verlassen des Schlafraumes besteht je nach Umgebung unter Umständen ein Verletzungsrisiko. Nach dem Erwachen ist das Kind eventuell kurz desorientiert, danach finden sich aber keine Auffälligkeiten mehr. Gewöhnlich erinnert es sich nicht an das Schlafwandeln. Teils tritt das Schlafwandeln bei Fieber, Stress oder Lärm auf. Maßnahmen: Sicherung der Schlafumgebung, eventuell Wechsel des Schlaforts, ggf. Einüben von Entspannungsverfahren. Bei psychischer Belastung: Verringerung der Belastung, veränderter Umgang mit dem Problem oder ggf. Therapie.

Plötzliches Erwachen (Pavor nocturnus): Ein- oder mehrmaliges scheinbares Erwachen meist während des ersten Drittels des Nachtschlafs, beginnend mit Panikschrei und Aufsetzen oder Aufstehen. Das Kind wirkt ängstlich und bewegt sich, ist desorientiert, schwitzt und atmet schnell. Die Pupillen sind weit und das Herz schlägt schnell. Es ist kaum zu beruhigen und schwer zu wecken. Nach dem Erwachen schläft es sofort wieder ein. Das Kind erinnert sich kaum oder gar nicht daran. Dauer ein bis zehn Minuten. Maßnahmen: eventuell Wechsel des Schlaforts, ggf. Einüben von Entspannungsverfahren. Bei psychischer Belastung Verringerung der Belastung, veränderter Umgang mit dem Problem oder ggf. Therapie.

Alpträume: Belastende Träume, die Bedrohungen von Leben, Sicherheit oder Selbstwertgefühl zum Inhalt haben. Es kommt zu Aufwachen zeitunabhängig vom Traumereignis meist in der zweiten Nachthälfte mit lebhafter und detaillierter Erinnerung an heftige Angstträume. Nach dem Aufwachen ist das Kind rasch orientiert. Es hat Ängste vor erneuten Alpträumen, dem Wiedereinschlafen, dem Zubettgehen. Alpträume treten häufiger in Zusammenhang mit psychosozialem Stress auf. Maßnahmen: eventuell Wechsel des Schlaforts, ggf. Einüben von Entspannungsverfahren. Bei psychischer Belastung Verringerung der Belastung, veränderter Umgang mit dem Problem oder ggf. Therapie.

Schnarchen: Tritt es nicht nur im Zusammenhang mit verstopfter Nase bei Schnupfen auf, ist eine ärztliche Behandlung erforderlich, da eine Beeinträchtigung der Atmung vorliegen kann (z.B. Polypen).

Weitere Ursachen für Schlafstörungen: Nahrungsmittelallergien, Medikamente, beeinträchtigte Atmung, epileptische Anfälle.

Schlüsselqualifikationen Gemeint sind Fähigkeiten und Haltungen, die der Schlüssel

S

dafür sind, sich neue Sachverhalte eigenständig zu erarbeiten, Probleme zu erkennen und zu lösen, mit anderen zu kooperieren. Die Lesekompetenz ist dazu ein Beispiel, und sie ist auch aus diesem Grund in der derzeitigen Bildungsdebatte so in den Vordergrund getreten. Andere Schlüsselkompetenzen sind z.B.: das Zutrauen in die eigenen Fähigkeiten, das eigenständige Lernen, die Fähigkeit zur Kommunikation und zur Teamarbeit, kreatives Denken. Sie müssen auf allen Bildungsstufen entwickelt und dann weiter ausgebaut werden. Dies gilt auch für die Grundschule. Eltern unterstützen die Entwicklung ihres Kindes, wenn sie in allen Lebensbereichen seine Selbstständigkeit fördern.

Schreibschrift In Deutschland gibt es drei verbundene Schulschriften: seit 1953 die Lateinische Ausgangsschrift, seit den 1980er-Jahren die Vereinfachte Ausgangsschrift und die Schulausgangsschrift (SAS), die 1968 in der damaligen DDR verbindlich wurde. Am schwierigsten zu lernen ist die Lateinische Ausgangsschrift. Als leichter lernbare Schrift wurde die ➚ Vereinfachte Ausgangsschrift (VA) entwickelt. Die Schulausgangsschrift liegt zwischen diesen beiden Schriften. Welche davon für die Schulen zugelassen sind, variiert von Bundesland zu Bundesland. Seit den 1980er Jahren ist als weitere Schreibschrift eine unverbundene Schrift hinzugekommen: die Druckschrift, die in fast allen Bundesländern die Erstschrift der Kinder ist.

Schulangst Kinder mit Schulangst haben häufig vor der Schule Bauch- oder Kopfschmerzen, Übelkeit oder Erbrechen. Die Ursachen der Angst sind vielfältig:

Leistungsangst: Im Grundschulalter hängt das Selbstwertgefühl deutlich von schulischen oder sportlichen Leistungen ab, so dass sich hieraus Ängste entwickeln können.

Schulphobie/Trennungsangst: Schulvermeidung aus Angst, dass den Eltern oder dem Kind etwas Schlimmes passiert (z.B. Autounfall der Eltern, Kindesentführung).

Soziale Ängstlichkeit/Sozialphobie: Übermäßige Angst davor, in Gegenwart anderer in bestimmten Situationen zu versagen, sich zu blamieren oder gedemütigt zu werden. Daher wird versucht, diese Situationen (z.B. Schulbesuch) zu vermeiden.

Angst aufgrund von Mobbing: Wenn ein Schüler wiederholt auf dem Schulweg oder in der Schule gequält wird, entwickeln sich nachvollziehbar Angst und Vermeidungsverhalten (s. Kapitel 10).

Schulverweigerung: Keine Schulangst, sondern Fernbleiben vom Unterricht, um sich in einer Clique zu treffen.

Schularzt Der schulärztliche Dienst ist bundesweit als Aufgabe der örtlichen Gesundheitsämter organisiert. Er ist z.B. zuständig für die Durchführung der ➚ Schuleingangsuntersuchungen, für epidemiologischen Gesundheitsschutz (z.B. Impfungen, Läuse), für die Unterstützung von Eltern in gesundheitlichen Fragen, kurz für die öffentliche Schulgesundheitspflege.

Vor Ort nehmen die Schulärzte entsprechend den lokalen Gegebenheiten und der landeseigenen Gesetzeslage diese Aufgabe unterschiedlich wahr.

In vielen Städten und Gemeinde besuchen sie in regelmäßigen Abständen die Grundschule, um sich ein Bild zu machen und Kinder über wichtige Inhalte der Gesundheitsvorsorge aufzuklären. Ähnliches gilt auch für die Schulzahnärzte. Hilfe in Fragen der Gesundheitsförderung von Kindern gewähren die Gesundheitsämter. ➜ Unter www.schularzt.de und bei der Deutschen Gesellschaft für Sozialpädiatrie und Jugendmedizin www.dgspj.de können sich Interessierte kundig machen.

Schulbeginn Mit etwa sechs Jahren beginnt in Deutschland für alle Kinder die Grundschulzeit. Der Start in den neuen Lebensabschnitt ist für Kinder und Eltern gewöhnungsbedürftig. An frühes Aufstehen und verpflichtende Unterrichtszeiten muss sich erst gewöhnt werden. Schüchterne oder ängstliche Kinder haben manchmal Anlaufschwierigkeiten, denn es gilt viel Neues auf einmal zu verarbeiten. Die Grundschule gibt sich große Mühe, um den Erstklässlern den Start zu erleichtern. Schnuppertage, Begrüßungsfeiern, Schülerpaten und ein langsames, gemeinsames Einstimmen auf den Lernstoff und die Hausaufgaben machen es für Kinder und Eltern leicht, die erste Zeit zu bewältigen. Für Fragen rund um das Schulkind stehen die Lehrer/-innen gern auf Elternabenden oder im persönlichen Gespräch zur Verfügung. ➜ www.schulpsychologie.de

Schulbücher Nicht der Geldbeutel der Eltern, sondern allein die Fähigkeiten des Kindes sollen über seine Schulbildung entscheiden. Und deshalb gibt es in allen Bundesländern die so genannte ↗ Lernmittelfreiheit. Gemeint ist damit vom Grundsatz her, dass insbesondere Schulbücher bedürftigen Familien kostenfrei zur Verfügung gestellt werden. So weit die Theorie. In der Praxis wurde die Lehrmittelfreiheit nahezu überall zurückgenommen bzw. stark eingeschränkt, wobei die Bundesländer unterschiedliche Wege gehen. In Nordrhein-Westfalen z.B. beteiligen sich Eltern mit einem Eigenanteil, der jedoch nicht höher als 49 Prozent des Durchschnittsbetrages sein darf; in Bayern zahlen sie ab 2005 ein „Büchergeld“ von 30 Euro, nachdem die Abschaffung der Lernmittelfreiheit dort gescheitert ist; und in Berlin können sich Kinder die geforderten Bücher gegen eine Gebühr ausleihen.
Für Familien bedeutet dieser faktische Verzicht auf die Lehrmittelfreiheit vor allem eines: Zum Schulbeginn müssen sie je nach Bundesland mehr oder weniger tief in die Tasche greifen. Denn zu den Kosten für die Schulbücher kommen in der Regel noch Kopierkosten, die von der Schule erhoben werden, und die ganz normalen Schulutensilien wie Stifte, Hefte oder Sportsachen. Mitunter existieren in den Ländern oder in den Kommunen Regelungen, die zumindest sozials schwächere Familien beim Erwerb von Lernmitteln finanziell unterstützen. Die konkreten Regelungen zur Handhabung der Lernmittelfreiheit vor Ort erfährt man beim zuständigen Schulamt oder beim entsprechenden Landesministerium. ➜ Einen aktuellen Überblick findet man beim Verband alleinerziehender Mütter und Väter: www.vamv.de

Schuleingangsphase Diese Phase umfasst den Zeitraum von der Einschulung bis zum Ende des zweiten Schuljahres. In den letzten Jahren steht die Reform der Schuleingangsphase im Mittelpunkt der bildungspolitischen Diskussion. Hinter diesen Reformbemühungen steht die Beobachtung, dass Kinder, die schulpflichtig werden, mit ganz unterschiedlich ausgeprägten Fähigkeiten und Fertigkeiten in die Schule kommen. Ziel der Schuleingangsphase ist es, alle schulpflichtigen Kinder eines Jahrgangs in die Grundschule aufzunehmen und sie dem Grad ihrer Schulfähigkeit entsprechend zu fördern. Kinder besuchen die Schuleingangsphase je nach ihren Lernfortschritten ein bis drei Jahre. Die jahrgangsübergreifende Klasse ist ein organisatorisches Modell, das diesen Anliegen besonders entgegenkommt.

Schulformen Seit der ersten ↗ PISA-Studie steht das dreigliedrige Schulsystem zunehmend in der Kritik, denn die frühe Sortierung der Kinder erscheint insbesondere pädagogischen Fachleuten als nicht sehr wirkungsvoll. Sie beklagen die mangelnde Aussagekraft der Grundschulempfehlungen – insbesondere beim Übergang nach der vierten Klasse sei die Fehlerwahrscheinlichkeit sehr hoch – und den Umstand, dass Kinder aus sozial schwächeren Familien einen auffallend geringeren Zugang zu höheren Bildungsabschlüssen haben.

Dreigliedriges Schulsystem: Das dreigliedrige Schulsystem aus ➚ Hauptschule, ➚ Realschule und ➚ Gymnasium ist traditionell gewachsen. Die Hauptschule als Volksschule sollte praktisch begabten Menschen eine solide Grundbildung vermitteln. Die Realschulen sollten den technischen und kaufmännischen Mittelstand heranbilden und das Gymnasium die – damals wenigen – studierenden Leistungsträger. Anders als früher werden heute allerdings insbesondere höhere Bildungsabschlüsse nachgefragt. Ein gravierendes Problem des dreigliedrigen Schulsystems ist, dass es Jahr für Jahr ganze Klassenstärken produziert, die mangels ausreichender ➚ Noten vom Gymnasium auf die Realschule oder die Hauptschule wechseln müssen. Von den Kindern wird das meist als Versagen empfunden, mit allen Konsequenzen für die Schullaufbahn (s. Kapitel 14).

➚ Gesamtschulen: Als Alternative zum dreigliedrigen Schulsystem wurden in den 1970er-Jahren die Gesamtschulen geschaffen. Das Prinzip: Leistungsstärkere und -schwächere Kinder werden gemeinsam unterrichtet. Die Förderung und die Forderung der Schüler/-innen erfolgt entweder im Klassenverband oder durch leistungsdifferenzierte Kursangebote. Auf diese Weise haben die Schüler/-innen die Möglichkeit, persönliche Defizite im Laufe der Schulzeit auszugleichen und auch später noch zu qualifizierten höheren Abschlüssen zu gelangen. Das Problem: Gesamtschulen sind ein eigenständiges integriertes System neben der Dreigliedrigkeit, werden aber von dessen Negativeffekten (Schulwechsler, Zusammensetzung der Schülerschaft) in Mitleidenschaft gezogen.

Mit seinem Schulsystem geht Deutschland im internationalen Vergleich einen Sonderweg. In den meisten anderen Staaten ist es üblich, Kinder nach dem Prinzip der Grundschule gemeinsam bis zur neunten oder zehnten Klasse zu unterrichten. Erst dann erfolgt eine Differenzierung. Finnland ist hier Vorreiter, es stellt die Bildung vom Kopf auf die Füße: In der Grundstufe arbeiten die meisten Lehrer, in der Oberstufe die wenigsten. In Deutschland ist das genau umgekehrt. Erste Ansätze in Richtung ➚ Gemeinschaftsschule gibt es in Schleswig-Holstein und in Berlin. In anderen Bundesländern ist die Diskussion noch völlig offen.

Schulhofgestaltung Manche Schulhöfe gleichen Kasernenhöfen, was teilweise an die Vergangenheit mancher Schulen erinnern mag, aber keinesfalls zeitgemäß ist. Schulhöfe moderner Prägung bieten Kindern die verschiedensten Betätigungs- und Spielmöglichkeiten an. Unterschiedliche Bodenbeläge reizen die Sinne, kleine Nischen laden zum Rückzug, Spielgeräte schulen das Koordinationsvermögen und ein wenig Natur beflügelt junge Nachwuchsforscher.

Oft ist es ein langer – und teurer – Weg, bis sich der gähnend langweilige asphaltierte Schulhof zu einem attraktiven Aufenthaltsort für Kinder gewandelt hat. Viele Schulen haben ihn gemeinsam mit Eltern, Stadtverwaltung, Umweltbildungsstationen gemeinsam beschritten – mit großem Erfolg.

Schulkindergarten Der Schulkindergarten ist eine Einrichtung für Kinder, die bereits schulpflichtig, aber noch nicht schulfähig sind. Er gehört als besondere Fördereinrichtung zur Eingangsstufe der Grund-

S

schule und bereitet die Kinder auf den Schulbeginn vor. Im Rahmen der Grundschulreform wird es immer weniger Kinder geben, die vom Schulbesuch zurückgestellt werden. In fast allen Bundesländern sieht das Schulgesetz vor, nur noch aus medizinischen Gründen Kinder zurückzustellen. Daher werden künftig auch zunehmend Schulkindergärten aufgelöst und die dort arbeitenden Sozialpädagogen in die Eingangsstufen der Grundschulen integriert (s. Kapitel 2). → www.skg-forum.de

Schulkonferenz Die Schulkonferenz ist das höchste Beschluss fassende Gremium an einer Schule. Bei dem Trend zu immer selbstständigeren Schulen können die Entscheidungen sehr weitreichend sein und die Finanzen, die Unterrichtsverteilung, die Frage von Kursen und Nachmittagsangeboten und vieles mehr betreffen. Schulkonferenzen setzen sich in der Regel aus Lehrer-, Eltern- und Schülervertretern (in der Grundschule ohne Schüler/-innen) zusammen. Das Stimmverhältnis dieser Gruppen untereinander ist in den Ländern unterschiedlich geregelt. In manchen Ländern herrscht eine Drittelparität, in anderen überwiegen die Lehrerstimmen und in wieder anderen sind die Eltern nur beratend tätig. Die konkrete Gestaltung der Schulkonferenz ist in den Schulgesetzen der Länder festgeschrieben. → Eine gute Übersicht über die Schulgesetze findet sich unter www.bildungsserver.de

Schulküche Die Familie als alt hergebrachter Vermittler von Wissen um das Kochen und die Ernährung muss zunehmend durch schulische Angebote ergänzt werden. Noch sehen die Rahmenlehrpläne küchentechnische Fähigkeiten nicht vor. So müssen für jede Schule individuelle Wege gefunden werden. Kursleiter/-innen findet man bei Krankenkassen oder Bildungswerken vor Ort. Auch unter den Eltern finden sich oft geeignete „Koch-Lehrer". Besichtigungen, Kurse bieten Bäckereien, Restaurants und andere Lebensmittel verarbeitende Betriebe. Lebensmittel-Geschäfte liefern Zutaten auf Wunsch in die Schule.
→ Rezeptideen gibt es bei der Marketingorganisation der Agrarwirtschaft: www.cma.de. Die Initiative Eurotoques nennt an Schulkooperationen interessierte Restaurants: www.eurotoques.de. Hinweise zur gesunden Ernährung www.dge.de sowie beim Verbraucherministerium unter www.verbraucherministerium.de. Ein Rezeptbuch für Schülerköche sowie Unterrichtsbausteine für Lehrer gibt es unter www.erdgaspokal.de.

Schullaufbahnempfehlung Das deutsche Schulsystem ist (weitgehend) durchlässig. Bei guten Zeugnissen können Schüler/-innen unter bestimmten landestypischen Bedingungen die Schulform wechseln – vor oder nach einem Abschluss. Die Lehrkräfte sind über die Möglichkeiten informiert und können oder müssen (je nach Land) einen Bildungsweg empfehlen. Eine Prognose am Ende der Grundschulzeit ist jedoch nicht unbedingt zuverlässig. Ziel eines Bildungsweges ist ein Schulabschluss (s. Kapitel 14).
Kein Abschluss: Es gibt immer wieder Schüler, die die weiterführende Schule ohne Abschluss verlassen, d.h. ihre ↗ Noten nach der neunten oder zehnten Klasse sind so schlecht, dass ein Abschluss nicht vergeben werden kann. Meist besteht die Möglichkeit, den Hauptschulabschluss an einer entsprechenden Einrichtung, z.B. Berufsschulen, Volkshochschulen, Lehrinstituten nachzuholen.
Hauptschulabschluss: In Bezug auf den Hauptschulabschluss gibt es in den Bundesländern unterschiedliche Regelungen, in manchen wird er nach der neunten Klasse

S

vergeben in anderen nach der zehnten und zwar unabhängig von der Schulform. Ein Hauptschulabschluss ist Voraussetzung für viele Lehrberufe. Bei Abschlüssen mit Qualifikation besteht die Möglichkeit, sich unter landestypischen Bedingungen (z.B. Notendurchschnitt) in einer Oberstufe an einem ↗ Gymnasium oder einem Berufskolleg weiterzubilden.

Fachoberschulreife (mittlere Reife, Realschulabschluss): Die Fachoberschulreife erwirbt, wer die zehnte Klasse von ↗ Realschule, ↗ Gymnasium oder ↗ Gesamtschule erfolgreich beendet hat. Sie ebnet den Zugang zu verschiedenen Lehrberufen und berechtigt u.a. zum Besuch einer gymnasialen Oberstufe, einer höheren Fach- bzw. Handelsschule oder einem Berufskolleg.

Fachhochschulreife (Fachabitur): Die Fachhochschulreife kann je nach Bundesland auf den unterschiedlichsten Wegen erworben werden. Generell handelt es sich um eine Berufsbildung (oder ein berufsbezogenes Praktikum an der Fachoberschule) in Kombination mit dem erfolgreichen Abschluss der Klasse 12 einer Oberstufe. Mit einer Fachhochschulreife stehen mittlerweile unter bestimmten Bedingungen viele Studienmöglichkeiten an Fachhochschulen und Hochschulen offen.

Allgemeine Hochschulreife (Abitur): Es ist in den Bundesländern unterschiedlich geregelt, nach welcher Klasse der Erwerb des Abiturs möglich ist, zunehmend öfter nach der 12. als nach der 13. Klasse. Nach dem erfolgreichen Abschluss der Abiturprüfung stehen im Grunde alle Ausbildungsmöglichkeiten offen, vom Erlernen eines Lehrberufes bis zum Hochschulstudium. Beim Zugang zu Hochschulstudiengängen ist allerdings zu beachten, dass für viele Studienfächer ein sog. „Numerus Clausus“ besteht, also ein bestimmter Notendurchschnitt für die Zulassung gefordert wird.

Zweiter Bildungsweg: In vielen Städten Deutschlands ist es möglich, Schulabschlüsse nachzuholen, ob an Abendrealschulen, -gymnasien oder an Kollegschulen. Die Abschlüsse dort entsprechen denen des ersten Bildungsweges.

Schulpflicht In Deutschland besteht eine allgemeine Schulpflicht, für deren Einhaltung die Erziehungsberechtigten zuständig sind. Alle Kinder, die in Deutschland leben, müssen unabhängig von ihrer Herkunft und unabhängig von ihrer körperlichen und geistigen Entwicklung eine Schule besuchen. Die Schulpflicht erstreckt sich auf den regelmäßigen Besuch des Unterrichts und der übrigen verbindlichen Veranstaltungen der Schule. Schulpflichtige Kinder und Jugendliche können zwangsweise der Schule zugeführt werden. In anderen Ländern ist es möglich, nach einem bestimmten Antrags- und Genehmigungsverfahren die eigenen Kinder auch zu Hause selbst zu unterrichten. Die Schulpflicht endet mit der Volljährigkeit (s. Kapitel 2). → Die Schulgesetze der Länder: www.bildungsserver.de

Schulprogramm Schulprogramme sind Konzepte zur Qualitätsentwicklung und -verbesserung von Schule. Seit etwa 1999 wurden sie in vielen Bundesländern entwickelt und werden seitdem von Schulen ständig weiterentwickelt. Für Eltern stellen Schulprogramme eine je nach Bundesland mehr oder weniger verbindliche Grundlage dessen dar, was ihre Kinder an der Schule erwartet.
Die Entwicklung eines Schulprogramms war und ist an vielen Schulen eine zunächst schmerzhafte und aufwändige Prozedur. Ging und geht es doch darum, die eigene Arbeit auf den Prüfstand zu stellen und darüber hinaus Ziele und Inhalte der pädagogischen

S

Arbeit vor Ort zu definieren. Wo will die Schule hin? Mit welchen Maßnahmen will sie ihre Ziele erreichen? Wie kann überprüft werden, was funktioniert und was nicht. Allein einen Grundkonsens zu finden, ist eine schwierige Aufgabe, die mitunter heftige Auseinandersetzungen auslösen kann und viel Zeit in Anspruch nimmt.

Bei der (Weiter-)Entwicklung des Schulprogramms gehen die Schulen unterschiedliche Wege: Die einen beziehen möglichst viele Lehrer ein und öffnen den Prozess auch für die Eltern, für andere ist die Aufstellung eines Schulprogramms eine Angelegenheit der engeren Schulleitung allein.

In der Regel umfasst ein Schulprogramm folgende Punkte:

- Eine kurze **Situationsbeschreibung** der Schule (Geschichte, Lage im Stadtteil, Vernetzungen, Zusammensetzung der Schülerschaft, personelle und sachliche Ausstattung, besondere Chancen und Schwierigkeiten)
- Das **Leitbild** der Schule sollte den pädagogischen Konsens der Mehrheit der Lehrerschaft widerspiegeln und vor allem den Lebenslagen der Schüler einer Schule Rechnung tragen.
- Die **Ziele** der Schule beinhalten lang- und kurzfristig Erreichbares, beziehen sich auf das pädagogische Handeln an der Schule und sollten überprüfbar sein. Außerdem gehören zur Zieldefinition ein Katalog von Maßnahmen, mit denen sie erreicht werden sollen.

Selbstverständlich sollte das Schulprogramm in verständlicher Form abgefasst werden und die Zustimmung der Mehrheit der an Schule Beteiligten – also auch der Eltern – finden. Wird es inhaltlich und pädagogisch weiter entwickelt, kann zu einem lebendigen Schulleben beitragen.

Für interessierte Eltern gibt das Schulprogramm einer Schule Aufschluss über deren spezifische pädagogische Schwerpunkte, deren Selbstverständnis und deren Haltung zur Schülerschaft. Sie sollten deshalb die Gelegenheit nutzen, sich das Programm auf einem Elternabend vorstellen zu lassen und dabei mitwirken, es mit Leben zu füllen. Im Übrigen sind gute Schulen stolz auf ihr Programm und stellen es schon bei der Anmeldung gern zur Verfügung.

Schulpsychologe Ein Kind hat Lernschwierigkeiten, es stört den Unterricht, es ist intelligent, hat aber trotzdem Probleme mit der Rechtschreibung oder mit dem Rechnen, es hat Angst vor ↗ Klassenarbeiten, es fühlt sich in der Schule gestresst. Es gibt eine Vielzahl von Problemen, mit denen Eltern und Kinder im Laufe eines Schullebens konfrontiert werden – kleine und große. Und manche von ihnen wachsen Familien mitunter über den Kopf. Da ist es hilfreich, sich fachkundigen Rat zu suchen, z.B. beim schulpsychologischen Dienst. Deren Aufgabe ist es, sich Schulproblemen der unterschiedlichsten Art anzunehmen. Je nach Konfliktlage und Problemstellung beraten sie u.a. Gruppen aus Schüler/innen und Lehrer/-innen oder Familien, kümmern sich um Kinder mit Lese-Rechtschreibschwäche oder ↗ ADS und helfen bei Lern- oder Verhaltensschwierigkeiten. Schulpsychologen unterliegen selbstverständlich der Schweigepflicht, die Vertraulichkeit ist also gewährleistet.

Die Frage, ob der Kontakt mit dem Schulpsychologen eine elterliche Bankrotterklärung in Erziehungsfragen ist, sollte sich eigentlich nicht stellen. Denn hinter einer Schulschwierigkeit kann ein ganzes Bündel von Problemen stecken, von den Eltern in der Regel nichts wissen können – z.B. Mobbing in der Klasse (s. Kapitel 10), Konflikte mit Lehrkräften, eine Lese-Rechtschreibschwäche (s. Kapitel 12) oder Hochbegabung (s. Kapitel 9).

S

Der Gang zum Psychologen schafft hier Klarheit. In langen Gesprächen identifiziert er die Ursache der Schwierigkeit und leitet entsprechende Maßnahmen ein. Da er meist über gute Kontakte zur Schule verfügt, kann auch dort ein neuer Umgang mit dem Kind verwirklicht werden.

Nur wenige Schulen können eigene Schulpsychologen beschäftigen. Meist sind sie an die Schulberatungsstellen, Schulämter oder einen schulpsychologischen Dienst angebunden und betreuen mehrere Schulen gleichzeitig. Das hat den Nachteil, dass Termine mitunter schwer zu vereinbaren sind. Allerdings haben solche Psychologen natürlich auch einen guten Überblick über die Qualität einzelner Schulen.

Die Schulberatung von Schulpsychologen erschöpft sich keinesfalls in Einzelberatungen. Er oder sie berät Lehrkräfte und Schulleitungen und führt mitunter gar Elternkurse an der Schule durch. Für viele Eltern mag es deshalb durchaus interessant sein, den zuständigen Psychologen einmal zu einem Elternabend einzuladen.

Eltern, die sich an einen Schulpsychologen wenden wollen, sollten vorher den Kontakt zu den Klassenlehrern des Kindes oder den Beratungslehrern der Schule suchen. Die sind bei Schulproblemen die direkten Ansprechpartner und können den Kontakt zum schulpsychologischen Dienst herstellen. Im Notfall kann man sich aber auch direkt an den Schulpsychologen wenden – im Zweifel sogar anonym. → Unter www.schulpsychologie.de erfährt man Interessantes zu den Arbeitsfeldern von Schulpsychologen.

Schulträger Die Schulträger sind Einrichtungen, die in der Funktion eines Eigentümers Schulen betreiben. An öffentlichen Schulen in Deutschland sind in der Regel die Gemeinden oder Kreise Schulträger für Grundschulen, Hauptschulen, Realschulen, Gymnasien und Sonderschulen. Träger einer Schule können auch Vereine, wie z.B. bei der Waldorfschule, sein. Die Aufgaben des Schulträgers umfasst die Einrichtung einer Schule (ob also überhaupt eine Schule eingerichtet wird), deren Lage sowie das Inventar, die Namensgebung der Schule, die Festlegung des Schulbezirks, die Einstellung und Entlassung des nicht lehrenden Personals.

Schulwechsel Kinder müssen die Schule wechseln und damit das vertraute Umfeld verlassen, wenn ihre Eltern umziehen. Damit der Wechsel nicht zum Bruch wird, ist es wichtig, das Kind frühzeitig zu informieren und in die bevorstehende Schulwahl einzubeziehen. Bei der Schulverwaltung und möglichst auch im neuen Umfeld sollte man sich über in Frage kommende Schulen unterrichten und sie aufsuchen. Im Gespräch mit der Schulleitung und durch Besichtigung des Gebäudes gewinnt man einen ersten persönlichen Eindruck. Ein Schulwechsel kann auch aus pädagogischen Gründen notwendig werden – z.B. wenn ein Kind mit der Lehrperson überhaupt nicht zurechtkommt und ggf. auch eine Parallelklasse kein Ausweg mehr ist. Dies sollte man jedoch nur in extremen Situationen ins Auge fassen und nur, wenn man zugleich – nach Beratung bei der Schulleitung oder der Schulaufsicht – eine sinnvolle Alternative hat.

Sehfähigkeit Dass ein Kind eine ↗ Brille braucht, fällt oft erstmals im Grundschulalter auf, wenn es die Buchstaben an der Tafel oder im Heft verschwommen sieht. Nicht immer ist dem Kind und den Erwachsenen gleich bewusst, dass eine Kurzsichtigkeit, Weitsichtigkeit oder eine andere Sehstörung vorliegt. Wiederholt auftretende Kopf- oder Augenschmerzen können ein erster Hinweis darauf sein, dass die Augenmuskeln aufgrund von Fehlsichtigkeit überanstrengt werden. Nicht selten kommt es in der Grundschulzeit durch Wachstumsprozesse auch zur weiteren Verschlechterung der Fehlsichtigkeit, sodass regelmäßige augenärztliche Kontrollen erforderlich sind.

Sexualität Sexualerziehung besteht aus altersgerechtem Umgang miteinander und konkreten Erklärungen. Alltagssprachliche Ausdrücke wie z.B. „Pullermann" oder „Muschi" sollten dabei ebenso benutzt werden wie offizielle Begriffe (z.B. Glied, Scheide, Geschlechtsverkehr usw.). Aber auch aufgeschnappte Jargon-Formulierungen sollten erklärt und bewertet werden.

Im Vorfeld der Pubertät sollten die wesentlichen Aspekte der Sexualität besprochen sein. Mädchen werden oft durch Medien und ihre Mütter aufgeklärt, spätestens im Zusammenhang mit den bei Eintritt der Menstruation notwendigen hygienischen Maßnahmen. Jungen erfahren das meiste von Gleichaltrigen und aus den Medien. Übertriebene Warnungen vor den Folgen sexueller Handlungen führen eher zu Heimlichtuerei, Ängsten und Schuldgefühlen. Außerdem übt Verbotenes einen besonderen Reiz aus.

In den ersten Schuljahren bleiben Jungen und Mädchen meist unter sich. Im gleichgeschlechtlichen Freundes- bzw. Freundinnenkreis kursieren sexuelle Witze, Aktfotos, usw. Es kommt zu sexuell gefärbten gestischen und verbalen Attacken zwischen den Geschlechtern, manchmal auch zu körperlichen Übergriffen (Mädchen werden „begrabscht"). Solche Grenzüberschreitungen sind meist Ausdruck sexueller Neugierde, aber sie haben auch ein Gewaltpotenzial in sich und können verletzen (s. Kapitel 10). Deshalb ist der respektvolle Umgang zwischen den Geschlechtern in diesem Alter ein wichtiges Erziehungsthema.

Die Verteufelung der Selbstbefriedigung bereitet besonders jungen Menschen große und völlig unnötige Probleme. Das Schuldgefühl, etwas Verbotenes oder angeblich Unnatürliches oder gar Schädliches zu tun, stellt eine erhebliche seelische Belastung dar. Selbstbefriedigung macht nicht krank, sondern hilft eher, gesund zu bleiben. Sie dient nicht nur dazu, sich sexuell zu entladen, sondern schult Fantasie und Technik.

Die Vielzahl von Ansichten, Normen und Werten erschwert sexuelle Orientierung. Hinzu kommen Gefährdungen durch sexuelle Übergriffe und Gewalthandlungen, denen bereits Kinder ausgesetzt sein können. Darum sollte die sexuelle Entwicklung nicht dem spontanen Selbstlauf überlassen, sondern entwicklungsfördernd begleitet und so Gefahren vorbeugend begegnet werden. Das ist Aufgabe der Eltern, aber auch im Sachunterricht in der Grundschule sind Geschlechtsmerkmale, Zeugung, Schwangerschaft, körperliche und psychische Veränderungen in der Pubertät sowie sexueller Missbrauch von Kindern Thema.

→ Sexualerziehung in der Familie: www.familienhandbuch.de

Spiel Das Spiel bzw. Spielen ist eine Beschäftigung, die um der in ihr selbst liegenden Zerstreuung, Erheiterung oder Anregung willen, meist mit anderen in Gemeinschaft, vorgenommen wird. Spielerische Tätigkeiten sind ihrem Wesen nach nicht der Arbeit, sondern der Freizeit zuzuordnen und dienen in erster Linie dem lustbetonten Zeitvertreib.

Jedem Kind sind die Neugier und die Lust zum Spiel angeboren. Entwicklungspsychologisch wird das Spielen als die Haupttriebkraft der frühkindlichen Selbstfindung und späteren Sozialisation des Menschen angesehen. Die bekannten Entwicklungspsychologen Rolf Oerter und Leo Montada haben das

S

kindliche Spiel in aufeinander aufbauende Klassen eingeteilt, die Eltern im Alltag sicher beobachten können: sensomotorisches (ertastendes) Spiel, Informationsspiel, Konstruktionsspiel, Als-ob-Spiel, Rollenspiel, Regelspiel. Den Wert des Spiels erkannten bereits die Philosophen des Altertums. In der Neuzeit ist es vor allem durch die frühen Pädagogen Jean Jacques Rousseau, Heinrich Pestalozzi und Friedrich Fröbel auch erzieherisch zur Geltung gekommen.
Spielen ist ein wichtiges Ritual: Die Welt verändert sich rasend schnell, was für Kinder gleichermaßen spannend wie verwirrend ist. Sie brauchen feste Strukturen, auf die sie sich verlassen können. Regeln helfen ihnen, sich im Alltag zu orientieren und Rituale trösten über Sorgen hinweg. Wissenschaftler haben erkannt, wie wichtig Spielen in dieser Situation ist: Kinder sammeln grundlegende Erfahrungen, die für den Alltag nützlich sind. Sie lernen kooperativ zu handeln, kreativ Ideen zu entwickeln, Spannung und Entspannung auszuhalten, sich zu konzentrieren, zuzuhören, mit Sieg und Niederlage umzugehen und Regeln einzuhalten. Besonders profitieren Kinder vom Spiel in der Gemeinschaft.
Die Familie stellt für Kinder einen Ort dar, an dem eine Spielkultur gepflegt werden kann, wo Spielen zum Ritual werden kann. So kann Spielen z.B. durch Spieleabende zu einer festen Familienaktivität werden. Nicht nur für die Kinder sind andere Termine tabu, auch für die Eltern. Das Kind merkt so, dass auch den Eltern die gemeinsamen Aktivitäten besonders wichtig sind. Als Familienspiele eignen sich nach wie vor Gesellschaftsspiele wie Würfel-, Karten- oder Brettspiele, zunehmender Beliebtheit erfreuen sich auch Strategiespiele. Die meisten Spiele sind auf Kooperation oder auf Wettstreit ausgelegt, beide Spielformen bieten Raum für wichtige Entwicklungen. Um Streit zu vermeiden, sollte man schon im Vorfeld darauf achten, dass die Regeln allen bekannt sind. Regeln sind keine Gesetze, im Einvernehmen aller können sie auch konstruktiv abgewandelt werden. Bei Kindern im Grundschulalter ist das „Siegen" besonders wichtig, vor allem, wenn sie z.B. in der Schule Misserfolge und Enttäuschungen verkraften müssen. Verständlicherweise wollen Kinder mit zunehmendem Alter mitentscheiden und mitbestimmen, Eltern sollten sich vorab informieren, welche Fähigkeiten vorausgesetzt werden, ob die bisher erworbenen Lese- und Rechenkompetenzen ausreichend sind, ob die Ausdauer und Konzentrationsfähigkeit des Kindes für das Spiel ausreicht, ob die Regeln, Ziele und Handlungsmöglichkeiten verstanden wurden. Letzten Endes ist auch das freie Spielen in der ↗ Natur von Bedeutung für die Entwicklung. Draußen spielen bietet Kindern den besten Schutz vor Zivilisationskrankheiten wie z.B. Übergewicht, Haltungsschäden etc. und lässt sie Natur live erleben. → www.spiele-mit-pfiff.de

Sport Sport bezeichnet das kulturelle Handlungsfeld, in dem Menschen körperliche und/oder geistige Tätigkeiten ausüben, die mit Körperschulung in Zusammenhang stehen. Im Wesentlichen werden Breitensport und Leistungssport unterschieden, weiterhin werden Mannschafts- von Individualsportarten unterschieden. Vor allem der Breitensport bildet einen großen Teil des Freizeitsports und bei den Mannschaftssportarten im Breitensportbereich sind auch die sozialen Kontakte von großer Bedeutung. Sport dient der Aufrechterhaltung von Gesundheit, Fitness und Leistungsfähigkeit und der Prävention von körperlichen und psychischen Schäden oder Krankheiten. Dies trifft für Erwachsene wie für Kinder und

Jugendliche zu. So gilt es, Kinder und Jugendliche über den Schulsport hinaus zum Sporttreiben zu animieren: → www.dsb.de

Sprachförderung Der Begriff Sprachförderung meint einen Unterricht, der bei Kindern bestimmte Defizite durch besondere Förderung ausgleicht. Aktuell wird der Begriff verwendet für die Förderung der deutschen Sprache bei Migrantenkindern, die zu Hause wenig oder gar kein Deutsch sprechen. Für diese Kinder muss die Sprachförderung früh beginnen, weil Deutsch eine Schlüsselkompetenz für schulischen Erfolg und gesellschaftliche Integration ist. Inzwischen gibt es entsprechende Programme und vorschulische Kurse. Allerdings muss die Sprachförderung während der Schulzeit begleitend bis in die weiterführenden Schulen hinein fortgesetzt werden.
Es wäre eine große Hilfe für diese Kinder, wenn Eltern Patenschaften übernähmen und diese Kinder bei ihnen und ihrem Kind häufig zu Gast wären.

Strafarbeiten Die gute Nachricht vorweg: Verboten sind Strafarbeiten als Kollektivstrafen (eine Gruppe „büßt" für das Verhalten Einzelner) und selbstverständlich körperliche Züchtigungen. Ansonsten ist die Frage, ob und in welcher Form Strafarbeiten verhängt werden (dürfen), in den Bundesländern unterschiedlich geregelt. Generell wäre es sicher wünschenswert, den Weg von Hamburg, Berlin oder Bremen zu gehen, die festschreiben, dass solche Aufgaben einen pädagogischen Sinn ergeben müssen. Der wäre z.B. beim bloßen Abschreiben einer Schulordnung nicht gegeben. Eltern sollten ggf. über ihre Mitwirkungsmöglichkeiten darauf hinwirken, dass die Arbeit zumindest Sinn ergibt. → www.bundeselternrat.de

Stundentafel In der Schule sind die Unterrichtsfächer der sichtbare Ausdruck dafür, was unter Bildung verstanden wird. Die Unterrichtsfächer (Deutsch, Mathematik, Englisch, Sachunterricht bzw. -kunde, Musik, Kunst, Sport, Religionslehre) sind somit die Bausteine der Stundentafel, die in der Verantwortung der jeweiligen Bildungspolitik für alle Schulformen und -stufen eines Bundeslandes festgelegt wird. Die Stundentafel einer Schulform bestimmt, welche Anteile der vorgesehenen Unterrichtsstunden pro Woche auf die einzelnen Fächer entfallen.

T

Taschengeld Sechs- bis 13-jährige Kinder geben jährlich knapp 5,5 Milliarden Euro für ihre kleinen und großen Wünsche aus. Das zumindest besagt die so genannte „Kidsverbraucheranalyse", die im Jahr 2005 das Finanzbudget und das Einkaufsverhalten von Kindern erfasste: → www.verbraucher-news.de (Link: Finanzen). Dieser hohe Betrag zeigt, dass auch mit kleinen Taschengeldbeträgen einiges zusammenkommt.
Taschengeld ist für Kinder wichtig. Wie sonst sollen sie den sinnvollen Umgang mit Geld und Konsum lernen? An seiner Höhe allerdings scheiden sich die Geister. Laut besagter Studie können sechs- bis neunjährige Kinder im Mittel monatlich über 13 bis 14 Euro verfügen. Dazu kommen noch Geldzuwendungen zum Geburtstag, im Schnitt 51 bis 54 Euro, und Geldgeschenke zu Weihnachten liegen zwischen 62 und 64 Euro.
Wie viel Taschengeld ein Kind erhalten sollte, kann man nicht so ohne weiteres sagen. Denn es richtet sich natürlich nach der finanziellen Situation von Familien.

Ist Schmalhans Küchenmeister, so müssen Kinder auch ein wenig zurückstecken. Außerdem richtet es sich unter Umständen nach den Gegebenheiten vor Ort und auch dem Budget, welches Gleichaltrige in den Taschen haben. Die Empfehlungen vieler Jugendämter liegen denn auch unter dem, was sich aus den Mittelwerten der oben genannten Studie ergeben. Sie schlagen vor:

- 6 bis 7 Jahre:
1,50 Euro wöchentlich, maximal 2,00 Euro.
- 8 bis 9 Jahre:
2,00 Euro wöchentlich, maximal 2,50 Euro.
- 10 bis 12 Jahre: 10 Euro monatlich.

Das Taschengeld gehört dem Kind. Es kann allein bestimmen, wofür das Geld ausgegeben werden soll. Eltern können nur beraten und sollten natürlich dabei helfen, mit dem Budget über die Runden zu kommen. Und natürlich können sie Wege zum Sparen, z.B. für größere Anschaffungen, aufzeigen. Selbstverständlich sollten Eltern das Taschengeld unaufgefordert auszahlen. Wer den Umgang mit Geld erlernen will, sollte auch mit Konsequenzen leben. Wenn ein Kind z.B. sein gesamtes Taschengeld am Anfang der Woche ausgegeben hat, hilft ein Nachschlag nicht.

Die meisten Kinder gehen allerdings mit ihrem Geld gut um. So stellt die Kidsverbraucheranalyse 2005 fest, dass die Ausgaben für Süßigkeiten im Vergleich zu den Jahren davor zurückgegangen sind. Süßes ist zwar nach wie vor beliebt, hat aber in Sammelkarten, Stofftieren, Legokästen und Zeitschriften ernstzunehmende Konkurrenz. Tatsächlich sparen Kinder, insbesondere Mädchen, auch für größere Wünsche. Ganz oben stehen bei den sechs- bis neunjährigen Mädchen Fahrrad, Bekleidung und ↗ Handy, bei den gleichaltrigen Jungen ↗ Fahrrad, Spielzeug und Computerspiele.

Bei größeren Geldbeträgen verlieren jüngere Grundschulkinder schnell den Überblick. Sie sollten deshalb nach Möglichkeit auf dem Konto oder in der Spardose des Kindes zurückgelegt werden. Man kann das Kind auch dabei unterstützen, das Geld einzuteilen, z.B. indem ein Teil auf das Konto kommt und der andere Teil zur freien Verfügung genommen wird. → Unter www.familienhandbuch.de erfährt man Wissenswertes rund um das Thema Taschengeld.

Teamfähigkeit Im Berufsleben wie auch im Studium werden unter dem Stichwort „Lebenslanges Lernen" so genannte Schlüsselqualifikationen gefordert, die Ausdruck einer konsequenten Lern- und Veränderungsbereitschaft im Kommunikations- und Informationszeitalter sind. Im Zuge zunehmender Vernetzung werden Kooperation und Kommunikation großgeschrieben. Die Fähigkeit zum erfolgreichen Arbeiten im Team sollte frühzeitig gefördert werden. Miteinander lernen heißt, sich auf den anderen einstellen, sich mit anderen austauschen, eigene und andere ↗ Bedürfnisse wie auch Unterschiede wahrnehmen und ausgleichen und Konflikte aushalten und bewältigen lernen. Voraussetzung ist die Fähigkeit, sich selbst steuern zu können (s. Kapitel 7).

Test Ein Test in der Schule ist eine schriftliche Überprüfung des Leistungsstandes der Kinder. Er wird auch unangekündigt geschrieben. Im Vergleich zu den ↗ Klassenarbeiten fließen Ergebnisse von Tests nur zu einem geringen Anteil in die Benotung ein – es sei denn, die ↗ Lehrpläne in den jeweiligen Fächern schreiben etwas anderes vor.

Mitunter neigen einzelne Lehrer dazu, Tests besonders häufig schreiben zu lassen – zum Leidwesen von Eltern und Schülern, denn jeder Test verursacht auch Stress. Betroffene sollten das Gespräch mit dem Lehrer suchen und klären, welchen pädagogischen Stellenwert der Test im jeweiligen Unterricht hat und inwieweit das Ergebnis in die Zensurenfindung einfließt.

Textaufgaben Dem einen bereiten sie kein Problem, für die andere sind sie schlichtweg unlösbar. Ihr Sinn und Zweck ist es, theoretische Inhalte, z.B. in Mathematik, in die Praxis zu übertragen. Oder anders gesagt: Wissen anzuwenden. Das fällt nicht immer leicht, denn manche Aufgaben sind sprachlich schwierig und didaktisch schlecht aufbereitet.
Textaufgaben sind Übungssache. Wichtig ist, dass sich Kinder über die Inhalte jeder einzelnen Aufgabe klar werden – durch Streichung überflüssiger Informationen, durch Zeichnen, Nacherzählen, Fragen stellen. Jede Aufgabe ist anders, es gibt kein Schema F. Außerdem sollte der Sinn von Grundrechenarten verstanden werden (s. Kapitel 12).

Theater Glücklicherweise kommt das Aufführen kleiner Stücke an vielen Grundschulen wieder in Mode. Der Sinn liegt auf der Hand: Kinder schulen ihr Gedächtnis, sie verbessern ihre Aussprache und ihr Textverständnis und sie lernen es, ihre Leistungen zu präsentieren. Als Bonbon kommt dazu, dass Theater ein Teamspiel ist: Ohne die Übernahme von Verantwortung und die Bereitschaft sich einzupassen gibt es keinen Erfolg.
Theateraufführungen für Kinder werden fast überall regelmäßig angeboten. Schon aus Gründung der kulturellen Grundbildung lohnt sich ein Besuch. Darüber hinaus öffnen etliche Theater ihre Pforten auch für einen Blick hinter die Kulissen. So lernen Kinder zwischen Spiel und Wirklichkeit zu unterscheiden.

Tischmanieren Eigentlich sollten gemeinsame Mahlzeiten in der Familie und der Schule einer der Höhepunkte des Tages sein. Man sitzt in gemütlicher Runde, hat Schmackhaftes auf dem Teller und kann sich in aller Ruhe austauschen. Das geht natürlich nur, wenn die Chemie stimmt. Und dazu gehören selbstverständlich auch die Tischmanieren. Angesichts der vielen hektischen und ungenügenden Alltagssituationen gilt es, Regeln für einen gesitteten Umgang bei Tisch zu entwickeln.

- Jedes gemeinsame Mahl braucht Zeit – füreinander und natürlich auch für das Essen selbst. Deshalb sollten Familien diese Zeit auch klar miteinander vereinbaren: Das sind die Mahlzeiten, die wir miteinander verbringen wollen. Da sind alle dabei. Hektik und Termindruck haben da nichts zu suchen.
- Wer gesittet essen will, der sorgt für eine gute Atmosphäre. Handys, Fernseher, Radiogeräte und Spielzeug haben auf oder neben dem Esstisch nichts zu suchen. Man will sich ja schließlich der gesunden Mahlzeit widmen.
- Eine gelungene Mahlzeit braucht immer auch eine geeignete Regie. Zu Hause sind das die Eltern, in der Schule die Erzieherin oder der Lehrer. Die Regie bestimmt, wo es langgeht, natürlich nicht, ohne die Kinder höflich nach ihren Wünschen zu fragen. Keineswegs bestimmen die Kinder über den Ablauf.
- Wer mit anderen isst, muss auch Rücksicht nehmen. Dies beginnt damit, dass alles probiert wird. Die Köchin oder der Koch hat sich schließlich viel Mühe gegeben. Allerdings sind Kompromisse erlaubt.
- Selbstverständlich beginnt die Mahlzeit erst, wenn alle am Tisch sitzen und endet, wenn der Letzte gesättigt ist. Wer zwischendurch aufstehen will, muss das mit den anderen besprechen.
- Es gehört mittlerweile zum guten Ton, dass nicht immer alles aufgegessen werden muss, was den Teller ziert. Besonders wenn ein

T

Erwachsener dem Kind vorgelegt hat, sollte das gelten.

- Gemeinsam essen ist auch an gut gefüllten Tischen etwas Besonderes. Da versteht es sich von selbst, dass alle vor dem Essen die Hände gewaschen haben und angemessen gekleidet sind.
- Essen mit Messer und Gabel sowie die richtige Haltung am Tisch sind für Kinder schwierigen Herausforderungen, die nicht immer gelingen. Die allgemeinen Tischmanieren, z B. nicht mit vollem Mund reden, nicht schmatzen, nicht den Ellbogen aufstützen, nicht den Unterarm vor den Teller legen usw. sollte man mit ihnen schrittweise einüben. Es macht aber keinen Sinn, sich das gemeinsame Mahl mit ständigen Ermahnungen und Geschimpfe zu verderben. Besser ist es, mit gutem Beispiel voranzugehen.
- Essenszeit ist Redezeit. Hier ergibt sich die seltene Gelegenheit, die Erlebnisse des Tages zu besprechen, gemeinsame Aufgaben zu planen und Sorgen zu teilen. Allerdings erfordert es einige Übung, andere zu Wort kommen oder auch nur ausreden zu lassen.

Toleranz Toleranz gehört zu den wichtigsten Prinzipien in unserer modernen Gesellschaft. Angesichts der vielen grundverschiedenen Lebensweisen, mit denen Kinder tagtäglich konfrontiert werden, ist es unerlässlich, sich schon früh in Toleranz zu üben. Hier spielen die Eltern eine herausragende Rolle. Denn sie sind diesbezüglich für das Kind das Tor zu Welt. Vorurteile, die im Elternhaus gepflegt werden, übernehmen die Kinder in der Regel. Es fehlt ihnen ja die eigene Erkenntnis.

Toleranz gelingt nicht ohne eigene Stärke. Kinder sollten deshalb darin unterstützt werden, selbstbewusst auf andere zuzugehen. Dabei darf und soll es seine Ansichten vertreten, denn Toleranz braucht Verständigung.

Trennung Lange vor einer Trennung oder gar ↗ Scheidung merken Kinder, dass etwas nicht stimmt: Die Eltern sprechen nicht mit ihnen über ihren Streit und versuchen, psychische Belastungen geheimzuhalten. Sie sind unzufrieden und unglücklich, regen sich oft auf. Die Kinder spielen mit und tun so, als würden sie nichts merken. Dabei schwanken sie zwischen der Hoffnung, dass alles wieder gut wird, und der Angst, dass etwas Bedrohliches passiert. Wenn niemand mit ihnen darüber spricht, passiert es leicht, dass sie sich selbst die Schuld geben für die Konflikte der Eltern. Den Kindern muss daher klargemacht werden, dass sie keine Schuld trifft.

Eltern sollten mit ihren Kindern in altersgemäßer Form darüber sprechen, dass sie viel streiten, weil sie Probleme miteinander haben, die nur Erwachsene haben können. Weil Erwachsenenstreit viel schwieriger als Kinderstreit sein kann, ist es so schwer, sich wieder zu vertragen. Sie sollten offen bedauern, dass es nicht mehr so schön und friedlich ist – aber auch deutlich machen, dass es nicht gut ist, so zu tun, als wäre alles in Ordnung.

Trost Ein Kinderalltag ist nicht anders als der von Erwachsenen. Es gibt die kleinen und großen Dramen, Auseinandersetzungen und erlebte Misserfolge. Von glücklichen Kindertagen reden immer nur die Alten. Kinder, die Kummer haben, brauchen Trost.

Wer tröstet, sollte den Grund des Kummers nach Möglichkeit nicht bewerten. Natürlich wissen Erwachsene, dass eine schlechte Note kein Weltuntergang ist. Für das Kind stellt sich die Situation ganz anders dar. Es möchte in seinem Leiden ernstgenommen werden.

Sorgen, dass ein Kind allzu wehleidig werden könnte, muss sich der Tröstende nicht machen. Vorausgesetzt, er stärkt das

Selbstvertrauen des Kindes und hilft ihm, Rückschläge positiv zu verkraften.

U

Übertritt Die Eltern haben eine für das spätere Leben ihres Kindes wichtige Entscheidung zu treffen. In einigen Ländern hängt ihre Entscheidung von einer Durchschnittsnote ab, denn das Kind soll die seiner Leistungsfähigkeit entsprechende ↗ Schulform besuchen. In anderen Ländern können die Eltern, nach gründlicher Beratung und aufgrund eines Gutachtens der Schule oder einer ↗ Schullaufbahnempfehlung, frei entscheiden. ↗ Noten können den weiteren Schulerfolg nur begrenzt voraussagen. Wichtig für den Lernerfolg sind allgemeine Kompetenzen wie Denkfähigkeit und geistige Selbstständigkeit sowie Leistungsmotivation und Arbeitshaltung. Auch die Qualität der gewählten Schule beeinflusst den künftigen Schulerfolg. Alle Prognosen bleiben aber unsicher. Deshalb ist es wichtig, dass die Eltern sich auch mit der weiterführenden Schule beraten und sich ein Bild von deren pädagogischer Arbeit machen (s. Kapitel 14).

Umgangsformen Liest man manche Presseberichte, so könnte man meinen, der bundesdeutsche Nachwuchs bestünde ausschließlich aus Rüpeln. Als derart mangelhaft werden die Umgangsformen von Kindern beschrieben. Besonnenere Zeitgenossen wissen: Die meisten Kinder sind gut erzogen. Ihrem Alter entsprechend beherrschen sie die gängigen Umgangsformen wie Höflichkeit, Respekt, Rücksichtnahme oder Hilfsbereitschaft – allerdings nicht auf Befehl. Kinder können solche Verhaltensweisen nur lernen, wenn sie deren Sinn und Zweck verstehen und wenn sich die Menschen in ihrer Umgebung auch entsprechend verhalten. Menschen, die es an guten Umgangsformen gegenüber Kindern mangeln lassen, müssen sich nicht wundern, wenn es „aus dem Wald zurückschallt“ (s. Kapitel 1).

Umzug Schule ist Ländersache. Das führt dazu, dass Familien, die in ein anderes Bundesland ziehen, andere und für sie ungewöhnliche Bedingungen vorfinden – z.B. in Fragen der ↗ Lehrpläne, der Ganztagsbetreuung, der Organisation von Schule. Deshalb sollten sie den Umzug in Schulfragen langfristig planen und sich vorab möglichst viele Informationen beschaffen. Das geht am leichtesten, wenn man bei den Schulämtern, Schulberatungsstellen, ↗ Jugendämtern und den Schulen im zukünftigen Wohnort vorstellig wird. Das kostet zwar Zeit, bringt aber den Vorteil, dass man danach alle Informationen aus erster Hand hat. Grundkenntnisse über die schulischen Rahmenbedingungen können zudem beim zuständigen Landesministerium erfragt werden.

Unfall Unfälle passieren. Kinder gelten als besonders gefährdet, weil sie bestimmte Gefahren nicht richtig einschätzen können. Deshalb ist es so wichtig, dass der Schulweg eingeübt worden ist, dass Spielgeräte sicher sind, dass es Regeln gibt, die Unfälle vermeiden helfen. Trotzdem gibt es keinen 100-prozentigen Schutz.

Auf der anderen Seite gehört Risiko zum Leben dazu. So hat sich z.B. herausgestellt, dass besonders behütete Kinder ein höheres Unfallrisiko haben als solche, die auch mal etwas ausprobieren dürfen. Der Grund ist ganz einfach: Kinder lernen im Wesentlichen durch Handeln. Wer sich also schon mal mit einem scharfen Messer geschnitten hat, wird demnächst respektvoller mit dem Werkzeug umgehen. Für Eltern und Erziehende ist das Unfallrisiko ein ständiges Wechselbad der

U

Gefühle. Am besten ist, von Anfang an altersangemessen den Umgang mit Gefahrenquellen einzuüben.
Geschieht ein Unfall in der Schule oder auf dem Schulweg, dann ist die Schule umgehend zu informieren. Für die Behandlungs- und eventuelle Folgekosten kommt dann nicht die eigene Krankenversicherung, sonder die GUVV, die Gemeindeunfallversicherung auf. Im Sekretariat der Schule werden entsprechende Anträge für die ↗ Versicherung ausgehändigt.

Unterrichtsausfall Der Ausfall von Unterricht ist oft ein Ärgernis und führt deshalb zu berechtigtem Unmut auf Elternabenden. Gründe dafür gibt es viele, z.B. Krankheit des Lehrers, Fortbildungen, Konferenzen, Elternsprechtage, Hitze- oder Kältefrei. Manches lässt sich nicht vermeiden, bei anderen Dinge sollten und können Eltern darauf hinwirken, dass der Unterrichtsausfall organisatorisch eingeschränkt wird. Unter anderem können Elternsprechtage und Konferenzen sinnvoll nachmittags stattfinden oder Fortbildungen in der unterrichtsfreien Zeit. Mit Fantasie und Einsatz lassen sich mitunter auch Vertretungen organisieren. Allerdings sollte man das Kind nicht mit dem Bade ausschütten: Manchmal lassen sich Unterrichtsausfälle nicht vermeiden.

Unterrichtsqualität Hierfür gibt es wichtige Merkmale: klar strukturierter Unterricht (deutliche Ziele, transparenter Arbeitsablauf, klare Regeln); hoher Anteil von echter Lernzeit (effiziente Klassenführung, kein Leerlauf, Pünktlichkeit); lernförderliches ↗ Klassenklima (Respekt, Gerechtigkeit und Fürsorge); inhaltliche Klarheit (verständliche Aufgabenstellungen, klare und verbindliche Ergebnissicherung); Methodenvielfalt (nicht nur lehrerzentrierter Unterricht). Von gutem Unterricht kann man sprechen, wenn die Schule sich im ↗ Schulprogramm und im Unterrichtsalltag auf solche Merkmale verpflichtet. Sie muss zudem ein Erziehungskonzept haben und ihre Arbeit kontinuierlich selbst überprüfen und überprüfen lassen. Wenn Kinder viel und auch gern lernen, spricht das für eine gute Schule, in der sie sich wohl fühlen und zugleich bereitwillig anstrengen.

V

VERA Das Kürzel VERA steht für Vergleichsarbeiten, die an der Universität Landau entwickelt werden. Sie beziehen sich für die Grundschule auf Anforderungen in Deutsch und Mathematik (Klasse 3) und werden jährlich zeitgleich an allen Schulen der angeschlossenen Bundesländer durchgeführt. In einigen Ländern heißen sie Orientierungsarbeiten. Ab 2008 werden die VERA-Tests bundesweit verwendet. Die Ergebnisse sollen Aufschlüsse über den Leistungsstand geben. Gegebenenfalls sollen die Schulen danach ihre Arbeit verändern bzw. weitere Unterstützung zur Förderung ihrer Arbeit erhalten. Auf das einzelne Kind bezogen, sind die Ergebnisse nur im Zusammenhang mit den übrigen Bewertungen durch die Lehrkräfte aussagekräftig. Denn viele wichtige Lernziele werden durch die Tests nicht erfasst. → www.uni-landau.de (weiter: vera)

Verbalbeurteilung In Klasse 1 und 2 werden zumeist keine ↗ Noten erteilt. An ihre Stelle treten Zeugnisse in Berichtsform. Sie geben Auskunft über die Lernentwicklung und den Lernstand des Kindes in den Fächern sowie im Arbeits- und Sozialverhalten. Als Grundsätze gelten: Die Berichte müssen sachlich richtig und ehrlich formu-

liert sein, Fortschritte und auch Schwächen klar benennen. Sie sind der ermutigenden Erziehung verpflichtet, was eigentlich für jede ↗ Leistungsbeurteilung gelten sollte.
Die Art der Berichtszeugnisse ist unterschiedlich: Den einen Lehrkräften gelingen eigene, auf das jeweilige Kind bezogene Formulierungen, andere greifen eher auf vorformulierte Sätze zurück. In jedem Fall sollten die Berichtszeugnisse als Anlass für ein vertiefendes Gespräch mit der Lehrkraft genutzt werden (s. Kapitel 3).

Verein An vielen Schulen werden private Fördervereine von Eltern gegründet, um die allgemeinen Bedingungen für Kinder und Lehrer zu verbessern. Ziel ist meistens die Beschaffung finanzieller Mittel, um Verbesserungen bezahlen zu können. Fördervereine kümmern sich um die Mittagsbetreuung der Kinder, um die Verschönerung des Schulhofs, sie unterstützen Schülerprojekte, organisieren Kulturveranstaltungen, beschaffen Schulbücher oder organisieren pädagogische Veranstaltungen. Alle Initiativen kommen den Schüler/-innen zugute. Mitglieder im Förderverein müssen nicht nur Schüler, Eltern oder Lehrer sein. Alle am Geschehen beteiligten Personen können sich aktiv oder passiv für die Verbesserung der schulischen Bedingungen einsetzen. → Gute Anleitung zur Gründung eines Vereins: www.kindergarten-und-hort.de (Links: Finanzen, Förderverein)

Vereinfachte Ausgangsschrift (VA) Die seit 1953 geltende Lateinische Ausgangsschrift (LA) ist wegen vieler Besonderheiten schwierig zu schreiben und muss intensiv geübt werden. Dies war früher Inhalt besonderer Schönschreibstunden. In den 1970er-Jahren wurde eine ↗ Schreibschrift entwickelt, die erheblich einfacher lernbar ist: die Vereinfachte Ausgangsschrift. Ihre besonderen Merkmale sind: Die Großbuchstaben sind den Druckbuchstaben ähnlich, die Buchstaben bleiben in ihrer Form immer erhalten und werden nach dem Baukastenprinzip aneinandergesetzt. Gegenwärtig ist in den meisten Bundesländern die VA die Ausgangsschrift oder sie kann von der Schule gewählt werden.
Jeder Schulbuchverlag bietet mindestens ein Übungsheft zum Erlernen der VA an. Hiermit kann man sich die Schrift selbst beibringen.

Verhaltensauffälligkeit Ob Verhalten als „auffällig" eingestuft wird, hängt von der Bewertung durch Eltern, Lehrer, andere Verwandte, Freunde, Nachbarn oder Mitschüler ab. Oft ergeben sich widersprüchliche Einschätzungen, denn es gibt keine objektiven Maßstäbe und meist hängt das Verhalten von der Situation oder den anwesenden Personen ab. Neben biologischen Aspekten stellen persönliche Erlebnisse und Reaktionen des Lebensumfelds ursächliche und Problem erhaltende Faktoren dar. Denn Verhaltensauffälligkeiten können sowohl durch Besonderheiten des Kindes auftreten als auch durch Besonderheiten in den Reaktionen des sozialen Umfelds. Nicht selten entwickeln sich Teufelskreise: Zeigt z.B. ein Kind ständig schlechte Laune, wird niemand Freude daran haben, mit ihm in Kontakt zu bleiben, was vom Kind wiederum als Ablehnung gewertet wird, sodass sich seine schlechte Laune verstärkt usw. Alle gestalten also mit und wirken auf die jeweils anderen ein. Je mehr die Beteiligten ihr Verhalten ändern, desto höher ist die Chance, dass das unerwünschte Verhalten verschwindet. Die Erwachsenen müssen daher gemeinsam mit dem Kind darüber nachdenken, welche Änderungen im Lebensumfeld notwendig sind und welches andere, neue Verhalten das Kind erlernen muss,

V

das es anstelle des alten einsetzen kann.
Da auffälliges Verhalten in manchen Situationen stärker und in anderen schwächer auftritt, kann man aus solchen Unterschieden Hinweise ableiten, was geändert werden sollte, damit das unerwünschte Verhalten weniger auftritt: Wann tritt das unerwünschte Verhalten nicht (seltener, nicht ganz so stark) auf? Was ist in diesen Situationen alles anders?
Manchmal erfüllt auffälliges Verhalten eine nicht gleich auf den ersten Blick deutliche Funktion: So kann es z.B. sein, dass ein Kind vor allem dann Zuwendung von anderen bekommt, wenn es sich auffällig verhält, während es sonst weniger beachtet wird. Vermutungen darüber, welche ↗ Bedürfnisse durch das auffällige Verhalten erfüllt werden, können zu Ideen führen, was Kind und Umfeld anders machen können, damit dieses Bedürfnis ohne störendes Verhalten befriedigt wird.
Ob und wie schnell professionelle Hilfe erforderlich ist, hängt davon ab, wie bedrohlich die Auffälligkeiten wirken, wie groß der Leidensdruck des Kindes oder des Lebensumfelds ist und wie schwerwiegend die Folgen einzuschätzen sind, wenn sich die Verhaltensauffälligkeiten nicht zurückbilden. So kann bei Einnässen oder Einkoten unter Umständen einige Monate gewartet werden (s. Kapitel 6), bei Selbstmordgedanken oder fremdgefährdendem Verhalten aber nicht.
Zur Untersuchung und Behandlung von Verhaltensauffälligkeiten stehen kinder- und jugendpsychiatrische sowie kinder- und jugendpsychotherapeutische Praxen zur Verfügung, für Notfälle kinder- und jugendpsychiatrische Krankenhäuser bzw. Krankenhausabteilungen. Tritt das auffällige Verhalten vor allem im Unterricht auf, kann auch der schulpsychologische Dienst in Anspruch genommen werden. Spielt Erziehung eine vorrangige Rolle, kommen auch Erziehungsberatungsstellen oder ↗ Jugendamt in Betracht.
Behandlungsbedürftige Verhaltensstörungen im Grundschulalter:

- ↗ AD(H)S (Aufmerksamkeitsdefizitstörung bzw. Hyperkinetisches Syndrom),
- schwere Angst,
- Asperger-Syndrom und andere autistische Störungen (Einzelgänger, Probleme im Unterricht),
- Depression,
- Einkoten,
- Einnässen,
- Entwicklungsstörungen,
- posttraumatische Belastungsstörungen (z.B. nach Gewalterlebnis, schwerem Unfall oder ↗ Missbrauch),
- Störungen des Sozialverhaltens (aggressives Verhalten, Stehlen, ↗ Lügen usw.).

› *Total durchgeknallt – Hilfen für Kinder und Jugendliche in psychischen Krisen.* v. Marie-Luise Knopp/Gudrun Ott. Psychiatrie-Verlag, Bonn 2002.
Zahlreiche psychische Störungen bei Kindern und Jugendlichen werden kurz und gut verständlich erklärt.

› *Auffälliges Verhalten im Kindesalter – Handbuch für Eltern und Erzieher.* v. Hilde Trapmann/Wilhelm Rotthaus. Verlag modernes lernen 2004. Zahlreiche Verhaltensauffälligkeiten bei Kindern werden gut verständlich erklärt.

→ Umfassende Informationen und Links zu psychischen Störungen im Kindes- und Jugendalter samt Beratungs- und Therapiemöglichkeiten: www.kinderpsychiater.org

Verhaltenstherapie (VT) Manchmal können schon im Grundschulalter seelische Nöte der Kinder, Konflikte in der Familie und Ratlosigkeit der Eltern so groß werden, dass professionelle Hilfe erforderlich wird.

Neben tiefgreifenden Entwicklungskrisen (wie ↗ Trennung, ↗ Scheidung und Verlust) können Ängste und Unsicherheiten, anhaltender Schulstress, Erfahrung mit Mobbing und Ausgrenzung, aber auch weitreichende Aufmerksamkeitsprobleme (↗ ADS, ↗ Hyperaktivität) eine therapeutische Unterstützung notwendig werden lassen.
Eine Verhaltenstherapie kann gerade im Kindesalter Mittel der Wahl werden, weil es sich hier um ein anerkanntes und bewährtes Verfahren der Psychotherapie handelt. Neben ärztlichen und psychologischen gibt es speziell ausgebildete Kinder- und Jugendlichen-Psychotherapeuten mit einer kassenärztlichen Zulassung. Ein spezielles Genehmigungsverfahren sichert dabei die Kostenübernahme durch die Krankenkassen.
→ Psychotherapie Informationsdienst: www.psychotherapiesuche.de / Verzeichnis kinderpsychiatrischer Praxen: www.kinderpsychiater.org / Deutsche Gesellschaft für Verhaltenstherapie e.V.: www.dgvt.de/Psychotherapie-Information.de / www.schuleundgesundheit.de

Verkehrserziehung Kinder reagieren oft spontan und können Geschwindigkeiten und Entfernungen nicht richtig einschätzen. Deshalb sollten Eltern jede Gelegenheit zum Verkehrstraining nutzen. Kinder sollten wissen, wie man sich auf Gehwegen verhält, dass man am Straßenrand immer anhält, wie man sicher Straßen überquert oder wie man mit Ampeln und Zebrastreifen umgeht. Selbstverständlich sollten sie ihren Schulweg schon vor Schulbeginn gut kennen (s. Kapitel 5).
Verkehrserziehung gehört auch zum Pflichtprogramm an Schulen. Mitunter führen die Polizei, die deutsche Verkehrswacht oder andere Organisationen sie in Zusammenarbeit mit den Lehrkräften durch. In manchen Städten sind Verkehrsübungsplätze eingerichtet worden.
→ Die Deutsche Verkehrswacht e.V. stellt viele Informationen kostenlos zur Verfügung: www.dvw-ev.de

Versetzung Hat ein Kind in einem Fach oder in mehreren Fächern mangelhafte Leistungen, kann die Lehrerkonferenz die Nichtversetzung beschließen. An der Wirksamkeit des Sitzenbleibens bestehen allerdings Zweifel. Deshalb sollte es Ziel sein, unter allen Umständen den Verbleib in der Klassengemeinschaft zu erhalten. Dazu muss das Kind durch differenzierte Anforderungen so gefördert werden, dass es die Mindestanforderungen des Schuljahres erwerben kann. Statt der Nichtversetzung – wenn sie denn unumgänglich scheint – bietet sich eine probeweise Versetzung an. Dann kann das Kind immer noch im Verlaufe des Schuljahres zurückgestuft werden. Besonders leistungsstarke Kinder können und sollen auch eine Klasse überspringen (s. Kapitel 9). Diese Entscheidung kann man erleichtern, indem das Kind die nächsthöhere Klasse zunächst nur probeweise besucht.

Versicherung Schulkinder sind über den Schulträger gesetzlich unfallversichert. Die Gemeindeunfallversicherung (GUVV) tritt ein bei Unfällen während des Unterrichts, in den Pausen und bei schulischen Veranstaltungen (Ausflüge, Arbeitsgemeinschaften). Auch solche, die auf dem direkten Schulweg geschehen, sind mitversichert. Nicht versichert sind Unfälle, die eintreten, wenn ein Kind vom Schulweg abweicht oder ihn unterbricht.
Geschieht ein ↗ Unfall, sollte man sich direkt an die Schule wenden. Dort weiß man, was zu tun ist und kann direkt entsprechende Maßnahmen einleiten. Bei Unfällen auf dem Schulweg sollten Eltern die behandelnden

W

Ärzte darüber informieren, dass es sich um einen Schulwegunfall handelt. Näheres wissen die Schulleitung und der Bundesverband der Unfallkassen: www.unfallkassen.de

W

Wissen Die Wissensshows suggerieren, es komme auf viel Wissen an. Wissen als Ansammlung von Kenntnissen im Kopf ist aber totes Kapital. Es nutzt erst, wenn man intelligent mit seinem Wissen umgehen kann. Man muss sein Wissen ordnen, Zusammenhänge herstellen und neues Wissen mit dem bereits vorhandenen vernetzen – dann kann aus Wissen ↗ Bildung werden. Beim Lösen von Problemen muss man sein Wissen klug einsetzen können. Für die Grundschule heißt das: neues Wissen möglichst eigenständig erarbeiten, Fragen stellen und Antworten suchen, ausprobieren und experimentieren, Zusammenhänge klären. Jedes Kind hat Gebiete, für die es sich besonders interessiert. Hier sollte es sich selbst weiterbilden können (s. Kapitel 9). Dazu gibt es Sach- und Erzählbücher, ↗ Lernsoftware sowie zahlreiche Kinderseiten im ↗ Internet: www.blinde-kuh.de / www.geolino.de / www.seitenstark.de (von hier aus kommt man auch zu vielen anderen Kinderseiten).

Wörterbuch Die Arbeit mit dem Wörterbuch ist verpflichtender Teil des Rechtschreibunterrichts. Die Schulbuchverlage bieten hierzu verschiedene Wörterbücher an. Das Auffinden von Wörtern muss im Unterricht intensiv geübt werden: Die alphabetische Reihenfolge ist dabei der leichteste Teil. Hinzu kommt grammatisches Wissen: Bei Verben, Nomen, Adjektiven muss die jeweilige Grundform oder die Einzahl gebildet werden (*fuhr* findet man bei *fahren*), zusammengesetzte Wörter müssen oft auseinandergenommen werden.
Auch zu Hause sollte Nachschlagen in Lexika und im Wörterbuch zur guten Gewohnheit gehören, die Kinder sollten dabei einbezogen werden. Nachschlagen wird damit zur selbstverständlichen Routine (s. Kapitel 7).

Z

Zahnpflege Es gibt Mindeststandards: Zwei- besser dreimal täglich nach den Mahlzeiten Zähne putzen, zusätzlich gilt: Zweimal jährlich eine Vorsorgeuntersuchung beim Zahnarzt. Er sollte die korrekte Zahnpflege für zu Hause kontrollieren und dem Kind erläutern. Mundwässer sind überflüssig; empfehlenswert sind allerdings fluoridhaltige Zahncremes.
Mit dem Zahnarzt ist abzuklären, in welchem Umfang noch eine zusätzlich Fluoridierung mit Tabletten nötig ist bzw. eine wöchentliche Pflege mit Fluorid-Gels. Einen Motivationsschub zum Zähneputzen bringen Färbelösungen (aus der Apotheke), mit denen Kinder ihre Zahnsauberkeit selbst überprüfen können.
Neueste Erkenntnisse zeigen, dass zunehmend Zahnschäden durch Abrieb oder Erosion entstehen. Bei sauren Mahlzeiten oder Getränken sollte mit dem Zähneputzen etwa eine Stunde gewartet werden. Sinnvoll sind dann (zuckerfreie) Zahnpflege-Kaugummis, die für einen guten Speichelfluss sorgen, der wiederum die Einlagerung von Mineralien (Remineralisation) in den Zahn fördert.
→ Weitere Infos: www.stiftung-warentest.de sowie bei den Zahnärzten: www.kzbv.de.
› Broschüren und Aktionen bieten die örtlichen Krankenkassen an.

Z

Zeitschriften Laut Kidsverbraucherstudie 2005 erreichen Zeitschriften mehr als 70 % der befragten Kinder. Lesen ist wieder in. Zu den Lieblingszeitschriften der Mädchen gehörten Magazine wie „Barbie“ oder „Wendy“, bei den Jungen rangierten die Klassiker „Micky Maus“ und „Disneys lustiges Taschenbuch“ ganz oben – wie im Übrigen auch bei den mitlesenden Eltern. Aber auch Magazine wie „Geolino“, „Löwenzahn“ oder „National Geografic World“ werden von Kindern gern gelesen.
Lesen bildet und bietet auch Kurzweil. Eltern, die Wert auf Qualität legen, sollten sich gemeinsam mit ihren Kindern einen Überblick über die Zeitschriftenlandschaft verschaffen. In Stadtbüchereien kann man viele Zeitschriften auch probelesen.

Zeugnisse Sie enthalten ↗ Noten bzw. Zensuren (Klasse 1, manchmal auch Klasse 2: ↗ Verbalbeurteilungen mit Erläuterungen) und Hinweise zum Arbeits- und Sozialverhalten. Für Eltern (und auch für Kinder) sind sie aussagekräftig, wenn die Hinweise klar und verständlich sind und hilfreiche Anregungen für die weitere Förderung geben. Noten sind nicht so informativ, wie sie vorgeben. Sie sagen nicht, was das Kind wirklich kann, wo es Stärken und Schwächen hat. Allein deshalb ist es wünschenswert, sie den Eltern (und auch den Kindern) im Rahmen eines Beratungsgesprächs persönlich auszuhändigen. Dabei können die Zensuren erläutert, wichtige Gesichtspunkte verdeutlicht und die weitere Förderung abgesprochen werden. Wo Eltern und Lehrpersonen laufend im Gespräch sind, bieten Zeugnisse ohnehin keine Überraschung, sondern sind eher Gesprächsgrundlage für die Beratung.

Ziele Zu den wichtigsten Zielen, wie sie in den Richtlinien und ↗ Lehrplänen formuliert sind, gehören: intelligentes, anwendungsorientiertes Wissen (nicht bloßes Faktenwissen), Lernkompetenz (lernen, wie man erfolgreich lernt, s. Kapitel 7) und soziale Kompetenzen. Solides inhaltliches Wissen ist die wichtigste Voraussetzung für solch anspruchsvolles Lernen. Die Lehrer/-innen überprüfen durch ↗ Klassenarbeiten und ihre tägliche Beobachtung, ob diese Ziele erreicht sind und wo ggf. noch zusätzlich zu fördern ist. Landesweite ↗ Vergleichsarbeiten – ↗ VERA – geben Anhaltspunkte, wie weit sie die Standards erfüllen. Sie helfen bei der Überprüfung der Unterrichtsqualität. Die Schule sollte die Eltern über ihren Arbeitsplan für das neue Schuljahr informieren und am Schuljahresende in einem Arbeitsbericht mitteilen, wie erfolgreich sie gearbeitet hat und was sie verbessern will.

Zurückstufen Statt einer Nichtversetzung ist auch die freiwillige Wiederholung einer Klasse möglich. Die Eltern können – möglichst in Absprache mit der Schule – einen Antrag stellen, dass ihr Kind die Klasse wiederholen soll. Sinnvoller ist es, während des Schuljahres zurückzustufen – wenn sich z.B. abzeichnet, dass das Kind trotz optimaler Förderung gar keine Lernfortschritte macht und aufgrund seiner mangelnden Leistungen jegliche Anstrengungsbereitschaft verliert. Ursache können längere Krankheit oder belastende familiäre Verhältnisse sein. Ein Vorteil, zu einem beliebigen Termin zurückzustufen, liegt auch darin, dass es für ein Kind weitaus weniger stigmatisierend, also ausgrenzend, und belastend ist als das Ritual des Sitzenbleibens am Ende des Schuljahres. Es sollte nicht über den Kopf des Kindes hinweg entschieden werden, damit das Kind die Entscheidung mittragen kann und sich nicht als Versager fühlt.

Z

Zweisprachigkeit Kinder, die zweisprachig aufwachsen, werden in Deutschland immer häufiger. Sie stammen aus Einwandererfamilien. Leider wird im Umfeld von Schule die mögliche Zweisprachigkeit eher als Belastung denn als Chance begriffen. In einem erweiterten Europa kann man sich eine solche Sichtweise nicht mehr leisten. Kinder, die neben Englisch und Deutsch auch noch ihre Muttersprache beherrschen, haben eindeutige Vorteile gegenüber anderen. Deshalb sollte Zweisprachigkeit eigentlich eher gefördert werden. ↗ Sprachförderung, der Deutschunterricht und auch der Unterricht in der Muttersprache verdienen besondere Sorgfalt. Wenn man ihren Blick für die besonderen Fähigkeiten der Mitschüler/-innen schärft, profitieren auch die deutschen Kinder von deren Zweisprachigkeit. Sie sehen, dass diese Fähigkeit wünschenswert und besonders ist.

Register

Hinweis: Die Stichwörter des Lexikons haben in diesem Register keine erneute Aufnahme gefunden. Es erschließt darüber hinausgehende Informationen.